总论篇

王　杰◎主编

领导干部国学大讲堂

中共中央党校出版社
The Central Party School Publishing House

图书在版编目(CIP)数据

　　领导干部国学大讲堂／王杰主编．－北京：中共
中央党校出版社，2011.5
　　ISBN 978-7-5035-4523-8

　　Ⅰ.领… Ⅱ.王… Ⅲ.国学－干部教育－学习

参考资料　Ⅳ.Z126

　　中国版本图书馆CIP数据核字（2011）第074265号

中共中央党校出版社

责任编辑	王　君　蔡锐华	
版式设计	张文艺	
责任校对	马　晶	
责任印制	宋二顺	
出版发行	中共中央党校出版社	
	（北京市海淀区大有庄100号）	
邮　　编	100091	
网　　址	www.dxcbs.net	
电　　话	（010）62805800（办公室）　　（010）62805818（发行部）	
经　　销	新华书店	
印　　刷	廊坊市文峰档案印务有限公司	
字　　数	1558千字	
版　　次	2011 年 5 月第 1 版　　2011 年 7 月第 2 次印刷	
开　　本	787毫米×1092毫米　　1/16	
印　　张	120.25	
定　　价	298.00元	

《领导干部国学大讲堂》编委会

序一 | PREFACE
汤一介

（一）

　　为了让我国领导干部了解"国学"，中央党校王杰教授主编了一套《领导干部国学大讲堂》的书，该书汇聚了近年来我国诸多学者撰写的颇有意义的文稿，其目的是希望我国领导干部从多方面来了解"国学"，以供他们作为参考。

　　为什么从上个世纪九十年代末，在我国兴起了"国学热"？我认为，这和国际和国内的现实形势有关。我们知道，从世界发展的总趋势看，自上个世纪后半叶，由于西方殖民体系的逐渐瓦解，原来的殖民地民族和受压迫的国家为了建立或复兴自己民族或国家，有一个迫切的任务，就是他们必须从各个方面确认自己民族或国家的独立身份，而自己的民族特有的文化(哲学、宗教、语言、价值观等等)正是确认自己独立身份的重要因素。在这种情况下，正在复兴的中华民族强调应该更多关注自身文化的主体性和特殊价值，是完全必要的。如果从我国自上个世纪后半叶的实际情况看，由于受到极左思想的影响，中国传统文化常常是处于被批判的地位，而对我国有五千年历史的具有宝贵优秀文化传统的视而不见，造成了我们对传统优秀文化有一个巨大的断层。在上个世纪八十年代初，由于邓小平同志提出"改革开放、解放思想"的方针后，经过一段思想解放之后，一种希望传承中华民族历史文化传统命脉，了解有五千年历史优秀文化的真精神，这样一种渴望定会必然出现的，这是历史的必然。因而，21世纪在关注我中华民族的复兴之时，我国举国上下都十分关注"国学"的复兴，渐成社会的一种浪潮。儿童读经、学校设古典文化课程，大学纷纷创立国学院以及学习古典文化进入社区，特别是出现了一批具有全球眼光的"国学"研究的学者在"国学"研究方面取得可喜的成果等等，大大地推动了"国学"的新走向。特别是胡锦涛总书记在十七大报告中提出"弘扬中华文化，建设中华民族共有的精神家园"，大大地鼓舞了我国学者对"国学"研究的热情，这必将对中华文化的发展产生重要影响。

（二）

当今的世界已经形成了全球化的格局，人类社会在这样一个大变动的时代，使得各国、各民族在政治、经济、文化诸多方面处在极其错综复杂、矛盾重重的关系之中。在这样政治、经济、文化的相互关系中，已经形成"你中有我，我中有你"的既矛盾，又必须共存的局面。中华民族的复兴，必须考虑到这个人类社会走向全球化的新形势。因此，要使"国学"能适应这一新的形势，研究"国学"的学者必须要有全球的视野。如何使人类社会走向健康合理发展的共存共荣的道路，必须求得多方面的共识。盖人类社会要生存和发展总是遇到同样的问题，同为人类，不同民族对解决这些问题的思考常常是相同的，或者是相近的，这些对解决人类社会共同问题相同的思想形成的理性思考应该说都具有普遍意义。

有长达五千年没有间断的中华民族所积累的有益于人类健康合理发展的历史文化经验无疑是人类社会的宝贵财富，其中定会具有对当今人类社会和今后人类社会有积极意义的思想资源。例如，1993年在美国芝加哥召开的"世界宗教大会"，会议发表的《全球伦理宣言》就把孔子说的"己所不欲，勿施于人"定为"道德金律"。其实类似于"己所不欲，勿施于人"的说法在佛经中、在《圣经》中都有。因此，如"己所不欲，勿施于人"等具有普遍意义的观念，应是当今人类社会所必须予以特别重视，这样国家与国家、民族与民族的共存共荣才有理论上的基础。我们研究"国学"必须有全球视野，必须有个"天下观"，才会自觉地寻求中华民族文化中具有普遍意义的因素。当然，在我们寻求中华民族文化中具有普遍意义之时，必须承认其他民族和国家的文化中同样具有普遍意义的因素。在全球化的形势下，任何民族或国家都不应有否定自身"民族文化的虚无主义"，同样也不应有"狭隘的民族主义"（原教旨主义）。

（三）

对"国学"如何定义，这也是个问题，从在《领导干部国学大讲堂》的诸篇论文中看，似乎也并不一致。我认为，这并非坏事，而是好事。因为所谓"国学"，在不同的时代可能早就有不同的涵义。查文献，最早"国学"一词出现在《周礼·春官·乐师》："掌国学之政，以教国子小舞。"这里的"国学"是指国家的一种教育机构，但这个教育机构是有确定的教学内容的；它是教国子（应指朝廷贵族子弟）音乐舞蹈的教育机构。据《礼记》、《大戴礼记》、《周礼》等记述，西周国学盖由前代发展而来，分小学与大学。教育内容为礼、乐、射、御、书、数或说易、书、诗、礼、乐、春秋为"六艺"。至汉设太学，而立五经博士（因《乐》经已失传），此一趋势此后历代从未改变。至宋"太学"或"国子监"，其教育内容亦为"五经"，而后加"四书"。在宋刻本的书中甚至有"国学进士"之名称。到近代，由于西方列强（包括学西方的日本）对我国的压迫和侵略，包括文化上的压迫和侵略，于是中国有些学者提出要用"国学"对抗"西学"的入侵。提倡"国学"学者（官僚）中虽有属于"保守的"保存国粹者，但其中有更多的学者提倡"国学"是为了民族的复兴，并非盲目排外，例如严复、章太炎等等著名学者。其后，至上个世纪三十年代马一浮对"国学"提出一种看法，这点我大体上是赞同的。1938年，马一浮应浙江大学校长竺可桢之约，至该校讲"国学"，他说："今先楷定国学名义。举此一名，统摄诸学者，唯六艺足以当之。""今楷定国学者，即是六艺之学，用此以代表一切固有学术，广大精微，无所不备。"这个说法确有其见地。盖"六艺之学"为中国文化之源头，其后我国之学术文化皆源于此，而代有发挥并在其间又吸收其他民族之文化以吸收之，营养之。"国学"包含有我国自夏、商、周以来之物质文化、制度文化和精神文化等诸多方面。因此，我们对"国学"不仅要从哲学、宗教、史学、文学、政治学、法学、经济学以至于医药学、科技等作分科研究，还应对它作总体的系统研究，这样才能真正了解"国学"之全貌。这就要求我们不仅从分科方面对"国学"作深入的研究，而且要求我们必须对"国学"作全方位、系统的整体研究。这必涉及对我国的历史发展有全方位的、综合性的、客观的认识。因此我认为，真正的国学大师必是能对"国学"之全貌有精深之研究者。中华民族是一有创造力的伟大的民族，因时代之需要，能精深而全面、整体、系统的把握"国学"的大师将必会产生。

（四）

马一浮先生用"楷定"说"国学名义"，而不用"确定"说"国学名义"，亦深有深义。他说："学问，天下之公器，言确定则似不可移易，不许他人更立异义，近于自专。今言楷定，则仁智各见，不妨各人自立范围，疑则一任别参，不能强人以必信也。"盖学术文化最忌定于一尊，而应以毛泽东主席提出的"百花齐放，百家争鸣"为好。

"国学"（中国传统文化）的研究虽已受到朝野上下的重视，但是对"国学"的看法却是"见仁见智"。虽当前有一股"国学热"之潮流，但客观地说，由于西方强势学术文化自八十年代至今对中国学术界一直有着强大影响。我们可以看到，在我们的高等学府里，西方各科的理论仍是我们大学的基本教学内容。从自然学科方面看，由于它作为一种"科学"当然是无国界的，是"天下之公器"，但人文社会的理论则应是在立足于我国的历史和现实的基础上有选择地吸收和借鉴西方的各科理论。这是由于，今日的中国是历史的中国的发展；今日中国的社会，是要求我们不断解决我国自身存在的问题的社会。离开了中国的历史和中国的现实就不可能有对中国真正的适合中国社会健康合理发展的学术文化理论。

在当前，面对我国的历史和现实对"国学"要有一个统一的看法和统一的价值评定是不可能的。因此我认为，如何看待"国学"，如何评价"国学"以及从什么角度看认识"国学"有着种种的说法，是很自然的。而且对"国学"的批判者也甚多。在此中国社会千年未有的大变动的时代，这正因为有众多的批判，正因为有"西学"的冲击，才给了我们一个自我反省的机会，让我们知道对"国学"应该继承什么扬弃什么。直至今日对"国学"仍然存在着各种各样的看法，我认为这是好事。我们目前对"国学"的认识没有必要"统一思想"，应在批评、争论中逐渐取得相对性的"共识"，这样或者更有利我国学术的发展。"真理越辩越明"仍然是学术发展的一条有益的规律。

（五）

"国学"虽是在中国的历史中形成的一种学术思想体系，但它毕竟只是中国历史经验的理论总结，然而今天的中国是正在建设"现代化"社会。因此，我们必须使"国学"适应建设现代化社会的要求，这也就是说"国学"必须"更新"，它才能有生命力。

既然我们建设社会主义的现代化社会，既然我们不能人为地割断具有几千年历史的文化传统，因而我们必须对前此的学术文化的"回顾"进行认真地、系统地总结。照雅斯贝尔斯的说法，在学术文化上的"每一次新的飞跃"都会"回顾"其文化的源头，而"重新燃起火焰"。这种对其文化源头的"回忆，或曰复兴，总是提供了精神力量。"①我认为，雅斯贝尔斯的看法是有深意的。在中国，我们也有用"反本开新"

---

① 雅斯贝尔斯："人类一直靠轴心时代所产生的思考和创造的一切而生存，每一次新的飞跃都回顾这一时期，并被它重新燃起火焰。自此以后，情况就是这样。轴心期潜力的苏醒和对轴心期潜力的回忆，或曰复兴，总是提供了精神力量。对这一开端的复归是中国、印度和西方不断发生的事情。"《历史的起源与目标》，魏楚雄、俞新天译，华夏出版社1989年版。

来说明学术文化发展的规律。前面我们已经说过，自十九世纪以来，中国社会处在千年未有之大变局中，在这种情况下我们的学术文化必须在"反本"中"开新"。"反本"必须对中国文化的源头"国学"及其历代诠释和发展有深刻理解，坚持自身文化的主体性。我们对自己的思想文化传统了解得越深入，它才在新世纪有强大的生命力。"开新"必须对当今人类社会发展的总趋势及其面临的亟待解决的生存和发展的重大问题有切实的认识，这就需要我们对"国学"给以合乎时代要求的新诠释和新发展。"反本"和"开新"对中国思想文化的发展是不可分割的，只有深刻发掘"国学"的真精神，我们才能适时地开拓"国学"发展的新方向，只有敢于面对当前人类社会存在的新问题，才能使"国学"的真精神得以发扬和更新，使"国学"在二十一世纪的"反本开新"中"重新燃起火焰"，以贡献于人类社会。"反本"才能"开新"，"反本"更重要的是为了"开新"。

我认为，现在对我们说，"国学"面临的最重要的任务就是从"传统"走向"现代"，我们必须在认真理解"国学"的基础上，给它以现代的新诠释和新发展，创建适合新时代的新的"国学"体系。谨此以为"序"。

2011年1月29日

　　由中央党校哲学教研部王杰教授主编的《领导干部国学大讲堂》一书，汇编了海内外国学名家与文化贤达有关以国学为中心的中国传统文化的精彩演讲文字，就全书的思想学术性而言，举凡国学的基本理论、学术概念、价值地位、具体内涵以及研究方法，皆有名师宿儒的精辟分析、扼要揭示，谓之指点迷津，启益人智并不为过，就全书的表述艺术性而言，则是基本上做到了历史与文学的融合，科学与艺术的统一，集厚实的学术功底、深刻的哲学思辨和饱满的文学素养这三者的有机统一，融会一体。能够深入浅出，举重若轻，化艰深为神奇，融认知于审美，使精深专门的国学教育与研究成果升华为一种美文，从而走近读者，贴近现实，发挥其应有的国学教育功能和文化启迪价值。即所谓"一卷在手，尽得国学之风流"！

　　如今，该书付梓在即，承蒙主编者的信任，邀我作序，以我专业背景而言，我本当婉辞这番好意，因为学有所长，术有专攻，我本人的专业是商业经济学，于国学并无专门的研究，因而对国学发表意见，理所当然应该持慎重的态度。然而，作为一位国学的真诚爱好者与国学教育的积极倡导者，我已经与国学教育的重振紧密相连，已经与传统文化的弘扬休戚与共，"如鱼饮水，冷暖自知"，所以自认为在这方面还是有一定的发言权的，自己的一些心得体会可以利用这个机会提出来与大家开展切磋、进行交流。遂不揣谫陋，谈谈自己对领导干部学国学问题的粗浅认识，供大家参考。

首先，要科学认识国学的重大价值，这是今天我们的干部之所以要学习国学的基本前提。

一个伟大的民族，总是要拥有自己的精神、理想、道德情操和追求，而它们的载体，就是这个民族的学术文化。一个拥有传统优秀文化，而又能够不断地学习进取的民族，才能够真正自立于世界民族之林，才能够为世界的发展做出自己的贡献，也才能够赢得世界的尊重。

在当今经济全球化、政治多极化、文明多样化的世界中，中国怎么样保持自己的特色，自己的风格，自己的气派，怎么样对世界文明的进步做出我们自己应有的贡献，这必须取决于选择正确的方向，立足扎实的工作，从战略的高度为文化的建设寻找到基准点与突破口。"众里寻她千百度，蓦然回首，那人却在灯火阑珊处"，这个突破口，就是国学。

国学是对中国传统文化与学术进行研究和阐释的一门学问，其历史源远流长，内容博大精深，影响广泛深远。第一，就形式而言，国学是中华文明的主要载体，中华文明中的观念文明部分，通过国学这种文化形态得以展现并传承，它就像一根坚韧纽带，将形形色色、方方面面的中华文明珍珠串连在一起，形成一个完整的统一体。第二，就内涵而言，国学是中华民族精神的集中体现，它像流水一样，滋润着中华民族的茁壮成长；像土壤一样，培育着中华民族的主体意识；使中华民族以特有品质与风貌自立于世界民族之林，并在相当长的时段中引领世界历史发展的风骚。第三，就文化的承继性而言，国学是走向新的时代的起点，建设新型文明的资源。真正优秀的思想文化，是民族永恒的精神财富，它的某些内容，也许会随着时间的流逝而失去意义，然而它的合理精神，却超越时空的界限而亘古常青，生机盎然。第四，就文明的互补性而言，国学是中华文明和其他民族优秀文明开展对话与交流的重要平台，作用于世界新文化建设的强大动力。既参与积极丰富和大力提升和谐世界的内涵以及境界，又为中华文化在保持其主体性的同时，包容与汲取世界其他优秀文化以发展丰富中华文化本身提供了载体，创造了契机。总之，国学是中国传统学术及其研究的学问，是中华传统文化的精华，它沉淀于历史的长河，而又升华于现代社会，既是延续传统的纽带，又是开创未来的阶梯，它固然是指依存于经典之内的知识及其体系，更是蕴涵着为人处世，齐家治国的世界观、人生观、价值观。因此，是否认同"国学"、重视"国学"并不是一个可有可无的小事情，而是一个关系到能否传承中国文明，实现中国人的文化自觉、文化认同和文化归属的重要一环。从这个意义上讲，作为各级领导干部，以正确的立场认知国学，以科学的方法学习国学，以积极的态度弘扬国学，乃是义不容辞的职责、无尚光荣的使命！

其次，要深刻理解文化传承的历史延续性，这是今天我们的干部之所以要学习国学的逻辑依据。

国学是国魂之学。国学有利于更好地反映不断变化的"中国形象"，清楚说明中国人的身份认同，告诉世界"中国人"是什么样的人。国学能客观地描述中国思想、文明和精神的真实状况，说明影响和决定国人行为的内在体系，以及它如何有效支持国家"硬件"的运行。为什么目前社会上是"国学热"，而不是其他学科的"热"？这最好不过地说明，国学适应了时代的需要、社会的需要、人民的需要。重振国学是顺乎天，应乎时，合乎民。当我们一些学者纸上谈兵，喋喋不休地质疑国学的合理性、合法性时，广大群众却早已回归国学、接受国学、热爱上国学，因为国学关系着他们的精神信仰、生活方式、处事原则，他们需要国学，离不开国学。我们相信，随着国学研究和普及的深入，越来越多的人会接受国学，国学会更好地发挥塑造民族之"魂"、"建设中华民族的共有精神家园"的积极作用。

这中间的道理非常简单，这就是历史本身具有延续性，文化本身具有超越性。众所周知，文化是民族的灵魂，今天是历史的延续。我们不能割裂历史，更无法中断文化，只能在前人探索的道路上继续前进，只能在已有文明的基础上再铸辉煌。所谓"周虽旧邦，其命维新"，所谓"反本开新"、"推陈出新"云云，指的就是这层含义。抹煞这个事实，颠倒这层关系，则纯粹是属于抓着自己头发企图离开地球之类的蠢举，是缺乏基本常识的狂妄自大，愚不可及，无可救药！

对于各级领导干部来说，正确认识这种历史文化上的延续性十分必要，决不能借口古代文化已经过时而拒绝借鉴、拒绝吸收。要知道，今人在许多方面并不比古人优越与聪明，而古人的智慧之深刻与高明，也远非我们中间一些人所想象的那么简单。

如伦理道德修养方面，古人所倡导的不少原则，今天依然价值长存，意义深远，启示重大。和西方文化相比，中国传统伦理道德学说最大的特点，一方面强调"内圣"，重视自身的各种素质素养，完善自己的道德，由内向外、推己及人的，强调明心见性，在求索伦理道德的方式上则指向自己的内心。故孟子云："万物皆备于我矣。反身而诚，乐莫大焉。"另一方面，这种推己及人、由内及外的伦理道德模式又以"外王"为归宿，追求社会事功，极富有社会实践性，不是书斋中的空谈心性。"正心、诚意、修身"之目的，在于"齐家、治国、平天下"。这种内外的统一，体现在个体身上，就是孟子所汲汲提倡的"达则兼济天下，穷则独善其身"。前贤往哲们对伦理道德所做的这种推己及人、由内向外的探索，实质上反映了先民们对如何建立一个安定有序、和谐融洽的社会所进行的不断努力和不懈追求。并在漫长的历史演进和不断地汰择中，形成了中华民族独特的伦理道德体系。时至今日，她依然具有强大的生命力，并值得我们发扬光大。

其三，要正确树立笃实理性的优良学风，这是今天我们的干部最终能够真正学好国学的有力保证。

国学内容浩如烟海，博大精深，即使是皓首穷经，焚膏继晷也无法曲尽其妙，全盘掌握。同时，国学本身毕竟是古代社会留下来的历史文化遗产，精华与糟粕并存，对于传统文化，我们绝不能因为她存在弊端而一概抹杀；自然，更不应不辨青红皂白地一味高唱赞歌，涂脂抹粉。这样对国学就有一个去伪存真、去粗取精的问题，从而才能真正发掘传统文化的精华使之服务于时代的需要。更何况我们的各级领导干部都担负着重要的职责，有自己的政务需要处理，所以，不可能也无必要什么都读，什么都懂；而是应该有所选择，有针对性地进入国学的殿堂，追求最佳的学习效果。这样，就要求我们在学习与掌握国学的过程中贯彻落实正确的学风，这方面，我个人认为至少有几点需要有意识地加以强调。

首先，一定要潜心于对国学学理与文本的正确解读，掌握正确的国学知识，辩证认识国学的价值意义。科学理性地把握国学的学术体系及其所蕴涵的民族文化核心精神，否则谈"创新"、谈"结合"，都是无本之木，无源之水。

其次，一定要把握时代的脉搏，主动面对新的形势、新的发展，以务实开放的态度与立场坚持中华文明的主体意识，确立国学在我国新时期文化建设、综合国力全面提升中的战略基础地位，使马克思主义的理论指导与中国传统文化的学术思想资源结合上找到合理的结合，以与时俱进的方式实现我们国家文化事业的繁荣与发展，真正形成中华民族文化的核心竞争力。

第三，一定要提倡"经世致用"、"知古鉴今"的学习立场与态度，注重促进哲学社会科学国学精华与现实生活之间的联系和沟通，实现国学文化资源的现代转型，贴近生活，贴近现实，贴近自己的工作，重视国学的社会功能，关注国学的资治属性，追求国学研究中科学理性精神与人文关怀宗旨的有机统一，古为今用，实现国学学习的终极目标。使之能真正满足党和人民的需求，为党和政府进行决策，开展工作，指导实践提供有效的服务。

第四，一定要注重立足于世界多元文化交流的国际视野下从事国学的学习与弘扬。我曾经在多个场合一再强调：我们今天倡导国学学习，决不是张扬狭隘的民族主义，而是追求在世界文化多元化背景下，既各美其美，也美人之美，致力于将博大精深的中国文化作为"世界文化"的一部分，作为全人类共同的精神财富加以集成、阐释和扩大！所以，我们在学习国学的同时，理所当然也应该学习其他民族、其他国家先进的文化，注重中西比较，注重文化互补，从而使我们的国学学习能有一个参照坐标，真正做到坚持主体性与展示包容性的有机统一，扬长避短，审时度势，收到事半功倍的成效。

第五，一定要注重改善国学学习的社会生态环境，我真诚地希望大家通过自己学习国学后认同中华传统文化核心价值观的现身说法，为国学教育的推进和国学理念的弘扬尽自己的一份努力，在国学教育制度化建设问题上发挥自己独到的作用，同时，要注重国学学习心得的表述方式，树立大众意识，追求雅俗共赏、深入浅出的理想境界，摈弃那种故弄玄虚、孤芳自赏的"精英"意识，为国学走进普通民众的社会生活率先垂范，树立榜样，引领全社会热爱学习，追求进步的时代潮流，迎接文化繁荣、社会发展的新春天！

2011年2月

目 录 | CONTENTS

总 论 篇

总论篇

国 学 二 题

季羡林

季羡林(1911-2009)，山东清平(今临清)人。1930年考入清华大学西洋文学系，1934年毕业，在山东省立济南高中任国文教师。1935年秋进入德国格廷根大学学习梵文、巴利文、吐火罗文等印度和其他古代语言。1941年获哲学博士学位，并应聘任汉学研究所讲师。1946年回国，任北京大学东语系教授(直至去世)、系主任(至1983年)；1978年开始兼任北京大学副校长，至1984年离职。1956年4月加入中国共产党。1983年被选为第六届全国人民代表大会代表和常务委员会委员。担任过中国外国文学研究会副会长，中国比较文学研究会名誉会长等多种职务。他曾长期致力于梵文文学的研究和翻译，翻译了印度著名大史诗《罗摩衍那》。此外他还创作许多散文作品，已结集的有《天竺心影》、《朗润集》以及《季羡林散文集》等。其主要学术著作为《蔗糖史》，译作《弥勒会见记》剧本，其著作结集为《季羡林全集》30余卷。

普及国学大有可为

现在国学特别热，但是年轻人对国学的概念比较模糊。什么是"国学"呢？简单地说，"国"就是中国，"国学"就是中国的学问，传统文化就是国学。国学蕴藏着恒久的治世之道与智慧，是中华民族绵延不绝的精神基因。

现在对传统文化的理解歧义很大。按我的观点，国学应该是广义的"大国学"的范畴，不是狭义的国学。

既然这样，那么国内的各地域文化和五十六个民族所创造的文化，就都包括在"国学"的范围之内。地域文化和民族文化有各种不同的表现形式，但又共同构成中国文化这一文化共同体。举个例子，齐文化和鲁文化就不一样，"孝悌忠信"是鲁文化，"礼义廉耻"是齐文化。就是说鲁文化着重讲内心，内在的；齐文化讲外在的，约束人的地方多。"孝悌忠信"是个人伦理的修养；礼义廉耻，就必须用法律来规定，用法律来约束了。鲁国农业发达，鲁国人就是很本分地在务农。齐国商业化，因为它靠海，所以姜太公到齐国就是以商业来治国。具体的例子，如刻舟求剑，这种提法就是沿海文化的特征。而"日出而作，日落而息"，恐怕就代表鲁文化了。齐鲁文化互补，是中国传统文化的重要组成部分。但是齐鲁文化以外，其他地域文化也很重要。过去光讲黄河文化是中国文化的中心，我是不同意的，长江文化、其他地域文化，其实都应该包括在国学里边。敦煌学也包括在国学里边。

国学的发展不是封闭的，其发展离不开文化交流。文化交流有两种形式，一个是输出的，一个是进来的。敦煌学是进来的代表，很多文明程度很高的国家文化，都到过敦煌。佛教从国外进来，经过很长时间的演变，形成了有中国特色的中国佛教。敦煌学里边有很多内容是佛教的，也有其他文化的，是古代中国吸收外来文化的最后一站，再往下就没了。

吐火罗语的《弥勒会见记》剧本，是不是也算国学？当然算，因为吐火罗文最早是在中国新疆发现的。吐火罗文是中国古代的一种语言，是别的地方没有的。

很多人以为国学就是汉族文化。我说中国文化，中国所有的民族都有一份。中国文化是我们国内五十六个民族共同创造的，这五十六个民族创造的文化都属于国学的范围。而且通过文化交流，后来融入到中国文化里的外来文化，也都属于国学的范围。

我们现在的国学研究还很粗糙，很多应该包括的内容还没有挖掘出来。

传统文化不断发展，外来的文化不断地融入中华文化之中，这是没有时间界限的。儒家、道家是传统文化，佛家也是啊，把佛家排除在外，这是不对的。

中国文化是世界少有的没有中断的、一直延续下来的文化，而中华文明之所以能延续至今，汉字起了巨大的作用。我们祖先的造字是很科学的。读古文必须读繁体字印的书籍，因为中国文化的信息都在那种文字里面。试图走捷径的"古文今译"，在我看来是毁灭中华文化的方式。现在的读者读原文有困难，加注释是可以的，附上今译也有必要，但是应该以读原文为主。振兴国学，同样必须从娃娃抓起。

漫谈国学

　　我曾就东方文化和国学作过一次报告。一位青年同志写了一篇"侧记"，叙述这一次报告的情况，读者如有兴趣，可以参阅。我因为是当事人，有独特的感触，所以不避啰唆之嫌，在这里对那天的情况再讲上几句。

　　那是一个阴雨连绵的晚间，天气已颇有寒意。报告定在晚上7时。我毫无自信，事先劝同学们找一个不太大的教室，能容下100人就行了。我是有私心的，害怕人少，讲者孑然坐在讲台上，面子不好看。然而他们坚持找电教大楼的报告大厅，能容下400人。完全出我意料，不但座无虚席，而且还有不少人站在那里，或坐在台阶上，都在静静地谛听，整个大厅里鸦雀无声。我这个年届耄耋的世故老人，内心里十分激动，眼泪在眼睛里打转。据说，有人5点半就去占了座位。面对这样一群英姿勃发的青年，我心里一阵阵热浪翻滚，笔墨语言都是形容不出来的。

　　海外不是有一些人纷纷扬扬，说北大学生不念书，很难对付吗？上面这现象又怎样解释呢？

　　人世间有果必有因。上面说的这种情况也必有其原因。我经过思考，想用两句话来回答：顺乎人心，应乎潮流。

　　我们中华民族拥有5000年的光辉灿烂的文化，对人类做出了卓越的贡献。很难想象，世界上如果缺少了中华文化会是一个什么样子。前几年，弘扬中华优秀文化的号召一经提出，立即受到了国内外炎黄子孙的热烈拥护。原因何在呢？这个号召说到了人们的心坎上。弘扬什么呢？怎样来弘扬呢？这就需要认真地研究。我们的文化五色杂

006

陈，头绪万端。我们要像韩愈说的那样："沉浸狪郁，含英咀华"，经过这样细细品味、认真分析的工作，把其中的精华寻找出来，然后结合具体情况，从而发扬光大之，期有利于中国人民和世界人民的前进与发展。"国学"就是专门做这件工作的一门学问。旧版《辞源》上说：国学，一国所固有之学术也。话虽简短朴实，然而却说到了点子上。七八十年以来，这个名词已为大家所接受。除了"脑袋里有一只鸟"的人（借用德国现成的话），大概不会再就这个名词吹毛求疵。如果有人有兴趣有工夫去探讨这个词儿的来源，那是他自己的事，我无权反对。

国学绝不是"发思古之幽情"。表面上它是研究过去的文化的，因此过去有一些学者使用"国故"这样一个词儿。但是，实际上，它既与过去有密切联系，又与现在甚至将来有密切联系。现在我们不是都谈建设有中国特色的社会主义吗？什么叫"特色"？特色表现在什么地方？我曾反复思考过这个问题。我觉得，科技对我们国家建设来说，对发展生产力来说，是非常重要的，万万不能缺少的。但是，科技却很难表现出什么特色。你就是在原子能、电脑、宇宙飞船等等尖端科技方面，有突出的成就，超过了世界先进国家，同其他国家比较起来，也只能是程度的差别，是水平的差别，谈不到什么特色。我姑且称这些东西为"硬件"。硬件的本质都是一样的，没有什么特色可言。

特色最容易表现在精神文化方面，我姑且称之为"软件"，哲学、宗教、文学、艺术、伦理、道德、经营、管理等等都属于这个范畴。这些东西也是能够交流的，所谓"固有"并不排除交流，这个道理属于常识范围。以上这些学问基本上都保留在我们所说的"国学"中。其中有不少的东西可以说是中华文化、中华智慧的结晶，直至今日，不但对中国人发挥影响，它的光辉也照到了国外去。最近听一位国家教委的领导说，他在新德里时亲耳听到印度总统引用中国《管子》关于"十年树木，百年树人"的话。在巴基斯坦他也听到巴基斯坦总理引用中国古书中的话。足证中华智慧已深入世界人民之心。这是我们中国人应该感到骄傲的。所有这一些中国智慧都明白无误地表露了中国的特色。它产生于中国的过去，却影响了中国和世界的今天，连将来也会受到影响。事实已经证明，连外国人都会承认这一点的。

国学的作用还不就到此为止，它还能激发我们整个中华民族的爱国热情。"爱国主义"是一个好词儿，没有听到有人反对过。但是，我总觉得，爱国主义有真伪之分。在历史上，被压迫被侵略的民族，为了自己的生存与尊严，不惜洒热血、抛头颅，奋抗顽敌，伸张正义。这是真爱国主义。反之，压迫别人侵略别人的民族，有时候也高呼爱国主义，然而却不惜灭绝别的民族。这样的"爱国主义"是欺骗自己人民的口号，是蒙蔽别国人民的幌子。它实际上是极端民族沙文主义的遮羞布。例子不用举太远的，近代的德、意、日法西斯主义就是这一类货色。这是伪爱国主义。

中国的爱国主义怎样呢？它在主体上是属于真爱国主义范畴的。有历史为证，不管我们在漫长的封建时期内，"天朝大国"的口号喊得多么响，事实上我国始终有外来的侵略者，主要来自北方，先后有匈奴、突厥、辽、金、蒙、满等等。今天，这些民族基本上都成了中华民族的组成部分；但在当时只能说是敌对者，我们不能否定历史的本来面目。在历史上，连一些雄才大略的开国君主也难以逃避耻辱。刘邦曾被困于平城，李渊曾称臣于突厥，这是最明显的例子。我们也不能说，中国过去没有主动地侵略别人过，这情况也是有过的，但不是主流，主流是中国始终受到外来的威胁。正是由于这个原因，我们中国人民敬仰、歌颂许多爱国者，岳飞、文天祥、史可法等等都是。一直到今天，爱国主义，真正的爱国主义，始终左右我们民族的心灵。我常说，北京大学的优良传统之一，就是爱国主义，我这说法得到了许多人的赞同。探讨和分析中国爱国主义的来龙去脉，弘扬爱国主义思想，激发爱国主义热情，是我们今天"国学"的重要任务，国学的任务可能还可以举出一些来，以上三大项，我认为，已充分说明其重要性了。我上面说到"顺乎人心，应乎潮流"。我现在所谈的就是"人心"，就是"潮流"。我没有可能对所有的人都调查一番。我所说的"人心"，可能有点局限。但是，一滴水中可以见宇宙，从燕园来推测全国，不见得没有基础。我最近颇接触了一些青年学生。我发现，他们是很肯动脑筋的一代新人。有几个人告诉我，他们感到迷惘。这并不是坏事，这说明他们正在那里寻觅祛除迷惘的东西，正在那里动脑筋。他们成立了许多社团，有的名称极怪，什么"呋陀"，什么禅学，这一类名词都用上了。也许正在燕园悄然兴起的"国学"，正投了他们之所好，顺了他们的心。否则怎样来解释我在本文开头时说的那种情况呢？中国古话说："得道多助，失道寡助"，顺应人心和潮流的就是"道"。

但是，正如对人世间的万事万物一样，对国学也有不同的看法。提倡国学要有点勇气，这话是我说出来的。在我心中主要指的是以"十年浩劫"为代表的那一股极左思潮。我可万万没有想到，今天半路上竟杀出来了一个程咬金，在小报上写文章嘲讽国学研究，大扣帽子。不知国学究竟于他何害，我百思不得其解。无独有偶，北师大古籍研究所编纂《全元文》，按说这工作有百利而无一弊，然而竟也有人想全面否定。我觉得，有这些不同意见也无妨。国学，弘扬中华优秀文化，既然是顺乎人心、应乎潮流的事业，必然会发展下去的。

当前文化问题的症结在哪里

许嘉璐

许嘉璐，1937年生，江苏淮安人。教授、博士生导师。第七届、第八届全国人民代表大会常务委员会委员、教科文卫委员会委员，第九届、第十届全国人民代表大会常务委员会副委员长。历任北京师范大学副校长，北京市政协副主席，国家语言文字工作委员会主任，中国民主促进会第十届、第十一届中央委员会主席等。现任北京师范大学人文宗教高等研究院院长、汉语文化学院院长，山东大学儒学高等研究院院长，浙江大学、南京大学、华东师范大学、国防大学、中国社会科学院研究生院等院校兼职教授。此外还担任中华民族文化促进会名誉会长、世界汉语教学学会会长、中国长城学会会长、中华社会救助基金会理事长等职。

长期致力于中华文化的研究、教学以及世界范围内跨文化交流的组织工作等。在训诂学、《说文》学、文化学、中文信息处理等学科均有建树。著有《古代文体常识》、《古语趣谈》、《语言文字学及其应用研究》、《未成集：论新时期语言文字工作》、《未辍集：许嘉璐古代汉语论文选》、《未了集：许嘉璐讲演录》、《未安集：许嘉璐说教育》、《未惬集：许嘉璐论文化》、《未淡集：许嘉璐散文选》等。主编有《古代汉语》、《文白对照十三经》、

《文白对照诸子集成》、《二十四史全译》、《传统语言学辞典》等。发表学术论文数十篇。

主持国家863计划课题"中文信息处理应用基础研究"、国家科技支撑计划重点项目"中文信息处理应用研究与系统开发"等研究工作。

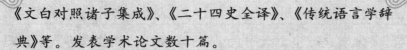

我不得不去思考文化问题

我并不从事文化某个门类的研究，而是研究古代汉语的。但是，现实的刺激又逼迫我不得不去思考文化问题。

我们悠久的、优秀的文化传统，包括五千年来的文化沉淀，以及一百多年来现代社会先驱、志士仁人的奋斗和在中国共产党领导下的人民革命中烈士们用鲜血铸成的近现代传统。随着西方剩余资本、技术、产品的大量涌入，这两个"传统"受到强烈的冲击，其后果的直接体现是社会上普遍存在着的价值观的迷失、生活目标的迷茫和人际关系的冷漠。

同时，以美国哈佛大学教授亨廷顿及其弟子弗朗西斯·福山为代表的一批西方学者写了一系列的文章和著作，给了我相当大的刺激。亨廷顿鼓励美国将其现行的文化价值观推广到全世界，为阿富汗战争、伊拉克战争提供了理论根据。他断言，基督教文化与伊斯兰文化的冲突不可避免。弗朗西斯·福山是美国新保守主义理论的代表人物，他公开宣称，美国的民主制度是人类历史的终结，人类社会最终都要走向美国的模式，历史将把所有的人都塑造成抱有美国式的价值观、民主自由与个人至上的人。福山的观点不是无的放矢，而是与我们针锋相对。从两千多年前，中国人就认为人类社会的最终目标是大同社会，"大道之行也，天下为公"。李大钊、陈独秀等人引进马克思主义，建立了中国共产党。八十多年来，中国共产党一直努力把马克思主义追求的共产主义理想与中华文化对大同世界的追求融合到一起，形成了中国人的世界观。马克思主义认为，人类所追求的应当是全面发展的人，这样的人应该与他人、社会、自然友好相处，亲密无间。

"文明冲突"和"历史的终结"的理论不是根据人类的历史和文化发展的规律来研究的，而是这些西方学者以自己的价值观所作的思辨与推演。因此，在和现实碰撞的时候，他们也感到迷茫。但是，我们还不能乐观。亨廷顿和福山每出一本书都能成为学术领域最为风行、全世界销量最大的书，说明他们有着广泛的群众、思想和学术基础。配合着这些理论，视中国为敌的势力相互勾结，通过明的、暗的、物质的、精神的手段把西方的价值观向中国大举渗透。举一个例子，某些外国势力制订了一个计划，要在中国每一个县的每一个乡建一所教堂，现在已经建了一千多所了。难道他们真是上帝派来的天使，要把上帝无私的爱带给"受苦受难"的中国人？其实，这些都不奇怪，这是由他们的本性决定的。但是，值得我们忧虑的是，国人在这些方面还懵懵懂懂，甚至把毒药当糖果吃，眼看着孩子们和父母之间所谓的代沟越来越深，眼看着孩子们盲目地追求西方的生活方式，我们却束手无策，一个个家长只能惊呼和哀叹。

这两个方面的刺激逼迫我去思考：人类文化的规律是什么？中国的文化怎么啦？该怎么办？

中国共产党在建党之初就非常重视文化、宣传和教育。从苏区开始到解放全中国，文化就是除了军事战线之外众多战线中的一条。"三个代表"重要思想把文化从中国众多战线中的一条变为建党的"三根柱子"之一，这是历史性的跨越。从那以后，中共中央推出了很多加强文

化建设的政策和措施，直到最近胡锦涛总书记在中国人民政治协商会议第四次会议的民盟、民进联组会上提出了"八荣八耻"。这都不断给我巨大的鼓舞，也促使我坚持学习、研讨，当然我也没有停止呐喊。下面，我谈谈自己的一些想法。

什么是文化，什么不是文化

广义的文化指的是人类所创造的物质的和精神的所有成果。文化必须是人类创造的。比如黄果树的瀑布、九寨沟的风景就不是文化，那是大自然的赋予。但是，在黄果树瀑布旁边筑的小亭子，九寨沟藏族姑娘的热情接待，那就是文化。大猩猩、狗熊等动物在画布上用爪印的画不是文化，尽管在西方拍卖行它可能价值几千万美元。因为文化正是人类从动物里分化出来的一个要素。有的学者说"文化就是人化"，人之所以成为人，就是因为有了"文"，而且"化"了。狭义的文化就是人类所创造的精神成果。谈文化应该把物质文化和精神文化区分开，但是二者又难以严格地区分。

一、要把握文化，首先要将它条理化

文化无所不在，只要有人的地方就有文化。人类有如此多的民族、语言，人类的生活又如此丰富，文化也就丰富多彩。要把握文化，首先要将它条理化。我将文化分为三个层级。

1. 表层文化（又称为物质文化）。

这是人类最易感知的文化，是围绕衣食住行所体现的去取好恶。物质本身不是文化，但"去取好恶"赋予在上面就是文化。比如，我选这种衣服，他选那种衣服，是对衣服的去取好恶，这就是物质文化。

2．中层文化(又称为制度文化)。

中层文化包括风俗、礼仪、制度、法律、宗教、艺术，等等。这一层的特点是要借助物质来体现底层的文化。以前，婆媳妇要有盖头，这是从远古时候抢婚演化来的。当时，抢婚的人怕抢来的姑娘照着原路逃回去，所以把姑娘脑袋一蒙，背着就走。可见，风俗要借助物质来体现。我们举行诗歌朗诵会，通过朗诵古诗、现代诗来激励人心，给人以美的享受，也需要借助物质，比如要借助麦克风，朗诵者也得稍做打扮。

3．底层文化(又称为哲学文化)。

底层文化就是人的个体和群体的伦理观、人生观、世界观、审美观。也有人说包括价值观，其实价值观是伦理观、人生观、审美观的综合。

二、文化的三个层级间的关系

表层文化和中层文化反映着底层文化的内涵，底层文化内涵渗透于表层文化和中层文化中。比如，一个人穿什么衣服体现了他的审美观。有些人一身都是名牌，但是搭配不合理，颜色不协调，反映了他的层次和品位，这就是表层文化反映着底层文化。绘画、诗歌、音乐等中层文化也无不体现着底层文化的内涵。

表层文化和中层文化的变化渗透到并影响着底层文化，底层文化引导并制约着表层文化和中层文化的变化。比如，有这样一个年轻人，他染着五彩的头发，戴着耳钉，穿着皱皱巴巴的衬衣，外面罩上一件比衬衣短的牛仔衫，穿着很久没刷的运动鞋。这个孩子这样追求个性，他的思想可能就会慢慢地转变为个人主义，从而渐渐忽略了集体主义。表层文化的变化就这样影响到了这个人的世界观和价值观。再如，有一个孩子平时学习很辛苦，放学回家除了做作业就是上网，

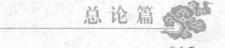

在网上交了很多朋友，却未把同一屋檐下的爸爸妈妈当成自己的朋友。这种中层文化与表层文化的表现，久而久之就会影响和改变孩子的伦理观和人生观。

表层文化和中层文化相互影响最为直接，它们相互牵动和制约。电视上明星穿了什么衣服，梳了什么发型，马上就会在社会上流行起来，形成时尚和风潮。

简而言之，表层文化、中层文化和底层文化是彼此交互的。孩子生下来喝荷兰奶粉，用进口奶瓶，穿迪斯尼的衣服，蹒跚学步的时候就开始吃麦当劳，再大一点儿的时候玩外国的游戏，而后要听外国的歌曲，上了大学就要准备出国。这样下去，我们的孩子到底是姓"中"还是姓"美"呢？面对孩子们对衣食住行的追求，我们不能任其泛滥、迷恋，但也不是一味拒绝优秀的、文明的东西。现在许多年轻人将模糊的、不知所云的东西视为美，而认为那些明朗的、敲打人心的东西没意思。如果我们的年轻人都变成玩世不恭的一代，中国的未来就要变质了。

从理论上讲，文化的三层应该是完整的一体。但是在人类历史上从未有过完整的情况，这就是文化的复杂之处。就说旧中国，有的父母一方面教育孩子要忠、要孝，一方面自己花天酒地、无恶不作。社会是复杂的，文化是复杂的，这三个层次就不会是完整的。文化本身就是一个开放的体系，层级之间要容纳不同的东西。但是，如果各个层级之间出现断裂的话，就要造成社会的断裂。如果我们的文化、艺术、宗教不去适应社会主义社会，而是与西方生活方式相适应，将西方的生活方式作为我们生活的主流，就要影响到法律、政策的制定，最终将导致中华民族优秀的传统伦理观、价值观荡然无存。

三、文化的层级和系统间相互纠葛，"你中有我，我中有你"

文化是一个混沌、庞大的体系。从纵向看，在一个文化整体下有种种亚文化，亚文化下面还有很多次亚文化。所谓亚文化，比如以地域划分，有西部文化、广东(岭南)文化、江南文化、东北文化，等等；以民族划分，有汉族文化、蒙古族文化，等等；以行业划分，有机关文化、学校文化、企业文化、军队文化、农村文化，等等；以人群划分，有大众文化与精英文化、俗文化与雅文化，等等。所谓次亚文化，比如西部文化，既有陕北文化，也有青海文化。文化的层级和系统间相互纠葛，"你中有我，我中有你"。比如，陕北文化基本是农村文化，蒙古族文化既有大众文化，也有精英文化。

四、文化发展的五大规律

1. 变动不居，文化相对停滞和过速都是危险的。

文化变化的速度与社会经济(生产力)发展的速度成正比。人类真正具有文化，是在形成了社会、有了劳动剩余时间之后，但那时的生产力并不发达。从原始的房子到建筑面积15万平方米的富丽堂皇的故宫，用了三千多年。但在20世纪50年代，我们用10个月的时间就建造了建筑面积达17万多平方米的人民大会堂。工业化使得生产力成百上千倍提高，文化发展也随之加快。各个民族的山歌是农业文化的产物，是中国文化几千年的沉淀。而现在只要在网上支付一定费用，就可以看到好莱坞的大片。实现从山歌到网上下载，这一步我们只用了一百多年。

文化变化的速度是国家活力的表现。文化发展慢，反映国家活力不足。从"文革"中只听语录歌，到现在孩子们听流行歌曲，也在一定程度上反映了我国的活力。

文化相对停滞和过速都是危险的。文化相对停滞，国家就处于相对危险的时期。比如，我国从明朝末期起，文化就基本停滞了，这段时间正是国家最危险的时候。但文化发展过快也不好，就好像人跑得太快容易丢掉身上带的东西一样。在快速发展中，最容易丢失的就是精神和传统。丢掉传统的东西就会无根，就会迷茫和迷失。古今中外，概莫能外。

文化变动的动力，从社会上说就是生产力和生产关系。但是，文化作为复杂的系统，还有其内动力，这就是层级和系统内部的彼此冲撞。比如，衣食住行的表层文化改变了，作为中层文化的礼仪也发生了变化。比如原来老北京的四合院，父母亲住在正房，儿子儿媳住厢房，早上起来上班之前总要到父母房里说："妈，您起来啦，我上班去了。"但是，现在父母住丰台，自己在延庆，能打个电话就不错了，总不能开车到丰台和妈妈说"我上班了"，然后再回延庆上班。这样渗透到底层，作为底层文化的"孝"的内涵和形式也都发生了变化。如父母亲生病住院了，有时子女只能通过请"特护"来代替自己尽孝。

文化的外动力，就是异质文化的接触和冲撞。如裤子并不是中原人的发明，而是胡人的发明。战国时人们学习胡服骑射，军队开始穿裤子，到了南北朝裤子才在日常生活中真正流行起来。今天我们坐的椅子，其实也是胡人发明的。

2．多元多彩，对于文化的不同，人力只能进行干预和引导，而不能掌控。

文化多元多彩是必然的，这也是文化发展所必需的。文化就是人化，人的复杂性导致行动的不统一性，而不同的行动又造成了文化的不同基元；文化是一种生活方式，人有了意志之后，总要追求自己的生活方式，文化也随之不同；文化是人的思想、言论、行动的综合。

对于文化的不同，人力只能进行干预和引导，而不能掌控。汉朝要独尊儒术，朝廷只能去引导社会风气，而不能禁止人们研究儒家之外的学术。我们要使大家统一思想和行动，就应当用高尚、向上的东西加以引导。

多元多彩是文化内动力的基础。比如，民进中央副主席王立平所作的曲子中有传统的因素，也融入西方的元素，让人百听不厌。这肯定对别的作曲家有所刺激和冲撞，可能就带动了歌唱家、作曲家的反思，他们就会来参照和学习，这就是内动力。如果文化发展停滞了，多元多彩的性质就会减弱。也可以反过来说，一个时代是不是多元多彩，可以从文化是快速发展还是相对停滞中看出来。

3．吸收异质。

基于不同地理、历史、文化、生产等因素而形成的文化就是异质文化。

质的差异有程度的不同，也有近缘和远缘的不同。青海的花儿和陕北的陕调属于近缘，非洲的调子和我们属于远缘。远缘可以变为近缘。美国人在工业革命到了极致，一切文化产品都标准化、工业化后，灵感枯竭了，就去非洲部落寻找灵感，学来了爵士乐、迪斯科和抽象画。本来是远缘的东西进入了美国的文化，又流传到欧洲，就近缘化了。

表层文化很少表现质的差异；而在中层文化中，质的色彩就浓了。佛教、道教与其他宗教，京剧、昆曲与意大利歌剧，国画与西洋画，中国与西方的家庭观念的差异要比德州扒鸡与肯德基烤鸡的差别大。质的差异最主要在底层文化，越趋向底层权重越大。基督教、伊斯兰教、佛教、儒学和道教的实质差别就在底层，就在于它们看待伦理、看待个人价值的观点和态度不同。

异质文化的接触和冲撞有战争、商贸和移民三种方式。战争是短暂的，但破坏严重。日本侵略并占领台湾50年，用刺刀加棍棒禁止中国人说汉语，逼迫他们以做日本良民为荣，企图这样由表层到底层将台湾的中国文化全面更换。但是，中华几千年的文化根底不是几十年能摧毁的。在台湾光复那天，全岛沸腾，一时间台北、高雄满街响彻中国话。商贸具有线性扩散的特点，比如我们通过丝绸之路向沿途传播中华文化，带回西域和波斯文化。但是，这是局部的、缓慢的。移民将文化由面扩散，快而全面。无论是历史还是今天，移民都是成块儿的。比如，匈奴在汉代逐渐归顺了中原，整个部落、部族的几万人南下，汉朝皇帝就划出一块地方让他们住，并派专人管辖。如今，有30万台湾同胞在上海一个地区居住，台湾本土的咖啡店、槟榔、文学创作也全都过来了。在移民和商贸中又产生了通婚，通婚是文化融合最快的方式之一。商贸和移民是和平方式，是双方自愿的，因而能彼此吸收，也是最稳、最深、最持久的。

4．雅俗互动，二者没有高低之分。

雅文化与俗文化是互动的，二者没有高低之分。所谓高级与低级的区分，在于百姓是否欢迎，内容是否引人向上，是否能引起人们精神的愉悦。雅文化加工精细，欣赏者少；俗文化加工比较粗，和原生态距离不远，容易取悦受众，欣赏者多。

俗文化是艺术的源头之一，雅文化是在俗文化基础上形成的。在两百多年前，京剧是唱野台子戏的，是俗文化，进京后经过精雕细刻才最终形成雅文化。中国的诗歌起源于《诗经》，最初很大一部分就是男女调情的写照，但后来成为了经典。经汉乐府、六朝文人诗，后来慢慢形成了可以唱的律诗，之后又出现宋词、元曲、元杂剧。四大名著，除了《红楼梦》，最初都是说书的话本。雅文化从俗文化中吸取营养而提高，反过来再推动俗文化。比如《梁祝》受到百姓欢迎之后，就推动了越剧的发展，有的段子成了南方年轻人传唱的曲调。阿炳最初靠拉二胡、吹唢呐为生，这是俗文化。但后来他创作的一些曲子，例如《二泉映月》，就成为雅文化，反过来又推动了二胡曲的创作，成为大众欣赏的艺术。这种互动循环往复、推陈出新，文化才得以前进，这是非常重要的规律。

目前，从事雅文化的人士总在感叹坐冷板凳，而从事俗文化的又看不起雅文化。其实，只要懂得文化的规律，就应当明白谁也不要看不起谁。雅文化要蹲下身来向俗文化学习，因为俗文化贴近百姓，是雅文化的源头之一；俗文化则要仰头向雅文化学习，否则难以提高，难以适应人们对文化的不断追求。

5.表动底静，判断一个社会文化断裂与否，主要要看中层文化和底层文化的关系。

表层文化就像地球上的山河，底层文化就像大地母亲。山河的形状可以改变，但山河之性无法改变。底层就是本性，最为稳定；表层、中层要向下渗透，久则撼基，其中中层尤其关键。判断一个社会文化断裂与否，主要要看中层文化和底层文化的关系。比如，我们是吃烤鸭、板鸭还是炖老鸭，这没有关系；但是，歌曲、诗歌是让人颓废还是催人奋进，这就很重要。如果中层文化和底层文化相抵触，这个断裂就将形成社会的危机，今天我们所看到的很多现象就属于这一类。

当前文化问题的症结

当前文化问题的症结可以概括为以下六点：(1)底层欠晰；(2)中层彷徨；(3)表层无属；(4)俗而无章；(5)高雅孤芳；(6)亚者乏力。

首先，底层文化欠细、欠明朗。我们现在提倡爱国主义和集体主义，又提倡以爱国主义为核心的传统文化，但这又不完全是传统文化所提倡的仁、义、礼、智、信，也不像孙中山先生提出的忠孝、仁爱、信义、和平。我们的集体主义、爱国主义的支柱是什么，目前还不清晰。

如果中层文化中的宗教、艺术和风俗与整个国家的文化追求相抵触，我们可以禁止它，这是各国的通例。但要明确，江泽民同志之所以提出中国的宗教要适应社会主义社会，并不是从消极防范出发的，而是根据宗教作为一种文化现象从来都是变动不居，从来都要适应所处的时代和国家、社会环境这一规律而提出的。在几千年宗教史上，几大宗教都在不同历史时期有过重大改革，改革的原则和目的就是要适应已经变化的社会现实。

现在中国城市的表层文化属于哪一家？风靡城市的消费主义、时尚侈靡之风是什么文化？比如数码相机，从200万像素发展到1 000万像素，一年一个新款，我们去跟风、去追逐，一年换一个，这是中华民族的美德吗？

俗文化目前也没有章法，几乎处于自生自灭状态。美国大片、贺岁片以"电影就是娱乐"之名占据了所有电影院线，各色流行音乐、电脑游戏已成为很多青少年的必需品。那么，原有的俗文化呢？中华民族的非物质文化呢？陕北民歌《三十里铺》是曾经流传甚广的一首歌曲，歌曲中"四妹子"的原型现在已经80岁了。记者到歌曲的发生地陕北绥德三十里铺村采访时，问那里的女孩子们有没有听过这首歌，她们都说没有听过，听的都是流行歌曲。俗文化的自生自灭，是因为没章法——"行省"没章法，"道尹"没章法，"百姓"自然也没章法。现在文化部加强非物质文化遗产的保护，就是要有个章法。

高雅文化成了曲高和寡。据调查，现在有的剧团、乐团即使有再好的角，唱再好的曲，在演第一场的时候能有30%的上座率就很好了，即便赠票也就只能达到五成的上座率。孤芳自赏的东西很难令大众喜欢，剧团自身必须变革。

亚文化也十分乏力。比如，维吾尔族、土家族等少数民族的民族文化保护情况如何？虽然民族还在，但文化已经没有太多力量了，这样下去很危险。中华民族的文化是56个民族共同创造的，民族亚文化乏力，中华文化整体的活力也不会强。地域亚文化、社区亚文化也是如此。

几点对策

一要文化自觉，纲举目张。要解决这些问题，首先需要民族的文化自觉，纲举则目张。所谓文化自觉，就是领导阶层和知识阶层要对民族文化的重要性、传统文化中的良莠、文化前进的方向具有清醒而明确的理性认识。文化自觉并不等于13亿人都明白。从江泽民同志在"三个代表"重要思想中提出"代表中国先进文化的前进方向"，到胡锦涛总书记提出"八荣八耻"的社会主义荣辱观这一系列有关文化建设的指示、号召，可以看出领导阶层的文化自觉意识越来越明晰。许多省、市的领导都提出要建立文化大省，这也是文化自觉的表现。知识阶层如何呢？惊呼、哀怨多，沉静思考、深入研究、建议创新少，自觉还有待提高。自觉是纲，底层文化是纲，纲举则文化、教育、社会管理这些目即张，中层文化、表层文化也就会逐渐变化。

二要三层并举，沟通古今。建设我们的文化需要表、中、底三层一起动，只举一层是不行的。我曾经在国防大学作过三次报告，讲的就是中国民主制度与中华传统文化的关系。我认为现在由中国共产党领导的多党合作和政治协商制度、人民代表大会制度和民族区域自治制度，都是中国第一代领导人在吸取中华传统文化优点，又结合百年来的传统而形成的，并非凭空想象。这是对底层文化和中层文化的分析。我希望有更多的人剖析文化的层次，促进三层同步建设。

所谓沟通古今，我认为最好的典范就是胡锦涛总书记提出的"八荣八耻"的社会主义荣辱观。这是经过党中央深思熟虑，脱胎于传统文化，又结合了时代特色提出的道德体系。"以热爱祖国为荣、以危害祖国为耻"，讲的就是"忠"；"以服务人民为荣、以背离人民为耻"，讲的就是"仁"与"义";"以崇尚科学为荣、以愚昧无知为耻",讲的就是"智";"以辛勤劳动为荣、以好逸恶劳为耻",讲的就是"勤"与"廉";"以团结互助为荣、以损人利己为耻",讲的就是"礼"与"义";"以诚实守信为荣、以见利忘义为耻",讲的就是"信"与"义";"以遵纪守法为荣、以违法乱纪为耻"和"以艰苦奋斗为荣、以骄奢淫逸为耻",在传统文化中也都属于"礼"的范畴。沟通古今,很容易勾起民族对传统的记忆,因而也最容易传播,人们易于接受。

三要着眼青年,关注农民。着眼青年的道理不用多说了。农民是我们的衣食父母,而且在农民那里还保存着我们优秀的文化。前些天,我被一篇新闻报道深深打动:长春的一个8岁小姑娘,双目失明并可能不久于人世,小姑娘最大的梦想就是到北京天安门看升国旗仪式,但医生考虑到她的病情而不允许。于是几千名志愿者假造了一个天安门升旗的场景,包括旅途中的各种情景。在升旗时,小姑娘想给国旗敬个队礼,最后爸爸帮她抬起了小手,这时候小姑娘笑了。这说明,民族的希望在人民之中,在农民之中,在城市的普通家庭里。

四要全民启蒙,学校任重。虽然不能要求人人都能达到理性的高度,但我们还是要通过全民启蒙来实现文化自觉。"取法乎上,仅得其中。"学校是传播、创造文化的重要场所,学校对学生进行文化启蒙的任务最重。到2020年,今天幼儿园的孩子就是社会上的基础劳动力,那时的博士生就产生于今天的小学生中,那时的处长就产生于今天的中学生里,今天的大学生中到时会有不少司局长,今天的一些博士后到时会当上部长。因此,如果学校还盲目地追求分数,还不做好民族文化和精神的启蒙,后果就非常严重了。

五要自觉开掘,重在创新。"八荣八耻"是做人的基本准则,但要让人们知荣知耻,光凭发文件、作报告、贴标语是不行的,还要靠大量中层的东西。我们可以充分利用文学、艺术、风俗等中层文化,以创新的思维和方法,用人们愿意接受的方式和手段去宣传、去渗透。

韩剧的成功对我们来说既是悲哀又是好事，因为这反映了中国人民对传统的怀念，可惜我们还创作不出这类作品来。甚至禅宗也会给我们以启发，告诉人们在每个人的心中都有善良的一面，只不过被有些东西遮蔽住了。只要醒悟了，意识到自己心中真、善、美的一面并努力纯化，就是好人、有价值的人。我们要自觉地去开掘和宣传藏于民间、代表民族精神和民族前进方向的点点滴滴。但是，只是一味照搬肯定不行，关键还在于创新。比如，现有的剧种想要进入寻常百姓家，达到万人空巷的状况，必须对剧种的形式加以改变，尽管这可能很难。只要自觉了，我们就有可能开掘出许多优秀的东西供广大的人民享受。

文化问题是一个民族得以强大的最根本问题，正如毛主席所说的："物质可以变成精神，精神可以变成物质。"全国人民的文化素养提高了，知识分子的文化素养提高了，这时手里的设备和头脑中的技术就可以成倍地发挥作用。文化的强大不仅能够增加精神实力，还可以增加经济实力。文化已经成为当今经济全球化过程中重要的出口产品。美国最大的出口产品不是汽车，也不是Windows，而是文化产品。目前，我国图书进出口版权比是10：1，这与我们五千年的文化底蕴十分不符。古代的四大文明中只有中华文明不曾中断，21世纪的中国小学生几乎可以毫无障碍地诵读公元8世纪的唐诗，这在全世界都是奇迹。可我们好像浑然不觉，似乎祖先什么都没给我们留下，都以追求西方文化为时髦。

我们要清楚地认识文化建设的现状和存在的问题，在市场经济的大潮中，利用现代技术手段，靠观念的转变与开放，促成体制与机制的改革。光坐而论道是不行的，我们要行动起来，为中国文化建设献计献策，为中国文化发展作出我们独特的贡献。

国学的当代形态与当代意义

袁行霈

袁行霈，1936年生，江苏武进人。北京大学中文系教授、人文学部主任、国学研究院院长。兼任国务院学位委员会委员、中央文史研究馆馆长。1957年毕业于北京大学中文系，留校任教至今。任新加坡国立大学、新加坡南洋理工大学、台湾淡江大学、香港城市大学客座教授；美国哈佛大学哈佛燕京学社访问研究学者，并在哈佛、耶鲁、哥伦比亚、华盛顿、夏威夷等大学、香港大学、台湾大学、台湾师范大学、澳门理工大学、意大利罗马大学、伦敦大学等校演讲。第八、九届全国政协常委，第十届全国人大常委，第八、九届民盟中央副主席。

主要著作有：《中华文明史》（四卷本，第一主编）、《中国文学史》（四卷本，主编）、《中国文学概论》、《中国诗歌艺术研究》、《陶渊明研究》、《陶渊明集笺注》、《唐诗风神及其他》、《中国文学作品选注》（主编）、《愈庐集》、《学问的气象》、《陶渊明影响——文学史与绘画史之交叉研究》等。

一

　　我国古代所谓"国学"，是指国家设立的学校①。这与近代以来所谓"国学"的涵义不同。近代以来所谓"国学"一词，有学者认为源自日本，江户时代中期日本思想界一部分人，如荷田春满等提倡对日本的古代典籍进行研究，以探明本土固有的文化，遂有"国学"之称。"明治维新后，日本政府推行欧化政策，导致社会出现彻底洋化的偏激倾向。1888年，三宅雪岭、志贺重昂等人成立政教社，鼓吹国粹思想，以求扭转偏向。"②或许是受这种思潮的影响，1902年秋，梁启超曾与黄遵宪等人商议，拟在日本创办《国学报》。1904年，邓实发表《国学保存论》③，论述了保存"国学"的重要性。1905年，邓实、黄节等人在上海成立了国学保存会，以"研究国学，保存国粹"为宗旨④，出版《国粹学报》，撰稿人除了邓实、黄节，还有章炳麟、刘师培、陈去病、黄侃、马叙伦等⑤，他们或为中国同盟会会员，或倾向民主革命。提倡

①《周礼·春官·乐师》："乐师掌国学之政，以教国子小舞。"
②参见桑兵《晚清民国时期的国学研究与西学》，《历史研究》1996年第5期。当时的代表人物荷田春满、贺茂真渊、本居宣长、平田笃胤等，有国学四大家之称。
③见《政艺通报》第3期。
④见《国学保存会简章》。
⑤邓实，字秋枚，广东顺德人，1877年生于上海。庚子后，痛感亡国无日，于1902年在上海创办《政艺通报》，1905年发起成立国学保存会，刊行《国粹学报》，宣传排满革命，是国粹理论的主要提倡者之一。黄节(1873－1935)原名晦闻，顺德人。清末参与创立国学保存会，创办《国粹学报》，提倡排满革命。民国成立后加入南社，反对袁世凯称帝。任北京大学文学院教授、清华大学研究院导师，对魏晋文学研究精深。章炳麟(1869－1936)原名学乘，后改名绛，字枚叔，号太炎，浙江余杭人。清末民初民主革命家、思想家、著名学者。曾参加维新运动，与蔡元培共同发起成立光复会。任同

"国学"与他们从事的革命活动大方向是一致的，而"国学"的"国"字，则包含了爱国的情结。1906年，章炳麟在日本鼓吹反满革命，同时提倡研究国学。留日青年成立国学讲习会，请他讲授国学，鲁迅就是学生之一。1922年4月至6月间，章炳麟在上海讲"国学大概"和"国学派别"。1934年，章炳麟在苏州创办章氏国学讲习会，对国学做了总结性的讲解。章炳麟上述几次演讲经过记录整理，出版了《国故论衡》、《国学概论》、《国学演讲录》等书，在二三十年代影响很大。《国学演讲录》分为"小学略说"、"经学略说"、"史学略说"、"诸子略说"、"文学略说"五部分，由此可以看出他对国学范围的界定。此外，胡适、顾颉刚、钱穆等人也有关于"国学"、"国故"、"国粹"的种种论述①。各家的说法颇有分歧，在这里无须详加辨析，若就其大致相同的方面而言，可以说"国学"即中国固有的学术，以及研究中国传统的典籍、学术与文化的学问。

清末民初国学的兴起，与当时的社会思潮有密切的关系。1840年鸦片战争以后，中国的一些有识之士努力向西方寻找救亡图存之道，西学东渐成为社会的潮流。在这过程中一部分学者担心自己国家固有

盟会机关报《民报》主编。后期政治态度保守。刘师培(1884－1919)江苏仪征人。1904年在上海与章炳麟交游，倾向革命，著有《中国民约精义》，抵制专制。后期思想趋向保守。陈去病(1874－1933)江苏吴江人。光绪二十四年(1898)在家乡组织雪耻学会，响应维新运动。后与柳亚子等创办南社。1913年，参加讨伐袁世凯的"二次革命"。1917年，随孙中山赴粤"护法"。1922年，孙中山督师北伐，陈去病任大本营前敌宣传主任。后曾任南京东南大学教授。黄侃(1886－1935)，湖北蕲春人。著名语言文字学家。在日本师从章炳麟，加入同盟会。后曾任北京大学等校教授。马叙伦(1885－1970)浙江杭州人。辛亥革命前参加同盟会，民国后任清华大学、北京大学等校教授。1946年在上海发起组织中国民主促进会，致力于民主爱国运动。新中国成立后，曾任政务院文化教育委员会副主任，教育部、高等教育部部长，全国人大常委会委员，全国政协副主席，中国民主促进会中央主席，中国民主同盟中央副主席。

① 以上关于"国学"的追溯，以及国学、国故、国粹等说法，参看罗志田《国家与学术：清季民初关于"国学"的思想论争》，三联书店2003年版。

的学术文化衰微，于是提倡国学。考察他们的初衷，明显地带有救亡图存的意思，以及弘扬中国传统文化的愿望。

国学的提出虽然与西学东渐的刺激有关，但是从国学研究的实绩看来，还是或多或少地吸取了西方的理念和方法。特别是20世纪以来，中国学术界在吸收世界各国的思想、文化、科学、技术的同时，也以新的眼光审视自己国家数千年来固有的传统。胡适在《国学季刊》发刊词中明确地说："我们现在治国学，必须要打破闭关孤立的态度"，要向欧美日本学者学习。此时的"国学"和以前的汉学、宋学、乾嘉考据学相比，论范围已经远远超出，论观念已经几度更新，论方法已经更加科学化、系统化。我们不妨以章炳麟所谓国学的五类略加说明。小学，本来是以通经为宗旨的学问，在接受了西方语言学的滋养后，已经发展为以描述语言文字发展规律为宗旨的汉语语言学和文字学。经学和诸子学，也有了很大的变化，中国原先虽有《宋元学案》、《明儒学案》之类讲述某一朝代儒学师承和派别的著作①，但没有以近代方法编写的中国哲学通史，胡适在北京大学的讲义《中国哲学史大纲》（上卷）是发轫之作。这种哲学通史已不再局限于经学，而是将儒家经典与诸子著作、佛学典籍进行综合的研究，描述了历代思想、哲学的变化发展，从而成为经学和诸子学未能包括的一门新的学科。在史学领域，用新的方法撰写的通史、断代史，以及政治制度史、文化史等侧重于某一方面的历史著作蔚为大观；中外交通史、中国科技史引起重视，并成为新的学科；传统的舆地学发展为历史地理学；金石学发展为现代考古学。古史辨派的代表人物顾颉刚关于"层累地造成"古史的学说，影响了一代史学研究；王国维提倡以"地下之新材料""补正纸上之材料"②，这种"二重证据法"为史学打开了新的局面。考古学的

①《宋元学案》，黄宗羲、黄百家、全祖望等人合著。《明儒学案》，黄宗羲著。
② 见《古史新证——王国维最后的讲义》第2页，清华大学出版社1994年版。

新成果，如殷墟卜辞的发现、汉简的发现、敦煌莫高窟藏经洞的发现，引起史学、文学、文字学、语言学、宗教学等众多学科的巨大变化，敦煌学进入了"国学"的疆域。在文学方面，王国维《宋元戏曲史》的出版，将戏曲纳入文学史研究的范围；1920年鲁迅应蔡元培校长之邀在北京大学讲授中国小说史，从此，被视为"小道"的小说登上了大雅之堂，他的讲义《中国小说史略》成为中国小说史的开山之作。于是，戏曲和小说的研究也进入国学的领域。凡此种种，都使国学出现了新的面貌。在继承传统的同时所发生的这些变化，足以使我们将20世纪以来的"国学"和以往的学术区别开来。

二

今天我们又面临一个新的继往开来的时代，这是一个经济全球化和文化多元化的时代，是一个科学技术突飞猛进的时代。此时，我们所研究的"国学"也应当以一种新的、富有当代特色的形态出现。我之所以提出"国学的当代形态"这个命题，就是要强调：研究"国学"不是复古倒退，也不是抱残守缺，而是具有革新意义的、面向未来和世界的学术创造活动。这表现在以下几个方面：

（一）当代的国学应当立足现实，服务于振兴中华、增强民族凝聚力，实现现代化的伟大历史任务

上面说过，国学是在清末救亡图存的呼声中提出来的。中国的近代史已经证明，真正挽救了中国并引导中国走向现代化的不是国学。但这并不是说国学无用，只要我们研究的态度正确，在中国走向现代

化的进程中，国学可以起到促进作用。因为现代化不等于全盘西化，必须充分重视中国的国情，国情既包括中国的现状也包括中国的历史和文化传统。我在1993年发表的《国学研究发刊辞》中有这样一段话："不管愿不愿承认，也不管是不是喜欢，我们每天都生活在自己国家的文化传统之中，并以自己的言谈行为显示着这个传统的或优或劣的特色。而国学作为固有文化传统深层的部分，已经渗进民众的心灵，直接间接地参与现代生活。"①我重申这段话是想进一步说明：应当自觉地把国学放到中国实现现代化的历史任务中，放到世界的大格局中加以研究，使之与当代社会相适应、与现代文明相协调，为中国的现代化和全人类文明的进步做出应有的贡献。现在越来越多的人已经认识到，在中国传统文化中有许多宝贵遗产，值得加以挖掘整理，使之转化为当代的资源。例如关于和谐的思想；关于天人合一的观念；关于忧国忧民的情操；关于尚善的态度和通过修身养性以达致高尚人格的追求；关于敬业乐群的意识，以及"先天下之忧而忧，后天下之乐而乐"的人生准则；关于整体思维的思想方法等等，都值得我们认真研究大力弘扬。此外，还有丰富的历史经验和教训，可以给我们深刻的启示；还有众多美不胜收的文学作品和艺术作品，可以陶冶我们的性情，美化我们的心灵。可见，国学研究天地广阔，只要以实事求是的态度踏实认真地去做，以学者的态度去做，是可以为提高全社会的人文素养，增强民族凝聚力，弘扬民族精神，构建和谐社会、和谐世界贡献一份力量的。

（二）当代的国学应当建立在对古典文献和出土文物认真整理的基础之上，并在此基础上建立具有中国特色的理论体系

国学是一门博大精深的学问，详尽地占有原始资料，从资料出

① 见《国学研究》第一卷，北京大学出版社1993年版。

发，进行实事求是的整理分析，是国学研究的基础工作。随着国内外所藏古籍善本调查工作的进展，一些原来秘不示人的善本已经公开，各种善本可以更方便地被研究者所利用，古籍的整理工作可以做得比前人更加完善，从而使国学研究建立在更坚实的基础之上。20世纪以来特别是近几十年来大量的出土文物，又为国学研究开拓新的局面提供了充分的条件。例如临沂银雀山汉墓出土的竹书，长沙马王堆汉墓出土的帛书，荆门郭店战国楚墓出土的竹简，上海博物馆藏战国楚竹书等，为国学提供了大批极为宝贵的新资料。由于这些新资料的出现，许多亡佚已久的先秦古籍重见天日，一些传世的先秦古籍有了更早的古本，古籍中的一些错误得以纠正，古籍中的一些难点得到解释，一些被疑为汉代以后伪作的古籍被证明不是伪作[2]。将传世古籍与出土文物结合起来进行研究，就有可能对中国古代史、古代思想史、古代文学史等许多学科得到新的认识。这是以前的学者无法想像的，是时代给与我们的眷顾。

然而我们不能满足于资料的整理，应当在此基础上建立理论的体系，从而对中国古代学术、文化的发展规律，以及中国文化的未来有一种理性的认识。这种理论自觉，不仅有助于当代中国的文化建设，也必将对世界文明的健康发展产生积极的影响。

（三）当代的国学应当注意普及，在广大人民群众中弘扬中华民族优秀的传统文化

经过"文化大革命"的十年浩劫，中华民族优秀的传统文化面临断裂的危险，中国人的身份认同感以及民族自信心、自豪感都亟待加强。近年来人民群众对传统文化的热情持续升温，海外华人华侨寻根的愿望十分强烈。在这种形势之下，国学研究义不容辞地应当担当起

---

② 参看裘锡圭：《中国出土古文献十讲》，复旦大学出版社2004年版。

普及优秀传统文化的任务。国学能不能走出象牙之塔，在广大人民群众中得到认可，是国学研究能否顺利开展的关键之一。当代的国学应当具有提高与普及相结合的品格，应当在群众中得到检验，找到知音。

弘扬传统文化，可以利用各种传媒手段，特别是群众喜闻乐见的形式，应当落实到提高人的素质上，让传统文化的营养像春雨一样沁入人的心田。这是一个相当长的过程，不可急功近利，尤其不可进行商业炒作。用商业的方式炒作国学，甚至用国学来牟利，从根本上违背了学术的宗旨。

（四）当代的国学应当吸取人类一切优秀的文化成果，同时要确立文化自主的意识与文化创新的精神

人类文明的历史表明：一个民族的文化，如果不借鉴和吸收其他民族的文化，就很难得到发展，甚至还会逐渐萎缩，中华文明也是如此。中国与外部世界的交流开始得相当早，汉武帝时期，张骞出使西域，开通了著名的"丝绸之路"；汉和帝时期，另一位使者甘英的足迹，已经抵达波斯湾，与古罗马帝国（时称"大秦"）隔海相望。到了唐代，中外文化交流更加广泛，长安是当时最大的国际都会，在8世纪前半叶，人口已达百万之多，居住着许多外国的王侯、供职于唐朝的外国人，以及留学生、学问僧、求法僧、外国的音乐家、舞蹈家和商贾。大食、天竺、真腊、狮子国、新罗、日本等许多国家的使臣络绎不绝。到了明代，随着航海技术的进步，郑和率领庞大的船队七下西洋，途经东南亚、南亚、西亚各国，最远到达东非沿海。明末清初，以来华传教士为媒介，中国又与欧洲一些国家建立了文化交流关系。

中外文化的交流，不但使中华文明得以弘扬，也使中华文明得到滋养；这种弘扬与滋养，涵盖了物质文明、政治文明及精神文明各个方面。中国的造纸术和印刷术传入欧洲，对西方文明的伟大贡献已是公认的事实；中国的瓷器、丝绸、茶叶以及园林建筑，营造了18世纪弥漫于欧洲的"中国情调";而中国的孔孟儒学、科举制度、文官体系以及文学艺术，不仅在日本、韩国等亚洲近邻国家落地生根开花结果，还曾远渡重洋，成为18世纪欧洲启蒙思想家的重要学术资源。与此同时，中华文化也从外来文化中吸取养分。明末以利玛窦为代表的西方传教士用科学作为传教工具，激起了中国一部分士大夫对西方科学的兴趣，包括古希腊数学、地理学、物理学、生物学、天文学、机械工程学，以及火器、水利等等；而在哥伦布发现新大陆之后，16世纪至19世纪的三百年间，玉米、甘薯和马铃薯等美洲作物的传入和推广，对中国开发地广人稀的山区，满足人口大国的粮食需求，进而发展生产力，起到了关键的作用；中国人发明的印刷术与造纸术，西传欧洲，经过改造后又传回中国，再次促进了中国文化的发展与传播①。

回顾历史，中华文明曾居于世界领先的地位。令人痛惜的是，在18世纪末至19世纪初期，正当西方文明实现了向近代化的转型，中华文明急需吸取其营养奋起直追的历史关头，清朝统治者却采取闭关锁国的政策，固步自封，不图进取，丧失了历史机遇，中华文明遂被排斥到世界文明发展的主流之外，处于落后地位，而中国这样一个文明古国甚至沦落到任人宰割的地步，这是我们应当牢牢记住的惨痛历史教训！

现在，中国发生了翻天覆地的变化，在和平发展的道路上突飞猛进，经济总量已经跃居于世界前列。在这种情况下，如何更加自觉地发展与我国地位相称的、与时代发展相适应的先进文化，是一个带有战略意义的重大问题。如果没有文化自主的意识，如果没有文化创新的精神，我们就很难在这个竞争剧烈的世界中立足和生存。科技要自主创新，文化也要自主创新。一味地照搬古人和照搬外国，都是不足取的。继承传统文化，要有所取舍，不能复古倒退；吸取其他民族的

---

① 参看袁行霈、严文明、张传玺、楼宇烈主编：《中华文明史》，北京大学出版社2006年版。

文化成果，要取舍由我，不能不分优劣，全盘西化。复古倒退和全盘西化都丧失了文化自主创新的立场，都是没有前途的。自觉地创造我们自己的、具有时代性和前瞻性的新文化，乃是中华文明复兴的关键所在。

在这里，我想特别强调中国传统文化"走出去"的历史使命。阅读明清以降的中西文化交流史，常常给人留下这样的印象，即西方人眼中的中国形象，大多来自西方人自己的著作，如传教士的书信及报告、冒险家的游记等等，或褒或贬，都未能反映出一个全面的真实的中国。截至到目前，我们对世界的了解固然还很不够，但是世界对中国的了解则更少、更肤浅。这就迫切需要我们以主动的姿态，充分利用各种途径和方式，将中国传统文化的精华，真诚地介绍给世界各国人民。现在中外文化交流，呈现明显的入超状态，有人统计，文化的进出口比例为14：1，这未必是精确的统计，但值得我们注意。随着经济的全球化，特别是中国经济的日益繁荣，世界更迫切地需要了解中国。我们在广泛吸取世界上一切优秀文化成果的同时，有责任使优秀的中华文明走出去，让各国人民与我们共享。

总之，国学研究既要保持其传统性与本土性，同时也要彰显它的时代性与世界性。当代的国学已经具备了各方面的有利条件，足以使之成为不同于以往的新国学。换句话说，现在已经是重建国学的时候了。

三

国学的当代意义是与国学的当代形态联系在一起的，国学如果没有新的发展，其意义必然受到很大局限。国学的当代意义是围绕着弘扬中华民族优秀传统文化这个宏伟目标来实现的。我曾经说过：不要以实用主义的态度对待国学。如果仅仅从国学中寻找对工商管理、金融、经济、公关等等有用的技巧和方法，那就太简单化了。有人问我：国学究竟有甚么用？要说没用也真没用，既不能当饭吃，也不能教人如何投资赚钱。但其精华部分能丰富我们的精神世界，增强民族的凝聚力，协调人和自然的关系以及人和人的关系，能促使人把自己掌握的知识和技术用到造福于人类的正道上来，这是人文无用之大用，也是国学无用之大用。试想，如果我们的心灵中没有诗意，我们的记忆中没有历史，我们的思考中没有哲理，我们的生活将成为什么样子①？

国学的当代意义，在很大程度上取决于我们的研究态度。我们研究国学，应以承传中华民族优秀传统文化为己任。传统文化是一个民族的根，是一个民族的标志，也是一个民族的骄傲。传统文化关系到每个民族对自己身份的认同感、归属感，以及伴随这种认同感和归属感而来的文化尊严感。传统文化又是民族凝聚力的源泉，一个民族的疆土被人用武力占领了，还可以收复；一个民族的文化被人灭绝了，或者自己抛弃了，则万劫不复！国学作为传统文化中深层的、学术性的部分，与中华民族的复兴密切相关。在经济全球化的大趋势中，拥有几千年文化传统的中华民族，必须自觉地维护自己的根，这样才能自立于世界民族之林。

从上世纪90年代以来，国学已经逐渐引起社会的重视，目前又一次出现了"国学热"。在这种情况下，我们必须更加清醒。我要强调的是：对待国学应当抱三种态度，即分析的态度、开放的态度、前瞻的态度。所谓分析的态度，就是要分清国学中的精华和糟粕，吸取其精华，剔除其糟粕。所谓开放的态度，就是要处理好中外的关系，不能

① 参见拙文《国学与二十一世纪》，《光明日报》2006年1月10日。

把自己封闭起来。既要吸取世界上各民族优秀的文化成果，也要让自己民族的优秀文化走向世界。所谓前瞻的态度，就是要正确对待古今的关系，立足当前面向未来，建立具有当代形态和前瞻意义的新国学。我们也应清醒地看到，国学研究是严肃的学术工作，不可满足于泛泛的议论，而应沉潜下来，认真钻研，将切实的成果贡献给社会。

"中国悠久的文化传统不是一潭止水，它宛若滚滚不尽的江河，不断吸纳支流，或直或曲，或速或缓，或涨或落，变动不居。国学也是这样，汉有汉学，宋有宋学，今后则必有以今之时代命名的学派。历史悠久的国学只有不断以新的形态代替旧的形态，才能永葆青春。"这段话是我在1993年《国学研究发刊辞》中曾经说过的，我想以此做为这次发言的结尾。我还想强调一句：国学只有与现实生活密切结合，在人民群众中发挥积极的作用，才能充分实现其价值，并永远保持强大的生命力。

国学与中华崛起之关系

纪宝成

纪宝成，1944年11月生于江苏扬州。中国人民大学校长、教授、博士生导师，享受政府特殊津贴。国务院学位委员会委员兼学科评议组成员，第十届、十一届全国人大代表，教育部社会科学委员会委员，曾任商业部教育司司长，国内贸易部教育司司长，国家教委高等教育司司长、计划建设司司长，教育部发展规划司司长兼教育部直属高校工作办公室主任；兼任中国公共管理硕士(MPA)专业学位教育指导委员会副主任委员、中国市场学会副会长、中国商业经济学会副会长、中国高校市场学研究会会长、中国高等教育学会副会长、中国教育国际交流协会副会长、中韩友好协会副会长等。先后被爱尔兰都柏林大学、韩国高丽大学、日本创价大学等20多所国内外高等院校授予名誉博士、名誉教授称号或被聘请为兼职教授，曾获2006年度IET—方正大学校长奖、2006年度十大创新英才、第四届十大中华经济英才、2008年中国思想力人物、改革开放30年中国教育最具影响力30人、改革开放30年中国教育风云人物等称号。

参编著作23部，在《人民日报》、《光明日报》、《中国社会科学》等30多种报刊发表论文300余篇。

谈重振国学，我想首先从人民大学创办国学院谈起。我是2000年9月回到中国人民大学任校长，当时，重理轻文是普遍的社会现象，这显然是不正常的，是战略思维上的短视和文化发展上的畸形。因此我一到人民大学，就强烈呼吁全社会都要重视、发展和繁荣人文社会科学。当时我撰写的第一篇文章就是《新世纪应该更加重视人文社会科学》，后被《新华文摘》全文转载，举办的第一个全校性的论坛就是"中国人文社会科学论坛"。2002年4月28日，时任中共中央总书记、国家主席的江泽民同志来到人民大学，发表了要高度重视哲学社会科学的重要讲话。此后，党中央还专门下发了《关于进一步繁荣发展哲学社会科学的意见》，明确了繁荣发展哲学社会科学的战略意义和政策导向。

"好风凭借力，送我上青云"，就在这样一个大的背景之下，从2001年起，我们学校采取了一系列弘扬中国优秀传统文化的重大举措，包括在全国高校率先竖立孔子像；率先成立孔子研究院；率先倡议修撰《清史》，倡议编纂《儒藏》；提议将传统节日定为法定节假日，等等。有了这些积累和铺垫，我们又作出了一个重大决策——成立国学院，这就使我们这些年为繁荣人文社会科学所作的努力达到一个高潮。2005年5月，我校正式宣布要重振国学，成立国学院，当年10月16日隆重举行了国学院的开学典礼。

人民大学国学院是新中国第一家国学院。它的成立，引起了全社会各方面的广泛关注和强烈反响，季羡林、南怀瑾、任继愈、饶宗颐、何兹全、叶嘉莹、杜维明、张岂之、袁行霈、范曾、庞朴等著名学者都给予了高度赞扬和无私的帮助。李岚清同志、陈至立同志都给人大国学院题词、发贺信。我们也先后接到了数百封普通民众的来信，他们用敦厚淳朴而又热情洋溢的语言，对我们创办国学院这一盛举给予了极大的肯定和支持。有一封信来自最基层的老百姓，他在信中说：我们"下里巴人"也爱"阳春白雪"。人大国学院的成立，被看作是我国高等教育发展史上具有战略意义的重大举措，是我国新时期文化建设中具有继往开来地位的标志性事件。我们成立国学院，决不是一时心血来潮的冲动，而是基于中国文化传承光大、民族精神坚守弘扬的深思熟虑之举。在当今经济全球化、政治多极化、文明多样化的世界中，中国怎么样才能保持自己的文化特色，进而对世界文明的进步做出我们自己应有的贡献呢？我们认为，关键在于要从战略的高度为文化的建设寻找到基准点与突破口。"众里寻她千百度，蓦然回首，那人却在灯火阑珊处"，重振国学，我以为就是这样的基准点和突破口。

国学就是中国固有的传统学术及其研究的学问，是中华传统文化的精华，它沉淀于历史的长河，而又升华于现代社会，既是延续传统的纽带，又是开创未来的阶梯，它固然是指依存于经典之内的知识及其体系，更是蕴涵着为人处世，齐家治国的世界观、人生观、价值观。重振国学，对于推动整个文化发展，复兴中华民族文化，都具有至关重要的意义。国学学科的建设也有助于我们重新认识和估价依据西方学科范式和话语体系建立的学科制度所带来的利弊得失，克服其在继承和弘扬民族文化方面的种种局限，更加有效凸显中华民族传统文化在现代文化建设中的资源性价值。

然而，我们创办国学院的举措也受到了一些人的质疑、责难，甚至激烈反对。曾有一段时间，真可谓聚讼纷纭，众口烁金。我想不同意见的存在，对我们重振国学其实是从另一方面的推动与鞭策。对个别包含着全盘西化意识企图的国学反动论，我们理应予以揭露与批判；对那些国学无用论的误解与质疑，我们理应加以澄清与纠正；对狭隘偏执的国学复古论，我们理应明确我们倡导国学的基本立场与科学态度；对疑窦重重的国学难继论，我们理应用开拓、奋进的实际工作成就，用充分的事实来打消其疑虑，证明国学的振兴充满希望。

我们一再强调，在今天重振国学，决不是对传统国学的简单回归与重复，而是以现代的理念指导国学的研究与发展。我们力求充满明确的创新意识和与时俱进的当代精神，坚持以历史唯物主义的立场、观点和方法对待中国传统思想与学术，取其精华，弃其糟粕，避免陷入单纯复古的泥淖，对于什么是糟粕，什么是精华，我们也要持慎重分析的态度，我们往往把精华当糟粕，把糟粕当精华，这都是历史的经验和教训，所以要慎言精华和糟粕；沟通历史与现实的畛域，摆脱为整理国故而研究国学的思路，立足于从丰厚的历史文化资源中寻求启迪，为建设共有精神家园提供服务；以博大的襟怀、坦荡的气魄，使今天的国学成为一个开放的文化体系，充分汲取和借鉴世界尤其是欧美近现代文化中的精华成分，给国学注入新的生机，升华新的境界；不断开拓视野，注重东西文化比较，在世界文明发展的大格局中进行定位，不张扬狭隘的民族主义，而是追求在世界文化多样化背景下，既美其美，也美人之美，致力于将博大精深的中国文化作为"世界文化"的一部分，作为全人类共同的精神财富加以集成、阐释和光大！概而言之，我们所说的国学，乃是今人眼中的国学，乃是国际视野中的国学，乃是现代形态意义上的国学。

重振国学，理应成为国家的重大文化战略。理解其理论意义和现实意义是十分必要的。

（一）重振"国学"，对于唤起文化自觉，恢复文化自信，实现文化认同，增强民族凝聚力具有重要意义

一个民族之所以区别于其他民族，主要并不在于这个民族的地域、肤色等先天因素，也不在于这个民族的社会制度和经济发展等后天因素，而是主要在于这个民族自己的历史文化传统。中国的历史文化传统，是造就中国人之所以为中国人、中华民族之所以为中华民族的根本所在，是中华民族的"根"与"魂"。

近百年来，国学的地位遭贬低，国学的价值遭否定，国学的意义

遭质疑，国学的前途遭抹黑，乃是一个不争的事实。在很长的一段时间里，国学几乎成为落后、愚昧的代名词，必须由它来为中国近代以来的衰落与灾难承担总责任。这种以激烈批孔、否定传统文化为中心内容的思潮的兴起不是偶然的。在新文化运动时期，它是不少知识分子极度忧患民族命运、国家前途的积愤之言，在某种意义上具有合理性，因为国学中的确包含有已经不合时宜的思想意识，如极端维护专制的理念，束缚人心与人性的三纲伦理等等。然而，真理越过一步即成为谬误，如果因为国学有一定的历史局限性而对它加以一概抹煞，全盘否定，显然偏激而片面，是把洗澡水与孩子一起倒掉，并不可取。导致近代中国落后的原因非常复杂，我们决不能简单的把近代中国落后的原因归结为中国传统文化。

文化自觉、文化认同是实现民族认同、增强民族凝聚力的基础。重振"国学"，有利于增强海内外中国人在血脉、文化和情感上的联系；有利于增进台湾同胞与大陆民众的亲和感，从而为最终实现祖国统一奠定坚实的文化基础；有利于国内各民族实现共同的文化认同和民族的大团结。所以说重振国学并不是一个可有可无的小事情，而是关系到能否传承中国文明，实现中国人的文化自觉、文化认同和文化归属的重要基础。

对于文化自觉，费孝通先生概括了四句话："各美其美，美人之美，美美与共，天下大同。"这四句话在经济全球化的今天具有重要的意义。经济全球化并没有导致文化的同一化，相反，经济全球化更加需要文化的多元化和多样性。实际上，世界文化的本质就是多样性的，越是民族的，就越是世界的。而文化的自觉，我们认为关键在国学的自觉。章太炎先生说："夫国学者，国家所以成立之源泉也。吾闻处竞争之世，徒恃国学不足以立国矣，而吾未闻国学不兴而国能自立者也。吾闻有国亡而国学不亡者，而吾未闻国学先亡而国仍立者也。故今日国学之无人兴起，即将影响于国家之存灭。"章太炎先生一百年前的这一认识是非常深刻的。

（二）重振"国学"，对于挖掘国学的当代价值，提高国人道德水准，提升国人文化素养，建设和谐社会具有重要意义

改革开放三十年来，随着社会主义市场经济的深入发展，人们思想活动的独立性、选择性、多变性、差异性日益增强，人们的价值观念发生了巨大的变化，从某种意义上可以说，中国正处于一种新文化新道德养成的关键时期。构建与时俱进的社会主流价值观，建设社会主义先进文化，当然需要以马克思主义为指导，但仅仅讲以马克思主义为指导是不够的，特别是在目前社会阶层多元化和文化多样化的情况下，以对共产党员的要求来要求每一个国民也是不现实的。

在现实生活中，伴随着市场经济所产生的急功近利、物欲横流、金钱至上、道德沦丧、污染严重、腐败盛行、投机造假、崇洋媚外等现象，以及人们精神生活和文化生活的相对贫乏，文化修养、文化创造力普遍下降，甚至出现许多荒诞、怪异、浅薄、粗陋的文化现象等等，固然有多种原因，但都与传统文化的断层、缺位有很大的关系。有一些人对本民族历史文化传统已经出现了相当程度的陌生感和疏离感，言必称"希腊"，行必称"国际接轨"，满街都是洋招牌，课堂多为洋教条，城市建设严重缺乏文化底蕴，电影作品以迎合西方观众口味为荣，人才培养当中所谓"有知识无文化"现象，如此等等，可以说当下中国社会已经出现了比较严重的"文化贫弱症"和"精神空洞症"。这一系列现象与中国文明古国和文化大国的地位极为不相称，与我们全面建设小康社会、构建和谐社会的发展目标也不相符。那么我们应该怎么办？如何改变这种状况呢？《周易》有言："君子以多识前言往行，以畜其德。"英国著名历史学家汤因比也曾说："古典教育是一种无价的恩惠。"所以我感到，丰厚的国学或许是一份最好的可资利用的资源。

中国历史文化，特别作为其主流的儒家思想，一向重视人的培养和规范，意在使人成为一个有良心、有道德、有教养的人，成为一个对国家、民族和社会以及家庭有责任感和义务感的人，并由此形成了一系列的道德准则和伦理规范，如"仁义礼智信、温良恭俭让"等。当然，这些道德准则和伦理规范有其时代局限、阶级局限和理论局限，但也不能否认它们也具有普世和超越的价值。完全可以在与时俱进的基础上加以改造利用。我们完全有理由期待，国学研究和国学教育，将有助于人们了解中国传统文化经典，接受人文精神熏陶，涵养自身德性，提升自身修养，丰富精神世界。我们认为，了解和熟悉一国文化经典，是该国国民获得文化教养的主要方式，是最起码的文明教养。尤其要指出的是，在中国大多数人口当中，自古以来实际上是没有真正意义上的宗教的。于是乎，中国传统文化在某种意义上也就承担着教化的作用。梁漱溟先生曾经指出："中国没有宗教，替代一个大宗教而为中国社会文化中心的，是孔子之教化。"这是很值得我们思考的。"建国君民，教化为先"，古人如此，当代亦然。

党的十七大提出"弘扬中华文化，建设中华民族共有精神家园"，是多么正确、多么英明、多么意味深长！通过学习和了解国学，必将有助于丰富和提升我们的精神生命，使我们获得安身立命的精神家园，学会优雅地、积极地对待人生，不断地完善自我。传统文化给我们的将是更多的灵感，更多的选择，更多的自由，帮助我们应对各种人生问题，树立良好的人生态度，帮助涵养新时代的新道德、新秩序，为和谐社会的构建夯下坚固的基础。

（三）重振国学，对增强我国文化竞争力，提升国际影响具有重要意义

当今时代，文化已经成为国家"核心竞争力"和"软实力"的重要组成部分。美国学者约瑟夫·奈提出的"软实力"，其占首要位置的，就是文化的吸引力和感染力。中国传统文化应该成为我国软实力建设的重要文化资源。中国传统文化中有很多具有普世价值的思想和主张，有如璀璨的明珠闪耀在世界文明的天空。比如"仁者爱人"，"和为贵"，"己所不欲、勿施于人"，"忠恕之道"，"中庸之道"，"杂于利害"，"天人合一"，"和而不同"等，对于应对当今世界的重大问题，处理人与人、人与自然、国家与国家之间的关系等都能提供重要的启迪，乃是弥足珍贵的思想文化资源。

虽然文化多样性的要求已成为全球性的呼声。然而，当代世界的话语霸权、文化霸权同样存在。在与强势文化的争夺中，我们如果放弃自身固有的传统文化，就意味着全盘西化，就意味着放弃自己的优势，就意味着辱没自己的国格。从这个意义上来讲，弘扬中华民族传统文化，振兴国学，不仅是我国政治、经济、文化协调发展的需要，而且也是应对日趋激烈的国际竞争，增强综合国力，实现中华民族伟大复兴的需要。中国传统文化博大精深，世界各地的汉学家都在积极研究并加以利用，我们更没有丝毫道理不去继承、不去推动、不去发展。

今天，伴随着中国经济的迅速发展，孔子学院在全球铺开，全球掀起了汉语热、中国文化热。在这个背景下，要提升中国文化的竞争力和国际影响力，或者说对外文化传播、文化输出，有一个战略性的问题值得关注，这就是我们在向世界民众介绍我们独特的风俗民情，展示餐饮、武术、杂技、舞蹈、京剧的特色与魅力的同时，更要注意在价值层面推介我们具有普世性的传统学术文化和思想观念，这才是世界多元文化竞争与自立中的"治本"之举，才能取得长久的效果，产生深远的影响。而要做到这一点，国学或许乃是最佳的媒介。

(四)重振国学对于促进"马克思主义的中国化"和形成"中国化的马克思主义"，完善中国特色社会主义理论体系具有重要的意义

"马克思主义中国化"的历史过程，也是一个既有继承又有创新的过程。既是一个把马克思主义基本原理与中国实际相结合的实践过程进而进行理论升华的过程，也是一个把马克思主义基本原理与中国历史文化传统相结合的理论化过程，进而形成了有中国内容、中国气派、中国特色和中国语言所表述的"中国化的马克思主义"。毛泽东同志在《新民主主义论》中就写道："必须将马克思主义的普遍真理和中国革命的具体实践完全地恰当地统一起来，就是说，和民族的特点相结合，经过一定的民族形式，才有用处，决不能主观地公式地应用它。"

马克思主义作为一种外来的理论，之所以能在中国扎根、发展，或者说中国之所以接受马克思主义并走上了中国特色的社会主义道路，原因之一就是中国历史文化传统中也有不少重要的思想资源，同马克思主义相对应、相契合。同时，马克思主义的引进和传播，也唤起了中国传统文化中那些与之相对应、相契合的因素，使其以一种新的形式获得了新的生命力，成为我们党的理论发展的重要营养元素。比如，中国人天然所具有的"大同理想"、"天下观念"、"不患寡而患不均"等思想观念，就具有原始的、朴素的、空想的社会主义色彩，使中国人能在心理上和情感上靠近与接受科学社会主义。再比如，刘少奇同志《论共产党员的修养》，就受到了儒家思想的深刻影响，他把"学习我国历代圣贤优美的对我们有用的遗教"与"学习马列主义"相提并论。所以，我们也许可以形成这么一种共识：所谓"中国特色"不仅包含改革开放三十年来的伟大实践，也包括新中国成立以来的伟大实践，甚至也包括中国几千年来文化传统的某些因素。

当然，我们党的理论学说是对中国历史文化传统的批判性继承和根本性超越。国学当然不会也不可能取代马克思主义，国学不能救中国，但是，我们认为，国学与马克思主义也并非对立关系。重要的是，马克思主义与中国历史文化传统紧密相联系，并在一定程度上以为基础和依托，不但有利于促进"马克思主义的中国化"和形成"中国化的马克思主义"，也有利于人们理解和接受党的理论主张，扩大党的理论主张的吸引力和影响力、亲和性和民族性。我们党提出的"中华民族伟大复兴"的目标，使用"小康社会"、"和谐社会"等概念，能为人们所广泛接受和普遍认同，就比较集中地体现了这个特点。

"星垂平野阔，月涌大江流"，"国学"是文化之根，是民族之魂。21世纪的中国人，决不能成为无根的民族，而应当在历史的赓续中找到自己的位置，在多元文化的激荡中确定自己的地位，在走向中华民族伟大复兴的进程中迈出自己坚定的步伐。

国学之我见

周桂钿

> 周桂钿，1943年出生于福建省长乐县(今改市)，1964年入学中国人民大学哲学系，1970年下乡到河北省邯郸地区插队，任中学教师五年。1978年考上中国社会科学院研究生院研究生，毕业后到北京师范大学任教，曾任两届哲学系主任，任教授、博士生导师。现已退休。研究方向是秦汉哲学，从研究王充哲学、董仲舒哲学开始，主要著作有《虚实之辨》、《董学探微》等二十余种，多次获奖。社会兼职：中国哲学史学会副会长，中华孔子学会副会长，国际儒学院常务副院长，孔子研究院高级研究员，曾任国际儒学联合会学术委员会主任。

国学突然时髦起来了，于是许多学者都在谈国学。国学究竟是什么样子，所谈内容虽有区别，却大体相近，没有太离谱的。我只能谈自己想到的国学，不一定全面，也不一定都恰当。一孔之见，有一些独到之处，仅供参考。国学是一种文化，下面还要从文化谈起。

一、文化、学术、国学

文化是一个广泛的概念，自然界经过人类加工的，在最广泛的意义上，都是可以称为文化的。泰山是自然的，历代有人在上面摩崖刻划，于是有了泰山文化。敦煌挖洞，雕刻了很多佛像，藏着很多佛教典籍，于是有了敦煌文化。人类在大海中航行，进行探险、运输、商品贸易与文化交流，于是有了海洋文化。居住陆地的人们相对于海洋活动，被称为黄土文化，或黄色文化。相对于黄色文化，海洋文化就被称为蓝色文化。饮酒方式不同，又有饮酒的诗词，也就有了酒文化。喝茶各有讲究，有《茶经》，还有"茶道"，自然也就有了茶文化。可以说，有人群的地方，有人类生活，也就有文化，文化无所不在，无时不有。

按钟敬文先生的说法，文化是有层次的。最高的是精英文化，是人类精英在那里研究的高级的精品文化，如哲学、科学、史学、文学艺术、政治学、伦理学、社会学、宗教学、美学、人类学、考古学、经济学、管理学等等；其次是市民文化，包括报纸、小说、戏剧、说唱等与文字有关系的群众性文化活动，都算其中，现代传媒发展起来，电视、电脑、手机更为普及，成为市民文化的重要渠道、主战场。当然精英文化也在这里活动，只是在活动内容和方式上有所区别：精英分子在电脑上研究课题，撰写论文，而市民在那里聊天，或者浏览网页，或者购物，或者搜索信息；再次一级就是世俗文化，包括一切人类的活动，即使没有文字，只是风俗习惯，民间节日，婚丧嫁娶，各种因地制宜的娱乐活动，都包括在内。精英文化是少数精英分子参与的，人数少，水平高，对其他各层文化有长期全面的深刻影响。世俗文化参与人数最多，在社会上影响面最广，最为普及，天南地北，山崖海角，深山老林，偏僻村庄，都存在这种文化。

在三个层次的文化中，最高层次的文化属于学术范畴。因此，可以说文化是大的广泛的概念，而学术是文化中精华部分。文化包括学术，学术只是文化的一部分。学术基本特点是理论形态的文化。中国学术就是中国的理论形态的文化即学问。中国学问，简单地说就是国学。在国外称为"中国学"。中国学的典籍绝大部分都是用汉字书写的，因此也被称为"汉学"。国学主体部分也可以说保存在清代编撰的《四库全书》中。《四库全书》包括经、史、子、集。"经"包括儒家经典，以及历代注解。"史"包括"二十四史"及其他各种史类典籍。"子"是诸子百家，包括儒家不在经中的著作。这里有先秦诸子的著作，包括道家、道教、佛教的著作，也包括兵家、法家、阴阳家、天文历法家、农家、医家、小说家、杂家等。"集"则包括后代各种集子，有个人文集，也有学派汇编的集子。这种分类是按中国传统来分的，与西方分科是不同的。《四库全书》编辑完成以后，再著述编辑的典籍也很多，现在有续编。这是主体，还有一些没有收入《四库全书》的一些书籍，当时由于各种原因被放"存目"中，或者被淘汰的，现在也有人在那里收集编撰这些《四库全书》以外的典籍。总之，中国的典籍是非常丰富的，特别是史书，所记内容丰富翔实，系统全面，都是世界上所独有的，可谓世界文化瑰宝。两千多年一直记载下来，用干支纪年记日，没有中断过。孔子诞辰日就是据此计算出来的。

中国有五千年悠久的历史，各个历史时期都会产生许多思想。这些思想流传下来，就形成了传统思想。传统思想符合现代社会需要的，或者略加改造、转换，就能够适应现代社会的需要，就是传统思想中的精华部分。思想有精华与糟粕的区别，因此，我们要吸取其精华，抛弃其糟粕。如何区分精华与糟粕，是一个非常复杂的理论问题和实践问题。许多学者都讨论过这个问题。我们用最简单最基本的方法，那就是实践的方法。运用某种传统思想于现代社会实际，对人们的物质生活和精神生活有好处的，就属于精华；有害处的，就是糟粕。也就是说，可以古为今用的传统思想，就是精华。研究思想，目的在于为现实服务，在于用。重视用，也是中国传统的儒家的经世致用的思想。用实践来检验，从实际出发，古代称为"实事求是"，现代说是从实际出发，或者说是唯物主义的态度，都是精华的内容。我们研究社会现实问题，可以从古代典籍中找到解决现实问题的思想就是精华，不能解决现实问题的就是过时的。这里要注意的是，所谓解决问题也不是照搬，需要改造，或者说重新解释。任何好的精华思想，包括马克思主义，照搬也不行，照搬就是马克思主义的教条主义，也不能用于实践，用则失败。这不是马克思主义不灵了，而是使用不当。清朝政府腐败，也用儒学治国，治不好，不是儒学不灵了，而是腐败政府糟蹋了儒学精神。孔子提倡独立精神与自由思想，而清政府搞"文字狱"，压抑独立精神，限制思想自由，虽然也提倡儒学，却没有了儒学的精神。从汉代开始独尊儒术，为什么有汉唐盛世，到清朝却落后于西方？这只能从时代问题找原因，而不能怪罪于两千年前的孔子儒学。苏联从列宁开始信奉马克思主义取得成功，说明马克思主义的合理性，后来苏联解体了，什么原因？可以探讨。有的说马克思主义不灵了。那为什么列宁曾经取得成功？有的说美国总统老布什将它搞垮了。老布什想搞垮的国家很多，包括中国在内，其他国家为什么不垮？只能说内因起决定作用。老布什将苏联解体当作自己的功劳，恐怕也缺乏自知之明。苏联建立七十多年，情况有了许多变化，苏联后代领导为什么不进行改革以适应新形势？垮台就是很自然的。马克思主义一再强调要从实际出发，中国从实际出发，提出建设中国特色的社会主义，进行改革，恢复生机，朝气蓬勃，经济崛起，文化繁荣。在苏联解体以后，有人认为他们违背了马克思主义，提出要认真读马克思主义原著。这都是不懂马克思主义的人说的！如果不能理解精神实质，读原著也不解决问题。苏联理论家读马克思主义原著还少吗？邓小平读原著能比他们多吗？过去，考茨基读的书也比列宁多，王明读的马克思主义著作也比毛泽东多。领会精神是最主要的，不在于读书多少。王莽读儒家著作也比刘邦多，宋徽宗、宋钦宗读的儒家著作都比朱元璋多，治理天下的水平却远不如后者。

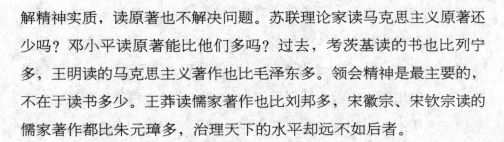

二、国学有什么用途

关于用途，是个很复杂的问题。有直接的用，也有间接的用。面包可以吃，这是直接的用。麦子可以磨成面粉，再做成面包吃，这是间接的用。把麦子撒在地里，有没有用呢？那是为了收获更多的麦子。如果有人不理解农民为什么撒麦子，那是要被农民笑话的。可以用于吃的、穿的，都是有用的。可以用于衣食住行的，都是有用的。满足物质需要是用，满足精神需要也是用。听音乐不能充饥，下围棋也不能御寒，观察天文，考古发掘，都不是直接服务于吃和穿，但是，这些也都是有用的，是社会所需要的。哲学有什么用呢？它能锻炼人的理论思维能力，会使人更聪明一些。这不是很有用吗？千金难买聪明！打篮球有什么用？为了锻炼身体，使人健康长寿。健康长寿也是千金难买的呀！学哲学与打篮球相似，都是为了提高能力。差别在于一个是体力，一个是智力。一切思想理论的作用在于启迪智慧，使人更加聪明。不重视智慧的培养和思维的锻炼，只想生搬硬套，再好的思想理论也会被糟蹋了。理论没有直接的用，也不会产生直接的物质成果，都不解决衣食的问题，虽然如此，却都是有大用的。同样道理，世界上各种正当职业，都是对人类有用的。还有科学研究，大家都知道有用。但是，开始研究具体科学问题时，往往还不知道研究这个问题究竟有什么具体的用处。例如，居里夫人研究放射性物质，当时根本不知道它有什么用处。研究出来后，既可以制造原子弹杀人，也可以用于治病救人。以后还会发现它的其他用处。而这些却是居里夫人所不知道的。发明电的人也一样不了解我们今天的生活中是如何用电的，更不知道有电灯、电话、电视、电脑。总之，科学研究不可能都先知道它的用处。科学研究首先是求真，了解事物的实际情况。然后有人根据这些成果来研究它的用处。开始研究往往对其用处并不很清楚，甚至完全不了解。

只有弄清这些不同的用，直接的用与间接的用，物质的用与精神的用，才能正确理解研究思想的作用问题。不能正确理解思想的用，或者错误理解思想的用，或者用得不适当，那么就会在实际生活中结出恶果，却以为思想没有用，不重视思想的研究与学习。

中国传统思想有许多精华，由于各种原因，有的歪曲宣传，有的全盘否定，有的错用、乱用，有的专门用糟粕，人们长期忽视了传统思想的精华内容。现在一些社会问题，原因是多方面的，其中一个重要的原因就是没有正确地继承中国传统思想的精华。我们现在设想，将中国传统思想的精华一点一滴地提出来分析，使它们转化成我们现在可用的思想，在社会上产生潜移默化的作用，使社会风气逐渐变好，日臻完善。使民众，特别是新世纪的青年人，能够树立正确的世界观、人生观和价值观，把自己培养成有高尚人格的、有求实精神的和有高雅情趣的杰出的创新型人才，成为新时代的新人。这些道理如果明白了，国学有什么用，也就清楚了。

◀三、国学的主要内容是什么▶

国学包括先秦时期的诸子百家，也包括秦汉以后的儒释道三家。两汉之际从古印度传入佛教，东汉末产生了道教，此后，儒家、道教与佛教进行数百年的辩论，所谓"三教争立"，三教都争取得到统治者的承认、支持，互相辩驳，又互相吸收，逐渐走向融合，所谓"三教合一"。因为各有长处，谁也消灭不了谁。儒家讲心性修养，目的在于治国平天下。庄子将儒学概括为"内圣外王"。儒家讲伦理是为政治服务的，因此，可以说修身是为了齐家、治国、平天下。内圣最终目的是为了外王。道家重视养身，炼仙丹，练气功，都是为了长生不老，健康长寿。《吕氏春秋·重己》："今吾生之为我有，而利我亦大矣。论其贵贱，爵为天子，不足以比焉；论其轻重，富有天下，不可以易之；论其安危，一曙失之，终身不复得。此三者，有道者之所慎也。"生命是自己最宝贵的，按贵贱来说，天子这样最高的爵位，也不能与生命相比。论轻重，富有天下也不能与自己的生命交换。生命一旦失去，再也不会拥有。因此道家对于生命就非常谨慎。只有谨慎还不行，"有慎之而反害之者，不达性命之情也。不达乎性命之情，慎之何益?"（《吕氏春秋·重己》）不了解性命的规律，对生命虽然非常谨慎，却有害生命。古人知道这个道理，可惜的是现代许多人却不知道这个道理。为了养身，却害了身体。最突出的是吃补药，商家为了赚钱，把一种药的功用极度夸大，欺骗百姓。如说有的药吃了可以增强记忆力，提高高考成绩，有的鞋穿着，可以增加身高，如此等等。如何保养身体，道家很重视，有一套方法，主要还是顺其自然，遵循规律。炼丹，在历史上多有害命伤生的，许多相信道教长生不老丹道的皇帝都不长寿，秦始皇追求长生不老，死时才五十多岁。唐太宗也有这个问题，寿不到六十。练内丹，即气功，以静为主，与佛教坐禅相通，认为气血流行，畅通无阻，就不得病，气血不畅，才产生种种疾病。道家重生、养身，有一些理论与经验，现代科学还不能完全解释，值得继续研究。道家的重生理论，认为"六合之外，圣人存而不论；六合之内，圣人论而不议；春秋经世先王之志，圣人议而不辩。"（《庄子·齐物论》）上下四方为六合，六合之外，指无限的宇宙，道家主张不讨论。六合之内的天下事，只论说不评议。关于帝王的事可以评议，而不辩论。既然"爵为天子"、"富有天下"都比不上自己的生命，那么，保养身体就是第一位的，从政只能是业余的事情。因此，"帝王之功，圣人之余事也。"（《庄子·让王》）庄子讲了这么一个故事：韩国与魏国争地，韩昭侯愁容满面。魏国的子华子去见韩昭侯。子华子说："现在如果有一个契约摆在你的面前，契约上说：左手拿着天下，就将你的右手砍掉；右手拿的话，将左手砍掉。如果拿到契约必定拥有天下。你会去拿吗？"昭侯说："我不拿。"子华子说："那很好！从此可见，两臂重于天下。整个身体比两臂更重。天下比韩国也重。现在所争的地比韩国还轻，你值得为它发愁吗？"（见《庄子·让王》）身体比两臂重，两臂比天下重，天下比韩国重，韩国比与魏国边界的地块重。为这样轻的地块而发愁，是不知轻重的表现。韩昭侯听了这一番话后，一下子轻松了，觉得不必为那块地发愁了。应该高高兴兴地保养身体，更为重要。庄子还提出一个比喻：以随侯之珠，弹千仞之雀。从政有害身体健康，就像用珍贵的随侯之珠去弹很不值钱的麻雀。所使用的贵重，而所得到的却很轻贱，不划算。因此在中国历史上，一些士人在争取功名的时候，信奉儒学，仕途不顺，就转向道学，隐居山林，当起隐者。或者虽然还在市井生活，却不再追逐名利，过着清淡的生活。甚至在朝廷上，也不敢为天下先，淡泊明志，与世无争，随遇而安，顺其自然。于是有人归纳隐者的不同情况，有所谓"小隐隐于山林，中隐隐于市井，大隐隐于朝廷"的说法。佛教讲因缘，讲因果报应，讲四大皆空。人们在生活中会遇到各色各样的难题，特别是有一些问题想不开，还容易钻牛角尖，解脱不了，精神十分痛苦，甚至因此而自杀。凡是信仰佛学的人，知道四大皆空，还有什么想不开的？讲因果报应，现实的一切都是自己上辈子造成的，不怨天不尤人，自作自受。今生好好行善，下辈子就好过了。这样没有什么想不开的，怎么会自杀呢？于是有人总结出来：儒家重治国，道家重养身，佛教重养心，各有用处。

四、国学是怎么形成的

国学是在数千年中华民族历史发展中逐渐积累而形成的。"五经"中的《周易》据传说那些爻（长画叫阳爻，短画叫阴爻）是伏羲画的，那时还没有文字，只能画画。殷商末期，周文王被囚禁在羑里，他在那里玩《周易》，从八卦演出六十四卦，加上解说词，即《易经》。孔子晚年对《易经》感兴趣，经常跟弟子讨论《易经》，弟子根据孔子的思想给《易经》作解释，成为最早注解《易经》的传，后称《易传》，或称《易大传》，共有十篇，故又称《十翼》。这就是《彖》上下、《象》上下、《系辞》上下、《文言》、《说卦》、《序卦》、《杂卦》。（《史记·孔子世家》及注引《正义》）伏羲制卦，文王系辞，孔子作《十翼》，《易》历三圣。

《尚书》汇集从尧舜禹到夏商周历代政治文件。这是儒家重视历史的表现。孔子继承了先圣的许多优秀思想成果，经过综合创新，形成完整的儒学思想体系。因此，孟子说孔子是集大成者。现在孔庙的大成殿就是这么命名的。

《诗经》是经过孔子整理的诗集。据说原有三千多首诗，孔子进行整理，选了三百零五首，"取可施于礼义"，"孔子皆弦歌之"。这三百首诗，符合礼义的，孔子都为之配乐使其能歌唱。

孔子对三代的礼都作了研究。他说："夏礼吾能言之，杞不足徵也。殷礼吾能言之，宋不足徵也。足，则吾能徵之矣。"又说："周监二代，郁郁乎文哉，吾从周。"夏商周三代的礼都有所修改，周代的礼是继承了夏商两代礼的优秀成果，最为丰富文明，所以要继承周代的礼制。周以后，礼制还要不断修改，越来越完善，越来越文明。礼，实际上就是古代的制度，开始是在祭祀的时候要有一套严格的规范，后来拓展到其他重大活动，再扩展到贵族的日常生活中。这时，礼仍然是贵族的行为规范，与平民无关，"礼不下庶人"。孔子开始实行"有教无类"，礼的教化活动扩大到平民，有了教育平等的要求，这才使平民生活也有礼的表现，这使整个社会都反映着礼的影子。现有《仪礼》、《周礼》和《礼记》，前两者主要记载周代的礼仪制度，后者主要是探讨礼的学术论文。这个《礼记》是汉朝戴圣(小戴)编辑的，其中有一些重要文章，例如后来收入《四书》的《大学》《中庸》就是其中的两篇。还有《学记》是最早的教育学专著。《乐记》对音乐的理论探讨也是非常深刻的。还有许多文章保留了孔子的活动与言论，很有历史价值。

《春秋》是孔子根据鲁国史进行改编的，孔子将自己的政治主张德政思想都贯穿在这本书中。这本书语言简略，难懂，需要传注才能看懂。最初的传有三种：《公羊传》、《谷梁传》和《左传》。合称"春秋三传"。西汉时代，由于董仲舒与公孙弘推行《公羊传》，《公羊传》盛极一时。东汉以后，《左传》流行起来。《公羊传》和《谷梁传》讲的主要是政治道理，而《左传》保留了丰富的春秋时期的历史资料，对后代影响更大。

从汉代讲的"五经"，到后来的"七经"、"九经"、"十一经"，到清代阮元编的《十三经注疏》，这"十三经"就固定化了。这"十三经"包括《周易》、《尚书》、《诗经》、"三礼"、"春秋三传"以及《论语》、《孝经》、《尔雅》、《孟子》。以上是经学的一个系统。汉代以后，历代儒家就在不断地注经，来阐发自己的见解，形成思想体系。董仲舒著《春秋繁露》，就是阐发《春秋》经，尤其是《公羊传》的思想。朱熹影响最大的著作就是《四书章句集注》，也是阐发《论语》、《孟子》、《大学》、《中庸》的思想，形成自己的思想体系。

中国历代思想家比较重视历史，从远古时代就开始设置史官，国君做任何事，史官都记下来。史官分左史、右史，"左史记言，右史记事，事为《春秋》，言为《尚书》。帝王靡不同之。"（《汉书·艺文志》）国君说的话，左史记录下来。国君做的事，右史记录下来。《春秋》就是记事的，《尚书》就是记言的。孔子好古，曾将鲁国史记改编成《春秋》，记录的是春秋时代各国的事情，当然以鲁国为主，鲁国事记得比较详细。当然《春秋》还有许多写法的讲究，例如好事自然多写鲁国，坏事，则不同，鲁国有小的坏事，就写得详细，以便吸取教训；鲁国有大坏事，则用隐晦的语言暗示，不直接明说，所谓"家丑不可外扬"。外国的小坏事不说，大坏事就直说，这是"内外有别"。孔子对于当世有权威的执政者，不敢明说，是为了"免时难"，避免受迫害。但他告诉弟子，以口传的方式流传着褒贬的内容，这就是后来的《公羊传》、《谷梁传》的内容。司马迁著《史记》，开创史书的体例。用《本纪》记载帝王的活动，形式相当于编年史，用《世家》记载诸侯王世代的传承过程，用《列传》记载文官武将以及有记载价值的名人事迹，创造了纪传体史学，同时也创造了人物传记文学。此外还有关于社会制度方面的记述，如礼乐制度、天文历法等。将历史用列表的方式，让读者容易看到前后的联系。在《列传》中有周边国家的情况介绍，有《循吏》记载好官，有《酷吏》记载严厉的官员，还有《儒林》记载儒家学派的人物，有《货殖》记载成功企业家，有《游侠》记载著名侠客，还有《佞幸》、《滑稽》、《日者》、《龟策》等分别记载各类特殊人物。司马迁是自己根据史官所能掌握的历史资料来撰写的，班固则受命来编《汉书》，对《史记》主要继承的是纪传体例，同时又作了一些调整。保留"表"，将"书"改为"志"，取消"世家"。他对《史记》的评价："甚多疏略，或有抵牾"，同时又有"是非颇缪于圣人，论大道则先黄老而后六经，序游侠则退处士而进奸雄，述货殖则崇势利而羞贱贫，此其所蔽也。然自刘向、扬雄博极群书，皆称迁有良史之材，服其善序事理，辨而不华，质而不俚，其文直，其事核，不虚美，不隐恶，故谓之实录。"（《汉书·司马迁传》）司马迁刚进入独尊儒术的时代，仍然有很深的黄老之学的影响，尤其是司马谈《论六家要旨》还是以黄老道家为最正统的代表。班固时，独尊儒术已经很久，观念有了很大变化，所以他觉得司马迁有的说法与圣人说法不一致，"先黄老而后六经"，六经是儒家著作。处士是不得志的儒生隐居起来。退处士，也是对这些儒生的批评。司马迁在《货殖列传》中记述了一批经商成功与成功企业家的事迹。同时批评一些儒生"无岩处奇士之行，而长贫贱，好语仁义，亦足羞也"。孔子说"君子固穷"，同时说："天下有道则见，无道则隐。邦有道，贫且贱焉，耻也；邦无道，富且贵焉，耻也。"（《论语·泰伯》）司马迁所处的时代是有道的时代，仍然长期贫贱，是羞耻的。这思想与孔子说法一致，有什么不对呢？儒学是经世致用的，不是精神娱乐品，要用于关注民生，改善社会，造福人类，也为自己创造财富，争取幸福。

班固撰写《汉书》，以后八家撰写《后汉书》，只有范晔撰写的《后汉书》，列入"二十四史"作为正史。其他七史选择一部分内容作为注释保存在范书中。陈寿撰写《三国志》。这是前"四史"，包括《史记》、前后《汉书》与《三国志》。魏晋南北朝比较乱，隋朝时间短，没来得及写史。到了唐朝，进入盛世，开始写史，一下子写了许多史，如《晋书》、《宋书》、《南齐书》、《北齐书》、《梁书》、《陈书》、《魏书》、《周书》、《北史》、《南史》、《隋书》等。从此以后，每一个朝代都组织撰写前朝史，宋代撰写《唐书》，后来又写一个《唐书》，于是有了《新唐书》

与《旧唐书》。宋代还写了新旧《五代史》，元代写《宋史》，明代写《元史》，清代写《明史》，民国时代写《清史稿》。除了这些正史之外，还有地方的方志，各县有县志，各州有州志，各省有省志，如《福建通志》、《山东通志》、《河南通志》、《长安志》、《长乐县志》等，这些都是地方史。按事件写的是纪事本末，如《春秋左氏传事类始末》、《通鉴纪事本末》、《元史纪事本末》等。按人物写的是《传记》、《年谱》，如《孔子编年》、《晏子春秋》、《列女传》、《高士传》、《唐才子传》、《高僧传》、《宋高僧传》、《元朝名臣事略》。按时间写的是纪年体，《春秋》、《资治通鉴》都按年代写下来。前面讲的"二十四史"，基本上都是断代史，是纪传体，这个体例是司马迁创造的。《史记》写了从黄帝到汉朝的两千多年的历史。从《汉书》以后都是断代史。还有史论的著作，如唐代刘知几著的《史通》，这是博大精深的史学理论著作。清代顾炎武的《日知录》、章学诚的《文史通义》、赵翼的《廿二史札记》、王鸣盛的《十七史商榷》都是史论的著作。有别史类，如《逸周书》、《东观汉记》、《藏书》、《续藏书》，又有杂史类，如《国语》、《战国策》、《贞观政要》等。中国传统重视史，史学因此特别发达，连续悠久，全面丰富。

历代学者，主要是先秦百家争鸣的时代，许多思想家提出自己的政治主张，也讨论社会各种问题，形成各自的思想体系，诸子百家，被称为子学。秦汉以后也有一些思想家阐发自己的独到见解，也属于子学范畴。《四库全书》中的《子部》包括儒家的《孔子家语》、《孔子集语》、《曾子》、《荀子》、《孔丛子》以及汉代以后陆贾的《新语》、贾谊的《新书》、《盐铁论》、刘向的《新序》、《说苑》、扬雄的《法言》、王符的《潜夫论》、唐太宗的《帝范》、林慎思的《续孟子》、庄祖禹的《帝学》、朱熹的《朱子语类》、陈淳的《北溪字义》等。接着有兵家类如《孙子》、法家类如《管子》、农家类如《齐民要术》、医家类如《黄帝素问》、天文算法类如《周髀算经》、术数类如《太玄经》、艺术类如《书品》、《书谱》、《书断》，谱录类如《古今刀剑录》、杂家类如《鬻子》、《墨子》、

《吕氏春秋》、《淮南子》，类书类，梁代有《古今同姓名录》，唐代有《艺文类聚》、《北堂书抄》、《初学记》，宋代有《太平御览》、《册府元龟》，明代有《永乐大典》，最大规模的类书还是清代编辑的《古今图书集成》。小说家类，有《山海经》、《穆天子传》、《西京杂记》、《世说新语》、《博物志》等较为出名。最后列入道家与释家类（佛教）。佛教类有《弘明集》、《广宏明集》、《宋高僧传》、《五灯会元》等，道家类主要有《老子》、《庄子》、《列子》等。

集部主要是词章类，如《楚辞》、汉赋、唐诗、宋词、元曲。

以上四库囊括了中国传统优秀文化的主要内容，也是国学的主体部分。从以上可以看出，这是历代文化精英不断劳动的结晶，是数千年文化发展的积淀，弥足珍贵。

文以载道，这些典籍承载着中华民族精神的道，我们读这些典籍，主要要从中体会出道来。这些道是什么呢？仁者见仁，智者见智。我想从自己体会中总结出一些内容，供读者参考。根据现代社会，国学精神的精华主要包括"天人合一"、"阴阳五行"、"实事求是"、"仁义之道"、"民本主义"、"为政以德"、"和而不同"、"是非之辨"、"浩然正气"、"尊师重教"、"自强不息"这些方面，限于篇幅，兹不展开论述。

❧ 五、国学有哪些特点 ❧

国学有章句之学和义理之学。章句之学，是一章一句地读懂古代典籍；义理之学，是要研究思想内容，并体会其中的大道，也称"大道之学"。

（一）章句之学

上面已经讲到，国学主体部分是用汉字撰写的典籍。要研究国学，首先自然要看懂典籍，那就要读懂汉文，主要是古汉语。汉字是方块字，一个字有三个内容：形、音、义。形指形状，如何写？形状是变化的，历史演变有长期的过程。从甲骨文开始，然后有金文、大篆、小篆、隶书、楷书、魏碑体、草书、宋体等。研究汉字形体变化的过程，是一门学问，叫文字学。音指读音，读音也是变化的，在古代如《诗经》中的诗都是押韵的，现在有的诗读起来就不押韵了，就是音变了。于是就有了古韵、今韵的不同。研究读音变化，也形成一门特殊的学问，叫音韵学。汉字每个字都有它的意义，这些意义是非常复杂的。有本义，有引申义，有转义。在发展过程中，意义有变化，也更加丰富。许多典籍中还有一些假借字。有的一字多义，例如《周易》上的"易"字就有三义：易简、变易、不易。《说文解字》和《容斋随笔》都认为"易"是因动物蜥蜴而得名。《参同契》称"日月为易"，上为日，下为月，日月代表阴阳。黄振华认为"日出为易"。《周易》中的"周"字也是多义的。陆德明《经典释文》云："周，代名也；周，至也，遍也，备也。今名书，义取周普。"周指周代，因为周文王演《周易》。周又有极致、普遍、圆周、圆满、全面、完备的意义。关于"天"字，也有许多义，汉代《尚书纬·帝命验》载天有五号："尊而君之，则曰皇天；元气广大，则称昊天；仁覆闵下，则称旻天；自上监下，则称上天；据远视之苍苍然，则称苍天。"这里还不包括庄子和荀子讲的天。《庄子·秋水》："牛马四足，是谓天。"《庄子·在宥》："神而不可不为者，天也。"《庄子·天地》："无为为之之谓天"。《荀子·天论》："皆知其所以成，莫知其无形，夫是之谓天。"也不包括有七衡六间的"盖天说"之盖天、圆如弹丸的"浑天说"之浑天。董仲舒讲："天有十端，十端而止已。天为一端，地为一端，阴为一端，阳为一端，火为一端，金为一端，木为一端，水为一端，土为一端，人为一端，凡十端而毕，天之数也。"这一句话中出现三个"天"字，意义各不相同。第一个天，是指整个宇宙，无所不包；第二个天指与地相对的那个天，即天空；第三个天是客观性的意思。有的是数字一义。这在《尔雅·释诂》中列出很多，如"林、烝、天、帝、皇、王、后、辟、公、侯、君也"。再如《尚书·君陈》："尔有嘉谋嘉猷，则入告尔后于内，尔乃顺之于外，曰：斯谋斯猷，惟我后之德。"这个"后"就是"君"的意义。如果不了解这种同义情况，以为"后"就是"太后"、"皇后"，那就错了。我们说此"后"为"君"有什么根据呢？《礼记·坊记》引《君陈》这段话作："尔有嘉谋嘉猷，入告尔君于内，女乃顺之于外，曰：此谋此猷，惟我君之德。"在《礼记》中"后"作"君"。这就是明证。

王充《论衡》常用"时"、"数"、"命"等词，但从意义上体会，都是指未被人们认识的神秘的客观必然性。有些词，似乎差别很大，但在特定思想体系中，却表达相同或相似的意义。这也是必须注意的。有的字包含正反两义。如臭字，有臭与香相反两义，如"其臭如兰"，就是香的意思。又如禀，有接受和施予两种相反的意义。祥有吉祥与凶兆两个相反的意义。了解字的义，研究字义的变化，这门学问叫训诂。

《尔雅序》称："夫尔雅者，所以通诂训之指归。"宋代邢昺疏："诂，古也，通古今之言，使人知也；训，道也，道物之貌以告人也。"同一个字，古代什么意思，相当于现代的什么意思。这就是训诂，实际上就是会通古今，来解说字义。用现代的语言解说古籍文字中的古代意义，使后人了解古人的思想。《尔雅》就是训诂学的最早著作。汉代经学传疏中有训诂内容，而训诂的重要著作有许慎的《说文解字》、刘熙的《释名》、张揖的《广雅》。清代王引之的《经传释词》是读懂古经很重要的训诂学著作。

王引之在《经传释词》序中提出训诂学的一条重要原则："揆之本文

而协，验之他卷而通。"对一个字的训诂结果，它的意义放在本文中，与上文、下文都能通顺，在意思内容上也能协调。然后再用其他卷的用法加以检验，如果也是通顺的，那么，这个训诂的结果可以说得到初步肯定。因为认识是一个过程，任何结果都是有讨论的余地。

训诂学是很科学的，只有认真对待，才能少犯错误。最经常的错误是"望文生义"，古今都不例外。例如《春秋经》鲁隐公"元年春王正月"。《尔雅·释诂》："初、哉、首、基、肇、祖、元、胎、俶、落、权、舆，始也。"以上这些字都在不同场合当"开始"的意义使用，其中有"元"字。董仲舒也说："元者，始也。"（《春秋繁露·王道》）那么，元年，就是始年，即一个君主登基或国王即位的第一年。这种用法古已有之，在《尚书·书序》中有"成汤既没，太甲元年，使伊尹作《伊训》"。《伊训篇》载："惟太甲元年十有二月乙丑朔，伊尹祀于先王，诞资有牧方明。"（《汉书·律历志》）西周金文《曶鼎铭》上有"佳（唯）王元年六月既望乙亥"。可见，商周时代开始，已经用"元年"来称君王登基的始年。但是，东汉何休《春秋公羊解诂》在注《春秋经》的"元年"一句话时，却说："元者，气也。无形以起，有形以分，造起天地，天地之始也。""元年"是始年，第一年，"气年"是什么意思呢？"揆之本文"不"协"，这是明显的错误。东汉时代对于"元气"，似乎很时髦，才产生何休这样望文生义。现代研究者却说：汉代学者的解释总比后人的其他解释"更为可信"。因为古，就一定更可信。这种观念是不可取的。何休主张公羊学，曾著《公羊墨守》、《左氏膏肓》、《谷梁废疾》，在《春秋》三传中，他坚持公羊学，反对《左传》和《谷梁传》。郑玄针锋相对，写出《发墨守》、《针膏肓》、《起废疾》。何休看到这些书后，叹道："康成（郑玄的字）入吾室，操吾矛，以伐我乎！"（《后汉书·郑玄传》）何休治学的偏颇是很显然的，而郑玄"括囊大典，网罗众家"，兼通今古，遍注群经，是经学集大成者，所以能指出何休的错误。

又如，王充在《论衡·超奇篇》中说："天禀元气，人受元精。"有的学者认为天禀受了元气，所以，王充把元气视为比天更根本的宇宙终极本原。冯友兰先生认为这一句话与其他说法不一致，因此，认为王充在宇宙本原问题上，"没有明确的解决"。当我们知道，"禀"字既有承受的意思，也有给予的意思，这个问题也就可以迎刃而解。两汉时代，这种用法很多。例如，《仪礼·聘礼》："饩之以其礼。"郑玄注："饩，犹禀也，给也。"《汉书·文帝纪》："今闻吏禀当受鬻者，或以陈粟，岂称养老之意哉?"颜师古注："禀，给也。"《后汉书? 张禹传》："禹上疏求入三岁租税，以助郡国禀假。"李贤注："禀，给也。"《说文解字》："禀，赐谷也。"《参同契》中篇第十六节："阳禀阴受，雌雄相须。"乌恩溥注："禀，赐与，赋与。"(《气功经典译注》吉林文史出版社1993年版)据我初步查阅，在王充《论衡》中，禀作为给予的意义使用的有三处：

(1)《宣汉篇》："天之禀气，岂为前世者渥，后世者泊哉!"

(2)《幸偶篇》："……贵到封侯，贱至奴仆，非天禀施有左右也，人物受性有厚薄也。"

(3)《超奇篇》："天禀元气，人受元精，岂为古今者差杀哉!"

在这三段话中，"禀"字只能释作"给予"，如果释为"禀受"，就与上下文不协调。全面掌握了王充的哲学思想体系以后，这一点似乎也不难理解。

又如，屈原《天问》中有"圜则九重，孰营度之?"有的人认为，这个"圜"就是"天球"的意思。因此，战国时代的屈原就已经有了天球的思想，说明浑天说起源于战国时代甚至更早。但是，屈原所说的"圜"天是有边有角的，有八根大柱支撑着的，怎么可能是圆球形的呢? 古人讲圆都是指平面圆形，不是指立体的球面圆。当讲到立体的球面圆时，一般叫做"浑"，并用"鸡子"(鸡蛋)、"鸟卵"、"弹丸"作比喻。古人称"浑天说"，就是这么来的。盖天说把天看作平面的或拱形的，才叫圆天，因此有"天圆地方"的说法。实际上，屈原的"圜"，只能理解为盖天说的平面圆，所谓"九重"，是说有九个圆盘那样的天重叠起来。不能把"圜则九重"理解为西方地心说的九层透明的圆球形的天。中国的浑天说，所讲的天球也只有一层，并没有九层。李约瑟将浑天说翻译为"天球说"是正确的。

再如，《论语·微子》载："长沮、桀溺耦而耕，孔子过之，使子路问津焉。……夫子怃然曰：'鸟兽不可与同群，吾非斯人之徒与而谁与?'"朱熹注曰："言所当与同群者，斯人而已，岂可绝人逃世以为洁哉?"就是说，自己只能跟这些普通劳动者一起生活，怎么能离开人群而与鸟兽一起生活呢？在批判孔子的年代，有些人说孔子以"鸟兽"指斥长沮、桀溺，把他们诬为"鸟兽"。张岱年先生气愤地说："这完全是随意曲解，可谓厚诬古人。"(《中国哲学史方法论发凡》，中华书局，1983年版。)

《大学》中有"八条目"，其中有一条是"齐家"。这里的"家"，不是现代意义上的家庭。还有"治国"、"平天下"，也不是现在所谓的国家、天下。古代制度，地方一里为井，四井为邑，井十为通，通十为成，成十为终，终十为同。同方百里。地长宽各一百里，叫同。一同可分一万个井。占领这么大地方的人每年必须上交给天子兵车一百乘，戎马四百匹。这叫"百乘之家"。这当然不是一个家庭，而是人口众多，地域广大的行政单位，是卿大夫的封地。相当于现在的乡到县那样大的单位。先秦时代，分天下为九州。西周时代实行分封制，把统治区域(远离京师的地区)划分若干个"国"，分别由周天子派人去管理。后来，国与国之间不断战争，合并，到战国时代只剩下七个"国"。秦国又吞并六国，统一天下，实行郡县制度，把天下九州，分为三十六郡，各郡又分若干县。县级行政单位从秦代到现在，没有什么变化。秦以前的天下相当于现在中国的版图。所谓"国"，是指诸侯国，只相当于现在的省、地级行政单位。所谓"家"，是指诸侯管辖下的卿大夫的领地，只相当于现在的县、乡级行政单位。如果不了解这些情况，望文生义，以为"家"就是家庭的"家"，那就弄错了。

(二)义理之学

研究国学的义理，就是研究思想。上面可以看到，典籍中的语言是不断变化的，但是，传统的思想大体上是连贯的。因此要研究国学，必须从总体上弄清楚其中精神，才能正确把握。这需要深入研究、细心体会，经过考证功夫，找出思想连贯的线索，才能真正准确地把握。有些人用断章取义的办法，所作出评论或批评，多不能达到确切的阐述。

传统的思想是发展的。随着时代的发展，思想当然也要跟着发展。因此思想的任何变化都跟时代变化有关，也与个人处境经历有关。分析某个思想家的思想成果时，总要与他之前的思想成果相联系，知道这种思想的源头；又要了解以后的思潮，知道他的思想对后代的影响，这样才好给这一思想定位。脱离历史，孤立研究，就很难确定一种思想的历史地位，也就不能作出恰当的评价。

读懂古汉语，是最基础的，古代称为"小学"。至于后一条，那是更高的要求，是要研究"大道"连续与发展的，是"大道之学"，简称"大学"。这里只是提到，不作详细论述。

关于"国学"与"国学热"的理论反思

郭齐勇

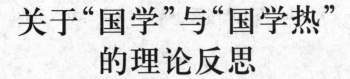

郭齐勇，男，1947年生，湖北省武汉市人，哲学博士，武汉大学哲学学院教授、博士生导师。武汉大学国学院院长、孔子与儒学研究中心主任，国务院学位委员会哲学学科评议组成员，教育部高等学校哲学教学指导委员会副主任，国家社会科学基金学科评审组专家，中国哲学史学会副会长，中华孔子学会副会长，国际中国哲学会(ISCP)副执行长兼中国地区负责人，国际儒联(ICA)理事暨学术委员。主要著作有：《中国儒学之精神》、《中国哲学史》、《中国哲学智慧的探索》、《熊十力思想研究》、《郭齐勇自选集》、《文化学概论》、《诸子学志》等，主编《儒家文化研究》辑刊。曾到美、德、俄、日、韩诸国的十多个世界名校名机构演讲。1993年获国务院特殊津贴，2006年获国家级教学名师称号。

什么是国学？国学包含几个层面？国学的核心内涵是什么？国学与儒学、汉学是什么关系？国学只是精英文化吗？为什么当前社会上对国学有迫切的需求或一定的热度？当前所谓国学热是真热吗？国学与国家的文化安全有什么关系？国学与和谐社会的建构有什么关系？国学与本国在国际上的政治、经济、军事、文化之地位及文化输出有什么关系？我试图回答上述问题，略抒己见，以就教于各位。

一、何谓国学？国学的四层面及国学与儒学、汉学

（一）何谓国学

我们现在所说的国学，包括历史上中华传统文化的各方面，例如中华各民族从古代到今天的蒙学读物、衣冠文物、习俗、家训、善书、谱谍、礼仪、语言(含方言)、文字、天学、地学、农学、医学、工艺、建筑、数学与数术方伎、音乐、歌舞、戏剧、绘画、书法、思想、心理、信念等。国学中包含有大量的器物、社会、民俗、制度文化与生活世界的内涵，器物文化中包含漆器、青铜器、丝绸、瓷器、茶叶、算盘与四大发明及其生产工艺与方式等，制度文化中包括中国古代的行政、司法制度，土地、赋税等经济制度，征辟诠选制度(荐举、考试)，文官制度，教育制度等。

国学中反映在历史、文学、艺术、道德、哲学、宗教方面的一些内容，同时又是中华人文精神之根，是我们民族的终极信念的所在，是安身立命之本。

国学是开放的，包含了历朝历代消化吸收了的外来的各种文化(包括物质层面的、制度层面的与精神价值层面的)。中外文化总是处在不断的交融互动之中。

所以，所谓国学，乃包罗至广的中国传统文化的通称。

1840年鸦片战争以前，我国并没有"国学"这个概念，因为不需要。清末我国处在列强欺侮、瓜分豆剖的危机中，革命志士意在唤起民众之民族的觉醒，作为反清革命的政治动员，又寓含了中华民族统一国家的建立并日益强大的诉求，遂借助日本人使用的这一名称，倡导国学。清末民初的国粹派思想家们所谓"学亡则亡国，国亡则亡族"，即是主张通过保文化学术来救国家民族。章太炎说："夫国学者，国家所以成立之源泉也。吾闻处竞争之世，徒恃国学固不足以立国矣；而吾未闻国学不兴而国能自立者也。吾闻有国亡而国学不亡者矣；而吾未闻国学先亡而国仍立者也。故今日国学之无人兴起，即将影响于国家之存灭，是不亦视前世为尤岌岌乎？"①章太炎把国学之兴废与国家之存亡联系了起来，指出国学亡则国家无以立。邓实说："国学者何？一国所有之学也……有其国者有其学。学也者，学其一国之学以为国用，而自治其一国者也。国学者，与有国而俱来，因乎地理，根之民性，而不可须臾离也。君子生是国，则通是学，知爱其国，无不知爱其学也。"②在邓实看来，爱其国与爱其学联系在一起了，故国学是在清末民初的爱国热潮下兴起的。为什么外国没有国学而独我国有国学，这就是其背景。

　　我想强调的是，国学既包罗至广，又不是没有重点与核心的。国学不仅仅指传统学术，尤其指其中所蕴含的文化价值与民族精神。国学当然是相对于西学而言的。在清末民族危机与西学大量进入中国以前，没有国学这一说法。"国学"这一概念从上一世纪初年被章太炎们从日本引入之时起，就含有振兴民族精神与弘扬中国文化的道德理性、宗教精神与人文传统，复兴国家、增强自主精神与自信力，以与

① 章太炎：《国学讲习会·序》，原载《民报》第七号。转引自汤志钧：《导读》，《国学概论》（章太炎讲演、曹聚仁整理、汤志钧导读），上海古籍出版社1997年版，第6页。

② 邓实：《国学讲习记》，原载《国粹学报》第19期。转引自汤志钧：《导读》，《国学概论》（章太炎讲演、曹聚仁整理、汤志钧导读），上海古籍出版社1997年版，第7页。

东西方列强相抗衡之义，也含有批判或救治世界的西化、工业化、商业化、功利化的弊病之义。可见，国学不仅仅是学问或学术的概念，而且还是民族性与民族魂的概念。

国学与国学教育，又是与西学相伴而行的。在内忧外患的压逼下，尤其是在欧风美雨的冲刷下，面对全盘西化的思潮，梁启超说："吾不患外国学术思想之不输入，吾惟患本国学术思想之不发明……凡一国之立于天地，必有其所以立之特质。欲自善其国者，不可不于此特质焉，淬厉之而增长之……不然，脱崇拜古人之奴隶性，而复生出一种崇拜外人、蔑视本族之奴隶性，吾惧其得不偿失也。"[①]五四后的三十年，一方面是西方文化铺天盖地而来，相应的，另一方面又是国学教育办得最好的时候。那个时段的家庭、社会、学校教育中，国学都是重要的内容。从学龄前到小学，从中学、中等专业学校到大学，包括教会学校，都有扎实的国学基本知识与中国人做人做事之道的教育，值得我们今天效仿。

作为传统学术的国学，如按传统图书与学术之分类是经、史、子、集四部，按桐城派对学术路向的划分，则包含义理、考据、辞章三学。经学是国学中的重中之重，因为经学中包含有大量的社会史的内涵，而且保留了我国远古社会与精神世界的根源性的东西。我还是认同晚清"穷治语言文字以通经学"的学风。五四以来，我们对经学与理学有太多的误解。

国学的内涵非常丰富，章太炎把固有学术文化、经史子集等都纳入国学的范围，他的《国学概论》（上世纪20年代出版）讲了小学（文字学）、经学、诸子、佛学、理学、文史、制度等。钟泰的《国学概论》（上世纪30年代，抗战前出版）讲六书、声韵、章句、六艺（六经）、诸

---

① 梁启超：《论中国学术思想变迁之大势》，原载1902年3月10日《新民丛报》第三号，又载胡道静主编《国学大师论国学》（上），上海东方出版中心1998年版，第23页。

子、目录、汉宋异同、文章体制等。朱自清的《经典常谈》(上世纪40年代出版),讲的是《说文解字》、《五经》(分别讲)、《四书》、《战国策》、《史记》、《汉书》、诸子、辞赋、诗文等。钱穆的《国学概论》(上世纪20年代讲于江苏,50年代在香港出版)类似中国思想史,讲孔子与六经、先秦诸子、焚书坑儒、两汉经学、汉末批判思潮、魏晋清谈、南北朝隋唐的经学与佛学、宋明理学、清代考据学与民国学术。

可见国学范围虽然博大,然对国学教育而言,总是相对简约的,大体上要了解所谓国学,无不从认识汉字开始,故必须了解一点古文字学(含声韵、训诂学),进而了解一点经史子集的初步,了解一点古代思想史。五经四书当然是其中的重要内容。

关于"国学入门书目",比较全的是梁启超提出的,共25种:经部:《四书》、《易经》、《书经》、《诗经》、《礼记》、《左传》;史部:《战国策》、《史记》、《汉书》、《后汉书》、《三国志》、《资治通鉴》(或《通鉴纪事本末》)、《宋元明史纪事本末》;子部:《老子》、《墨子》、《庄子》、《荀子》、《韩非子》;集部:《楚辞》、《文选》、《李太白集》、《杜工部集》、《韩昌黎集》、《柳河东集》、《白香山集》。以上是国学研究者的基础典籍。

(二)国学的四层面

当然,我们不能把国学狭隘化。第一方面,国学不只是汉民族的学术文化,它包含了历史与现代少数民族的语言、文字、学术、文化及其与汉民族的交流史;第二方面,国学不只是上层精英传统,还包括小传统,如民间民俗文化,各时段各地域各民族的传说、音乐、歌舞、技艺、建筑、服饰、礼仪、风俗、宗族、契约、行会、民间组织等,有如今天的某些非物质文化遗产;第三方面,国学还包括历史上中外地域文明的交融,如外域文明的传入、西域学、佛学及其中国化、西学东渐与中学西传的内容与历史过程等,都属于国学的范围。

我们必须明了，国学、经史子集等，并不是汉民族的专利，其中包含、汇聚了历史上多民族的智慧与文化，是多元一体之中华各民族共同创造的、共同拥有的文化精神资源。

今天我们谈国学，我以为，大约有这么几个层面。我曾于1994年10月23日在《文汇报》发表了《国学与国魂》一文，此文在当时有一定影响，以下关于"国学"诸层面的分析即源自该文。我当时谈了五层次，这里综合地讲四层面：

第一是常识层面。即国家民族历史文化的ABC。针对几代人国学素养的不足，面对媚俗的大众文化的冲击，对国民特别是青少年进行国学初步的教育已是十分紧迫之事。这需要家庭教育、学校教育与社会教育的配合。

第二是学术与技艺层面。即传统文化各门类各方面，包括地方文化、民间技艺、学术传统之传承。要通过微观精细地研究、抢救、整理与继承绝学，古为今用，推陈出新，这需要国家与社会投入资金，养一些甘坐冷板凳的专门家，尤其要培养新生代，并造成代代相传的机制、环境、氛围。

第三是道德价值与人生意义的层面。国学根本上是教人如何做人，如何安身立命。例如《论语》、《孟子》，按梁启超的说法，是两千年国人思想的总源泉，支配着中国人的内外生活，其中有益身心的圣哲格言，一部分久已在我们全社会形成共同意识，我们既做这社会的一分子，总要彻底了解它，才不致和共同意识生隔阂。[①]今天我们提倡国学，主要是提倡理想人格的追求，克服工具理性的片面膨胀所导致的人文精神的萎缩或失落。

第四是民族精神，或国魂与族魂的层面。提倡国学与吸纳西学并

---

① 参见梁启超：《国学入门书要目及其读法》及《治国学杂话》，俱见《胡适文存二集》，亚东图书馆1934年版。

不矛盾。对于祖国传统文化的价值理念、生存智慧、治国方略，我们体认得越深，发掘得越深，我们拥有的价值资源越丰厚，就越能吸纳外来文化的精华，越能学得西方文化之真，这才能真正使中西或中外文化的精华在现时代的要求下相融合，构建新的中华文明。一味贬损、伤害中国文化之根，无益于西方精神价值的引进与熔铸，无益于新的现代文明的建设。正如鲁迅所说："外之既不后于世界之思潮，内之仍弗失固有之血脉"[①]；也如陈寅恪所说："一方面吸收输入外来之学说，一方面不忘本来民族之地位"。[②]任何民族的现代化都不可能是无本无根的现代化；失去民族之本己性、个性的现代化，绝对不是成功的现代化。

学习国学更重要的是把握中华人文精神与价值理念，了解中华民族与中华文化融会的过程，及其可大可久的所以然，堂堂正正地做一个中国人。

（三）国学与儒学、汉学的关系

关于国学与儒学的关系。道家、道教，中国化的佛教，都是国学的重要的内容，儒学也是。儒学的范围也很大，但相对于国学来说当然要小得多，我们不能把这两者等同起来。但另一方面，儒学又是国学的重要组成部分。传统中国文化无疑是多元多样的，儒学只是其中之一部分。传统中国社会的历史文化无疑是流动与变化着的，儒家文化传统也是流动与变化着并与其他文化传统相交织的。但两千五百年来，儒学渗透到全社会上下，适应、调节着社会经济的发展并指引人们的生活，落实在政治制度、社会风习、教育过程以及私人修养与性情陶冶之中，是中国乃至东亚人的生活方式、行为方式、思维方式、

---

① 见鲁迅《文化偏至论》，此时鲁迅还是章太炎的门生和"国学振起社"的成员。
② 陈寅恪：《冯友兰〈中国哲学史〉审查报告》，见冯友兰著：《中国哲学史》，商务印书馆1934年版。

情感方式和价值取向的结晶，是朝野多数人的信念信仰，乃至到了百姓日用而不知的地步，极具草根性。儒学实际是东亚与我国走上现代化的基础与铺垫，它在未来的发展中将起着越来越重要的作用。故我们可以说，儒释道是互补的，儒学是国学中最重要的内容。我们不必把国学讲成儒学，以儒学取代国学，但也不必排斥、贬低儒学，一定要认识到传统社会在一定意义上是儒家型的社会。

关于国学与汉学的关系。外国人研究汉学与本国人研究国学有很大区别，不可等量齐观。所谓汉学，又叫中国学，是外国人，特别是西方、日本学者研究中国历史与现实之文化学术的通称。汉学与国学完全是可以不相干的。我们尊重也借鉴海外汉学家与汉学的研究成果，但要注意，那主要是外国人的游戏，多为饾饤枝节，没有内在精魂。外国人视汉学（中国学）为纯客观对象，而本国人对国学自然地投入主观情感，怀抱温情与敬意的心态，而且身体力行。

二、试说国学的草根性

国学并不只属于文化精英。实际上，国学具有平民化与草根性的特点。在我们的老百姓中，包括不识字或文化水平不高的像我的祖父母、父母亲那样的人，包括"文革"后期，1968年至1970年我在湖北天门县杨场公社插队落户时周围的农民老乡，我当工人时到两湖、浙江几家大工厂培训两年间遇到的一些工人师傅，我们的小学、中学、大学的老师们，所有这些人以不言之教与言教影响其子弟与周围人的精神的东西，主流的价值仍然是友善、仁爱、孝慈、正直、良心、为人着想、堂堂正正地做人做事。老百姓接受的并影响他人的生活哲学，是带有儒家文化密码的蒙学读物、家训与民谚民谣中的仁慈善良，廉洁勤俭，忠于职守，与人为善，德福一致，"勿以善小而不为，勿以恶小而为之"，"积善之家，必有余庆，积不善之家，必有余殃"，"老吾老以及人之老，幼吾幼以及人之幼"等，例如《三字经》、《百家姓》、《千字文》、《千家诗》、《弟子规》和《四书》的一些内容。

但是，五四以来，作为对中国人的国民性的负面的或所谓丑陋的中国人等等的揭露，有些过头，伤害了我们的民族性。尔虞我诈，内斗内耗，我们出现过一些丑恶的现象（其实西方也有），但人们往往就会把账算在国民性上，或要中国文化、儒家文化承担责任。我觉得我们要把中华民族文化的真髓，养育、凝聚老百姓的真诚的理念，作为中华民族这样一个多民族国家的族群认同、文化认同与伦理共识的仁爱思想，浩然正气，正道直行，人格修养等等，大大地弘扬出来，我不认为这是高头讲章。比方说，老百姓中，其实有很多相互关爱的品格与事例，我们要把这些日用而不知的民间留存的仁爱忠信，仁义礼智信等的道德资源加以保护、拓展。例如平民出身的武昌区吴天祥副区长（现为调研员，全国道德模范），长期关爱人民群众，有很多感人事迹。又比方我是1966届高中毕业生，我与同学们1968年下乡的时候，我们是抱着尖锐斗争的心态下去的，以为我们是革命派，下去是去斗争地富反坏右的。结果乡亲们慢慢地化解了我们的仇恨心理，为批斗对象（多为冤案或地富子女）讲好话，以温情在物质上、精神上关爱我们这些离开城市与家庭的知青。他们家里的鸡蛋、蔬菜很少，但总是送给我们吃。在田间劳动，他们告诉我们不要蛮干，不要一口气就把一辈子的饭吃掉了，要我们学会保护自己，又教会我们干农活的技巧。慢慢的，我们就懂得人间的温情。我小的时候，也亲眼目睹自己的父母也是在家里的生活非常艰难的时候，节衣缩食，对邻居与逃荒讨饭的灾民予以接济。我觉得仁爱、忠信，己立立人、己达达人，己所不欲，勿施于人，不仅是一种理想性的东西，而且是在民间有根源的活的东西。我们现在要有一种文化自觉，把这些百姓日用而不知的、有生命力的、有内蕴的价值启导出来。

三、体制内的教育是西化的，所谓国学热只能是假热

(一)不尽如人意的现象

一方面，民间存留着很多善根，国学确有草根性；另一方面，我们又不能不看到，由于社会巨变所发生的诸多新问题，特别是强势的西化趋向的影响，百多年来文化观念与全民教育的某些失当，国人对于国学又相当地陌生、隔膜。

首先，我们看常识层面。今天我们很多大学生与研究生，不知祖国历史文化的一些常识，不知《四书》、《老子》、《庄子》为何物，更不要说中学生了。有一位博士生寄贺卡给导师，竟称之为"先师"。社会上更是如此。张艺谋是大文化人了，但他导演的《满城尽带黄金甲》中，周润发饰演的帝王竟对医官说"你的内人"云云不通的话。电视剧《走西口》中也出现"你的家父"等不通的话。不少电视剧喜用"错爱"二字，但恰好用错了。我们有的大学教师常说"我的夫人"云云，不知"夫人"是尊称别人的太太的。有一专门纠正世人用语的杂志说"食色，性也"是孟子说的(有的大报竟然照登，其实这是《孟子》一书记载的告子的看法，孟子批评了这一看法)。还有很多常识上的毛病。例如，不会识繁体字，不知道简繁体字的转换不是一一对应的，闹出一些笑话，把皇天后土、太后的"后"写成前後的"後"，把海淀的"淀"写成淀粉的"澱"，把子曰诗云的"云"写成雲彩的"雲"，把姓范的范写成模範的"範"等等。

其次，我们看学术与技艺层面。传统文化各门类、各方面，包括民间技艺，经史子集等的传承上，有相当大的断层。五四以来，片面的、平面的西化思潮和教育、学术之结构与体制，使得我们这一代甚至前后几代人逐渐丧失解读前现代文明(或文献)的能力。令我汗颜的是，包括我在内的目前在大学教中国文史哲的所谓教授们，如果人家顺手拿一册未经整理的旧籍古书让我们读，很可能有些字认不得，有些句子断不了，有些典故不知道，有些篇章读不下来。有鉴于此，为了传承文明，培养后生，2001年以来，我与同事们在武汉大学创办了小型的国学试验班。我们是想整合文史哲各系老师的力量，三个臭皮匠，顶个诸葛亮，大家互补，共同努力，以"小班授课，原典教学，经典导读"的方式，试图培养一点点能读古书的读书种子。因为靠我们这些教授们曾经接受过的、半个世纪以来通行的、分科式的、只学概论与通史、不读原著经典的教育方式，我们民族的将来，很可能没有能够读通古书的人，也没有能读通外国经典的人。九年来，我们武大的国学试验班培养了一些学生，取得了一定的成效，现已自行增设了国学硕、博士点(我校有自行增设新点的权利，只需报国务院学位委员会备案)，已招了国学专业的硕、博士生，并成立了国学院。我们在国学教学上让同学们打好基础，狠抓三方面：古文字(含音韵、训诂)、古文献(经典原文及注疏)、两门外语。同时也打开学生的思路，安排有西方文史哲、国际汉学课程等。

教育部与国务院学位委员会尚没有"国学"这个专业的名称、代码与编号，目前国学本科生与研究生招生只能挂靠在别的(如文、史、哲)专业上。也就是说，"国学"在体制内的教育中还不具有合法性，至少是没有户口吧！我校以新增设交叉学科的方式增设了国学硕、博士点。但毕业生仍只能分别拿文、史、哲的学位，因为学科专业目录上没有国学学科。其实，设国学学科，只是作为现有文、史、哲等学科的一种补充，绝不是也不可能代替现有的各科。国学的综合性是对分科的一种补充，而该学科强调经典研读，对根源性的建设与传统文化的创造转化及现行文科教学改革都有重大的意义。因为古代典籍、人物，按现行分科的方法来研究，很有片面性，研究不透。按分科方式训练出来的学者，很难全面、完整地理解古代典籍、人物、思想、生活世界。有专家讲，国学范畴太大，设博士点，谁个敢与能带学生呢？其实，我们现在历史学、哲学、文学等一级学科的范畴也不小，说这话的专家也只在现所谓二级学科上有一点发言权，那他带一级学科的博士生就那样坦然，那样心安理得？这个道理是一样的，在国学的一个方面是专家，为什么就不能带国学的博士生呢？

第三，我们看道德价值与人生意义的层面。现在有些为人父母者如何教育孩子呢？我曾在公共汽车上看到有的年轻父母当着孩子的面逃票、与老人抢座位、骂人，毫不避讳，有的甚至教唆孩子斗狠，打别人的孩子，所谓免得吃亏云。我们本来是礼仪之邦，但我们的留学生或旅行团走到世界各地都会发生不文明、不礼貌，甚至有辱国格、人格的事情。2006年9月，我在美国亲眼看到一些用公费旅游的干部，在公共场所不守公德的丑态。由于爱喧哗，聚众打牌到半夜，有的美国旅店宾馆干脆把中国旅客与其他国家旅客隔开安排。我很理解今天的一些大学生们面临的生活贫困、就业压力，或恋爱、婚姻、家庭问题等，我们期盼社会关爱这些学子，但也希望大学生们经受得起挫折、坎坷。有极个别人自杀或有人出现精神疾病，并不都是心理上的病症，根本上还是人生观、价值观的问题，责任感的问题，生活的信念与态度的问题。2008年出现的婴幼儿毒奶粉事件尤其值得我们反省，如果连这种事都成为行业内的潜规则，那什么事不能做呢？利欲、金钱、经济利益挂帅，腐化着全社会，使得人文价值、人生意义更加边缘化、狭隘化。

第四，我们看国魂与族魂的层面。可悲的是，有很多知识分子以居高临下的不屑的挑剔的态度，轻慢的语气，以先入之见或自己的所谓"逻辑"或文字游戏的方式，横加肢解传统文化，以为西方的从古到今都有理性，完美得很，中国的从古到今都无理性，糟糕得很。他们不是全面理解思想系统及其背景与特性，而是由这种立场或情感出发，抓住只言片语，拉来就打或贬。对于自己民族的文化及其经典，应有起码的尊重，起码的虚心的态度。为什么其他国家的知识分子不必提出"同情的理解"或"了解之同情"，或没有类似的问题，而唯独我们国家、民族的知识分子必须面对这一问题？那是因为人家没有妖魔化、丑化自己的文明及其经典，没有把今人的责任推到祖宗头上去，也没有单一的直线的进化论、进步观，而我们自鸦片战争以来，把国际国内政治、经济、军事的问题，国势的问题简约化为文化的问题，一古脑儿都要传统文化来负责，要孔孟来负责，又把文化问题简约化为进步与落后的二分法，因此把传统与现代打成两橛。实际上孔仁孟义、礼乐文明不仅不构成中国人走上现代的阻碍，相反是一种宝贵的资源与助力。这种不健康的心态与学风，乃严肃的学术研究之大敌，且谬种流传，误人子弟，贻祸青年。

（二）体制内教育的缺失

近年来，随着我国的经济实力、政治地位的提升，随着人们对传统文化与现代化的关系的理解有了多维向度，全社会对国学有了迫切的需求或一定的热度。例如，继武汉大学之后，中国人民大学、厦门大学、复旦大学先后也开办了国学班；一些企业、民间宗教与社团以传统价值观念作为基本理念；公私企业的经营管理者由热衷于学习西方式的管理转过来学习古代哲学智慧与管理方略，一些ＭＢＡ、ＥＭＢＡ、总裁班等更多地转向学习中国经典来丰富人生；不少民间人士开拓更多的空间，创造条件让儿童在记忆力最好的时期（3～14岁）诵读一点经典，打一点童子功。这都是十分可喜的现象，虽然遭到不少非议。国学随着国力的增强，到了发展的最好契机。

　　但是，当前国学是真热吗？国民对国语、国文、国学，对本国历史文化传统的常识还不甚了了；体制内的，从幼儿到博士所受教育的制度安排，基本上是西化的，青少年学习英语的时间与精力大大超过了学习母语、国文的时间与精力，而体制内有关中国历史文化的教育又非常薄弱；如此，我们有什么理由侈谈"国学热"？所谓"国学热"并非真热，其实是假热，只是一些表面现象而已。有的只是敲敲边鼓，只是自发与偶然的现象。

　　试看我们的教育。幼儿与中小学教育中的中国文化教育应是基础的基础。因此，全社会都应当重视对幼儿、小学生和中学生加强中华民族历史知识与人文精神的教育。不然，大学人文教育就根本没有办法做好。此外，中学文理分科的问题，作为高考的附属物，似应有更加合理的解决方案。从公民的文化教养与民族的文明发展来看，中学生的文理分科是应当为法律所禁止的。同样的，我国应当为民族传统文化的承传立法，或者说，应当在法律上规定，必须对幼儿与小、中、大学生进行传统语言与文化的教育，维护民族语言与文化的纯洁与尊严，必须改变目前青少年学英语的时间、精力大大超过学习母语的状况。我们的国民教育有很多问题，太偏于知性，忽略德性，以政治教育取代心性、道德教育，没有按孩子们的天性，恰当地做孩子们能接受的人性教育与人的全面性的培养。

（三）母语、国学的教育是国本

　　母语、国学的教育是国本，不可动摇。十多年来，我一直在批评一种现象，即中国大陆地区的各层次教育中，忽视母语的教育，忽视本土文化ABC的教育，把英语、西方文化教育看得比母语、本土文化的教育更为重要，完全是数典忘祖！现在中国的大众文化已是美国文化的殖民地，美国大片大行其道。反过来看一看法国及欧洲一些国家，他们严格限制大众媒体把英语节目或所谓美国大片肆无忌惮地播放，他们是有限制的。法国知识界不断批评、指导法国的传媒与文化界，法国政府也十分自觉地捍卫法兰西语言的纯洁性与法兰西文化的尊严。相反，我们都失职了！我不是反对学习西方，相反，我是积极主张拥抱西方文明的，我当国学院院长，在本院的教学中，我为以西文学习西方经典创造了很好的条件。我们开办的国学试验班、中西比较哲学国际班，都是开放的，有些课程也用英文上，请外国学者上。但我认为，这一定得有一个界限，即中国的教育(从幼儿园到博士生)，宪法与法律允许的中国教育，一定要以母语与本土文化为主导和主要内容。我们现在讲自主创新，讲建立自主创新型国家，首先振兴的应是中国自己的文化传统。中国人靠什么走向世界？中国人的精神文化中当然包含着几千年来与外来文化的融合，中国文化当然是变动着的文化。但中国之为中国，中国文化之为中国文化，一定有自己内在性的东西，有主导性与主体性的常道，这是不可动摇的。因此，我反对所谓"双语教学"的提法，甚至有的大学提倡"全英语教学"，那是应当禁止的。

作为一个国家的公民、国民，有接触本国经典的义务。一个西方人，不管从事什么行业，在他经受的家庭、学校、社会教育中，起码诵读过、学习过《荷马史诗》，柏拉图或亚里士多德等希腊哲学，西塞罗等罗马政论，莎士比亚的文学作品等，这都是视为当然的，是他们的人文修养的基本功。一个中国人，也应当掌握好母语，具有中国文化的常识。可是今天在中国，如果我们让青少年读一点有关孔子、孟子、老子、庄子的书，会被认为是守旧复古、大逆不道。这是非常奇怪的事情。我认为作为一个中国人，要了解的最基本的经典是《四书》(《论语》、《孟子》、《大学》、《中庸》)，最好适当读一点《老子》、《庄子》、《左传》、《史记》、《汉书》、《诗经》、《楚辞》及佛教的《心经》、《金刚经》、《六祖坛经》等。行有余力的中国人还应了解《书经》、《易经》、《礼经》等。

国人对国语、国文、国学应有起码的修养，反过来，国学又滋养国人。希望教育部门、社会与家庭，对孩子们的教育，特别是在国民教育中更多地加入国学的内容，营建中华民族共有的精神家园。

国学教育总要抓住最重要与根本的东西。钟泰先生说，读书要有指南，犹如旅行要有舟车与地图，但到穷极处，一定不要忘了目的地，即归趣。他认为，国学的归趣在义理。我们知道，义理是考据、辞章的灵魂。没有义理的考据是盲目的，没有考据的义理是空虚的。没有义理的辞章是虚浮的，没有辞章的义理则行之不远。在国学的多层面中，最高的层面还是国魂，即中华民族的主要精神的方面，那是中国人之所以为中国人、中国文化之所以为中国文化的根本特质处。国人目前对我国文化的可大而可久还理解不深，大多带着有色眼镜，任意糟蹋毁辱。

◀ 四、国学的再发现 ▶

近十多年来，我常常到东西方一些国家或地区去出席会议或讲学。总的感受是，那些地区或国家的民间社会的空间比较大，生活中，自己的传统文化、礼俗的传承比我们好。今天，我国大陆地区的民间生活更加多元化了。企业、媒体、行会、社群、宗教团体中需要而且也可以提供更多的社会资本与文化资本，包括本土文化资源。我们建设今天的文明，需要更多借鉴古代的文明。

国学的再发现，并不是复古，更重要的是，其中的价值观念能更多地渗透到现代人的意识之中。国学之一的儒家思想与制度也可以参与当代的制度安排与秩序设计中，例如"礼"之中就有不少可以转化。

儒家思想可以与现代政治自由主义、生态环保主义、女性主义对话。比方说，我们实行社会主义的市场经济，必须兼顾公平与效率，有关公平与社会公正，正是儒家的强项。又比方说，年轻人讲自由，其实，不管是政治的、哲学的、道德的、美学的或艺术的等层面的自由，在儒释道各家的论说中都十分丰富，值得发掘。现代的政治法律制度，不可能不建立在德性伦理之上。我们的家庭伦理、社群伦理、工作伦理、企业伦理的建设，都可以在国学中找到资源。在生态伦理、文明对话、国家间与族群间的交往伦理方面，国学资源都大有可为。我们有责任做创造性转化的工作。就自由主义者必须具有的独立的批评能力和精神，必须具有的道德勇气、担当精神而言；就自由、理性、正义、友爱、宽容、人格独立与尊严等自由主义的基本价值而言；就民主政治所需要的公共空间、道德社群而言；就消极自由层面的分权、制衡、监督机制和积极自由层面的道德主体性而言；儒家和传统诸家都有可供转化和沟通的丰富的精神资源。儒家的道德主体为政法主体预定了位子。

德国特里尔大学的文学院长、汉学家波尔教授(他的中国名字叫卜松山)曾经多次对我说过："你们中国有很好的道德资源，特别是儒家文化中有很多很好的做人的道理，可惜你们放弃了，没有用这些本土的文化资源教育后代，这非常遗憾！"这值得我们警醒。

一个社会，如果没有基本的伦理共识，那是非常危险、非常可怕的。再严密的法律，代替不了社会的伦理道德；进一步说，健康的现代化的法治社会恰恰是建立在民众的伦理底线、民众的伦理共识的文化土壤之上的。

重视和发掘中国传统智慧中的思想资源，决非要鼓吹全面复古，全盘照搬古代文化的整套东西，更不是试图以中国固有的传统去对抗、抵制现代的文化。我们提倡以批判继承的态度、多元开放的心态，对国学传统进行创造性的转化。

罗伯特·贝拉(RobertN.Bellah)关于日本德川宗教的研究给我们多方面的启示。他说:"存在于德川时期的中心价值系统在现代依然起着决定作用,也许是以更加强化的、理性化的形式而存在。将作为各个阶级的身份伦理而起作用的中心价值系统应用于现代,证明是十分有利于处理每个阶级所承担的新的经济责任。"①贝拉关于中国的整合价值占首位,日本以重视政治或达到目标为特征,中国伦理是普遍主义的,日本伦理是特殊主义的等等论断,都是值得商榷的。但他具体分析了德川时代的中心价值,指出了这些价值在日本现代化道路与过程中的作用,是很有意义的。丸山真男曾对此作了中肯的评价。②中国大陆和台湾、香港,以及新加坡、韩国等国家与地区的现代化运动中,民间社会的儒家伦理的积淀起了积极的作用。在文化小传统中,勤俭、重教、敬业、乐群、和谐、互信、日新、进取的观念,无疑是经济起飞的文化资本。

中华民族的文化认同是中华民族凝聚力的基础,这可以反对国家的分裂。面对西方文化铺天盖地的席卷域内和西方宗教的无孔不入的渗透,我们一定要有文化自觉与文化安全意识。目前,基督教、天主教在中国大陆特别是农村发展很快,势力很大;台湾民进党当局"去中国化"日甚一日。还有民族分裂主义与恐怖主义者的活动等。因此,自觉发展国学,可以维护国家的文化安全,团结海峡两岸及海外华人,形成民族文化认同,增加凝聚力。振兴国学与国家的文化安全有密切关联。

总而言之,国家的兴盛与国学的复兴是一体两面的事情。国学复兴有助于本国政治、经济、军事、文化、外交地位之提升,有利于建

---

① 罗伯特·贝拉著:《德川宗教:现代日本的文化渊源》,三联书店与牛津大学出版社1998年版,第228页。

② 丸山真男:《评贝拉的〈德川宗教〉》,《德川宗教:现代日本的文化渊源》附录三,第259-296页。

设文化大国及文化输出。国学也是文化产业的基础，但大众文化正在糟蹋民族传统。建设孔子学院是好的兆头，但绝不能只停留于教现代汉语，而应当讲中华文明，进行文明对话。不懂自己的国学、历史文化传统，拿什么与人家交流对话？

当前，我们提倡国学，主要是为了弘扬中华人文精神，克治当前信仰缺失、唯利是图的倾向，坚持富而好礼，富而后教，调动传统历史文化的资源，积极参与现代社会的建设，建构中华民族主体性的价值系统。在伦理共识、文化认同、终极关怀方面，国学可以发挥积极的作用，这有助于和谐社会的良性建构。国学是我国现代化建设的软实力！

国学与时代精神

李宗桂

李宗桂，中山大学哲学系教授，中山大学文化研究所所长、博士生导师。国务院学位委员会和国家教委表彰的在工作中做出突出贡献的中国学位获得者，广东省"优秀中青年社会科学家"。

主要研究方向为：中国文化与现代化、当代中国文化、中国古代哲学、儒家文化、现代新儒学。

出版著作有：《中国文化概论》、《文化批判与文化重构——中国文化出路探讨》、《传统文化与人文精神》、《文化精神烛照下的广东——广东文化发展30年》、《中华民族精神概论》等，主编：《中国文化与现代化丛书》、《大思想家与中国文化丛书》、《中华民族精神建设丛书》、《儒家文化与中华民族凝聚力》等。

获得"中国图书奖"、"全国优秀图书奖"、"国家社会科学基金项目优秀成果奖"、"教育部人文社会科学优秀研究成果奖"、"教育部优秀教材奖"、"广东省政府哲学社会科学优秀成果奖"等全国和省部级奖励近20项；中央马克思主义理论工程"中国文化概论"编写组首席专家；主持包括国家重大项目和重点项目、教育部重大项目、澳门政府课题、广东省课题在内的国家和省部级课题近20项；是《人民日报》向海外介绍的中国学者之一。

自上个世纪90年代以来，"国学热"逐渐兴起，至今遍及神州，而且大有进一步升温的趋势。伴随国学热的高涨，关于国学的内涵、内容、范围、价值的争议，也日益激烈。在文化建设日益重要的今天，在特别需要弘扬中华文化、建设中华民族共有精神家园的时候，如何厘定国学的内涵和范围，如何看待国学的地位和作用，不仅是一个严肃的学术话题，更是一个重要的实践问题。因此，从时代精神的高度，从当代中国文化发展战略的高度，对其作一严肃的辨析，显然具有积极的意义。

一、国学的内涵、内容和范围

　　如果从历史时限划分，大致说来，国学内涵、内容和范围的演变，经历了三个时期，即古代、近现代①、最近二三十年。②

---

① 关于中国近现代历史的分期，学术界有不同意见。一种认为，从1840年鸦片战争到1919年"五四"运动之前，是近代，从1919年"五四"运动到1949年中华人民共和国成立，是现代。前者是旧民主主义革命时期，后者是新民主主义革命时期。另外一种意见认为，从1840年鸦片战争到1949年中华人民共和国成立，都是近代，理由是整个这个历史时期，中国社会的半殖民地半封建社会性质是一样的，而判定社会历史发展阶段的根据，关键在于其社会性质。因此，中国近代史，应当"近"到1949年。我认为两种说法各有道理。由于本文所论涉及到清末和民初，故在这里使用"近现代"一词。
② 本文所谓"最近二三十年"，是指上个世纪八十年代中期至今的时间。

(一)古代的国学

国学作为单一名词，其实古已有之，早在《周礼》中就已出现。[①]
《周礼·春官·乐师》说："乐师，掌国学之政，以教国子小舞。"这里的
"国学"，是指国家设立的学校。此后，国学在中国古代的基本含义，
是指国家设立的学校和教育管理机构，比如汉代的太学、晋代的国子
学、隋代的国子监等。曲阜孔庙留存的元朝大德五年(公元1301年)的
"大元重建至圣文宣王庙之碑"的碑文中，就曾谈到"国学"："世祖圣德
神功，文武皇帝仁露义洽。九域混同，文物焕然可观。内立国学，外
置郡邑学官，而于先圣之后，尤所注意遴选，师儒训迪，作成儒贤，
以嗣封爵，……"[②]这里的"国学"，就是中央政府主办的学校，"国家"
之"学"。

(二)近现代的国学

近现代意义的国学一词，源于清末民初。1902年秋，梁启超在给
黄遵宪的信中，商议创办《国学报》，并强调该报应"以保国粹为主
义"。同年，他在《论中国学术思想变迁之大势》中多次提及"国学"一
词。在梁启超这一时期的论著中，"国学"实际上就是他此前屡屡论及
的"中学"，但更多地注意到了"中学"的精粹一面。章太炎1906年在日
本东京创立"国学讲习会"，继而成立"国学振起社"。国粹派学者邓实
1906年在《国粹学报》发表的《国学讲习记》一文中说："国学者何？一国
所有之学也。有地而人生其上，因以成国焉。有其国者有其学。学也
者，学其一国之学以为国用，而自治其一国也。"章太炎1922年上半年

[①] 关于《周礼》的成书年代，学术界分歧甚大，主要观点有：A.汉代刘歆的"周公手作"
说，亦即《周礼》成书于西周初年；B.近人刘起釪的春秋说；C.东汉何休，近人钱穆、
郭沫若、顾颉刚、范文澜等的战国说；D.宋儒魏了翁、近人梁启超等的周秦之际说；
E.近人胡适等人的西汉初年说。即使最晚年代的"西汉初年"说，距今也已2000余年。
可见"国学"一词，渊源甚久。

[②] 骆承烈：《石头上的儒家文献——曲阜碑文录》，齐鲁书社2001年版，第248页。

在上海讲授国学，其内容被曹聚仁整理成《国学概论》出版。该书认为国学的本体是经史、诸子、历史，国学的派（类）别是经学、哲学、文学。章氏在其创立的国学振起社的"广告"中说，国学振起社将发行讲义，全年六册，分别是：诸子学、文史学、制度学、内典学、宋明理学、中国历史。胡适认为："'国学'在我们的心眼里，只是'国故学'的缩写。中国的一切过去的历史文化，都是我们的'国故'；研究这一切过去的历史文化的学问，就是'国故学'，省称为国学。……过去种种，上自思想学术之大，下至一个字、一支山歌之细，都是历史，都属于国学研究的范围。……国学的使命是要大家懂得中国过去的文化史，国学的方法是要用历史的眼光来整理一切过去的文化的历史，国学的目的是要做成中国文化史。"①吴宓认为："国学者，乃指中国学术文化之全体而言。"②蔡尚思在其1931年由上海启智书局出版的《中国学术大纲》中认为："国是一国，学是学术，国学便是一国的学术。其在中国，就叫做中国的学术。……中国的固有文化，都不能出此国学二字范围外。"这些学者所谈的国学，本质上是中国传统文化。

　　和上述表述不同，一些学者对国学概念表示了质疑。陈独秀在1923年7月发表在《前锋》杂志第一期题为《国学》的短文中，就表示了自己的不同意见："国学是什么，我们实在不大明白。……我老实说，就是再审订一百年，也未必能得到明确的观念，因为'国学'本来是含混糊涂不成一个名词。"③半年多后的1924年2月，陈独秀又在《前锋》杂志第三期发表了同样题名为《国学》的短文，尖锐地说："学问无国界，'国学'不但不成一个名词，而且有两个流弊：一是格致古微之化身，一是东方文化圣人之徒的嫌疑犯。前者还不过是在粪秽中寻找香水（如

① 胡适：《〈国学季刊〉发刊宣言》，《国学季刊》一卷一号，1923年第1期。
② 吴宓：《清华开办研究院之旨趣及经过》，《清华大学史料选编》（第一卷），转引自罗志田：《国家与学术：清季民初关于"国学"的思想论争》，三联书店2003年版。
③ 陈独秀：《"国学"陈独秀著作选》（第二卷），上海人民出版社1993年版，第516—517页。

适之、行严辛辛苦苦的研究墨经与名学，所得仍为西洋逻辑所有，真是何苦！），后者更是在粪秽中寻找毒药了！"①郑伯奇批评道："本来'国学'二字是很笼统的名词，而国学运动云云更令人不易理解。"②曹聚仁虽然赞赏认同国学研究，但也对国学概念表示了质疑，他说："'国学'一名词虽流行于全国，实际上还含混糊涂，没有明确的观念可得到呢！"③钱穆在其完成于上个世纪二三十年代的《国学概论》中说："学术本无国界。国学一名，前既无承，将来亦恐不立。特为一时代的名词。"④

上述争论，其症结在于三点：一是国学概念的清晰与否，二是国学内容范围的划分，三是国学研究的价值取向。在认为无可争议者看来，国学就是本国之学，是既往之学，是固有的历史文化和学术思想。在认为大有问题者看来，国学不能纳入既有的学科范式。陈独秀指出，胡适长于哲学史，章太炎长于历史和文字音韵学，罗振玉长于金石考古学，王国维长于文学，这都是具体的学问，"除这些学问以外，我们实在不明白什么是国学？"⑤质疑者还从学术无国界的视角，反对国学概念的提出以及国学研究的进行。其实，胡适所说的国故，本质上是个中性概念。在胡适心目中，国故并非就是好的东西，也不一定是坏的东西。他曾明确说过："'国故'这个名词，最为妥当，因为它是一个中立的名词，不含褒贬的意义。'国故'包含'国粹'，但它又包含'国渣'"。⑥当然，胡适"整理国故"的目的，是要发掘国粹，抛弃国渣，其研究本身有明确的价值取向，亦即要通过国学研究，扬弃传

① 陈独秀：《"国学"陈独秀著作选》（第二卷），上海人民出版社1993年版，第604页。
② 郑伯奇：《国民文学论》，《创造周报》35号，1924年1月6日。
③ 陈独秀：《"国学"陈独秀著作选》（第二卷），上海人民出版社1993年版，第517页。
④ 钱穆：《国学概论·弁言》，台湾商务印书馆1987年版，第1页。钱氏该书初版于1931年5月，这里引用的是台湾第十四版，其内容和初版无异。
⑤ 陈独秀：《"国学"陈独秀著作选》（第二卷），上海人民出版社1993年版，第516页。
⑥ 胡适：《〈国学季刊〉发刊宣言》，《国学季刊》一卷一号，1923年第1期。

统文化，弘扬其精华，抛弃其糟粕。而陈独秀反对国学，则是认为国学是"粪秽"，不必从中寻找"香水"。这实际上是从价值系统层面否定传统文化。这样，关于国学概念的论争，其实从一开始就已经包蕴着国学研究的价值取向之争。

（三）近二十年的国学

20世纪90年代以来的国学论争，与上述情况颇有相似之处，亦即同样出现了对于国学概念的厘定、国学内容范围的划分、国学研究的价值取向等方面的争论。不同的是，两次论争所面临的世界形势和国家发展目标不同。

关于国学概念的内涵，学术界众说纷纭。张岱年说："国学是中国学术的简称。……称中国学术为国学，所谓国是本国之义，这已经是一个约定俗成的名称了。"他认为，中国传统学术包括哲学、经学、文学、史学、政治学、军事学、自然科学以及宗教艺术等等。而自然科学有天文、算学、地理、农学、水利、医学等，"这些都是国学的内容"。"国学是本国学术之意。"①张岱年在其《如何研究国学》、《漫谈国学》、《国学与时代》三文中，也表达了类似的意见。②金景芳、吕绍纲认为："国学指未曾染指西学的中国学问。晚清学者讲'中体西用'的与西学相对而言的中学应当就是国学"。③楼宇烈认为："国学就是研究中国的传统文化。如果把中国所有的学问都叫做国学，那范围就太大了，应该把国学的研究范围限制在传统文化里。"④张立文认为：国学是"中华民族学术文化与时偕行的创造，是中华民族学术文化的

---

① 张岱年：《国学丛书》序，载张岱年等，《国学今论》，辽宁教育出版社1991年版，第1—3页。
② 张岱年：《张岱年全集（第七卷）》，河北人民出版社1996年版，第468—470、520—521、561—564页。
③ 金景芳，吕绍纲：《关于孔子及其思想的评价问题》，《哲学研究》1995年第一篇。
④ 楼宇烈：《国学百年争论的实质》，《光明日报》，2007年1月11日。

总和"。①李中华认为：国学"是指中国在几千年的社会发展中所积累、积淀的思想文化的总和"。②纪宝成认为，国学是中国传统学术，是中华传统文化的精华。国学是中华文明的主要载体，是中华民族精神的集中体现，是中华文明之根。③

　　质疑上述人士的国学概念者，大有人在。舒芜曾撰专文质疑国学。他说："所谓'国学'，实际上是清朝末年、一直到'五四'以来，有些保守的人抵制西方'科学'与'民主'文化的一种借口，是一个狭隘、保守、笼统、含糊而且顽固透顶的口号。……完全是顽固保守、抗拒进步、抗拒科学民主、抗拒文化变革这么一个东西。""所谓国学，并不是传统文化的概念。""'国学'是什么？就是讲儒家的那点东西，封建的那些价值观念。"国学里面所包含的哲学、史学、文学、自然科学等，应当归到各门学科里面去，为什么"非得要说'国学'不可呢？"④针对舒芜的质疑，蒋国保提出要为国学正名。蒋国保认为，晚清、民国学人所谓"国学"，固然不是泛指中国传统文化，但也并非特指儒家学术，"应该说它是用来统称中国传统人文学科范围内的学术"。⑤王生平认为，改造和扬弃国学概念，是研究中国文化的题中应有之义。"如果从真实的历史而不是从概念出发，中国近现代文化也是国学，而且从本质上看是比国学家们规定的国学更高级的国学。"⑥朱维铮批评现在讲的国学没有一个衡量尺度。他指出，讲国学必须先确定两个前提：第一，我们现在的中华人民共和国的疆域，包括台湾在内，这是我们"国"的空间范围；第二，要承认中华民族是个复合体，"国学"一定要包括各个民族群体。"不能说国学的核心就是孔子和儒教。""'国学'一

① 张立文：《国学的度越与建构》，《理论视野》2007年第1期。
② 李中华：《对"国学热"的透视与反思》，《理论视野》2007年第1期。
③ 纪宝成：《重估国学的价值》，《南方周末》，2005年5月26日。
④ 舒芜：《"国学"质疑》，《文汇报》，2006年6月28日。
⑤ 蒋国保：《为"国学"正名》，《文汇报》，2006年7月24日。
⑥ 王生平：《跳出国学研究国学》，《哲学研究》1994年第8期。

词，指各国本国之学，是个泛称，不是专指中国的。"①有趣的是，质疑国学的舒芜，其反对理由之一，就是世界上别的国家都不讲国学，只有中国讲国学，故国学概念说不过去。②苏双碧认为，"'国学'这个概念的含义说不清楚。""'国学'含义既然不清楚，也就未必是科学之说了。"欧美各国并没有把有本国特点的学术文化称为"国学"，马克思主义虽然产生于德国，但它却是时代的产物，而不仅是一国的产物。③

(四)国学概念论争存在的问题

综观百年来特别是最近二十年关于国学概念的纷争，主要存在如下问题：

问题一：概念不清。

本国学术，本国的学术研究；本国历史文化，本国的历史文化研究；国学，国粹；传统文化，封建文化；等等，是不同层次的概念，但论者往往将其混为一谈。本国学术，是研究的文本(对象)；本国的学术研究，是对本国学术文本进行的学理性探讨。同理，本国历史文化是本国发展过程中自然形成的文明样态，而本国历史文化研究，则是对这个本然的样态进行的分门别类的探讨。换言之，前者是"本来"的历史，后者是"写"的历史。至于传统文化与封建文化并不是同义词，在经过多年的文化研讨后，已经成为常识。④传统文化、儒家文化、孔子思想，这些显然不是同一层面意义的概念，自然也不应混为一谈。至于国学、儒学、国粹等概念，其区别更是明显，但不少论者硬是从价值判断优先的立场，将其同质化、同义化。遗憾的是，在近百年特别是近年的国学论争中，不少人往往自觉不自觉地将内涵极为

---

① 朱维铮：《"国学"答问》，《书城》2007年第9期。

② 舒芜：《"国学"质疑》，《文汇报》2006年6月28日。

③ 苏双碧：《从"文化热"到"国学热"的反思》，《北京日报》2006年8月28日。

④ 金冲及：《传统文化和封建文化不是同义词》，《人民日报》2005年2月4日。

不同的概念混淆起来，先设定一个模糊的概念，再虚拟一个话题，就自说自话地论证起来，于是把国学概念搅得混乱不堪。

问题二：内容和范围模糊。

国学的内容和范围究竟何在？论者之间并无共识，基本上是各说各的。就内容而言，有说是指经史子集的，有说主要指经学的，有说不包括经学的，有说包括经学哲学和文学而不包括史学的；有说包括古代诸子学说的，有说是特指儒家学说的；有说主要是指古代人文学科内容的，有说应当包括古代人文社会科学和自然科学在内的；有说泛指传统文化的，有说专指古代学术思想史的。就时限而言，有说是指古代之学的，有说不仅包括古代而且更应包括近现代的，还有说应当包括当代的。等等，真是不一而足。由于范围模糊，内容当然也就不便确定，从而研究和争论也就成了张飞打岳飞。

问题三：思路不清。

国学是事实判断，中性概念；但论者中不乏过于强势的价值判断推行者。视国学为精粹者，把国学看作纯粹的、优秀的价值体系，顶礼膜拜而盲目推崇；视国学为渣滓者，把国学看作洪水猛兽，必欲彻底除之而后快。这种把价值判断和事实判断混淆的做法，导致无谓的争论。此外，论者中有的缺乏充分的根据，只是凭个人意愿甚至主观推测来论证自己的观点。例如，有的论者凭主观想像，认为别国没有国学之说，因而中国也就不应也不能有国学之词。姑且不说别人没有的，是否自己就一定不能有，这种逻辑实在过于简单。实际上，别国也有国学。日本就有国学之说。我国的国学国粹概念，本身就是从日本引进的。日本在其近代文化发展过程中，面对基督教文化在日方的胜利，就曾有"国学复兴"思潮的崛起，而"日本国学的复兴，是民族意识的自我觉醒和自我反省的一种新的世界观"。①不仅如此。韩国也有

---

① 程伟礼：《全盘西化的外衣与东方文明的躯体》，湖南文艺出版社1988年版，第74—81页。

国学。韩国成均馆大学李天承教授就指出，为了收集、保存韩国学资料，加强对韩国学的研究和普及，在退溪学的发源地——安东的陶山书院附近，还成立了韩国学专门研究机关——韩国国学振兴院。[1]可见，并非外国不讲国学、没有国学，而是有的论者并不了解情况。值得注意的是，韩国所谓国学，就是其本国之学，就是该国的民族传统文化。李天承教授指出，早在1965年，在韩国政府的支持下，"以民族古典文化遗产的现代继承和畅达为目的成立了民族文化推进会，积极推进古典国译者的培养和韩国古典的翻译（代表性的便是《韩国文集丛刊》）工作。……韩国古典翻译院这一新的教育机关也在酝酿之中。"[2]有学者指出，土耳其也有国学，所谓"突厥学"便是。类似的还有埃及学、亚述学、印度学等。[3]

（五）国学应有的内涵、内容和范围

显然，对于中国古代作为"国"家之"学"的中央政府举办的学校和教育机构的"国学"，人们没有什么争议。但是，对于清末民初逐渐流行开来的国学，无论人们是否认识到，其内涵、内容和范围，在百年来的文化发展和文化论争中，已经发生了变化。大致可以这样说，清末民初时期学者所讲的国学，主要是指中国传统（古代）人文学科范围内的学术思想文化。所谓"国"，当然是指本国，中国；所谓"学"，是指中国传统文化范畴的学术和历史文化。即使如陈独秀、郑伯奇、钱穆等反对者、质疑者，在这点上实际上也没法否定。陈独秀从哲学、史学、文学等角度指出国学倡导者和研究者的某种专长或不足，其实

---

[1] 李天承：《韩国对儒教的关心以及儒教对韩国的影响》，《儒学理论的实践》国际研讨会论文集，2007年版。

[2] 李天承：《韩国对儒教的关心以及儒教对韩国的影响》，《儒学理论的实践》国际研讨会论文集，2007年版。

[3] 连博：《"国学"与各国特殊学问》，《文汇报》2006年8月1日。

是在客观上承认了国学内容和范围是指中国的传统人文学科和历史文化。钱穆一方面质疑国学概念不够科学，另一方面也承认国学是某一特定时代的名词。而在他有名的《国学概论》一书中，其内容和范围不外是孔子与六经、先秦诸子、两汉今古文经学、魏晋玄学、宋明理学、清代考据学之类的学术思想史，这表明，钱穆所谈的国学，就是本国之学，就是本国的历史文化。

其实，如果抛开成见，以平和之心来讨论问题，则我们可以在国学的内涵、内容和范围的问题上取得大致接近的意见。

大致可以说，古代意义的"国学"，作为中央政府主办的学校和教育管理机构，论者间没有争论。近现代意义的国学，清末民初兴起的国学，主要是指古代人文社会科学范畴的学术历史文化。相对于西学而言，是中学；相对于新学而言，是旧学；相对于当代而言，是古代；相对于实践而言，是理论。最近二十年所讲的国学，既有指古代而言者，也有指包含古代和近现代而言者；既有指传统人文社会科学范畴而言者，也有指既包含传统人文社会科学也包含自然科学在内者。所谓国学，是指本国之学。这个学，既指传统文化，也指传统文化研究。《四书》是传统文化，《四书章句集注》是研究传统文化；随着历史的发展，《四书章句集注》后来也成了研究对象（也成了传统文化），而《四书集注简论》是研究传统文化；①传统文化固然是国学，而数十年前章太炎的《国学概论》、钱穆的《国学概论》，在当时是研究国学的论著，而今却也已成为今天的国学研究的内容。近年所谓国学，本质上就是传统文化。就时限而言，包括古代传统文化、近现代传统文化（不包括当代文化）；就学科门类而言，包括人文社会科学和自然科学；就国别而言，相对于西学而言是中学，相对于世界而言，是国学；就内容而言，《十三经》、《诸子集成》、《黄帝内经》、《本草纲

---

① 邱汉生：《四书集注简论》，中国社会科学出版社1980年版。

目》、《周髀算经》、《孙子兵法》、《孙膑兵法》、二十四史等，是国学，民俗风情、元宵节、春节、清明节、端午节等，也是国学。道理很简单，这里所谓传统文化，是广义的说法，既包括思想文化、制度文化、物质文化、行为文化，也包括生活方式、风俗信仰，而不仅仅是某家某派学说。

◀ 二、国学论争的实质是如何实现 ▶ 中国的现代化

百年来的国学论争，特别是近二十年的国学论争，其实质是什么？是中国社会向何处去，是中国如何实现现代化。

从鸦片战争到当今，一百多年来的中国社会发展的进程，从根本上看，就是实现现代化，振兴中华，复兴伟大的中华文明的进程。在这样一个时代主题下，各种主张、各种思潮，都离不开对是否实现现代化、如何实现现代化、实现什么样的现代化这个主题的回答。

以国学论争为表现和重心的思想文化运动，集中反映了近现代中国社会发展的主题。宏观地看，晚清以来关于国学问题的论争，如果集中于近现代意义的国学概念出现以后，[①]则大致可以分为这样几个阶段：国学概念论争（清末民初，大约1900－1915年）、东西文化论战（大约1915－1927年）、中国现代化问题讨论（1930年代）、中国文化出路论战（1930－1940年代）、"文化热"和"国学热"及其论争（1980年代中期至今）。

---

① 其实近代中国关于中体西用问题的论争，本质上也是国学论争的重要内容，限于篇幅，并为了论题的相对集中，故此处略去。

（一）东西文化论战背后的国学价值观

清末民初关于国学概念的论争，前文已经阐述，此处不赘。后来的东西文化论战、中国现代化问题的讨论、中国文化出路的论战、"文化热"和"国学热"中的论争，所反映的问题，本质上是如何看待国学，如何在挺立民族文化主体、树立民族文化意识的战略高度上，正确对待外来文化和本国传统文化的问题。值得注意的是，无论对国学采取何种态度，认同赞赏也罢，否定批评也罢，其实都是希望中国实现现代化，区别只是在于如何实现现代化、实现什么样的现代化。

大力倡导国学弘扬国学的梁启超，于1902—1903年间发表了著名的《新民说》(此时，他正在大力倡导国学)，阐发了以根本改变国民素质为目标的"新民"论。梁启超新民论的基本思想，是要铸造新的民性，提出了自由、进步、自治、自尊、公德、权利思想、国家思想、义务思想等现代国民的基本品格，作为"新民之道"，以实现"国之安富尊荣"。梁启超自己解释说："新民云者，非欲吾民尽弃其旧以从人也。新之义有二：一曰，淬厉其所本有而新之；二曰，采补所其本无而新之。二者缺一，实乃无功。"[①]可见，梁启超所要弘扬的国学，并非一成不变的僵化思想，而是要与时俱进地提升固有文化的精华、吸收外国优秀文化而熔铸新文化、铸造新国民，实现现代化。梁启超后来在《欧游心影录》中明确宣布，中国文化的发展，中国社会的进步，应当"拿西洋的文明来扩充我的文明，又拿我的文明去补助西洋的文明，叫他化合起来成一种新文明"。值得注意的是，梁启超的《新民说》，是利用中国传统经典《大学》的"新民"概念和思路，阐发在当时具有强烈现代化气息的全新思想。这本身就显示了国学优秀成分在新时代的启蒙思潮中具有合理的价值，当时的进步思想家在吸纳西方文明优长之处时，并不彻底否定本国文化。可见，弘扬国学优秀成分，认

---

① 李华兴、吴嘉兴编：《梁启超选集》，上海人民出版社1984年版，第206－268页。

同国学的合理价值，与认同西方先进文化，改造国民品性，实现现代化，并不矛盾。

西化派的胡适，提出中国应当学习西方，追赶西方，以尽快实现现代化。胡适认为，中国未来必定应当而且可以实现"科学化和民治化"。[1]西洋文明能够解放人的心灵，改造物质环境，改造社会政治制度，满足人类精神需求，是理想主义的，是优秀的精神文明。[2]可见，整理"国故"，推崇"国粹"，学习西方优秀文化，用西洋"优秀的精神文明"批判"国渣"，并非势不两立，而是可以相辅相成。

极力反对国学的陈独秀，继梁启超1902年的《新民说》之后，于1915年提出了"新青年"所应具备的特质：自主的而非奴隶的，进步的而非保守的，进取的而非退隐的，世界的而非锁国的，实利的而非虚文的，科学的而非想像的。[3]这种思想，显然是具有明确现代意识的人学思想。一般认为，胡适和陈独秀在当时都是西化思潮的重要代表。但同样属于西化思潮阵营，胡适和陈独秀对于国学的态度大异其趣。前者认同国学，认为中西文化可以相通；后者否定国学，认为中西文化截然相反。但是，在中国一定要而且必然能实现现代化方面，在中国文化的未来前景方面，二者的认识却又殊途同归。真正意义的全盘西化论者陈序经，曾经批评胡适和陈独秀的西化论并不彻底。他指责说："胡先生所说的西化，不外是部分的西化，非全盘的西化。"[4]应当说，陈序经对胡适的批评是中肯的。胡适早在1919年，就明确提出"研究学问，输入学理，整理国故，再造文明"的主张，[5]这个主张背后所隐含的价值取向，实际上就是学习西方，整理国学，构建中国新文化，已经是中西结合、继承传统而又超越传统的现代学术思路，是在

① 胡适：《读梁漱溟先生的〈东西文化及其哲学〉》，《读书杂志》第八号，1923年4月1日。
② 胡适：《我们对于西洋近代文明的态度》，《东方杂志》第23卷第17号，1926年7月。
③ 陈独秀：《敬告青年》，《青年杂志》第1卷第1号，1915年9月。
④ 陈序经：《中国文化的出路》，《陈序经学术论著》，浙江人民出版社1998年版，第80页。
⑤ 胡适：《新思潮的意义》，《新青年》第7卷第1号。

文化现代化方面的创造性思路。从胡适后来的学术发展和社会实践来看，他是恪守了这样一种现代学术观的。因此，胡适并不是真正意义上的全盘西化者。陈序经还批评陈独秀的西化论："陈先生所要的西化不外是民主主义和科学；除此之外，别没所要，则陈先生所要的西化，恐怕非全部的西化。……积极地主张接受全盘西化的功夫，陈先生还做不到。陈先生的在中国思想上能别开一个纪元，却在他根本地否认中国一切的孔教化，并非主张全盘西化。"[1]可见，即使当年西化如胡适陈独秀者，实际上不可能也没有真正意义上的全盘否定国学。

梁漱溟于1921年出版了自称是"归宗儒家"的《东西文化及其哲学》一书。该书通过对东方化还是西方化（孔化还是欧化）问题的阐述，透过对西方、中国、印度三种文化类型的比较研究，揭示了中国文化的价值所在，重建了中国文化的主体性意识，提出未来世界文化必然是中国文化的复兴的论断。该书展现了具有世界意识的多元文化观，打破了当时盛行的西方文化中心论的思维定势。著名的现代化研究专家、北京大学罗荣渠教授认为，该书"是儒学现代化的一部开路之作"，"中国现代化思想启蒙运动的主要矛头是反儒学的，而正是在反儒学的高潮中诞生了儒学现代化的第一部论著。"[2]应当说，罗荣渠这个评论是中肯的。可见，对国学"保守"如梁漱溟者，没有也不可能违背现代化的潮流。相反，作为现代新儒家重镇的梁漱溟，正是儒学现代化的真正推动者。这本身就表明，对国学的护持和对现代化的追求，并不是截然对立的，而是可以相互融合的。

从上述梁启超、胡适、陈独秀、梁漱溟等代表性人物对于东西文化关系的论辩可以看出，无论当事人的政治立场、学术观点如何，都没有也不可能脱离实现中国现代化这个时代主题。症结只是在于，如

---

① 胡适：《新思潮的意义》，《新青年》第7卷第1号.
② 罗荣渠主编：《从"西化"到现代化——五四以来有关中国的文化趋向和发展道路论争文选》，北京大学出版社1990年版，第9页。

何实现现代化，实现什么样的现代化。其间，对于国学的态度，是十分重要的环节。梁启超的"新化"（以及第一次世界大战后演变出的"孔化"），胡适、陈独秀的"西化"，梁漱溟的"孔化"，无不与如何面对西方文化相连，无不与如何直面国学有关。因此，我们说国学论争的实质是中国现代化的路向问题，并不是夸大之词。

（二）现代化问题论争中的国学观

东西文化论战后，继之出现的是30年代的关于现代化问题的讨论。根据历史文献，"现代化"作为专有名词，在"五四"以后的东西文化观论战中已经出现。20年代，严既澄、柳克述等人已经明确使用了现代化概念。胡适1929年在其有名的《文化的冲突》一文中，明确使用了"一心一意的现代化"（Whole-hearted modernization）的命题。1933年7月，上海申报月刊为纪念创刊周年，刊发特大号的《中国现代化问题号》特辑。该刊编者在前言中剀切陈词，认为今后中国如"再不赶快顺着'现代化'的方向前进，不特无以足兵，抑且无以足食。我们整个的民族，将难逃渐归淘汰、万劫不复的厄运。"①这个专辑的编印至今已近80年，今天读来，仍然有振聋发聩之感！回想改革开放初期的上个世纪80年代，我们举国上下的共识是：落后就要挨打！如不迈向现代化、实现现代化，我们中华民族就会被开除"球籍"！当年的"难逃渐归淘汰、万劫不复的厄运"的警语，与数十年后将被"开除球籍"的警钟何其相似！该专辑发表的20多篇文章，集中讨论的问题，一是实现中国现代化的前提、困难和障碍，二是如何实现中国现代化。这次讨论的背景，一是对民族危机的急切认识，二是对世界经济危机的认识。对民族危机的认识，源于对本国文化传统的反省及对西方文明优秀成分的认知；对世界经济危机的认识，源于对第一次世界大战给人类带来

---

① 《申报月刊》第2卷第7号。

的危害，以及由此而来的对于西洋文明片面认同的反省和超越，特别是对1929—1933年的世界经济危机的认识。这样一种认识的逻辑归宿，必然是对本国国情(包括历史文化传统和当下的政治经济现实)的反思，对西方文明弱点的认识。可以说，现代化问题的讨论，比较典型地反映了当时中国思想界对于传统与现代、中国与西方关系问题的深一步思考，是近代以来古今中西之辩问题的深入。此后，关于现代化的思考越来越广泛深入，方方面面的人士都参与进来。胡秋原写于1938年、出版于1943年的《中西文化与文化复兴》，其专论中国文化复兴的基本思路，就是现代化问题。在他看来，如果不是满族入主中原、实行闭关愚民之术，"中国也许早已现代化了"。他认为，"中国革命之目的，在于建立现代化的中国。我们抗战，是要打破现代化的障碍；我们建国，就是建设现代化中国之基础。""所谓现代化不是别的，就是工业化、机械化的意思，就是民族工业化的意思。中国必须现代化，才能生存于现代国际环境中，才能洗刷我们的落后和污秽，浅薄和玄虚。而现代化也是中国自然前途。"①全盘西化的极力倡导者陈序经，1932年撰写了《教育的中国化和现代化》一文(发表于1933年)，批驳当时流行的教育中国化观点。他认为，所谓中国化，实际上是抵制现代化，是以国情论来排拒现代化，是开倒车。他的结论是："全部的中国文化是要彻底的现代化的，而尤其是全部的教育，是要现代化，而且要彻底的现代化。"只有现代化的教育，才是活的、生的、新的教育，因此必须"赶紧的，认真的，彻底的现代化"。②而他所谓现代化，就是彻底的西化："全盘西化是必然的趋势。我们所要明白的，是要自己化自己，毋待到他人来化我们。"③胡秋原和陈序经的思维方式、价

---

① 蔡尚思主编：《中国现代思想史资料简编(第四卷)》，浙江人民出版社1983年版，第148
  －151页。
② 陈序经：《教育的中国化和现代化》，《独立评论》第43号，1933年3月。
③ 陈序经：《东西文化观》，广州岭南大学1937年版，第151页。

值取向颇为不同，特别是在如何看待国学的问题上，立场截然相反。但他们在关于中国必须实现现代化而且一定能够实现现代化的问题上，却是相反相成。可见，无论论者主观意识如何，客观上，国学(传统文化)问题的论争，渗透着中国现代化的精神。其实，关于中国现代化问题的论争，关于中国文化出路的论争，并非在时间上单线发展、前后相继，而是相互交织、相互渗透。而关于中国现代化问题的正面讨论，从1930年代一直延续到1940年代末期。根据文献，仅仅直接以"现代化"命题的论著，就有相当数量。例如，杨幸之的《论中国现代化》、亦英的《现代化的正路与歧路》(1933)，张素民的《中国现代化之前提与方式》(1933)、董之学的《中国现代化的基本问题》(1933)、陈高佣的《怎样使中国文化现代化》(1933)、周宪文的《"中国传统思想"与"现代化"》(1948)、吴世昌的《中国文化与现代化问题》(1948)，等等。

(三)中国文化出路论争中的国学观

与现代化问题讨论密切相关，中国文化出路问题的探讨随之而来。1935年初，王新命、陶希圣、萨孟武、黄文山等10位教授发表《中国本位的文化建设宣言》。"宣言"认为文化意义的中国不见了，中国政治的形态、社会的组织、思想的内容和形式，都已失去本来的特征，在此状况下的人，也已逐渐不能算是中国人。"我们肯定的说：从文化的领域去展望，现代世界里面固然已经没有了中国，中国的领土里面也几乎已经没有了中国人。"作者认为，"要使中国能够在文化的领域中抬头，要使中国的政治、社会和思想都具有中国的特征，必须从事于中国本位的文化建设。"①"宣言"认为，要从事中国本位文化建设，必须用批评的态度、科学的方法，检讨过去的中国，把握现在的中国，建设将来的中国。为此，复古、西化(模仿英美、意德)、俄化，都不

---

① 《文化建设》，第1卷第4期。

合中国国情和现实需求，因为这些主张"都是轻视了中国空间和时间的特殊性"。"宣言"提出，"注意于此时此地的需要，就是中国本位的基础"。徒然赞美或者诅咒中国的制度和思想，都没有意义；对待过去的一切，应当用检讨的态度，"存其所当存，去其所当去"，把过去的良好制度伟大思想发扬光大，以贡献于全世界；把过去的不良制度卑劣思想淘汰务尽，无所吝惜。在这样一个价值原则立场上，吸收欧美文化中所应当吸取的，而不应当不加分辨地全盘吸收。"吸收的标准，当决定于现代中国的需要"。中国本位的文化建设，是迎头赶上去的创造，"目的是使在文化领域中因失去特征而没落的中国和中国人，不仅能与别国和别国人并驾齐驱于文化的领域，并且对于世界文化能有最珍贵的贡献。"建设中国本位文化，应有基本的立场：既要有自我的认识，也要有世界的眼光；既要有不闭关自守的度量，也要有不盲目模仿的决心。既不守旧，也不盲从。不守旧，是淘汰旧文化，去其渣滓，存其精英，努力开拓出新的道路；不盲从，是取长舍短，择善而从，在从善如流中，仍不昧其自我的认识。最终，"使中国在文化的领域中能恢复过去的光荣，重新占着重要的位置，成为促进世界大同的一支最劲最强的生力军。"①这篇"宣言"发表后，引起了轩然大波。限于本文的主题和篇幅，其间的是是非非此处姑且不论。如果单从文化建设的层面考察，从文化建设的主体性考察，从坚持文化的民族性的角度考察，则这篇"宣言"所强调的文化建设应当注意主体意识，提升主体精神，从本国国情出发吸纳外国优秀文化，增强文化建设的民族性并关注时代性，实现中华民族文化的复兴，这些思想，在今天看来，还是具有一定的积极意义。这里的关键，是作者们对于本国文化的分析的态度，对于本国固有文化优秀成分的肯定，同时对其糟粕的严肃批评以至抛弃的态度。可以说，在如何对待国学的问题

---

① 《文化建设》，第1卷第4期。

上，[①]"宣言"还是从文化的民族性和时代性相统一的高度，从中华文明复兴的良好愿望出发，因而值得给予相当程度的肯定。之所以如此，在于"宣言"的思想脉络，是中国如何在现代化发展途程中，在西方文明的冲击下，保持文化层面的民族自我意识，弘扬文化建设的主体性。[②]这篇"宣言"所论辩的"本位文化"的"本位"问题，实际上关涉到文化建设的中国特色问题，亦即中国化问题，这个问题，在继后的文化讨论中，进一步凸现出来。张申府专门撰写了《论中国化》(1939)一文，艾思奇著有《论中国的特殊性》(1939)，嵇文甫写了《漫谈学术中国化问题》(1940)，[③]至于其他虽然题目没有出现"中国化"而实际内容是研讨"中国化"问题的论著，则在多有。当然，论者间的观点并不一致，甚至相当矛盾对立，例如张申府、艾思奇和嵇文甫之间，其观点就很不一样。但是，现代化模式的"中国化"问题，中国文化的现代化问题，如何实现中国化问题，则是无可争议的关注重心。这本身也反映出国学论争的本质，反映了国学与现代化进程，与时代精神、民族精神不可分割的关系。

（四）近二十年文化热和国学热中的国学理念

新中国成立以后，在最初数年，国学的存在和发展似乎并不是问题。原因在于，在最高领导人的认可下，国学被当作社会发展和文化建设的可资利用的资源。早在1938年，毛泽东就说过："今天的中国是

① 北京大学楼宇烈教授说："所谓本位文化，也就是国学的问题。"见楼宇烈文：《国学百年争论的实质》，《光明日报》2007年1月11日。

② 发起创立中国共产党的参与者之一、周恩来和朱德等中共领导人的入党介绍人张申府，曾在《论中国化》一文中说："根据自觉、自信、人化、中国化的必要，前几年一度提倡的中国本位文化运动，在大体上，在本意上，本是对的。当时反对或嘲笑之的不免是由于不了解，由于感情用事，而未就事论事。"（《张申府文集》第一卷，河北人民出版社2005年版，第307页。原载1939年2月10日《战时文化》第二卷第二期。）

③ 嵇文写于1939年，发表于1940年。

历史的中国的一个发展。我们是马克思主义的历史主义者，我们不应当割断历史。从孔夫子到孙中山，我们应当给以总结，承继这一份珍贵的遗产。"①1940年，毛泽东在《新民主主义论》中，对文化问题做了颇多阐述。在他当时看来，"中国的长期的封建社会中，创造了灿烂的古代文化。清理古代文化的发展过程，剔除其封建性的糟粕，吸收其民主性的精华，是发展民族新文化提高民族自信心的必要条件。""我们必须尊重自己的历史，决不能割断历史。"②正是根据这样一种历史理性，在建国初期，国学被当作可以"批判性继承"的历史文化资源而受到相对的重视。但是，随着上个世纪50年代后期国内情势的变化，毛泽东对知识分子进而对历史文化遗产的态度发生了重大变化。"文化大革命"是对中国历史文化彻底否定的极端表现。这个时期，传统思想文化是被作为彻底否定的对象、作为反面教材而存在。怪诞的是，即使在"文化大革命"这样大革文化之命的时期，历史文化传统特别是思想文化，也一度受到"重视"，被当作政治斗争的工具。典型的如评法批儒、批林批孔之类，其对民族历史文化的糟蹋，举世罕见。这从反面证明，我们今天所讲的国学，其生命力是极强的，无论你承认与否，它都客观存在，并且不可回避，甚至会影响到现实的社会文化建设。区别只是在于，不同时代有不同的概念来指称而已。在"全面专政"的"文革"时期，用的是"封建主义文化"、"反动文化"之类的名词，而在上个世纪80年代以来，分别用的是"传统文化"（"中华文化"、"民族文化"）、"国学"。

改革开放以后，随着经济社会发展，随着现代化进程的重新启动，80年代中期，文化热开始出现，至今已持续二十余年。二十多年的文化讨论热潮，大致可以分为三个阶段。一是80年代以激进色彩为特征、具有明显西化调子的文化热，二是90年代以弘扬传统文化为旗

---

① 《毛泽东选集（一卷本）》，人民出版社1967年版，第499页。
② 《毛泽东选集（一卷本）》，人民出版社1967年版，第667—668页。

帜、具有明显保守色彩的国学热，三是新世纪以来大众传媒介入、大众参与度甚高的国学热。

80年代的文化热，没有使用国学这个名词，而是使用传统文化这个概念。中国传统文化与现代化的关系，一度成了举国关注的问题，文化热遍及神州，影响海外。究其原因，一是人们对传统反思的结果，希望了解并解决传统文化与现代化的关系；二是改革开放后西方文化再度涌入国门，形成对本土文化和现实问题的严峻挑战，需要理性应对欧风美雨的冲击；三是改革深入的必然结果，需要解放思想，促进文化价值观念的变革，建构适合现代化建设的思想文化体系；四是对"五四"激烈的反传统和"文革"全盘否定传统的后果做合理的评析。①在这种背景下，80年代的文化讨论热潮的主调，基本是反传统，具有比较强烈的西化色彩。

90年代的文化研讨热潮，明确使用了国学概念，高举弘扬传统文化的旗帜，并且有强烈的"保守"色彩，与80年代恰好形成鲜明的对照。各种各样"弘扬"传统文化的图书、影视作品，各色各样的国学讲座，纷纷登场。重新包装印刷的传统文化启蒙读物，新编的各种具有国学特色的书籍，从单本书到丛书，从原版古籍丛书到研究性的国学丛书，从数千字、数万字到数十万百万字，乃至千万字数亿字的"国学"图书，接连不断地问世，真正是你方唱罢我登场！在商场，在官场，在校园，在工厂，一时之间，似乎大家都在关注国学，人人都在弘扬传统，国学热真正到了近代以来空前的程度！这个时期的国学热，很大程度上是对传统文化作为历史资源的清理和发掘，是对现代化进程中本国历史文化价值的新的认同。

进入新世纪以来，国学热继续高涨。这个时期国学热的盛行，在具有此前90年代国学热的种种特征的同时，还具有了新的特征，这就

---

① 李宗桂：《中国文化概》，中山大学出版社1988年版，第364—382页。

是大众传媒的广泛介入，以及学术界之外的种种社会力量的参与。中央电视台的"百家讲坛"，成为传播国学的重要基地。于丹讲《论语》、《庄子》，易中天讲《三国》，以及其他学者讲历史文化，推波助澜，兴盛一时。北京大学的乾元国学教室，北京大学、《光明日报》和新浪网联合推出的"乾元国学博客圈"，首批邀请全国100位国学界的一线学者加盟，"共同组成国学第一方阵，共同打造通过网络向大众宣传国学、普及国学的第一平台。"《光明日报》国学版主编梁枢在致新浪乾元国学博客圈教授"博主"的信中强调："促进国学大众化是当代每一个国学学者的历史责任"。《光明日报》专门开辟了"国学"专版，研讨国学，宣传国学。至于冠以国学之名或者虽不以国学冠名但实际上是宣传研讨国学的网站，林林总总，不胜枚举。由官方支持甚至直接主办的各种类型的国学会议、国学讲座，接二连三；由学术界主办的全国甚至国际性国学学术会议，比比皆是；由实业界操持的国学活动，花样繁多；由中小学开展的国学活动，形式多样，内容丰富。这个时期的国学热，相对于90年代而言，更加理性，参与面更广，群众性更强，实践性也更强。人们既从学术的角度探讨国学与现代化的关系，更从国学的具体内容出发，从现实的文化建设和社会需求出发，考量国学的价值和功能，从建设性的一面衡量发掘国学资源。

如果说，80年代文化热中的全盘否定传统文化、西化调子较高是一种偏颇，90年代在弘扬传统文化旗号下高涨的国学热有盲目认同的倾向也是一种偏颇，那么，新世纪以来的国学热，显得较为理性，更为实际，更多的是从文化的民族性一面认识国学的价值，从当代文化建设的现实需求，从全球化的发展战略高度，审视国学，扬弃国学，使国学为中华民族的复兴服务。①套用正、反、合的三段式，80年代是正，90年代是反，新世纪是合。这个合，是在更高层次上的跃升。

---

① 李宗桂：《经济全球化与民族文化建设》，《哲学研究》2001年第1期。

三、国学与时代精神的双向互动

纵观百年来的国学发展，可以看到一个明显的思想轨迹和时代特征，这就是时代精神与国学的双向互动。国学反映着时代精神，时代精神推动着国学，引领着国学。

一个时代有一个时代的精神，一个时代有一个时代的学术。近现代中国的时代主题是争取民族独立、人民解放、国家富强，建设民主、文明、富强的新中国。其间，贯穿始终的时代精神，是振兴中华、实现现代化。从不同阶段的发展来看，20世纪前半叶表现为御侮图强、振兴中华；近二十年来，是改革创新，振兴中华。

从20世纪初年近现代意义的国学概念从日本引进中国，国内关于国学的争鸣，东西文化的论战、中国现代化问题的讨论、中国文化出路的论战，整个20世纪前半叶，国学在振兴中华、实现中国现代化过程中的地位和作用的论辩，贯穿始终。根本的症结，并不在于要不要振兴中华、要不要实现现代化，而在于如何振兴中华，如何实现现代化，实现什么样的现代化。胡适、陈独秀固不必说，就是被认为保守的梁漱溟之类现代新儒家，又何尝不是要走现代化之路，要复兴中华文明！东西文化论战的实质，实际上是怎样实现现代化，实现什么样的现代化，而不是坚持或者反对现代化。中国现代化问题的讨论，本质上，也是探讨的在中国建设现代化国家应当走什么道路，应当有什么样的模式，应当具备中国特色的问题。中国文化出路论战，其症结也同样如此。所谓本位文化建设，在今天看来，不外是现代化建设进程中如何既吸纳西方先进文化而又适合中国国情、既参与世界文明进程融入人类文明发展的康庄大道，而又保持民族文化的主体性，弘扬文化建设的民族意识，特别是如何正确处理国学与现代化关系的问题。因此，我们可以说，在21世纪前半个世纪的国学论争，本质上是时代进步使然，反映了御侮图强、振兴中华的时代精神。

值得关注的，是最近二十年关于国学问题的论争。从上文可以看出，近年的"国学"是个特殊的、误解纷呈的概念。否定国学者，指斥国学是保守、僵死的东西，是封建主义的沉渣泛起，甚至是用来反对社会主义文化的工具。肯定、钟情国学者，认为国学是本国文化精粹，是当今救世之学；也有对国学抱持平态度，认为在今天的文化建设中，应当把国学作为传统资源加以利用和改造，批判性吸收并创造性转化其优秀成分，理性超越并抛弃其糟粕。当然，也有各种各样利用国学以谋利的机构和人士，把国学摩登化、商业化、恶俗化，但毕竟不是主流。近年质疑国学如舒芜、苏双碧等人，其关注的要点，在于国学能否促进现代化，而不是一般意义地反对国学、质疑现代化。应当说，近二十年的国学论争，刚好反映了国学与改革创新的时代精神的一致。将国学作为传统资源，合理地予以阐释，为当代中国文化建设增添思想资源和价值选择，为本土文化的改革创新，适应世界文明发展潮流而努力，正是与改革创新、振兴中华的时代精神相一致的表现。

近年的国学热潮，特别是学术界的国学研究，是改革创新的时代精神的反映，是对西方文明挑战的回应，也是民族文化自信力增强的表现。较之近代的"国学"而言，它是具有新的时代精神的、更高层次上的对民族文化价值的开掘和认同。近代"国学"的产生是"防御"，当今"国学"的出现是"自主"。

近代中国的社会发展和文化发展历史表明，全盘西化是不可能的，全盘苏化是失败的，全盘儒化是不现实的。在建设当代中国新型文化的时候，以现代化为目标，坚持中国化，坚持中国特色，是有极为正当的理由的。为此，正确对待国学，毫无疑问是十分重要的。从学术研究的立场和文化建设的实践层面考察，"国学"研究应当弘扬时代精神，防止不良倾向。一是要反对复古守旧，防止封建主义沉渣泛起；二是要反对把"国学"意识形态化、政治化；三是要反对把"国学"商业化；四是要防止把"国学"儒化(亦即把"国学"片面归结为儒家思想，把"国学"等同于儒学)。

值得注意的是，在开掘、弘扬国学优秀成分的时候，我们不能单纯停留于思想文化的层面考虑问题。以社会主义和谐社会的构建为目标，推动民主政治的发展，加快市场经济体制的建设，促进文化的大发展大繁荣，让国学在这样一个思维框架中立足，并发挥其应有的功能，是我们应当清醒认识的问题。因此，不能把国学当成包医百病的灵药，更要反对用国学等同、取代当代新型文化建设的企图和做法。

改革创新是当今的时代精神。国学的研究和应用，应当在这个时代精神的引领之下进行，并且在这个时代精神的烛照下焕发新的生命。简单否定、排斥国学，固然是不妥的；而盲目推崇、迷信国学，也是缺乏理性的。我们需要的是平和的心态，广阔的视野，多元的方法，对国学这个重要的民族文化资源进行清理，让其具有合理的民族性的一面，特别是其人民性、现代性的一面呈现出来，转化为当代中国文化建设的合理成分，推动我们社会的进步。港台活跃的现代化问题专家金耀基曾经说过："中国的现代化所意含的不是消极地对传统的巨大摧毁，而是积极地去发掘如何使传统成为获致当代中国目标的发酵剂，也即如何使传统发生正面的功能。"[1]国内现代化研究专家、北京大学罗荣渠说："民族传统事实上是既离不开，也摆不脱的。……背弃了传统的现代化是殖民地或半殖民地化，而背向现代化的传统则是自取灭亡的传统。适应现代世界发展趋势而不断革新，是现代化的本质，但成功的现代化运动不但在善于克服传统因素对革新的阻力，而

---

① 金耀基：《中国现代化与知识分子》，时报出版公司1984年版，第8页。

尤其在善于利用传统因素作为革新的助力。"①反省改革开放二十多年来从"文化热"到"国学热"的论争过程，特别是考察二十多年来的文化建设实践，放眼全球文明发展态势，我想，金、罗二先生的见解应当可以成为我们对待国学与现代化、国学与时代精神问题的方法论原则。有了这种方法论原则上的共识，我们才能真正科学地对待国学，弘扬中华文化，建设中华民族共有精神家园；才能弘扬中华民族精神，坚持改革创新，实现中华文明的伟大复兴。

---

① 罗荣渠：《中国近百年现代化思潮演变的反思》，罗荣渠主编：《从"西化"到现代化——五四以来有关中国的文化趋向和发展道路论争文选》，北京大学出版社1990年版，第33页。

国学研究的展望与思考

陈支平

陈支平，1952年出生，历史学博士，现任厦门大学人文与艺术学部主任、厦门大学国学研究院常务副院长。国家教委首批全国52位"人文社会科学跨世纪优秀人才"培养工程入选者，兼任国家社会科学基金民族组评委、国务院学位委员会历史学科评议组成员、中国经济史学会副会长、中国明史学会副会长、中国商业史学会副会长、中国人类学与民族学研究会副会长等职务。

新世纪以来，"国学"一词成了中国文化发展进程中的一个标志性话语。尽管人们对于"国学"一词有着诸多的解读，譬如"国将不国之学"、"治国安邦之学"、"心灵鸡汤之学"、"弘扬爱国之学"、"掏粪之学"等等，不一而足。然而不可否认的是，"国学"一词以前所未有的传播速度，在当代中国人中引起了广泛的关注与兴趣。从这层意义上说，"国学"成为"国家之学"，倒也当之无愧。

既然如此，热爱"国学"的人们，势必要对"国学"的定义界限、研究范围等安身立命的关键问题进行激烈的讨论。然而遗憾的是，这种讨论始终是仁者见仁，智者见智，很难达成一致的意见。

就我个人的意见：在当今开展任何关于"国学"定义界限及研究范围的讨论，都是没有文化意义的。新时期的"国学"，应该是中国传统文化的象征与展示。这种象征意义的"国学"，既可精细到小学文字训诂考据，也可拓展到五十六个民族大家庭的集体历史与文化记忆。因此．无论是国学还是其他的人文科学，都不应该预先设定一种什么样的界限范围以及研究理论与方法，而是应当以更加宽容的学术态度来包含不同流派的学术发展。"国学"学院派的学术规范应当继承发扬，大众化的国学著作也应该有它的一席之地。随着社会的发展和人文环境的变化，国学研究的多样化、大众化也是一个必然的发展趋势。

当然，我们在讨论"国学"的发展趋向的时候，人们首先要提出的一个问题是："国学"究竟有些什么功能？"国学"一词的出现大致是在近现代时期，在此之前，虽然很少出现"国学"的名称，但是传统意义上的"文史"，大体是可以相通的。就中国传统的"文史"而言，其功能还是比较清纯的，这就是所谓的"资治"和"教化"。演变到近现代，流行白话文，成了"文史或国学应该为政治现实服务"。正因为如此，中国传统的文史家或国学家们素来对于自己的这一行当甚为自负，宋代司马光把自己修撰的中国通史著作称为"资治通鉴"，就是一个典型的例子。这种庄严宏大的文史或国学态度不仅中国的古人如此，有些西洋的古人也有不少乐观的言论，最著名的大概就是所谓的"读史使人明智"的哲言了。但是仔细想起来，不论是中国古人庄严宏大的治史态度或是西洋人读史明智的乐观精神，都不是很靠得住。中国封建社会长达二千余年，年年有人修史研经，王朝兴衰不断，前朝所有的种种弊端诸如专制、腐败、官场争斗、民心涣散等弊病，后朝并没有因为史书越修越多、经学越来越精进而有所改善，而是周而复始，积弱积贫，愈加不好收拾。再如所谓的"读史明智"，远的不说，就近现代中国的许多领袖人物而言，据说都是万分地喜欢读经和研究历史，但是结果似乎均为不佳，衮衮诸公从文史中更多的是学到了如何把天下玩弄于股掌之中的帝王之术，以及如何运筹阴谋操纵诡计的官场之道。

20世纪80年代以来，中国的学术环境有了很大的改变，国际间文化学术交流促使中国文史哲或国学传统价值观产生了某些微妙的变化。另一方面，随着中国经济改革的推进和社会分配制度的转型，经济利益对于文史哲家或国学家的诱惑力也有所增强。在这空前的社会激变中，使得中国的文史哲或国学不能不从单元的"资治教化"功能向多元的价值取向转化。

而国学功能的多元化势必促使中国的国学研究出现不同的走向和层面。就我个人的理解，当今中国的国学，至少可以分为以下三个方面的走向。

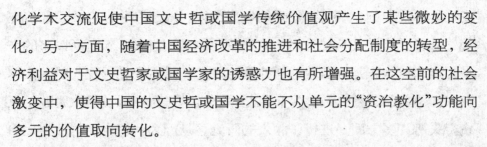

一、"资治教化"及其变异走向

中国传统文史哲或国学的"资治教化"功能虽然成效不佳，但是我们应当承认中国文史哲或国学所一惯追求的"资治教化"是一个十分优秀的传统。中国传统文史学追求"资治教化"的高尚境界得不到切实的实践，并不是这种文化学术精神的追求有什么不对之处，而是在于中国历代治理和教化国家社会的当权者，不可能形成足以警戒自身、风范天下的有效约束机制，以至于人人皆知"以史为鉴"，而人人重蹈历史的覆辙。中国的古人之所以一而再、再而三地呼吁应当"以史为鉴"，正是由于历代的当权者们一旦大权在握，就忽视了这种几成规律的周而复始的历史覆辙了。

我们今天已经进入21世纪，中国的改革开放进入到一个全新的时期，亟待解决的社会政治经济以及国际关系等各方面的问题也很多，这也就更需要我们能够不断地从过去的历史中去吸取经验教训，从而探索出解决问题的最佳方案。从这点上讲，我们今天的国学，继承和发扬传统文史国学"资治教化"的优良传统，对于净化社会政治经济环境、弘扬爱国主义精神，仍然有着重要的现实意义。新时期以来的许多国学家，也正是抱负着这样的理想，在中国古代、近现代的政治体制、经济关系、社会结构、文化艺术、学术思想，以及官僚腐败、反贪得失等许多方面，进行了深入的研究，从而为我们今天的社会政治经济文化改革，提供了诸多可供借鉴的研究成果，确实起到了"资治教化"的良好功能。中国改革开放以来，学术研究的社会政治环境大大宽松，人们已经不再把"国学研究必须为现实政治服务"奉为不二的圭臬，但是学者们所重视强调的"古为今用"的国学借鉴价值，无疑将在今后的"资治教化"的社会文化功能中得到应有的发扬。

然而我们还应当看到，随着社会多元化的进展，文史哲或国学学界在继承"资治教化"传统的同时，也产生了一些值得注意的变异情况。其中较为突出的表现形式之一是"无限爱国"。爱国主义是我们今天需要大力弘扬的民族精神，有些学者把爱国主义称之为中华民族人文精神的集中体现，这充分反映了今天弘扬爱国主义精神的时代必要性和紧迫感。但是，弘扬中华民族历史上的爱国主义精神，也有一个坚持实事求是研究历史的基本原则，而不是漫无边际地虚构子虚乌有的事情来误导人们。例如，改革开放以来，国人慨叹中国的科技物质等许多领域落后于洋人。于是，一帮"无限爱国"的所谓研究历史者，可以在中国的历史中找出种种了不起的发现，证明凡是洋人有的东西，中国早已有之。君不见：洋人在近百年内才造出计算机，我们的祖先在先秦时期就有了八卦，所有计算机的原理都在里面；洋人会造巡航导弹，先秦的古人早会"御风而行"，毫不稀奇；洋人制造出"爱国者"导弹，我们有道家的意念功夫，同样可以把来袭的巡航导弹引向别的目标，甚至让它自己打自己，比"爱国者"导弹更胜一筹。至于我们祖先发明的《易经》，那就更加不得了，举凡洋人的淫技奇巧，都逃不过《易经》的博大精深、包罗万象。诸如此类的国学研究成果，在新闻媒体的渲染之后，俨然成为"爱国主义"的重大素材，中华民族从此也大大增长了志气，人人脸上多有光亮。时至今日，我们还不时可以在一些报刊媒体上看到一些在国外闻所未闻的重大新闻，比如说在某一次诺贝尔获奖大会上，有众多的诺贝尔获奖者齐声呼吁要好好学习儒家文化；联合国教科文卫组织公布古今最流行的书籍是《圣经》和《道德经》；以及外面的先进国家如何如何热衷于学习中国的《孙子兵法》和《菜根谭》等。这种自我安慰式的国学研究，也许其出发点是十分美好的，"资治教化"的国学功能也发挥得淋漓尽致，但是我一直怀疑这种缥缈的民族虚荣心究竟能够给人们带来什么样的启示？我只好姑且把这样的"资治教化"功能称之为"无限爱国"论。

"资治教化"变异的另一种表现形式是"多说好话"。我在十年前的文章中就已经谈到为了发展地方经济，近年来出现了"文化搭台、经济唱戏"的历史国学研究新模式。历史等国学研究能够为发展区域经济作贡献，当然也是一项有助于"资治教化"的好事。无奈许多人走进这种研究模式之后，往往会自觉或不自觉的成了"多说好话、少说坏话"的唱赞者，从而迷失了实事求是研究历史等国学的本性。近年来，许多所谓的研究者为了地方和个人的利益，涂改历史、伪造文物的事件此起彼伏、层出不穷，这种现象，差不多成了中国文化发展的一种公害。

更有甚者，有些人在研究近现代历史人物时，依然遵循封建社会"为尊者讳、为贤者讳"的信条，不肯进行全面客观实事求是的评价，而是各取一点，随意发挥，把某些近现代人物描写得尽善尽美。例如，近年来对于蒋介石的评价，有人避开他政治上的得失，而专谈他有关"爱国"的例子、尊师重教的例子、平易近人的例子、艰苦朴素的例子，让人感到蒋介石是一位可敬可亲的贤人。再如毛泽东。毛泽东对于建立中华人民共和国的贡献是毋庸置疑的，但是他在建国以后也犯了许多错误，这在中共中央的历史决议中已经有了明确的结论。但是近年有的所谓"毛泽东研究"，也是避开这些重要问题，专门宣扬毛泽东的个别事例，有毛泽东如何关心知识分子，有毛泽东如何痛恨浮夸风，有毛泽东如何注重民主，等等。通过这样的描写，毛泽东又成了十全十美的领袖人物。但是这样一来，新中国成立后在知识分子政策上所犯的"左"的错误，浮夸风造成上世纪60年代农村的悲惨衰败，毛泽东的家长制作风等，真不知要归咎于何人？在近年来的一些对于中国传统经典的解读中，这种现象也表现的十分突出。中央有一个什么政策出台，立马就有人研究出中国的经典之学正是此意。前些年，邓小平同志创造性地提出了"一国两制"的伟大构想，马上有人端出"中国历史上的一国两制"研究成果；这些年党中央提出构建"和谐社会"的战略目标，同样马上有人研究出中国的儒家核心就是"和谐"。这种"多说好话"的国学研究法，也许是为了进一步宣传爱国主义、弘扬党的优良传统，从而更好地发挥"资治教化"的国学功能，但是偏离历史真实的"好话"说得太多，无疑将使国学研究走到另一个极端。

二、"文化创意产业"走向

中国传统国学即使有这样那样的缺点，作为国学家，希望通过研究国学成为"名人"者固然有之，但是绝少有人打算把研究国学作为谋取经济利益的一种手段。改革开放以来，情景有了很大的改变。一方面，社会上的各行各业千方百计地搞活经济，增加收入，政策允许一部分人先富起来。社会的分配体制出现纷乱，一度造成"脑体倒挂"现象，坚守原有学术阵地的人文社会工作者，贫困不堪。而另一方面，这一时期也是中国文教事业空前发展的时期，高等院校和各种研究机构不断涌现，中国文史哲等与国学相关的教学科研队伍急剧膨胀。党和政府为了落实知识分子政策，大力推行专业职称评定工作。延至今日，中国文史哲等与国学相关的教授、副教授、博士及高级研究人员数以万计。高级职称的评定虽然是对知识分子辛勤工作的一种肯定，但是名之所至，利亦随之，与高级职称相对应的各种经济待遇更是人们所热切盼望的。正因为这样，希望攀上更高职称的人群犹如过江之鲫，汹涌而来。职称评定部门难于为事，只好制定各种申请职称的数字指标。企盼晋升职称的人们，不得不勉力写作，速成应对，凑到法定的著作论文数量，以求一跃"龙门"。这样一来，从数量上看，近二十年来中国的文史哲学论著成倍增长，空前繁荣；但是从质量上看，固然有许多富有学术创新的研究成果不断出现，而大量低水平的重复劳动层出不穷，相互抄袭仿照的所谓研究成果充斥在各种报刊杂志上。一些报刊杂志也领会到这是发展经济的好机会，与时俱进地向各位需要晋升职称的学人们招徕生意。一手交钱，随即刊载；诚实可信，童叟无欺。这样炮制出来的"学术研究成果"，其质量之平庸不难想见。这些年来，许多义勇人士愤慨于学术的腐败，殊不知腐败自有其滋生腐败的根源和环境。一般的同行们身不由己，也只能随波逐流了。

近年来，国家为了推动社会经济的高速发展，提出了重点发展"文化创意产业"的战略构想。这就为新时期的"国学"研究开辟了一条新的发展道路。有一部分具有经济眼光的"国学家"们，谋利不落人后，真可谓是"我有好文章，卖与有钱家"。在经济利益的驱动下，国学成了可供打扮的妙龄女孩，任意挥洒。如某地声称发现了重要史迹，似是而非，这就需要依礼聘请一些专家，考察论证，烘托声势，终成正果。有的因为祖先名声历来欠佳，连累后代脸上无光，于是诚恳请来高人，运筹帷幄，妙笔生花，祖先的评价从此有了新的视野。有的则学富五车、通博古今中外，只要有出钱的主儿，什么样的课题都敢于承接应付。自己难于完命，不妨做个二老板，让贫寒的研究生们尝尝勤工俭学的滋味。

其实，在当今多元的社会里，国学研究注重一定的经济效益并不是一件不好的事情，我认为至少是一种社会文化的进步。问题在于，"君子爱财，取之有道"。而且从国学自身的发展历程来探讨，以往文史哲等国学研究的孤芳自赏以至于在一定程度上脱离了广大读者，这无疑也需要我们进行深刻的反思。新中国建立以来，中国的文史哲学界曾经尝试过国学的普及工作，中华书局出版的《中国历史小丛书》就取得十分良好的社会效益。可惜的是这样的工作未能得到更为广泛的推展。改革开放以来，一部分国学工作者勇于探索，或积极从事于国学的启蒙教学，或毅然投身于大众历史读物的编写和推销工作，把国学的文化行为与经济企业结合起来，从而取得了了不起的社会效益和经济效益。像这样的"文化创意"又有什么不好呢？我们应当祝愿今后的国学界将涌现更多的有志于国学普及和国学致富的人物出现。从事历史文化事业并且取得良好的经济利益，无疑是今后国学发展的一个重要趋势。

然而，不同的国学走向都应该有各自必须遵循的原则，因为追求经济利益而忘却各自的原则，显然是不合适的。就当前我国国学的"文化创意产业"的发展情景而言，这种高经济效益的国学文化创意，诸如"高级国学总裁班"、"高端女性总裁国学研修班"、"行政领导国学论坛"等等，大多出现在各高校的经济管理学院或社会上的皮包文化培训公司，而较少在高校的文史哲学院系和国学研究院。在这些"国学文化创意"的论坛和培训班中，固然有学有专长的学者，但是也不乏江湖术士型的人物。或道貌岸然，唐装长髯，自封"国学大师"；或信口开河，媚俗搞笑。或片面地曲解经典，取取一点，不顾其余。国学的"文化创意产业"走向，在一定程度上为繁荣中国的经济，作出了自己的贡献，但是一些低层次和唯利是图的国学培训班所产生的文化负面影响也是不可低估的。

三、"纯学术"走向

　　所谓"纯学术"的文史哲等国学研究，这在改革开放以前是要受到人们讥笑甚至批判的一个"反动"口号。其原因就在于人们认为学术研究既然应当为现实政治服务，那么"纯学术"的研究是不存在的。"纯学术"的研究既然不存在，那么刻意提出"纯学术"的口号。显然是为了混淆视听，干扰学术研究为现实政治服务的大方向。我认为，包括国学在内的所有人文科学研究想要彻底地排除为现实政治服务是不可能的，即使是在标榜"学术自由"的西方世界，同样不能完全摆脱学术为现实政治服务的思维立场。从这点出发，以往人们对于"纯学术"追求的讥笑，多少有点道理。然而，无论是"纯学术"也好，"为现实政治服务"也罢，都只能是相对的。过分偏激地单方面强调"纯学术"或"为现实政治服务"，都是不妥当的。

　　所谓学术研究"为现实政治服务"，还有一个长时效与短时效的理解问题。过去我们之所以批判"纯学术"研究不能为"现实政治服务"，实际上就是把"为现实政治服务"的理解过于鼠目寸光化。例如，政府强调阶级斗争，那么文史哲界就要研究历史上的阶级斗争；政府提倡廉洁反对腐败，文史哲界就要赶紧撰写历史上的腐败得失；政府提倡构筑和谐社会，文史哲界就要赶紧研究诸子百家经典中的和谐言论，等等。这种贴近时局形势的研究当然也是非常需要的，但是我们不能因此就认为只有这种国学研究才是"为现实政治服务"。国学以及其他人文科学的研究还有一个更长时段的发挥重大作用甚至是永久作用的功能，这就是中华民族的文化积累。这种长时段的功能当然是不可能像研究反腐倡廉史和古有和谐之说那样的立竿见影起作用，但是它的民族文化积累功能，是绝不能低估的。我们现在之所以有所谓的中华文化并且为之自豪，正是由数千年来无数的文化建设前辈们在默默的奉献中积累而成的。所以，国学研究应该宽容，容许进行那些在短时期内似乎不能"为现实政治服务"而踏踏实实为长远的民族文化积累作出贡献的"纯学术"研究。归根到底，这种"纯学术"研究与立竿见影式的"为现实政治服务"的国学研究，他们的社会文化功能是殊途同归的，甚至有过之而无不及。

所谓"纯学术"的国学研究虽然有着重要的社会文化功能，然而开展这样的研究还是需要一个比较宽松的社会环境相为配合。改革开放以来，宽松的社会环境逐渐形成。一方面，过分强调文史哲等国学研究与政治紧密结合的蜜月时期已经消失，虚幻的政治使命感一时间报效无门；另一方面，自20世纪80年代中期以来，经济改革走上主战场，文化学术领域一度受到冷遇，国学家们的科研经费和经济收入相形见绌。政治和经济上的失落感，使得许多文史哲学家发出了"文史哲危机"即国学危机的慨叹。然而，也许正是这种"国学危机"的折磨吧，加上新一代党和政府领导人较为切实地实行"百花齐放、百家争鸣"的文化学术政策，许多文史哲学科的国学家特别是年轻一代的学者们，很快从虚幻的政治使命感中解脱出来，走上了较为独立思考、偏重个人兴趣的国学研究之路。国学的研究领域大大拓宽，体裁不断有了新的发掘，从而有力地促进了中国国学从传统单元的"资治教化"向多元化的学术格局跨越。"纯学术"的国学研究堂而皇之地走上了中国学术的殿堂。

也许人们要说，21世纪的国学虽然有众多的走向，但是这些走向中是否都称得上是一种"学术"或者"科学"呢？老实说，这是一个无解的问题。因为人文社会科学不像自然科学那样有一个相对所有人而言可以共同遵循的标准，而是公讲公有理，婆讲婆有理。你可以说别人的研究不是学术或者科学，但是其他一部分人，或者新闻媒体，或者某些政要官员，偏偏说是了不起的科学发现。政府和社会没有一种像法庭那样的裁决机构，足以判断谁的研究成果是百分百的"学术科学"，而谁的研究成果不是"学术科学"。再者，所谓的三种走向，他们之间又是相互交叉难于截然分开的。"纯学术"走向中有"为现实政治服务"的成分，"为现实政治服务"走向中也许有"文化创意"的因素在内。所以，我们应该以比较宽容的心态来对待新世纪国学乃至所有人文社会科学的多元走向，因为多元的学术走向体现了社会与文化的一种进步。

四、国学研究方法论的一点思考

改革开放以来，中国国学不仅进入多元化走向的新时代，而且在理论方法论方面也应该呈现出百花齐放的新局面。新中国建立以来，由于比较注重唯物史观的探讨和新文史哲学科的建构，文史哲等国学研究一方面忽视了传统国学的许多优良传统，如清代的乾嘉学派遭到了普遍严厉的嘲笑。另一方面，也摒绝了与其他人文科学理论方法论沟通的途径，甚至把丰富多彩的马克思主义唯物史观局限成为一种标榜的口号和套装中国历史文化的铸模，致使人们对于中国文史哲学的运用所谓的"马克思主义唯物史观"产生了某种的逆反心理。

随着改革开放带来世界性文化学术交流的展开，欧美以及日本、香港、台湾各地的文史哲等国学研究理论方法论不断地传进中国，使得以往相对封闭的中国国学界吸收了许多新鲜的外来养分。然而，世界性文化学术交流的展开，不但没有降低马克思主义唯物史观对中国国学研究发挥的重要作用，相反更促进了人们对马克思主义丰富内涵的重新认识和运用。这一时期中国国学界运用马克思主义唯物史观的重要变化在于：人们不再把马克思主义唯物史观作为一种吓唬人的口号或者是金字招牌那样的标识，也不再把马克思主义唯物史观作为一个屡试不爽的套装铸模，而是使之成为一种实实在在的研究学术的理论方法论融入到具体问题的研究实践当中。毫无疑问，这样的转变更加开拓了马克思主义唯物史观在研究中国历史文化时的理论方法论功能。

中国国学界在拓展深化其运用马克思主义唯物史观研究中国国学的同时，也从不同的国家、不同的学科吸收了众多的人文社会科学理论优点，以充实自身研究中国历史文化的方法论宝库。例如关于中国经济国学的理论和方法，根据吴承明先生的论述，除了比较传统的史料学考据学方法、历史唯物主义方法论之外，还有经济计量学方法、发展经济学方法、区域经济学方法、制度经济学方法、社会学方法、系统论方法等等。关于这一点，许多热心于引进介绍国外人文社会科学理论方法论的学人，已经有大量的著作和论文出现，我在这里用不着做重复的叙说。显而易见的是，改革开放以来中国学界大量引进国外的人文社会科学理论和方法，对于扩大中国国学的学术视野，发掘中国国学更为广泛的研究领域，起到了积极的推动作用。

更为可喜的是，中国传统国学的许多研究方法，再次引起了人们的重视。例如，史料学和考据学的研究方法，本来是中国传统国学的重要组成部分，堪称"瑰宝"。但是在20世纪30年代，它曾以"封建性"而遭批判；改革开放之初，虽然考据学、史料学等没有了"封建、资本主义"的帽子，但是一度也被一部分重视宏观理论探索的学者所轻视，认为是低层次的"史料和史实"的整理工作，难登大雅之堂。随着改革开放的深入和国际学术交流的开展，许多学者终于再次认识到我国传统国学方法的这一宝贵遗产，清代"乾嘉学派"受到了应有的肯定和尊重。

改革开放以后，国学在相当程度上摆脱了为现实政治服务庸俗化的局面，学术的研究及其辩说有了更大的自主发挥空间。人们把人文社会科学不同学派间理论方法的讨论和争辩，恰如其分地置身于学术的范围之内，这是中国国学方法论的一个重大进步。因此，我们同样需要以更宽容的心态来迎接国内外不同理论方法的纷至沓来，并且由此开展更为和谐而热烈的争鸣。

随着时代的进步和人文社会科学的发展，中国国学的理论方法论必然呈现多姿多彩的局面。对于这种局面的到来，我们没有理由不以欣欣鼓舞的心态来面对。当然，任何的理论和方法论都有其自己的适应对象和不足之处：学者们也会因自己的学理渊源和学识修养而对某种理论方法有所偏爱。但是我们不能因自己的学理爱好有所不同而蔑视甚至攻击其他的理论方法及其研究尝试。还是中国传统国学的那句老话："言之成理，持之有故"，这就足以引起我们给予足够的重视。国学的未来，正是需要在这多元的宽容之上得到真正的复兴与繁荣。

中国人的天下观

葛兆光

葛兆光，原籍福州，1950年生于上海，1984年北京大学中文系古典文献专业研究生毕业。1992年起担任清华大学教授，现为清华大学教授、博士生导师，校务委员会委员，并任北京大学、复旦大学等校兼职教授。曾先后任日本京都大学、香港城市大学、香港浸会大学、比利时鲁汶大学、台湾大学等校的客座教授。

主要研究领域是中国宗教史、思想史和文学史。主要著作有《禅宗与中国文化》、《道教与中国文化》、《古诗文要籍叙录》(合著)、《汉字的魔方——中国古典诗歌语言学札记》、《想像力的世界——道教与唐代文学》、《唐诗选注》、《中国经典十种》、《中国禅思想史——从6世纪到9世纪》、《葛兆光自选集》、《中国宗教与文学论集》以及《7世纪前中国的知识、思想与信仰世界——中国思想史第一卷》、《7世纪至19世纪中国的知识、思想与信仰——中国思想史第二卷》、《古代中国社会与文化十讲》等，其著作曾获第一届中国图书奖，第三、第五届国家图书奖提名奖，第一届长江读书奖等等，有多种被译成英文、日文和韩文在国外出版。

引子：《坤舆万国全图》象征古代中国将走进近代世界

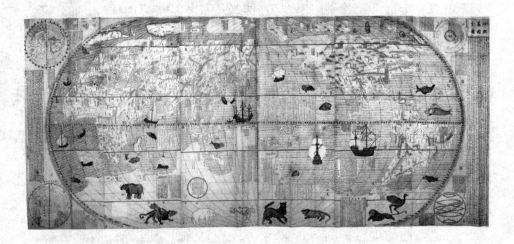

    2001年的秋天，去北京的意大利使馆看一个关于传教士与中国的展览。我伫立在那个不大的展览厅，凝视着一幅著名的、叫做《坤舆万国全图》的世界地图，那上面有五大洲，有四大洋，也有着奇奇怪怪的异兽怪鱼，仿佛回到历史。千万不要小看这幅地图，这幅地图是一个标志，象征着在古代中国观念世界的一个大变化，是什么大变化呢？就是中国人面前以自我为中心的"天下"，突然变成了"无处非中"的"万国"，因此，中国要生存在这万国林立的"世界"上。如果说，现在是"全球化"的时代，那么，"全球化"从这幅世界地图给中国人展示一个互相联系、共同存在的"万国"图像时，就已经悄悄地开始了。

    原来是六幅屏风，这幅地图，年代长了，架子已经没有了，原来分在六扇屏风上的图，被后人缀合成了这么大的一幅，据专家研究，这幅屏风地图，是四百多年以前根据一个叫利玛窦(Matteo Ricci)的传教士画的世界地图《舆地山海全图》重新绘制出来的。利玛窦是来自欧洲的耶稣会士，本不是地图学家，这幅地图是他根据欧洲人奥代理(Ortelius)的世界地图绘制出来的，所以仍然很精确。是不是这样？我不知道。2000年，我曾经特意去比利时安特卫普参观当年印刷奥代理地图的工厂，也看到当年出版的各种地图，知道四五百年前欧洲人的世界知识，随着他们的航船环行已经相当发达，连传教士也学到了这些新知识。生活在那个知识世界的传教士们把它带到中国，其实只是"无心插柳柳成荫"，当年，利玛窦其实想得并不深，只是觉得这是一个可以取悦好奇的士人和官员的途径，使天主教传教士可以更容易地进入中国，享有更大的传教自由，虽然想到了用万国图来破除中国人中国即天下的自大，但还没有更深入地往下想，也绝对没有想到他的地图在思想世界的深远影响。

可是，就像中国那句俗话说的那样，"说者无意，听者有心"，在阅读世界地图者的心中，却常常会生出相当深刻的联想，让古代中国人开始隐隐约约地意识到，原来天下还有这么大，国家还有这么多，我们中华，原来并不像想像的那么大。

一、近代西方人的世界观和古代中国人的天下观

说到这里，也许你会问我，在利玛窦地图绘制出来以前，中国人是怎么看世界的？

且慢，你要知道，汉魏以前，古代中国人通常不说"世界"，"世界"是佛教的词儿，现在当然大家都习惯说"世界"了，可是，古代很长的时间里面，汉族中国人通常说的是"天下"，就是"溥天之下，莫非王土"的那个"天下"，"天下"就是天底下的那个"世界"。

现在，当然每一个稍有知识的人都知道，世界很大，地球是圆的，中国只是在亚洲，东半球与西半球相对，大海对岸有另一些国家，到另一些国家去要办理护照和签证。可是，这都是现代的事，是

哥伦布发现新大陆、麦哲伦环游世界以后的事情了。近代的"国家"观念的形成与"世界"图像的确立，是很晚的事情，在15世纪之前，至少中国人并不这么理解国家、世界或者说是中国和他国。说起来，欧洲人哥伦布发现新大陆、麦哲伦环绕地球航行，有人说是殖民主义，有人说是文明推进，有人说是地理大发现，有人说那地球本来就在那里，又有人住，什么叫发现，充其量就是欧洲人到达那里，这当然有点像是后殖民理论的说法。可是，无论现在看上去有多少争论，在过去几百年里，它都被认为是历史上最值得骄傲的大事件。因为这象征着人类终于完整地认识了自己居住的这个"地球"、这个"世界"。而且，特别是从西方人的眼睛里看去，看到了世界上原来还有各种各样的文化和传统、有各种各样不同的民族和地域。

这对于西方人来说很重要。因为：第一，他们关于世界的知识系统中终于有了一个完整的球形的世界图像，对自己所生活的这个地球的完整认知，对于人来说是很重要的；第二，他们在异地民族文化传统的比较中，确立了自己处于中心的或较高的地位，在他们的知识谱系中，特别是在当时普遍追求富庶、文明的价值观中，由于有了"未开化民族"、"东方人"、"蛮族"等"他者"(the others)，于是确立了西方人自己的世界中心与巅峰地位；第三，由于对自己的地理与文化位置的确认，使西方充满了把握世界的自信心。我们知道，人不能单独地观察自己，就像人要照镜子一样，要确立自己的位置和形象，就要借助其他的东西，就要照镜子，而就连镜子，也要靠那层不透明的膜来反射，才能映照物体。西方人在扩张的时候发现的异文明，对他们来说，就像是找到了一面镜子，看看其他民族和文明，然后再看看自己，这时就发现自己长得如何，是丑还是美，在没有认识其他人之前，对自己是不会知道得那么清楚的。西方为什么会发展起人类学来，就是这个原因。所以，这三点在近代西方知识史上，在确立自身价值的意义上是很重要的。

反回来看我们自己，也很有意思。中国古代人很早也曾经有过一种让中国人很自豪的世界观，大约是在两三千年前，虽然那时古代中国人还没有完整地．到达世界各个角落，但也在自己的经验与想像中建构了一个"天下"，他们想像：第一，自己所在的地方是世界的中心，也是文明的中心；第二，大地仿佛一个棋盘一样，或者像一个回字形，四边由中心向外不断延伸，第一圈是王所在的京城，第二圈是华夏或者诸夏，第三圈是夷狄，大约在春秋战国时代，形成了与南夷北狄相对应的"中国"概念；第三，地理空间越靠外缘，就越荒芜，住在那里的民族也就越野蛮，文明的等级也越低，叫做南蛮、北狄、西戎、东夷。

那么，接下来的问题就是，这个"天下"图像是怎样制造出来的呢？

二、九州和五服

我们来看看古代文献是怎么记载的。

在《尚书·禹贡》中，有"九州"、"五服"的记载。"九州"就是冀州、兖州、青州、徐州、扬州、荆州、豫州、梁州、雍州，大体上，如果以上北下南来看的话，是顺时针方向从北向东、向南、向西，划出了一块地区，大约包括的只是今河北、山东、江苏、湖北、湖南、河南、四川、陕西、山西这一圈，这就是古代中国人的"天下"，大体上是现在纯粹的汉族区域，据说，这是大禹治水的时候，他所关怀的那个空间。它和"华夏"好像可以重叠，"夏"就是"雅"呀，那么，什么是华夏呢？就是古代中国人相信比较文明的地方，这就是"天下"。"五服"是说除了东周那个时候，"王"所在的洛阳一带为"中心"以外，环绕着中心"王畿"的，是五百里甸服，甸是郊外之郊外，古都城外百里为"郊"，"郊"外为"甸"。向外依次是五百里侯服，就是封侯管辖的地方，像封商的后代在商丘建宋国，封姬姓在河南为郑侯，封姜姓在山东为齐侯等；五百里绥服，"绥"本指车上用以拉扶的绳子，这里指安抚，比如"绥靖"这个词儿，好像车边的绳子，可以扶着，但不可以依靠；五百里要服，"要"是约定，只是由双边条约来管辖，实际上王对他们有些睁一只眼闭一只眼；以及五百里荒服，这里是荒蛮之地，好像可以让他们自由自在，反正也离得远了。这样，五百里出去，就有五千里方圆的地方，这就是古代中国人想像的一个类似于"回"字形的大地。

《禹贡》大约是战国人的作品，这个想法大约到战国时代已经很普遍，于是，这时开始有了一个早期汉民族的共同空间。那个时候的古书《国语·周语》上记载了"五服"(甸、侯、宾、要、荒)，稍晚一点的《周礼·夏官·职方氏》更添油加醋地想像，有一个机构专门管理国土，而且把这个"五服"扩大成了"九服"(侯、甸、男、采、卫、蛮、夷、镇、藩)。不过，这并没有改变这种中心向边缘延伸的空间结构，也没有改变这种从中心到边缘文明等级逐渐降低的观念，请看后面的几个名称："蛮"、"夷"、"镇"、"藩"，就越来越有瞧不起的意思，蛮夷就不消说了，后面的"镇"是"压服"、"威服"的意思，"藩"就是扎的藩篱，引申为"屏障"，意思是边界要扎篱笆，因为外面就不是人住的"世界"了。

大概很多人听说过古代有《楚辞》、《庄子》、《穆天子传》、《山海经》这些书，这些古代的书里常常会想像中国周围的世界，像什么西面的昆仑、东面的蓬莱，周穆王去西面昆仑山见了西王母，有人到东面的蓬莱仙岛就得到了长生不死药，这里面最有意思的是大概很多人都看过或听说过的《山海经》。《山海经》记载的就是一个古代人想像的世界，各地有许多各种各样古怪的事物，什么奇肱国的飞车、瑰山的飞鱼、东海流波山的一足之夔，这种想像一直到清代人李汝珍写的小说《镜花缘》里还有，什么君子国、大人国、毛民国、深目国等。但仔细一看，原来这个想像的空间世界，还是一个中心与四方构成的大地。据说，《山海经》原来是有图的，陶渊明有首诗就说"泛览周王传，流观山海图"，现在的《山海经》传说是图的解说文字，这部书的文字记载的分别是山(南山、西山、北山、东山、中山)、海内(海内南、海内西、海内北、海内东)、海外(海外南、海外西、海外北、海外东)、大荒(大荒东、大荒西、大荒南、大荒北)，也就是说，如果现在还能看到原来的图像的话，它还是一个以中山为中心，四周山，再外是海内、海外，边缘是"大荒"的方形的宇宙。边缘的民族，是北狄、西戎、东夷、南蛮，反正都是野蛮人。

◆ 三、天圆地方：空间的想像 ◆

那个时代的中国人有没有到过四方更远的地方，我们不知道，有人说是有的，但至少在文献记载里没有，可是，没有去过更远四方的他们，怎么知道大地就是这样的呢？我猜想，这个观念可能来自古代中国人关于天地的想像。古代中国人相信"天圆地方"，在他们的想像中，天是圆的，像一个斗笠一样，覆盖在大地上，中心是北极和北斗星的位置；大地是方的，就像棋盘，中心是洛阳一带，《周髀算经》里就这么说的，《吕氏春秋》也这么说的，这叫"大圜在上，大矩在下"。在有名的汉代武梁祠画像石里面，就有"伏羲女娲"像，伏羲拿矩，女娲拿规，一个画方形的大地，一个画圆形的天，尽管方的大地和圆的天穹好像盖不上、合不拢。所以也有人质疑说，如果是这样的话，那么大地的四个角，不就露在外面了？或者全部盖住的话，岂不是有的地方又有天无地吗？可是，尽管如此，人们一直相信这种观念。

道理很简单，因为这和他们关于"天"的视觉经验、关于"地"的想像推测一致。你看，白天看太阳，晚上看月亮、星星，都在从东向西，或者说从右向左，环绕一个北方的"轴"在转，可不是天如"盖笠"！所以，很多古代关于天地的最重要的东西都是模仿这种空间的。举一些例子：古代用来占卜并且模拟天地的"式盘"，是天盘圆、地盘方这种形状；古代的棋盘、博局也是这种形状，现在围棋的中心还叫"天元"；祭祀天地的明堂、圜丘，也是这种形状；古代王宫也是这种中心向四边扩展的形状，古代都城也是这种由都城中心向四廊延伸的形状。因此，古代中国人的观念中，也认为自己所处的中央，在文明的位置上高于四夷，而四边无论是在文明方面还是在财富方面，都远远低于中央，应该受到中央的制约与管辖。古代中国人相信，什么是天下？这就是"天下"，"中国"就是应该傲视"四夷"，中国文明就是应当远远地辐射和教育四边的戎夷狄蛮。

这并不奇怪，西人说"无处非中"（There are not background and not center in the world），大凡人都是从自己的眼里看外界的，自己站的那一点，就是观察的出发点，也是确定东南西北前后左右的中心，离自己远的，在自己聚焦关注的那一点后面的，就是背景，我是你的视点，你也可能是我的焦点，但是可能你也是另一个东西的背景，我也可能是他的背景。古代中国人站在中原江河之间，他们当然可能要以这一点为中心，把天下想像成一个以我为中心的大空间，更何况那个时代中国文明确实优越于他们周围的各族。

四、四方复四方：从谈天衍的想像到张骞的凿空

话说回来，古代中国也有人对这种世界图像产生怀疑，也曾经大胆幻想过，外面是不是有一个更广袤的世界。据说，战国时代有一个后来被称为"谈天衍"的邹衍，他是齐国人，后来人常常说，齐国临海，海阔天空，可能想像的空间会大一点儿，所以，他就有"大九州"的说法。邹衍想像，中国这个"九州"只是天下八十一分之一，叫"赤县神州"，它的外面还有八个州，这才是一个大九州，外面有海环绕，而在这个九州之外，还有八个"大九州"，各有海环抱，这才是整个天下。到底这种想法有没有根据，是邹衍的想像，还是一些传闻，我们不清楚。也许古代中国早就与世界其他地区有了各种各样的交往，《逸周书》里就有《王会》一篇，描写四方异族的聚会，西晋出自汲郡魏襄王墓的竹简《穆天子传》(约战国中期)也记载周穆王到西域与西王母会面，这里面是不是有真实的交通背景？确实很难说。不过，很奇怪的是，这种想像并没有改变中国人的天下观，从先秦到秦汉，古中国人还是自居天下之中，居高临下地俯视着四边的蛮夷。

这种情况到汉代出现了一个转变的机会，这是一个很重要的机会。公元前138—前126年，也就是汉武帝建元三年到元朔三年，张骞奉命出使西域，历经千辛万苦回到汉帝国，把大宛(今塔什干附近)、康居(今塔吉克斯坦、阿塞拜疆、乌兹别克斯坦及哈萨克斯坦南部)、大月氏(今帕米尔高原以西、阿富汗境内)、大夏(今印度西北、巴基斯坦、克什米尔附近)，以及他听说的乌孙、安息(伊朗境内)、条枝(叙利亚一带)、身毒(印度)的情况，介绍回来。应该说，这件事儿是很重要很重要的，因为：第一，它把中国人对于周边世界的实际知识，从东亚扩

大到了东至日本、朝鲜，北到蒙古及西伯利亚，南到南海、东南亚，西到巴基斯坦、阿富汗、叙利亚、印度、伊朗一带，也就是说，大体上已经了解到了今天的整个亚洲甚至更广的一个区域，而过去可能了解的只是现在的东亚，比如日本和朝鲜，日本九州出土过汉代赐给倭国王的金印，说明中日很早有过交往。第二，它刺激了中国人与外部世界的交流与探索的欲望，在张骞出使西域以后，还有张骞通西南，班超、班勇父子开拓西域交通，甘英到达波斯湾等举动。第三，观察不同经济与文化的背景与舞台，开始由中原的汉帝国变成了整个亚洲甚至欧、亚之间，丝绸之路的开拓和后来佛教的传入，更是在这个背景下进行的，从此以后，中国的历史就是一个世界的历史了。

不过，可惜的是，不知道为什么，这并没有真正改变古代中国人心灵深处的"天下观"。汉代以后，虽然张骞、班超、甘英和很多人都到了很远的地方，但是中国人想像的"天下"还是以"中国"为中心的，加上日益扩大的"四夷"。但是这幅图像，只是中心明确，四边却很模糊，这是中国人的常识，虽然印度、阿富汗、伊朗、巴基斯坦等中亚与西亚诸国加在一起，再算上日本、东南亚、朝鲜，以及北边的广袤土地，远远比中国要大得多，但从汉到唐，中国人仍然觉得它们仿佛在文化上无声无息，所以没有觉得外面有个另外的"世界"。

五、知识和观念的分离：
固执的中国天下观

很长时间以来，古代中国人对这一点一直很固执。为什么固执？我想，原因可能是，除了佛教以外，中国从来没有受到过真正的外来文明挑战，所以中国人始终相信自己是世界中心，汉文明是世界文明的顶峰，周边的民族是野蛮的、不开化的，不遵循汉族伦理的人是需要拯救的，拯救不了就只能把他们隔离开来。说起来，中国人不大用战争方式来一统天下，常常觉得凭着文化就可以"威服异邦"，这叫"怀柔远人"。

不过，有时候中国人已经控制不了局面了，所以反过来又有些怨怼，怨怼之后便生出一些气愤，所以，在西晋的时候，有个叫江统的人，曾经写过一篇《徙戎论》，想把汉族和其他民族在居住空间上分开，可是，这种区分华夷的想法，好像影响并不大。我们要知道，古代中国人的"中国"常常是一个文明的空间观念，而不是一个有明确国界的地理观念。所以，凡是周围的国家，中国人就相信它们文明等级比我们低，应当向我们学习、进贡、朝拜。像古代很爱画的"职贡图"，画的是各边缘民族的代表向中央王朝进贡，总是把中国人的皇帝画得特别大，而外族人的使节就很矮小。而古代的各种地图，像宋代留下来的那几幅图，有的叫"华夷图"，就是华夏加上四夷；有的叫"舆地图"，就是说车可以通的地方都算上；有的叫"地理图"，就是所有的地理。但是你看一看，在这些地图里面，还是以中国为中心的一圈，虽然有时也把周边国家画上，但画得也很小，小得好像它们真的是依附在我们这个大国身上的"寄生物"一样，只要大国轻轻一抖，这些附属物就会掉到海里去。

这和中国人对于世界的实际知识没有关系。我们知道，汉代张骞以后，已经打通了欧亚大陆交往的丝绸之路，唐代中国与外界交往更多，连首都长安都住了十万"胡人"，像"昆仑奴"即黑人奴隶、"胡旋舞"即外国的舞蹈音乐、"胡服"就是外国时装，都很流行了……至于元代帝国的疆域，几乎无远弗届，当时从阿拉伯来的札马鲁丁也制造过"地球仪"，并且画了经纬线，说明了地球是"三地七水"。到了明代初期永乐年间，三保太监郑和率船队下西洋，尽管我们并不相信一个叫孟席斯(Gavin Menzies)的英国业余历史学家所说的，郑和发现新大陆，但是他至少已经到了非洲的东岸，他实际经历的空间也远远超过了中国本土无数倍。人们知道的各种文明的情况也已经很多。

但是，有趣的是，古代中国关于"天下"、"中国"、"四夷"的思想与想像，却始终没有变化。

六、佛教没有征服中国，但是佛教曾经给了中国一个机会

历史学家当然不能想像历史重演，不过，历史学家也是普通人，有时也会设想一下"如果历史……"。当我回头看中国古代历史的时候，也觉得古代中国的天下观念，可能曾经有过一次改变的机会。

我们知道，有国际认可的明确的疆界，有国家的主权观念，也就有了"民族—国家"，这是近现代的事情。古代中国也有"国家"这个词，汉代铜镜背面铭文中就有"多贺国家人民息，胡虏殄灭天下服"这样的铭文。不过，就像我们前面提到的，大体上说来，古代中国的"国家"是中心明确、边界模糊的一个"文化概念"。"凡我族类，其心必同"，就是说凡是和我同一个文化的，都可以是一个国家，而且国家和天下也不是一个特别清楚的东西；"非我族类，其心必异"，凡是和我文化有差异的，就是四夷，不属一个国家，甚至不是一个天下，叫做"不共戴天"。其认同标准是"心同"。陆九渊说"四海之内，心同理同"，这是天下一家的普世主义，他的认同标准是文化，所以边界的法律划定是无关紧要的。《礼记·王制》里说："中国、戎夷、五方之民，皆有性也，不可推移。"凡是文化上臣服、认同的，都可以划进来作为

"华夏之藩属"，都是一个"天下"，因为"溥天之下，莫非王土，率土之滨，莫非王臣"。凡是文化上不服从、不认同的"异邦异俗"也就算了，就当你不在"天下"之内。所以在古代中国，国家／文明／真理是重叠的，于是"天下一家"、"海内有知己"、"四海之内皆兄弟"。这背后，一方面是中国中心的特殊主义，一方面是普遍主义的世界观，既是只有一个文明中心的世界观，又是文明普遍适用、真理放之四海皆准的世界观。

可是，尽管从汉代以来，就有汗血马、葡萄、玻璃、苜蓿的输入，尽管一直有深目隆鼻的异域人的进入，但它们并未对中国固有文明产生冲击。原因很复杂，一方面，历史上的"中国"，它的疆域变化虽然很大，但是大体上是以汉族居住的"九州"为中心的，东临大海，西为高原与雪山，北为冰天雪地，加上有匈奴、突厥、契丹、女真以及后来的满族，南为丛林，很容易形成封闭"天下"观。另一方面，通常，在像中国这样文明史很悠久的国家，只有出现另一种高度发达、可以与华夏相对抗的"文明"，才可能对中国的传统观念发生根本的影响。而从东汉传到中国来的天竺佛教，却给中国带来了一个根本性的震撼，就是世上还有两个以上的文明中心。

我们举一些例子来看，在佛教的说法与理论里面，有三条就是中国文明根本不能兼容和接受的：第一，宗教权力是可以与世俗皇权并立的，并占有社会等级与价值的优先位置，宗教徒可以不尊敬皇帝，不尊敬父母，但不能不尊重佛、法、僧三宝；第二，天下之中心是在印度，"立竿见影"，日中无影，即天之中也；第三，最高的真理、最优秀的人物与最正确的生活方式不在儒学而在佛教，因此佛教是更高的"文明"，至少也是另一种有自我体系的自给自足的"文明"。这些，汉族中国哪里能接受？如果接受了，中国就大变了，就不是现在的这个中国了。

◆ 七、佛教观世界和佛教世界观 ◆

　　大家都知道，后来佛教中国化了，变成了三教合一，甚至屈服于中国主流意识形态与儒家学说，但是，大家应当记住，它曾经使中国文明天下唯一的观念受到冲击，在佛教传来的时候，一些中国人不能不承认"华夏文明不是唯一"，"天下不是中国正中"，这本是一个重新认识世界的机会。特别是佛教关于世界的观念，从根本上和中国的大大不同。

　　在佛教的知识世界里面，世界并不是以中国为中心的一大块，而是四大洲，中国只是在其中一洲上。据说，在须弥山四周，围绕着四大部洲，而中国所在的只是南赡部洲，其他还有东胜身洲、西牛货洲、北俱卢洲。据《长阿含经》、《法苑珠林》说，日、月、星辰都围绕于须弥山中，普照天下，四大洲各有二中洲与五百小洲，四大洲及八中洲都住有人，二千小洲则或住人或不住人。其中，据说北洲的果报最胜，乐多苦少，寿命千岁，但是，那里不会出现佛陀这样的伟大领袖；南洲的人民勇猛、强记，但是有业行，也能修梵行，所以会有佛出世；东洲的空间极广大；而西洲则多牛、羊、珠玉。在佛教的文献中，还可以看到，佛教讲有四天子。法国一个有名的学者伯希和写了一篇《四天子说》就说到，那时佛教想像南赡部洲上有八国王、四天子。东面有晋天子，就是中国皇帝；南面有天竺国天子，就是印度国王；西有大秦国天子，大概应当是罗马帝国皇帝；西北有月支天子，应该是贵霜国王。那时印度佛教徒就想像，南赡部洲上有"四王所治，东谓脂那，主人王也，西谓波斯，主宝王也，南谓印度，主象王也，北谓猃狁，主马王也"。这大概也传到中国，在唐代道宣编的《续高僧传》里面，在说到去印度取经的玄奘时就提到了这个传闻。

特别是宗教有宗教的立场，因为佛教是从印度经过中亚或南亚传来的，所以一般来说，佛教徒或明或暗都会反对中国作为唯一中心的世界观念，这道理很简单，如果中国是唯一的，那么印度怎么办？既然真理出自印度，那么印度是中心呀。可是，在中国就不能说这个话了，只好说有印度、中国两个中心，或者说有三个中心、四个中心。这个世界图像，就和我们传统中国只是围绕中国这个"天下"的不一样了嘛。以前说，国无二主，天无二日，这下就不同了。所以，我们目前唯一看到的，不以中国为天下正中的中国世界地图就是佛教的，像《佛祖统纪》中的三幅图，在宋代以前，这表现了极罕见的多元世界观，它的《东震旦地理图》、《汉西域诸国图》、《西土五印之图》就构造了三个中心的世界，这也曾经给中国人提供了改变世界观的资源。

各位要注意，这和中国的天下观念就不同了，中国不是唯一的天下中心了，这倒是和以前邹衍说的"大九州"有一点像，所以后来这种四洲、九州的说法，在很晚很晚的时候，倒成了中国人接受新世界图像的一个资源。不过，遗憾的是，这种冲击并没有从根本上动摇中国人的世界观，而是要再过几百年，直到16世纪，已经充分世界化了的西洋人来到中国，这种情况才有了改变。

万历十二年(1584年)，前面我们说到的利玛窦的《舆地山海全图》在广东问世，中国人才突然看到了"世界"，随后，便在思想上出现了"天崩地裂"的预兆。

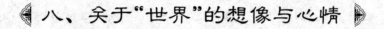

八、关于"世界"的想像与心情

关于利玛窦的事情，我们下面再说。这里先说一个插曲，就是中国人这种天下观被打破以后，中国人对于世界图像的特别反应。

前面说到，15世纪以后，哥伦布、麦哲伦成了西方的骄傲，也成了西方人在"世界"上地位的象征，因为，这世界是我发现的，当然我就是它的主人。但一贯自居"天下"中心的中国人对此相当不愉快，特别是19世纪后半期，处于受欺侮地位的中国一方面对西方羡慕不已，力图在科学技术上与西人平起平坐，另一方面对西方变成了中心很不满，于是在最危急、最软弱、最没落的时候反而激起了一种极端的文化上的民族主义——其特别的表现之一，就是说西学在中国古已有之——这种民族主义情绪常常表现在学术上，所以，有人在那时就提出来：谁说是西人发现了新大陆？1865年，传说秘鲁人CordedeGugui在秘鲁北部Truill的山洞里发现武当山神像，这件事情影响很大。1897年，在天津出版的一份报纸又刊登出消息说，墨西哥索诸拉地发现中国石碑。从此开启了一个一百多年的话题，很多人因此追溯历史。有人觉得《山海经·大荒东经》里的"扶桑"，大概就是美洲墨西哥，又有人发现《法显传》记载5世纪时法显从印度、锡兰回中国时，遇见大风迷失航向，曾从狮子国到了耶婆提国，可能耶婆提就是美洲，因为根据美洲的传说，一千四百年前，有一只中国船到过墨西哥的亚卡布哥港，而且又有人认为"耶婆提国"与"亚卡布哥"(阿加普尔科，Acapulco)的音很近，所以是中国人先发现美洲的(但Acapulco是西班牙人来到这里之后才有的名字，足立喜六、章巽的说法与方豪的看法大体相同，通常怀疑是苏门答腊)。

这种毫无根据的猜测只是一种想像，可是这以后想像越来越丰富，1970年代，原来毕业于清华学校研究院的卫聚贤先生写了一本《中国人发现美洲》，搜罗了所有的资料，提出了很多更加奇怪的想法，如扶桑是加州红木、李白到过美洲、向日葵来自美洲南部、孔子时代已有"葵"等。到了1990年代，一些奇奇怪怪的说法就更多了，是否有根据，我不知道，我关心的只是他们说这些话背后的心情。比如有的学者提出，印加王国就是"殷家王国"，正是殷商被打败的时候，美洲出现了具有殷商文明特色的奥尔梅克文明，一定是殷人从日本东面向北，经阿留申群岛到加州，再南下墨西哥。很多不明就里的人一想，很有道理，印第安人、爱斯基摩人果然都和中国人相像，于是有人又想像出，为什么叫"印第安人"呢，是因为被迫流亡的殷商人时时思念故乡，见面总是问"殷地安否"。本来，这并不特别有说服力，也没有多少人相信，但最近若干年，这种想像再度热闹起来。另一个曾经研究古文字的人应邀到美国，参观被说成是大发现的东西：1955年墨西哥发现的玉圭。他看到玉圭上有竖着排列的四个刻画符号，便认为这四个符号和中国甲骨文有关系，于是似乎证据更清楚了。

但是，这毕竟是猜想或想像，而且这种想像至今无法证实。

九、学术研究的基本立场：拿证据来

顺便说一段故事。1958年，胡适收到一个叫杨力行的晚辈寄来的论文《评历代高僧传》，看到其中论述1400年以前法显发现墨西哥的事情，就直截了当地回信表示"使我很失望"，他说，"我终身注意治学方法，一生最恨人用不严谨的态度和不严谨的方法来轻谈考据"，他劝杨力行认真读一读足立喜六的《法显传考证》，不要轻易地发布所谓的发现，因为"那是可以贻笑于世界的"。

这件事情让我很有感触。我相信，至少学术研究要有规范，也要拿出证据，证据要经得起检验。首先，是否同一人种要靠DNA基因分析。其次，"武当"碑、王圭刻画符、石锚之类的图像并不可靠。"武当"至今拿不出实物，而且"武当"之名在中国也起源很晚，大概在六朝以后，而且从那个模糊的照片上看，那些字也不像古代字体；刻画符和石锚的雷同，究竟是偶然还是真有联系，需要大量证据才行。再次，中国到过美洲与否，还需要天文学知识来判定，因为需要星辰测定方位，以及一定的航海技术，比如船舶大小、海流风向、淡水问题，毕竟这并不是小说家的想像可以解决的，《倚天屠龙记》金毛狮王谢逊与张翠山、殷素素北海之行，那只是小说家言。最后，"扶桑"的位置还需要历史地理学的考证和测定。因此，一切都还在疑团中。可是，想像中的中国与世界关系，想像中古代中国人认识的"天下"的放大，很可能只是民族情绪支持下的"关于世界的想像"，这表现了中国人希望成为世界文明中心的一种很痛苦的心情的反映。

我们应当承认，秦汉以后，中国所知道的、所联络的"天下"确实已经比较大了。实际上，"天下"也就是只有一个文明"中心"的中国观与世界观，其实在汉代张骞以后，曾经有一次机会有可能被打破，而打破这种封闭天下观的一个最好机会，就是佛教传入中国。但是遗憾的是，这次机会并没有被抓住，世界不是中国人发现的，新世界观也是从外面进来的，中国人改变这种世界观的时代，还要等到明代万历年间，等到利玛窦绘制出新的世界地图。

十、利玛窦《舆地山海全图》之后：
中国世界观的转变

　　1584年也就是明代万历十二年，来自意大利的传教士利玛窦到达广东肇庆不久，得到知府王泮支持，刻印了《舆地山海全图》，这是第一次在中国刻印的西洋式世界地图。

　　从16世纪下半叶起到17世纪，根据这一地图绘制的各种地图不断出现，现在可以看到的就有十二种。当时，连利玛窦都担心，皇帝要是看到这样的地图，把中国画得这么小，会不会怪罪我们藐视中国人，而很多守旧的大臣也确实攻击过这一世界观是有意地夸大外夷而丑化中国，并且把它与《山海经》的想像世界、邹衍的"大九州"联系在一起，说这只不过是抄袭了中国古书编造出来的谎话，"以中国数万里之地为一洲，妄谬不攻自破"。可是不仅李贽、方以智、谢肇淛、李之藻、徐光启等知识分子接受了这种世界观，而且，万历皇帝也很高兴，这个死后葬在定陵的皇帝，并不懂得这个"天下"变化的意味，倒很乐意地让太监根据这一地图，绘制大幅的《坤舆万国全图》屏风，这样一来，这幅地图就有了合法性，也就是得到官方认可，有了合理性，也就是得到知识阶层的认可。

　　其实，利玛窦地图也是有一些观念上的目的的，他想使中国抛弃大中华文化的优越感，而接受天主教文明，他说，"当他们看到自己的国家比起许多别的国家来是那么小，骄横可能会打掉一些，会乐于与其他国家发生关系"。的确，古代中国在与其他国家打交道的时候，总是把关系定位在"朝觐"、"朝贡"、"觐见"，或者是"和蕃"、"绥远"、"抚夷"、"理蕃"等上，很少有平等、多元的观念。日本的国王在隋代时曾经用"日出国王致日落国王"的称呼，其实就引起了中国人的不快，就连后来的英国使节马嘎尔尼朝觐乾隆，也为了各种等级和礼节问题闹得不可开交。所以，从思想史上来看，这一次地图已经引起了一个深刻的变化，因为它开始告诉中国人：

(1)人生活的世界不再是平面的，而是一个圆形的。

(2)世界非常大，而中国只居亚细亚十分之一，亚细亚又只居世界五分之一，中国并不是浩大无边的唯一大国，反而很小。

(3)古代中国的"天下"、"中国"、"四夷"的说法是不成立的，中国不一定是世界中心，四夷则有可能是另一些文明国度，在它们看来，中国可能是"四夷"。

(4)应该接受"东海西海，心同理同"的想法，承认世界各种文明是平等的、共通的，而且真的有一些超越民族／国家／疆域的普遍主义真理。

十一、从天下到万国

如果接受这种观念，那么，传统的中华帝国作为天下中心、中国优于四夷的预设，就将被彻底打破。可是，这些历史悠久的文化上的"基本假设"，在过去人的观念中，长期以来是天经地义、毋庸置疑的。它在传统思想世界中曾经是中华文明的基石之一，然而，当这个基石被推翻时，中国不就将"天崩地裂"了吗？

当然，这个"天崩地裂"的过程是很漫长的，从明到清。不过，它确实使古代中国世界观发生了裂痕，本来大家无需去思考而接受的观念基础被打破了，连《图书编》、《方舆胜略》、《月令广义》、《格致草》、《地纬》之类的综合类书，都接受了它，说明这种地图连同它的"世界观"，已经开始在瓦解着这个古老中国的知识思想与信仰。虽然真正变化要在晚清才真正凸显，但是，从那时起，世界图像的改变，就预示了中国人将被迫接受一个痛苦的事实——中国不再是世界的中心，中国人观念中的世界，也将被迫从"天下"走向"万国"。

中国文化"走出去"

叶小文

叶小文，1950年8月出生，湖南宁乡人。现任中央社会主义学院暨中华文化学院党组书记、第一副院长（正部长级）。1995年5月－2009年9月任国家宗教局局长。是中共十六、十七届候补中央委员，全国政协九届、十届、十一届常务委员。

中国人民大学博士生导师，北京大学、中国人民大学、南开大学、中国政法大学、四川大学、南京大学、南昌大学、天津科技大学、贵州大学，中央党校、国家行政学院、国防大学，韩国东国大学，长江商学院兼职教授。中国社会科学院宗教学博士，韩国东国大学哲学名誉博士。

中华宗教文化交流协会会长，中国宗教学会顾问，中国西藏文化保护协会、中国人权研究会副会长，中国社会学会常务理事，外交学会、中国研究院理事。中日21世纪友好委员会中方委员。

主要著作：《多视角看社会问题》、《从心开始的脚步》（中文版和韩文版）、《把中国宗教的真实情况告诉美国人民》、《化对抗为对话》、《宗教问题怎么看怎么办》、《宗教七日谈》、《小文百篇》等书。

当今世界，人类文明正处在又一个重大转折时刻，继经济全球化之后，文化全球化成为紧随其后的一种必然趋势。历史在我们面前展现了一个新的契机，我们有必要在这种全球化的文化语境中重新思考中国文化，思考这个崛起的大国的文化身份和文化命运，思考中国在世界未来文化新格局中的位置。中国文化应该走出去，参与调整当代世界文明进程，以自己独有的内涵和精神，为世界文明的当代建构和人类社会的未来发展作出新的贡献。

一、"走出去"的现实必要

我曾问过当年作为中方加入世贸组织首席谈判代表的龙永图，中国为何要加入世贸组织？他打个比方说，一个农夫挑担菜上市，可以卖了就走。但渐渐生意做大了，就总要摆个菜摊，进而就要开商铺、开超市，就要去了解和遵守市场规则，并争取和保护自己的权益。因而就必须加入这个市场的组织，遵守并参与制定市场规则。

今天，当农夫成为世界最大超市的总经理，当中国的贸易出口已居世界第一，我们在经济上已经加入了世贸组织，走向了世界，我们还有什么要走向世界？

中国正在崛起。大国崛起两手都要硬，现在我们经济上已逐渐硬起来了，但另一只文化之手却是软的；我们经济发展的势头强劲，"中国制造"在不断走向世界，而中西文化交流却是"贸易逆差"，严重入超。对此，许多学者皆有感悟。最近，全国政协外事委员会主任、中国人民大学新闻学院院长赵启正在《人民日报》海外版发文指出："中国近几百年以来，对世界文化贡献较少，如今，说中国是文化大国，实际上是我们在分享祖先的荣光，令我们惭愧。……如果中国接纳的世界文化总是大于向世界回馈的文化，那足以让中国感到歉疚。"①

众所周知，当今时代，文化已成为国家"核心竞争力"、国家"软实力"的重要组成部分，文化在综合国力竞争中的地位和作用日趋重要。美国学者布热津斯基提出了大国和强国的四条标准：经济发达、军事强大、科技雄厚，文化富有吸引力。美国学者约瑟夫·奈提出的"软实力"，其占首要位置的，就是文化的吸引力和感染力。

当今世界性文化重大转折的景观是：国际间的经济技术军事竞争正显现为"文化竞争"，或者说那种可见的国力"硬实力"竞争，已逐渐被更隐蔽的文化"软实力"竞争所遮掩。顺应这一历史趋势，中国不应该满足于人类物质生产加工厂的地位，需要重新认识自己在世界文化中的位置；中国应该有魄力和勇气参与调整当代世界文明进程，应该发出自己的声音，而且要把这种声音放大为国际的声音；中国在"物质现代化"以后，要尽快实现"精神现代化"问题；在"拿来"了一个世纪以后，也要开始"送去"，让世界了解我们的优秀文化，尽快结束中西文化交流中的"单向透支"和"文化赤字"现象。英国前首相撒切尔说过，中国不会成为世界大国，因为中国出口的是电视机，而不是思想观念。此话提醒我们：中国文化不"走出去"，中国在世界上就只能永远是"提篮小卖"的农夫。在此意义上，当务之急是中国文化走出去。

---

① 赵启正：《阅读世博 追索时代》，2010年5月17日《人民日报》(海外版)，第1版。

二、"走出去"的自我立足

只有站稳了,才能迈开步。只有精神强健、文化昌盛,才能"走出去"。

亨廷顿极其深刻地指出,西方与伊斯兰在发展中冲突的原因,不在于诸如世纪基督徒的狂热或世纪穆斯林的原教旨主义恐怖这些暂时现象,而在于两种宗教的本性及其造就的文明。基督教文明、伊斯兰文明都主张一神论、普世论,不容接受其他的神,都用非此即彼的眼光看待世界。"自创始起,伊斯兰教就依靠征服进行扩张,只要有机会,基督教也是如此行事,'圣战'和'十字军东征'这两个类似的概念不仅令它们彼此相像,而且将这两种信仰与世界其他主要宗教区别开来。"①而中国文明与此不同,子曰:"为政以德,譬如北辰,居其所而众星共之。"②中国文化"走出去",并不是对外扩张,更不会"依靠征服进行扩张",而是在自我立足和自我反省的基础上,靠自己的文化魅力来吸引、来感召别人,即所谓"譬如北辰,居其所而众星共之。"

中国文化"走出去"的基础,是解决我们当前的市场经济缺乏人文精神的问题。

美国《福布斯》杂志网站6月8日刊登的题为《中国还不是超级大国》的文章称:中国正在变成世界第二大经济体,但不会变成一个超级大国。一个超级大国应该是在思想与意识形态、经济体系和军事实力方面都取得支配地位的国家。从思想和意识形态上来说,中国可能是世

---

① 〔美〕塞缪尔·亨廷顿著:《文明的冲突与世界秩序的重建》,新华出版社1998年版,第232—233页。
② 《论语·为政第二》。

界上最混乱的国家。"文化大革命"期间，中国包括儒家思想在内的很多传统都被摧毁了。在当今的中国，金钱就是上帝，人们不再相信任何理想主义的东西。①

尽管这些评论耸人听闻，但值得我们深思。随着中国的快速发展，一些社会、文化的深层次矛盾也正在日益凸现。正如美国哈佛大学教授、北京大学高等人文研究院院长杜维明先生所指出的：即使在世界历史范围内，也很少国家、很少时期出现过像今日中国这样面临的经济增长与社会道德间巨大的紧张感。现在看来，市场机制是创造财富不可或缺的机制，没有市场就没有办法发展经济，但是当今社会也成了一个市场社会，或者社会的关系被市场化：大学被市场化，人际关系被市场化，家庭被市场化，这个社会的伦理智慧、文化能力、社会制度暂时出了些问题，贪污腐化是绝对不可避免的，现在贪污腐化在政治、学术、企业各个方面都出现了。但因为现在经济发展速度快，达到9%，在发展的过程中大家还能忍受贪污腐化。随之还出现了贫富不均、城乡差距，目前这些情况将越来越严峻。②

毫无疑问，我国经济的快速发展得益于大力推进市场经济。市场经济有两个起点：每一个经济的个体，都追求利润的最大化，这是资本的本质；每一个真实的个人，都追求利益的最大化，这是人的本性。这就是经济学所说的"经济人"假设。而市场经济的动力，正是从这两个"起点"开始，演出了一部剧烈竞争、效率至上的交响曲，形成了优胜劣汰的秩序，导致利润和利益追求的最大化，从而在整体上推动经济不断发展。但是这两个最大化导致的"无限度"追求，又会成为市场经济的严重阻力。虽然市场经济可以叫人不偷懒，逼着大家去竞争，却不能叫人不撒谎、不害人，甚至可能诱使人们"勤奋地"去撒

---

① 见美国《福布斯》杂志网站http：//www.forbeschina.com/magazine/
② 杜维明：《现代儒学核心乃是见利而思义》，见《赢周刊》2006年1月23日。

谎、害人，不择手段地谋取财富。问题在于，如何既能不断激活经济增长的这两个"起点"，又能不断约束它过度膨胀？单靠市场本身自发的作用，是做不到的，这就需要"核心价值"出来帮忙了。西方社会学家马克斯·韦伯的《新教伦理与资本主义精神》一书，描述了在基督教文明中推进的资本主义市场经济，怎样得益于一种"宗教精神的力量"（其实是核心价值的力量），使人们既把千方百计地去挣钱和赚钱视为"上帝的呼召"，又把不可奢侈、过度享乐与浪费作为"上帝的恩典"。于是，依靠勤勉、刻苦、自我约束，再加上建立和利用健全的会计制度精心盘算，就构成了一个"经济合理性"的新观念。马克斯·韦伯称他为资本主义发展找到了"新教伦理"，可以作为其核心价值的"资本主义精神"。

我们当然不须照搬什么"新教伦理"。但中国的市场经济无疑也需要有一种价值支撑。社会主义核心价值体系建设，需要面对在资本盈利和个人谋利这两个"起点"被激活后，人们如何提高自我约束力的实际问题。如果不去正视和着力帮助市场经济的难题，听任欲望膨胀、"赚钱"冲动、"诚信"尽失、腐败泛滥，市场经济的正常秩序就难以为继。

所以，中国文化在"走出去"之前，首先在有效地解决这个立足点、基本点的问题上，自己得有出路。

出路在哪里？靠现在时兴的科学主义和工具理性？它的确有用，的确管用，的确实用，但的确不够用。因为科学主义、工具理性常常导致轻视或忽略人文科学。人文科学的价值，即语言、文学、历史、哲学、宗教的价值，都在于人的自我反思，不仅是个人，而是群体人的自我反思。而忽略或轻视人文科学，只重视从工具理性来发挥个人服务社会的功能，特别是在技术层面和科学层面的功能，人成了不会反思、不愿反思，一味追求物质利益的工具，这样一种倾向，只会加剧欲望膨胀、"赚钱"冲动、"诚信"尽失、腐败泛滥。

　　出路在哪里？对科学主义和工具理性的怀疑，是"国学热"的兴起，试图从自己千年积累的东方传统文化中去发掘。但简单靠重新提倡儒家的"见利思义"，恐怕也不行。因为"利"与"义"的问题，其实是很难思得清想得明的问题。老百姓就如是说，"我们倒知道对钞票不能过于贪心，因为钞票可以把人送进棺材。钞票够用就可以了。问题是，我们不知道什么时候才够用！"从文化层面来说，按照儒家的传统，中国人之间的一切信任，都建立在"仁、义、礼"的等级秩序和宗法关系基础之上。人无"信"不立，"信"以"忠"为本。但到了现代社会，大规模的市场经济，要服从价值规律和等价交换的原则，封建等级制度和宗法关系彻底崩溃，中国人传统的"诚信"之本也就衰微了。

　　出路在哪里？于是又有人想到要求助宗教信仰。认为制止人的贪欲要靠敬畏，敬畏神威，敬畏闪电，也敬畏天空的惊雷。唯有敬畏，才能得救，唯有信仰，市场经济才有灵魂。毕竟，英国古典经济学家亚当·斯密说过，"在矫揉造作的理性和哲学时代出现以前很久，宗教，即使它只有最为粗陋的形式，便已经颁布了道德规则。"①孟子提出"可欲之谓善，有诸己之谓信，充实之谓美，充实而有光辉之谓大，大而化之之谓圣，圣而不可知之之谓神。"②意思是说，有一个人，开始时大家都觉得不错，认为他很和蔼，就叫"善"，是个好人。接着，要看他有没有内容，也就是有没有内在的资源，如果有内容，就是有诸己的话，才是"信"，这个人才信得过，不仅是好而已。假如他的内容很丰富，而不是一点点，那么，这个人才叫"美"，就是能够充实。如果不仅充实，而且有光辉的话，这个人才叫"大"。不仅有光辉，而且能够转化自己，转化其他的人，这个人才是"圣"。而这个转化又出现一些一般人所不理解的力量，才叫"圣而不可知之之谓神"。而且，

---

①〔英〕哈耶克著，冯克利、胡晋华译：《致命的自负》，中国社会科学出版社2000年版，第156页。
②《孟子·尽心下》。

我们的确也看到，新教伦理和资本主义精神的成功结合。但这一套，随着制造次贷危机所暴露出来的华尔街肆无忌惮地贪婪，看来也不大管用了。

那么，出路究竟在哪里？或许，只能在传统的基础上改造和创新，去建立我们自己的、现代市场经济发展所需要的"市场伦理"。但无论如何，善于把"资本"的冲动与"诚信"的建构成功结合，这是一个必须解决的基本问题。如果说"资本主义社会"是以资本的积累和增值为特征、而又被"资本"异化的社会；"社会主义社会"就应该是一个不仅能运行和管理好"资本"、更善于建设和管理好"社会"的社会。毕竟，"我们希望市场经济发展，但我们不希望市场社会的出现，市场社会出现会解构人与人的关系"。①

三、"走出去"的核心内涵

中国文化"走出去"，要有基础、有前提，更要有内核、有神韵。这个内核和神韵，可以讲很多，我以为，最基本的就是中华民族所特有的、代代相传的"天下情怀"与"和谐理念"。

第一，天下情怀。中华文化的基因里，总有一股"君子以天下为己任"的情怀。

那么"天下"何在？古人的观察是"天圆地方"。君子立于天地之间，就要"天行健，君子以自强不息；地势坤，君子以厚德载物"。这一度是世界上最先进的文化理念，因而中华文明也一度成为率先崛起

---

① 杜维明：《多种核心价值的文明对话》，www.xuxiong.com

的先进文明。可惜，由于认识的局限，"天圆"的理念一度局限于"地方"的眼界，只看到了看得见的黄土，只看到了自己的大地。中华民族历史上的辉煌，其基础一度是以"陆权"政治为核心权力的全球地缘政治格局。作为欧亚大陆之间联系纽带的丝绸之路，正是这种历史辉煌的写照。中华文明是四大古文明中惟一不曾中断的文明。美国学者费正清认为这种"制度和文化的持续性，曾经产生了体现为气势磅礴和坚守既定方针的惯性"。外来者只有尊重和适应这种特征，才能在中国立足，与"天朝上国"一起，分享"万国衣冠拜冕旒"的古老荣光。但曾几何时，这种惯性成了不可救药的惰性。封闭就要落后，落后只能挨打。中国在GDP处于世界第一位的时候，却愚昧地实行"海禁"，从此走向衰败。1840年至清朝灭亡的70多年间，中国被资本主义列强攫取了150多万平方公里领土，如果算上由外国势力策动至清亡后外蒙古独立而丧失的领土，共有300多万平方公里领土丧失！中国早期改良主义代表人物郑观应，只能长歌当哭，以诗言愤："一自海禁开，外夷势跋扈，鸦片进中华，害人毒于蛊。铁舰置炸炮，坚利莫能拒，诸将多退怯，盈廷气消沮，割地更偿费，痛深而创巨，何以当轴者，束手无建树？"①

而近代西方则发现，不仅"天圆"，地球也是圆的，地球70%是水，是大洋，顺着大洋走出去，走下去，从而也就发现了整个世界，从此也就步入辉煌。

中国在这种先进的文化观之前战败了、沉沦了。

但中华文明毕竟有"天下情怀"的文化基因。今天，当中华民族重新自立于世界民族之林，当卫星通讯、数字传输、卫星定位、远程教育、远程医疗等深刻影响和改变着社会生活，当数字化、信息化使地

---

① 郑观应：《关心时局，因赋长歌》，转引自戴逸著：《弹指兴亡三百载都在诗文吟唱中》，2010年1月24日《光明日报》。

球成为"智慧地球"、中国成为"感知中国"、人类进入太空时代的时候，人们又需要重新认识"天圆"了。整个人类的"天下意识"逐渐强烈起来，中国文化的"天下情怀"可以充实更新，放射出新的时代光芒！

第二，和谐理念。中国传统文化的精髓是"贵和"。在世界三个比较突出的文明中，西方文明崇尚自由，伊斯兰文明崇尚公平，中华文明则崇尚包容，并由此形成了和谐至上的价值观。

文化是人造的第二自然。文化从纵向看，包括了器物层、制度层和意识层。从横向来看，包括了三大研究领域，即人与自然的关系、人与人的关系、人与自我的关系。知天、知人、知己之道，集中体现了中国文化的精神内涵，追求人与自然、人与人、人与自我的普遍和谐是中国文化的基本特质。

人与自然的和谐相处是人类社会发展的前提。资源与环境是人类生存的基本条件，人类文明的发展从来就是依附于自然的。人可以认识自然，在与自然的和谐相处中谋生存、求发展，而不能破坏自然。有的古文明由兴盛走向衰败的一个重要原因就是对自然界肆意开发和掠夺，最终导致自然对人类的惩罚，酿成了文明的悲剧。中国文化提倡"天人合一"的思想。所谓天人合一，即主张人与自然界相统一，人要遵循自然法则，不要片面征服自然，要实现天人和谐，"与天地合其德，与日月合其明，与四时合其序"①，将"仁"的精神推广及于天下，泽及草木禽兽有生之物，达到天地万物人我一体的境界，天、地、人合德并进，圆融无间。

人与人之间的和睦相处是社会文明的重要标志，也是国家稳定的基础。中国传统文化十分重视人与人的和睦相处，提倡"仁"的精神，主张与人为善，推己及人，求同存异，以达到人际关系的和谐。"仁"在中华传统文化中占据着不可动摇的核心地位。如果把"仁"这个字拆

---

① 《周易·文言传》。

开来看，就是两个人。人与人之间，应当相爱，而这个"仁"就是爱。在我国传统社会，"仁"是最高的道德目标，也是普遍的德性标准。据统计，儒家传世经典著作《论语》中讲"仁"有104次之多，可见"仁"的重要。我国古代著名思想家孔子说："礼之用，和为贵，先王之道斯为美"①，孟子提出"天时不如地利，地利不如人和"②，都表达了对人与人和谐关系的追求。

在人与自我的关系方面，中国传统文化追求身心和谐，主张认识自我。老子讲"知人者智，自知者明"③，就是说能清醒地认识自己，对待自己，才是最聪明的，最难能可贵的。做人要有自知之明。人要了解自己很难，老子选择一个"明"字，有其深意。什么是"明"？"明"是对着黑来讲的，对着盲来讲的。"明"就是眼力好，盲就是丧失了视力。看别人看得见，看自己看不见，这就是自我的盲区。中国传统文化要求我们要让自己走出盲区，进入自我明察中去。在认识自我的基础上，磨练自我，提升自我，善待自我，进退有序，仰俯皆宽，知足常乐，安心为本，达到身心和谐。

可以说，"和"是中国历史文化的特征向量，古代先哲的生命信仰和思维基础。此"和"彼"合"。合，是把两个不同的东西加在一起后溶解了，失去了自己。"和"是把两种不同的事物融合到了一起，各自有着自己的特点而和平相处。世界上万事万物不同，人人不同，我们更要提倡和，只有和，才能久。"和"的思想反映了事物的普遍规律，因而能够与时俱进、与时俱丰。中国的儒、释、道思想中都含有"和"。"和"的精神，是一种承认，一种尊重，一种感恩，一种圆融。"和"的基础，是和而不同，互相包容，求同存异，共生共长。"和"的途径，是以对话求理解，和睦相处；以共识求团结，和衷共济；以包容求和

---

① 《论语·学而》。
② 《孟子·公孙丑下》。
③ 《老子》第三十三章。

谐，和谐发展。"和"的哲学，是"会通"，既有包容，更有择优；既有融合，更有贯通；既有继承，更有创新，是一以贯之、食而化之、从善如流、美而趋之。"和"的佳境，是各美其美，美人之美，美美与共，天下和美。

将"和"用于人际关系，以宽和的态度待人，就会取得众人的信任；将"和"用于政治，则能促进历史发展，文化繁荣；将"和"用于经济，则能促进生产发展，经济繁荣；将"和"应用于文化，则可使百家争鸣，理论创新；将"和"应用于养生，得和则盛，得和则寿；将"和"用于战略决策，则贤才蜂聚、良言潮涌、上下通达、左右和谐、蔽端早现、创新迭出；将"和"用于外交，则"协和万邦"，实现"万国咸宁"、"天下太平"。

当今时代的主题是和平与发展，但在我们眼前的世界却并非和谐。人类在自然资源的争夺、国际秩序的平衡、意识形态的认知、宗教文明的信仰等许多问题上的纷扰，矛盾不断，导致出现了霸权主义、强权政治、领土争端、地区冲突、恐怖主义、环境污染、全球变暖、贫困蔓延、自杀上升等现象。概言之，也就是人与自然、人与人、人与自我产生了严重的冲突，并由此引发了人类的生态危机、人文危机和精神危机。这是人类21世纪面临的共同的挑战，关系着人类未来的生存和发展。一个和谐世界的图景应该是人类能够科学合理地对待与自然、与他人、与自我的关系，实现人与天和、人与人和、人与己和。中国独具魅力的"和"文化，必将为化解人类面临的危机与冲突带来新的智慧。正如英国哲学家罗素所说，"中国至高无上的伦理品质中的一些东西，现代世界极为需要。这些品质中我认为和气是第一位的"，这种品质"若能够被全世界采纳，地球上肯定比现在有更多的欢乐祥和"。①

---

① 〔英〕罗素著，秦悦译：《中国问题》，学林出版社1996年版，第166页。

中国传统文化所追求的目标、理想可以用宋代大儒张载的"横渠四句"来概括——"为天地立心，为生民立命，为往圣继绝学，为万世开太平"，正是这四句话体现了中国传统文化的"仁者气象"和"天地情怀"。"为天地立心"，就是要重建天人和谐的生态观，培养尊重自然的内在价值，与自然和谐共处；"为生民立命"，就是调整人类的价值观，改变人类有物质而无幸福的生活品质，实现真正的发展和真正的幸福；"为往圣继绝学"，就是要继承我国传统文化的精华，并立足于当代世界文化发展的水平，进一步整合、创新、发展、深化，使之成为全人类共享的精神财富；"为万世开太平"，就是要发扬广大中华精神，通过全世界人民的共同努力，建设和谐世界，使人类永久性地摆脱生态危机、人文危机、精神危机，实现人类真正的和谐共处，永久和平。

　　比如，同样是"胸怀天下"，但西方盛行的"天下观"是全球的同质化的单边主义；中国的"天下观"则是提倡多极均势世界中的文化差异多元主义。

　　又如，同样是"文化输出"，西方推行的是"三片文化"——大片、薯片、芯片，美国大片控制人们的视觉娱乐，炸薯片控制人们的胃，电脑芯片控制人们的创造性和文化安全；是"三争文明"——人际之间竞争，群体之间斗争，国际之间战争。而中国的文化理想是"大道之行，天下为公"，是"三和文明"——家庭和睦，社会和谐，世界和平。

　　总之，"天下情怀"是至高无上的，从上到下；"和谐理念"是无处不在的，自下而上。二者相辅相成，浑然一体，共同构成了中国文化的核心竞争力。

四、"走出去"的应有姿态

中国文化曾有过"盛唐气象"的辉煌灿烂。那时，我们有"万国衣冠拜冕旒"的荣光，有对外来文化"食而能化、化而能食"的气魄，有敢去"西天取经"、敢上九天揽月的气象。近百年丧权辱国被动挨打的历史，大大削弱了国人对中华文明的自信心，以及文明古国应有的尊严，由此开始了西风东渐的百年历程。但中华文明五千年一脉相承、绵延不断的历史，特别是经过了一百年的挫折和打击之后，古老的中华文明不但没有湮灭，反而开始复兴的事实，雄辩地证明了它的合法性、坚韧性与生命力。

——我们因文化是一个互动体系而自信与尊严。它保持着互系性的哲学思考方式，让我们总是寻找事物的两方面，求和谐，求平衡。这是祖先传下的法宝。它让中华民族智慧、敏捷，立于不败之地。

——我们因文化是一个道德体系而自信与尊严。它告诉这个民族，命运在于它自己，而不在"上帝"，更不在别人。道德在人的身上，神奇在人身上，人存在它们就存在。

——我们因文化是一个人道体系而自信与尊严。民贵君轻，民惟邦本，本固邦宁；民，犹水也，水可载舟，也可覆舟；为政之道在于安民，安民之要在于察其疾苦；天下之势，常系民心，民心顺，一顺百顺，一顺百兴；天下和静在民乐。怨不在大、可畏惟人，载舟覆舟、所宜深慎。

——我们因文化是个开放体系而自信与尊严。能与时俱进，能包容、自重、会通，它的内涵像大海一样深广。

这些中华文化的特质，是可以与西方文化交流、互补的基础，也是中华文化自信的基本点。

中国文化不再是19世纪后西方人眼中的愚昧落后衰败脆弱的文化，更不是持"中国威胁论"人士宣扬的那种冲突性、扩张性文化。中国文化"走出去"所显示的，不是"好战"的中国，而是可以与世界各国合作的中国，是强调和睦、和谐、和平的中国，是以人为本、仁者爱人、有宽容精神的中国，是怀有"天下"观念和博大精神的中国，是"天行健，君子以自强不息；地势坤，君子以厚德载物"的君子之国。

当然，还有另一面，我们"要超越狭隘的民族主义，以不亢不卑的心胸走向世界，接纳全球各地的物质和非物质的资源，要在我们文化中建立一个反馈性批判的能力。也就是要建立一种群体的批判的文化认同"。"中华民族和平发展的文化认同，向世界才能够传播我们的文化信息，这是一个主动自觉的向外学习，文明能够主动成为学习文明，就有一定自我更新的生命力。"①

所以，我们应该重拾中国文化自信，让中国文化以自信从容、高迈尊严、不亢不卑的姿态走出去！

五、"走出去"的世界贡献

中国这样一个泱泱大国、文明古国，在实现中华民族伟大复兴的进程中，能否对人类做出较大的贡献？

数百年前，西欧历史上发生了一场持续200余年的文艺复兴，带领西欧走出中世纪的蒙昧和黑暗，迎来了现代文明的曙光。文艺复兴是

---

① 杜维明：《多种核心价值的文明对话》，参见搜狐文化频道，2010年1月12日。

"黑暗时代"的中世纪和近代的分水岭，是使欧洲摆脱腐朽的封建宗教束缚，向全世界扩张的前奏曲。这场文艺复兴的核心内容是人文主义，反对神权和神性。在中世纪，理想的人应该是自卑、消极、无所作为的，人在世界上的意义不足称道。文艺复兴发现了人和人的伟大，肯定了人的价值和创造力，使人权和人性得到空前的张扬，成为人们冲破中世纪的层层纱幕的有力号召，因而这一时期被称为"巨人的时代。"①现代科学的发展、地理大发现、民族国家的诞生等都得益于文艺复兴中倡导的人本精神。

文艺复兴把"人"从"神"的束缚中解放出来，把生产力从封建社会的束缚中解放出来。"人"的作用空前放大了，可以上天入地，呼风唤雨，转化基因，试管造人……但解放了的"人"又过度膨胀了。今天我们看到的是，"人"对自然过度开发、环境污染、全球变暖和；"人"对社会为所欲为，地区冲突、强权政治、恐怖主义的争斗越演越烈；人对人损人利己、尔虞我诈，次贷危机席卷全球，几乎造成全球范围的经济衰退和恐慌。伦理危机、环境危机接踵而来，人类处于全球性的危机之中。

刚刚过去的20世纪是人类社会大发展的时期。在这100年中，科技上的进步、经济上的发展、思想上的解放和艺术上的创新，都是人类智慧空前的展现，是以往几千年都难以做到的。然而，事情还有另外一面，20世纪同样见证了人类之间的相互残杀，对自然的大规模破坏和大量的贫困、饥荒、疾病。21世纪人类社会正面临前所未有的发展机遇，也面临空前的挑战。

身处危机的人类需要救赎，社会的发展需要寻找新的方向，时代呼唤着一场新的文艺复兴。经典意义下的文艺复兴是对个体价值的发

---

① 恩格斯："这是一次人类从来没有经历过的最伟大的、进步的变革，是一个需要巨人而且产生了巨人——在思维能力、热情和性格方面，在多才多艺和学识渊博方面的巨人的时代。"

现，是"我"的觉醒。当下我们需要更新文化价值，转变对人和人的价值的看法，矫正"我"的过度扩张，实现对"我们"（指地球人类整体）的价值约束，把过度膨胀的人还原为一个"和谐"的人，建设一个人与自然和谐、人与社会和谐、人与人和谐的新的"和谐世界"。

中国文化因其独有的精神内涵应因着这个时代的需要。英国的历史学家汤因比说过，"避免人类自杀之路，在这点上现在各民族中具有最充分准备的，是两千年来培育了独特思维方法的中华民族"。什么是中华民族"独特思维方法"？概而言之，就是中华民族所特有的、代代相传的"天下情怀"与"和谐理念"。

中国政府已经提出了对内"构建和谐社会"，对外"共建和谐世界"的"双和模式"，提出了"以人为本，全面、协调、可持续"的科学发展观，这体现了中华文化的深邃智慧，涵盖了新的文艺复兴的核心思想内涵——人类社会的全面发展、和谐发展、科学发展，自觉地因应着新的时代要求，肩负着新的时代使命。

德国思想家雅斯贝尔斯在1950年代用"轴心文明"来描述公元前6世纪时世界各地涌现的文明，今天，人类社会面临着新的历史转折，新的"新轴心时代"或许正在酝酿。多极世界的出现与合作，多元文明的交汇与融合，使新的文艺复兴潜流涌动，如地下奔腾的岩浆，寻找着喷发的裂缝。新轴心时代和新文艺复兴的到来，是对西方价值至上观的冲击，也是中国文化走向世界的契机。"周虽旧邦，其命维新"，中国文化应当抓住机会，迎接新的文艺复兴，为当代世界文明补偏救弊，为合理的人类文化建构作出应有的贡献！

论中华文化的"会通"精神

张岂之

张岂之，1927年生，江苏南通人。笔名栗子、谭心。西北大学教授、博士生导师，清华大学双聘教授，西北大学中国思想文化研究所所长，《华夏文化》（季刊）主编。

长期从事中国思想史研究。自著和主编的著作有《中华人文精神》、《儒学·理学·实学·新学》、《中国思想史》、《中国传统文化》、《中国历史十五讲》、《中国思想文化史》、《中国学术思想编年》（六卷本）、《中国思想学说史》（六卷本）等。

2001年联合国教科文组织通过《世界文化多样性宣言》，2005年我国在联合国投票赞成《文化多样性公约》，并呼吁"以平等开放的精神，维护文明的多样性"，主张建设和谐世界。现在又开展"2010年国际文化和睦年"。这些活动使我想起中华文化中的"会通"精神。

一、"会通"一词的来源和使用

"会通"一词正式出现于《易传·系辞上》。原文是:"圣人有以见天下之动,而观其会通,以行其典礼。"近代学者高亨在《周易大传今注》中说:"此言圣人有以见到天下事物之运动变化,而观察其会合贯通之处,从而推行社会之典章制度。""会通"强调的是融合、创新,而不是冲突、对抗。"会通"精神是我国古代文化的基本精神之一。

两宋之际的史学家郑樵很重视"会通"精神,不过他所强调的会通主要侧重史书编纂体例与原则,旨在裁减史料,会聚古今,通融为一,使史书形成为一个有机的整体,从而避免古今悬隔、人事迭出、叙述不当的弊端。

面对西学东渐,最早明确论述文化"会通"主张的,是明末学者徐光启(1562—1633)。他在1631年上呈崇祯皇帝的奏折《历书总目表》中陈言:"臣等愚心认为:欲求超胜,必须会通;会通之前,先须翻译。"徐光启对"会通"的用法,源于《易传》,但是属于旧语新用,指的是:中西历法学应该互相取长补短,中国人不应该囿于祖制成法。

二、孔子"和而不同"文化观与"会通"精神

中国古代思想一般来说比较强调同一性。同一性有两种:一种是否认差异(即矛盾)的同一性,古代称之为"同";另一种主张有差异的

同一性，古代称之为"和"。

孔子说："君子和而不同，小人同而不和"(《论语·子路》)，认为"君子"以"和"为准则，不肯盲从附和，敢于提出自己的主张；"小人"处处盲从附和，不敢提出自己的见解。孔子将"和而不同"的文化观运用于认识论领域，主张"中庸"之道：君子们对于世界的认识和行动不能过头，也不可不及。"中庸"的实质是会通或贯通。孔子认为自己的思想是"一以贯之"的(见《论语·里仁》)，用一个"仁"字将其贯通起来，这不仅指他对于西周礼乐文明的继承，而且有他自己在春秋末期的独立创造。

中国早期儒家学说多处体现出"会通"精神。举一例：《礼记·礼运篇》(战国末期或秦汉之际儒家学者的著作)中关于"大同"社会的描述，也含有墨家思想的痕迹。例如"选贤与能"就和墨家"尚同"思想相似；"老有所终"一段又相似于《墨子·兼爱中》"老而无子者，有所得终其寿"，甚至"大同"这一名称也可能是从墨家"尚同"而来。同时，《礼记·礼运篇》有些地方也受了《老子》(《道德经》)的影响，如称"大同"世界为"大道之行"；"大道"是道家的术语。可以看出，"大同"理想主要源出于儒家，同时也吸收了墨家和道家之长，而非一家之专利，这就是会通精神的体现。

《礼记·礼运篇》有类似于《春秋公羊传》的三世之说，将自古以来的历史分为"大同"、"小康"和当代这样三个阶段。《忆运篇》的作者认为，即使是夏、商、周"圣王之道大行"的三代，也不是"天下为公"的"大同"社会，首先是要从战国时代"僭君"、"乱国"的混乱局面进到"小康"之世，然后才有可能进一步到达"大同"之世。

❧ 三、中华文化中"会通"精神的特色 ❧

《庄子·天下篇》说过，诸子百家学说，是"道术将为天下裂"之后，各家"多得一察以自好"而形成的主张；这些其实都是真理的某些方面的表现。我国西汉时期大史学家司马迁发挥了这个观点，宣传"天下一致而百虑，同归而殊途"(《史记·太史公自序》)，虽然各家各派立论不同，方式有别，但都是对于真理的探索，有助于人们对自然和社会的认识。

中华文化中"会通"之学的一个重要特点，就在于善于相互讨论、交流，相互吸收、提高，既能看到其他学派与自己学派的不同点，又能看到其他学派的长处；既能坚持自己的理论原则，又能纠正自己理论上的不足，使之"与时偕行"。

在我国春秋战国学术思想百家争鸣时期，没有一个论点是不可讨论的，没有不受辩论的权威。道家主张向大自然回归，否定人的主观欲望与知识；儒家荀子批评这种主张是"蔽于天而不知人"(《荀子·解蔽》)。儒家主张仁义道德是天地万物的普遍法则，道家批评这种观点是"无知"。庄子就曾举例说，毛嫱、西施是人见人爱的美女，但鸟见了会高飞而去，鱼见了会沉潜水底，可见人的美感标准不能为鸟类、鱼类认同，如此类推，又怎么能证明仁义道德是世界的普遍法则呢？在不同学派的论辩中，儒家意识到在知人时不可不知天，因而也从理论上提出独特的天道观，对自然天道作了一系列创造性的探索(《荀子·天论》就是这方面的重要成果之一)。而道家在批评儒家过分夸大了人的重要性的同时，也意识到儒家"人学"有长处。在战国中晚期，道家的后学，即所谓秦汉之际的道家，就试图调和道家自然天道观与儒家道德教化方面的矛盾，吸取儒家关于人的认识学说的成果，如《吕氏春秋》一书，就体现会通儒、道思想的特色。

中华文化中"会通"之学的另一个特点是，它不排斥域外的思想文化，而是力求了解它，并吸收它的优长处，以与本土文化相融合。

佛教传入中国，就是明显的例证。中国的佛教寺院为传播教义，经常向僧俗讲解某些佛教经典。在讲解经典时，由担任讲师的佛教高僧介绍经典的主要观点，允许听众提出问题，规定讲师只能加以回答，不能向听众提出反问。此外，佛教界还经常举行无遮大会，允许不同宗派、不同观点的人对大会主持提出的论题进行讨论。这促进了中国佛教中各个派别的发展。宋明理学也不回避各种论点的相互讨论。如北宋时理学家程颢和程颐就对当时关中学者张载提出的气与理的关系进行批评，认为张载把"太虚"和"气"视为世界的本原，是用有形的可感的东西代替了无形的不可感的本质，这种批评促进了理学的发展。

还要提到所谓"佛学的儒学化"，其实这就是佛学与儒学会通的结果。人们可以看到，中国佛教有些派别用儒家的心性说会通印度的佛性说，把佛从外在的偶像变成人内心的信仰，禅宗六祖慧能提出的"佛向性中作，莫向身外求"（《坛经》），强调身外无佛，"我"心就是佛。禅宗的这个观点，印度的大乘有宗不敢讲，大乘空宗也不敢说。印度大乘谈空的各派，尽管宣传空这空那，但它不敢公然说佛无、法（佛教经典）无。中国的禅宗以"佛向性中求"破坏了佛教三宝中的佛、法二宝，巧妙地保护了僧宝。所以禅宗强调了人的个体意识，把对佛的信仰转移到人的心性之中，借以说明人的本质就是自我的发现和个性的发展。这反映了儒家思想的精髓；儒学思想的实质是"人学"（即对人的本质的研究）。因此，中国佛教与印度佛教的根本区别在于是重视人还是重视佛；从佛向"人"自身的转移，这就是佛教中国化成熟的标志。这个事例说明中国文化中"会通"精神体现了思想文化上的再创造。

中华文化中"会通"精神的再一个特点是，"会通"不是轻易可以达到的，需要有长期艰苦的研究，开拓学术视野，在不同思想观点的论辩中才能逐步达到这个境界。

这里不能不提到唐末五代的书院，经北宋初步建树，至南宋迅猛发展。这种由私人主持的讲学场所，其中不同学术观点的论辩成为它的特征之一。由于此，书院为思想文化的发展提供了智力资源和交流平台。在南宋时期产生朱熹理学学派，会通儒、道、释，以及产生陆象山"心学"学派，至明朝被王守仁发扬光大，都有书院这样的历史背景。

朱熹(1130—1200)原籍在徽州，后迁居福建，一生活动都在南方。他一生都在为儒家思想寻找活水"源头"，正如他在诗里所说："半亩方塘一鉴开，天光云影共徘徊。问渠那得清如许，为有源头活水来。"为此，朱熹用了将近40年的时间，将"三教"(儒、释、道)会通在以儒家为框架的思想体系里，成为所谓"新儒学"，其学术成果主要集中在《四书集注》等著作中。

中华文化"会通"还有一个特点，就是要求学人们对"会通"进行具体分析，它有高低优劣之分，不可一概而论。

清朝初年湖南衡阳大学者王夫之(1619—1692)在其"观生居"住处，曾以"六经责我开生面，七尺从天乞活埋"的诗句题壁，表现了对中华文化继往开来(会通)的宏大气魄。

王夫之对中国历史上主要学派都进行过研究、评论，给后人留下了丰富的文化遗产。在这里举出一个事例来说明王夫之对于学术会通的具体观点。以儒学为例，他说，有儒学与老、庄的会通，有儒与佛的会通，还有儒家与法家的相互为用，对于后者，王夫之这样评论说："……后世之天下，死于申韩者积焉"(《姜斋文集》卷一《老庄申韩论》)。

王夫之所论"申、韩之儒"是一个比较复杂的问题。申(不害)、韩

（非）是战国时期法家代表人物。王夫之在其著作中曾肯定秦遵循法家主张，实行郡县制，同时也指出："秦之所以获罪于万世者，'私'而已矣。"（《读通鉴论》卷一）这是指秦始皇为"一姓"而统治天下，要让自己一家的子孙世代做皇帝，结果二世而亡。王夫之对于"申、韩之儒"的批评，透露出这位思想家开始突破一家一姓的朝廷，而把眼界扩展至天下，也就是说，在一定程度上对于君主专制制度进行非议，成为近代民主思想的萌芽，这是难能可贵的。由此可看出，王夫之并非对中国历史上所有思想学说的会通都持有肯定的态度，对于"申、韩之儒"他是反对的。

还要提到清朝初年的黄宗羲（1610—1695）。他的会通思想更加具有时代特色。他在《明夷待访录》一书中说，夏、商、周三代以下是"以君为主，天下为客"，君主把天下视为己有，独占天下之利；"为天下之大害者，君而已矣。"黄宗羲的这个命题阐述了"天下"与君主的区别，实际上是对封建社会中"朕即国家"专制思想的抨击。他将这种思想引申至学术方面，认为学术是天下之"公器"、"公识"，其是非并不取决于个人和一家，应当由天下人来讨论，并决定其是非。

在学术研究上，关于经学，黄宗羲撰有《易学象数论》六卷，力辩象数之伪。关于史学研究，编著有《明史案》二百四十卷（见谢国桢《黄梨洲学谱·著述考》）、《明文海》四百八十二卷等。他编撰思想学说史《明儒学案》，将明代学术思想方面的不同观点兼收并蓄，充分体现了学术上的会通精神。还进行了关于编撰《宋元学案》的准备和部分编写工作。

从以上分析可以看到中华文化中会通精神的若干特点，这些说明一个事实，即：中华文化的会通精神与创新精神是密切相关的。如果没有会通，也不会产生新思想；没有思想上的创新，当然不可能进行学术思想的会通。这个道理渗透在中国学术思想史的全过程中，值得我们深思。

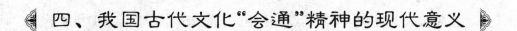

四、我国古代文化"会通"精神的现代意义

我国古代文化会通精神，这是优良的学术思想传统，在今天需要从现代意义上去理解它。首先，我国人文学术工作者面临重大的历史责任，就是在学术研究和文化建设方面，努力做到中外贯通。在吸收外来文化方面，过去有一种提法，就是"中学为体，西学为用"。20世纪80年代为了矫正这种提法的不足，有学人提出"西学为体，中学为用"。这两种体用关系使我们在吸收外来文化上一直存在着将中华文化与西方文化分割开来甚至对立起来的局限，与我国古代学术思想方面的会通精神不合。今天我们有必要消除这种体用关系的对立，真正实现民族文化与全人类优秀文化(不仅是西方文化)的有机融合，即实现文化上的体用合一和中外贯通，这是完全可以做到的，在20世纪，我国人文学术研究中产生了一批学贯中西的学问家，就足以证明。

其次，维护并推进人类文化的多样性，这也是我国学术工作者和文化工作者的责任。文化的多样性是文化得以进步和发展的主要动力。在21世纪，人们可以清楚地看到，世界文化的格局是多元的，这和世界政治经济的多极化相适应，因此，世界范围内的多元文化发展不但符合现实的需要，而且有利于人类社会的可持续发展，也有利于人类精神生态环境的建设。在这个大前提下，世界各个民族的优秀文化才可能得到发展。

我们有机会与世界文化多接触、多研究，这有利于对本国文化的研究。远的不说，只说20世纪80年代，我国刚进入改革开放新时期，人们不能不担心，一旦开放，西方文化是否会给民族文化带来冲击？此种担心是无可非议的。但过了多年，到21世纪再来观察，也许可以得出另一个结论，这就是：对世界文化了解得越多，对本国文化会更加珍惜，在借鉴和研究上会更有深度，更有感情；在将传统与现代结合，在将文化思想精华与古代文化中的糟粕加以剥离上越加科学化。同样，对中国思想文化研究得越深，对西方文化越有鉴别力，越能准确地吸收其优质，以补自身文化的某些不足。

最后，中华文化走向世界，在今天已经不是一个理想，而成为我国学术文化工作者的重大责任之一。让世界了解中华文化，其中最重要的是，准确地向世界介绍中华文化的核心理念，这比介绍具体的文化形态要困难得多。中华文化中的一些核心理念和西方文化并不完全相同，通过对话与交流，使中西文化的核心理念相互比较，相互补充，这是一项繁重而必须要做的工作。

在现代化进程中重塑
中华文化影响力

辛 旗

辛旗，满族，1961年12月生于北京，哲学硕士、历史学硕士。现任中华文化发展促进会副会长，和平与发展研究中心研究员，中国哲学史学会、中国宗教学会、全国台湾研究会、中国和平统一促进会理事，北京大学国际关系学院学术评定委员会委员、客座教授，清华大学国际传播研究中心特约研究员、北京联合大学特邀教授。

长期从事中国古代思想史、哲学、文化学、宗教学以及国际关系、台湾问题研究。多次赴美国、日本、欧洲参加国际学术会议和高层战略蹉商。

出版专著有：《诸神的争吵——国际冲突的宗教根源》、《中国历代思想史（魏晋南北朝隋唐卷）》、《魏晋哲人阮籍评传》、《文化新视野——看世界、论中国、说台湾》、《百年的沉思——回顾20世纪主导人类发展的文化观念》、《跨世纪思考——以台湾问题为焦点的综合研究》等。主编台湾问题论文集六部，在海内外发表学术论文、政论文、散文、诗歌以及文物鉴赏方面的文章等百余篇。撰写电视系列专题片《黑白魂——围棋与中国文化》、《自强之路——中国工业发展寻踪》等。

推动中国现代化进程，实现中华民族的伟大复兴，是几代中国人的追求和梦想。尤其是中华民族在经过了百年的屈辱之后，实现现代化和民族复兴对全体中国人而言具有特别重要的意涵。从根本上说，追求现代化作为人类整体进化的原动力，包含了政治现代化、社会现代化、文化现代化、人的现代化以及生态现代化等方方面面的内容。中国改革开放三十多年的进程，就是中国不断推进现代化的过程，也是中国综合实力、国际影响力不断提升的过程。在这样一个过程中所呈现出的一个突出特点，就是中华文化的影响力在不断增长。我1993年出版了一本书，叫《诸神的争吵——国际冲突的宗教根源》。北京大学国际关系学院院长王缉思教授曾撰文评价此书比美国亨廷顿教授《文明冲突》的论文出版的还早，而且是20万字的专著。这本书连续再版了五次，我一直没有对它的内容进行修订。而历史的演变，让我惊奇地发现很多有关文明冲突事件被我在书中不幸言中。如果说文明的冲突是"诸神的争吵"，那么改革开放之后中华文化的影响力，应该是"多元文化君子的自白"。因为中华文化不是单一的文化，它是在五千年历史演化当中不同文化的混合体，包括中国本土的道教、儒家和外来的佛教、伊斯兰教思想。阐释在经济高速发展之后一个多民族共同体的文化影响力问题，一方面是要找到现代化进程中中国与世界的共存之道，另一方面是在现代化进程中实现中华文化的重新塑造。

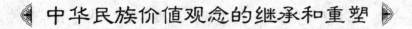

中华民族价值观念的继承和重塑

中华民族价值观，是全体中华民族成员所共同认可的价值目标、价值取向和价值追求，以及共同奉行的信念、信仰和共同选择的价值实现途径、方式等。中华民族价值观不仅有普遍的价值认同和传承，而且在不同历史时期还有不同的表现形式，由此构成了中华民族的基本价值体系，体现了历史合理性和现实针对性的完整统一。就现阶段的中国而言，民族价值观在形成方面，存在的最大问题是我们对历史的继承不够，这是中国近现代史的悲剧。中华民族在五千年的历史演进中，发展到19世纪末20世纪初的时候出现了严重的历史断层，集中体现在固有价值观已不能支撑中国的发展，而西方海权扩张、殖民贸易又带来了中西方文化的冲突，使我们无法主动选择社会演化的进程，被迫纳入了西方主导的近代化、现代化的过程。20世纪的中国在东西方冲突与"自强运动"中寻求发展，开始了"双重救亡"和"双重启蒙"。"双重救亡"，即内抗衰败化，外抗边缘化。"双重启蒙"就是不仅要学习西方先进的科学技术，还要接受现代的民主思想、制度观念等。由于受西方的压力过大，中华民族在近现代价值重建的过程中日益表现出革命化的趋势。革命成了中国现代化的特殊表现形式，也是中华民族价值观在特定历史条件下必须遵循的历史逻辑。在这一过程中，我们的传统价值观出现历史性坍塌，在"双重救亡"和"双重启蒙"的压力下，我们极力向西方寻求价值重建的动力，希望找到一种能与中华民族传统价值观相契合的理论，于是就有了"中体西用"、"马克思主义中国化"的思潮和运动。

1949年新中国建立，强大全能的国家政权及迅速的工业化战略，为中国现代化准备了经济基础和社会动员能力，但也带来了巨大社会成本。如在东西方冷战背景下，在西方军事、经济封锁之下，不得不采取被动、自卑和抗拒地对待世界的态度；在完成社会革命的过程中，采取"毕其功于一役"的急功近利的激进社会变革；在经济建设中出现好大喜功的盲目急躁心理；在社会管理和思想领域采取过于集权的"倒果为因"的思路，等等。这些都是我们进行历史反思的遗产。

从1979年开始的中国现代化建设，仍然是中国"自强运动"的继续。遗憾的是一开始我们只注重经济发展，一窝蜂的追求经济发展指标，去赚钱、追赶西方的物质发展水平，所以我们在"器物文明"方面有了长足进步。而在"制度文明"方面以及在价值观的重建上却出了问题，产生了拜金主义、享乐主义以及文化的缺失与浅薄。诚然，"器物文明"的进步，使我们有了重新弘扬民族文化的信心和基础，有了致力于塑造民族价值观和全面迈向"制度文明"的勇气。所以，中共中央在十七大决定花大气力发展社会主义先进文化，建设和谐社会。在这样一个重要的历史时刻，我认为最关键的是要将我们在"双重救亡"和"双重启蒙"过程中，以及在强化"器物文明"发展阶段里被边缘化的中国传统文化能重新恢复起来，把被搁置了一百多年的中华民族传统价值观的精髓重新梳理出来。就传统文化而言，有长期以来形成的古典文学，如《诗经》、楚辞汉赋、唐诗宋词元曲等，以及绘画与书法、传统音乐、舞蹈与戏曲，等等。这是我们现代中国人必须要补的文化课。中华民族传统价值观作为中华文化的精髓和集中反映，包括了"天人合一"、"中庸之道"、"以人为本"、"谐和万邦"等思想，表现出了自强不息、厚德载物、居安思危、乐天知足、崇尚道义等特征。这些思想的重新恢复和发扬，应该成为中华民族崛起、中华文化复兴的重要表征。

因此，当代中华民族价值观的重塑，首先要从中华传统文化价值体系的精髓中找到与现实的契合点。其次才是中华民族价值观的开放，从世界文明和时代发展中汲取民主、法治、公平、和谐、文明以及人的自由和全面发展等概念。由此形成一系列新的价值观念，诸如自立意识、市场意识、竞争意识、效率意识、民主法治意识、科学意识、生态意识、公平正义意识以及改革开放意识和开拓创新精神，等等。这些新的具有鲜明时代特性的价值观念既是中华民族价值观形塑的重要内容，也是中华民族价值观发展的重要动力，更是中国以良好姿态融入世界的重要体现。

总体看，民族价值观的重塑和文化影响力的发展，途径不外乎对传统文化的再造和对外来文化的消化。我称之为"创造性转化"。即以"创造性转化"的精神，来达成民族文化和价值观的现代化，创造出一种有别于西方现代文明的中华现代文明，这既是对人类生存与发展的重大贡献，也是当代中国走向现代化的重要模式。

中华文化影响力的内涵

一个国家作为功能整体来说，包括政治制度、经济基础以及调节各阶层利益的社会组织三个部分，表现出来的就是政治力、经济力和社会力，而贯穿其间、协调三种"力"之间关系的就是文化价值体系。文化价值体系是处在政治力、经济力、社会力之上的，具有协调性、粘合性和无孔不入的影响力。因此，将文化作为软实力成了这几年的流行提法，也表明中国发展到现在，已越来越深刻地体认到文化对中华民族实现伟大复兴的重要性。胡锦涛总书记在十七大报告中提出："当今时代，文化越来越成为民族凝聚力和创造力的重要源泉，越来越成为综合国力竞争的重要因素"，强调要"激发全民族文化创造活力，提高国家文化软实力"。这说明"提高文化软实力"已被提升到了国家战略的高度，也为中国特色社会主义文化建设指明了方向。文化影响力作为软实力对内而言，就是"和谐"。我们经常讲民族凝聚力，它体现了一个民族的精神。现在中华民族精神首先就是团结和谐，56个民族命运共同体、海峡两岸的血脉共同体，讲的就是团结和谐。围绕和谐，中国传统文化在历史积淀中有一系列的阐释，儒家思想解释就是"仁"。"仁"不仅是指人与人之间的爱，还有人和自然关系的协调，"万道并行而不相悖，万物并育而不相害"，以及可持续发展、环保意识和不以经济指标衡量发展的态度等，其中都包含了和谐的思想。

文化影响力对外来说，即对国际社会来讲，有三个方面的内涵：

第一是中华民族的形象。近代以来我们经历过很多苦难，悲情意识很强，再经过冷战对峙，我们又被迫进入了一种"孤独的愤怒之中"的状态。而今天中华民族的形象应该是摆脱了屈辱与自卑之后所表现出的那种面向世界的从容、自信与自重，以及对其他民族平等相待的心态。发挥文化影响力就要展现出中华民族的开放、包容。在世界上，中华民族给予人们的印象是什么？就是我们五千年的文明，我们的哲学思想，包括《道德经》、《论语》、《庄子》等文化典籍所蕴涵的精神。然而，由于"五四运动"中以文化革命的极端方式全盘否定中华文明以及之后中国内乱、外部入侵，很多东西没有及时整理。新中国成立后，过度强调革命式的普及大众文化，反右运动对中华传统文化精神载体——知识分子的伤害，接着就是"文化大革命"，然后改革开放三十年中重商主义对文化的轻视及扭曲（文化搭台，经济唱戏），最后就变成中华民族优秀文化传统的断代。现在，我们要把这种断代重新连接起来，所给予世界的，首先应当是系统、全面、深刻的中华民族文化价值观念，而不是只给人家展示放风筝、跳秧歌舞、京剧脸谱、川剧变脸、辣子鸡丁，这些不是中华民族的价值观念，更不是中华民族文化典雅高尚的外在形象。我们的哲学、文学、艺术，还包括我们古代的民族服饰、文物、生活方式以及历史上遗留下来的一系列优秀物质文化遗产，才是我们民族精神的外在形象。

第二是中国的国家形象。新中国成立以后，在国际上的国家形象总体上是正面的，一个新中国屹立在东方，生机勃勃，虽然有东西方阵营冷战对抗，有意识形态冲突，但仍然坚强地站起来了。改革开放之后，商品社会带来的"商品拜物教"以及由此形成的一系列西方价值观念，对我们的国家形象产生了负面影响和冲击，出现了道德伦理秩序裂解，出现了唯利是图、造假、不诚信等社会现象和问题。近年来，在大力加强精神文明建设和社会主义文化建设中，中国的国家形象有了很大的改观，未来最根本的是要提高国民素质教育。中华民族的国民素质或者民族性的再造，必须把古代和现代、东方和西方的价值观念结合起来，把中华五千年文明精神、文化价值传统，马克思列宁主义、毛泽东思想和我们现在社会通行的普世价值结合起来，摒弃那些"伪中华文化"、"伪东方文化"，摒弃商业操作过程中表现出来的一些肤浅、低俗的东西，给世界一种现代的、纯正的中华文化。要弘扬真正体现正气和正义的东西，弘扬中华民族真正的传统、典雅、周正的庙堂文化。我在9年前出版的《百年的沉思——回顾20世纪主导人类发展的文化观念》一书中，写到了科学发展、和谐社会、可持续性发展与环保等问题，也提到了"生态文明"。如果这些观念都能和中国古代的传统文化结合起来，就能给予外界一种全新的中国国家形象。未来中国的国家形象应该具有三个方面的特征：一是不带有攻击性和强制性的国家行为，要与具有强大军事力量并经常攻击他国的某些大国完全区隔、完全不同；二是要有与其他国家共存共荣的和平外交方式；三是对三十年经济高速增长之后的"中国模式"进行总结和理论化的阐释，并惠益于全世界。

第三是中华文明的形象。中华文明的形象与中华民族的形象、中国新的国家形象既有联系又有区别，她更宏大、更宽泛，是五千年中国历史发展中形成的影响东亚与世界的文化系统，是一个大的文化共存和思考。这方面如果处理不好，周边一些继承了中华文明的国家就会和我们争夺文明的发明权、发源权。比如，韩国与我们争"端午节"、"汉字创造"、"中医中药"的发源权，甚至涉及历史的解释和当今的地缘政治中的版图领土问题。因此，整个中华文明的形象属最高一层，是一个大的系统工程，是中国历史、哲学、音乐、舞蹈、建筑、宗教、电影、绘画、戏剧等的综合。这方面我们比较欠缺，西方国家则相对做得比较好。美国的汉堡、可口可乐、好莱坞大片、美国大兵的军事基地、美元等等，闭着眼睛，都能想出这些美国的"文化符号"。中华文明的形象在当今世界却很难给世界各国人们具体的"文化符号"表征。现在很多年轻人爱看韩剧，认为代表了韩国文化，殊不知这些实际上都是中国文化的体现，韩剧《大长今》里面的中医、食疗、宫廷礼仪、人际关系、甚至包括服装等，每一样都是宋代、明代中华传统文化的体现。而我们自己拍的一些电视剧，却很少将中国优秀的传统文化实事求是地展现在国人和世界人民面前。这方面值得我们去反思。

发展文化影响力要强调的几种观念

中国改革开放30年创造了"中国奇迹"，也使"北京共识"或者说"中国模式"作为经济发展的成功模式开始取代"华盛顿共识"。在这种情况下，发展文化影响力和重塑中华民族价值观，第一要务是要适应中国的崛起，适应当代中国社会的变迁和时代的发展，调整传统文化价值的内在机制，使政治、道德观念回归到适当位置，使文化价值观成为中国与外在世界交流的重要方式，使中华民族在世界上生存品质得到不断的提高、生存意义得到不断的升华。要做到这一点，关键是要树立科学的、合理的价值判断和观念形态标准。

第一，要确立"大生命意识"。西方文明在物质攫取和对自然的征服方面，确实走到世界文明发展的前列，但也招致了破坏生态平衡，损害人类公平公正发展，戕害不同文明生存共处的严重后果。中国传统文化中的"天人合一"、"民胞物与"等观念则启示我们，人类应在生态哲学和自然道德的基础上，树立"大生命意识"。这种"大生命意识"，应该有别于西方基督教为中心的征服性文明，要强调把宇宙万物、自然资源都视为生命来一同对待。

第二，协调人与自然的关系。未来人类应该建立起一种生态文明，这样才能保证人类的永续发展，才能真正发挥文化的影响力。因此，要通过人与自然的主、客体角色转换，培养和激发艺术、宗教和道德感情，丰富对自然界的认知，和睦人与自然的关系。

第三，协调人与社会的关系。不同民族、不同文化有不同的处事之道，有个人主义、集体主义、自由主义、民主主义等。要通过法制的建立，不断提高中华文化的融合力，依据社会发展的进程、人的素质和社会心理状况，吸收其他文明中诸如民主、人权和社会公正等先进思想，充实"仁"、"恕"、"均富"等中华传统思想的现代意义，丰富中华文化中政治观念、法律观念、哲学观念等文化要素的现代内涵。

第四，提升人"向善"的本质。西方基督教文明强调"原罪"和"人性恶"，强调"法律止恶"而忽视道德的发展，难以避免使人流于物欲膨胀，沦为制度的工具。中华文化则强调"道心惟微、人心惟危、惟精惟一、允执厥中"，人的社会性不易培养，人的自然性容易膨胀，将两者都不偏废，合而为一，相互协调才能形成健全的人性。这就启示我们，人类未来发展应该做到自然性与社会性的均衡合一，在健全的人格中不断靠哲学、宗教、艺术、文学等各种修养来提升人的"善根"或称为"人的向善性"。

两岸携手弘扬中华文化、重塑文化影响力

　　胡锦涛总书记在纪念《告台湾同胞书》发表30周年座谈会上重要讲话中指出："中华文化源远流长、瑰丽灿烂，是两岸同胞共同的宝贵财富，是维系两岸同胞民族感情的重要纽带。中华文化在台湾根深叶茂，台湾文化丰富了中华文化内涵。台湾同胞爱乡爱土的台湾意识不等于'台独'意识。两岸同胞要共同继承和弘扬中华文化优秀传统，开展各种形式的文化交流，使中华文化薪火相传、发扬光大，以增强民族意识、凝聚共同意志，形成共谋中华民族伟大复兴的精神力量。"这对岛内一部分别有用心的人试图割裂台湾文化和中华文化的母体联系，用"台独"意识绑架台湾意识，无疑是一次有力的宣示。以孔孟学说为代表的儒家思想，既是中国传统文化的主脉，也是两岸文化发展的主流。儒家学说发端于大陆，17世纪中叶传入台湾。1666年1月，台湾的第一座孔庙和明伦堂在台南建成。儒学在台湾的深耕和发展，为台湾的开发、近代化和现代化提供了不竭的动力。尤其是上世纪50年代以来，唐君毅、牟宗三、徐复观等人倡导的现代新儒学思潮在台湾勃兴，主张继承先秦儒家的人文主义传统，吸纳新的时代精神，提出了文化现代化和教育现代化的目标，把伦理、民主、科学作为重建中国文化的基石，成为"中华文化在台湾根深叶茂，台湾文化丰富了中华文化内涵"的生动写照。这些年来，在两岸有识之士的大力推动下，两岸的文化交流非常热络。交流的范围越来越广，层次越来越高，并且在交流中不断增进共识，促进合作。两岸应进一步加强合作，把中华民族自强不息的精神、民族认同的心理、内聚融合的文化、秉持统一

的愿望，深植于两岸人民心中，把中华文化发扬光大，不断增强中华文化的亲和力和影响力。说到底，重塑中华文化影响力，应该是今日两岸同胞共同面对的课题，也是全世界中华儿女肩负的共同责任。

现代中国，承载着五千年的文明遗产，创造了新的中国奇迹。我们给世界提供的不仅仅是巨额贸易中的日用消费品，更是一种发展的模式，呈现给世界的不是征服，而是谐和万邦，引导人类的不是战争，而是和平共处，处理与自然的关系上，不是对自然的贪婪索取，而是人与自然的和谐统一。中国改革开放、贸易发展、参与经济全球化，可以"温暖全世界"，但是中国还要"说服全世界"，更要与全世界不同文明、不同文化"平等对话""和衷共济"。

中国文明的起源①

徐苹芳

徐苹芳，1930年生，山东招远人。中国社会科学研究院考古研究所研究员，兼任中国考古学会理事长，曾任全国政协第七、八届委员。主持中国十大考古发现的评选工作，主持过北京元大都、金中都，杭州南宋临安城和扬州唐宋城的考古勘察发掘工作。

主要研究领域为中国历史考古学。

主要著作：《居延汉简甲、乙编》（合著）、《中国古代天文文物图集》（主编）、《明清北京城图》、《中国历史考古学论丛》、《10世纪前的丝绸之路和东西文化交流》、《中国文明的形成》（主编、合著）等。

张光直

张光直（1931—2001），祖籍台北板桥，出生于北京。1954年毕业于台湾大学考古人类学系。1955年入美国哈佛大学人类学系，1960年获博士学位。先后执教于美国耶鲁大学和哈佛大学，1984年获哈佛大学讲座教授。被选为台北中研院院士（1974年）、美国科学院院士（1979年）、美国文理学院院士（1980年）。专研中国古史与中国考古学，对中国文明形成的模式及其在世界文明史上的地位，有精深的研究。专著有：《古代中国考古学》、《商文明》、《中国青铜时代》和《中国考古学论文集》等多种。

---

① 本文第一部分作者为徐苹芳，第二部分作者张光直。

◆ 壹 中国文明的形成 ◆

　　中国的历史在秦代以前经历了旧石器时代、新石器时代和夏商周三代，约从公元前一百多万年到公元前3世纪末。在这个历史过程中，旧石器时代是极其漫长的。从一万多年以来的新石器时代至夏商周三代，虽然占不到整个先秦历史的百分之一的岁月，但它却包含着氏族社会从母系向父系的演变，也包含着氏族社会向文明社会的转变，还包含着夏商部族文化向西周华夏共同体文化迈进的历程，以及秦始皇统一中国和汉武帝完成统一中国大业的全部历史。这些重大的事件贯穿着中国秦以前社会历史的全过程，形成了中国文明的特色，并直接影响着其后的中国社会历史和文化的发展。

　　我们对中国文明形成的研究分析，是从历史学和考古学的角度进行的，特别是考古学研究的成果，是我们研究分析这个问题的主要依据。

一

　　中国文明的形成是自身发展的，是土生土长的原生文明。

　　人类创造了文明，中国人创造了中国文明。

　　云南禄丰腊玛古猿的发现，说明亚洲也是人类发源地之一。虽然腊玛古猿是否为人类的祖先，在古人类学家的研究中还有不同意见，但是，有可能作为人类发源地之一的亚洲中国，仍是值得重视的地域。目前在中国发现的直立人、早期智人和晚期智人的化石，都清楚地显示他们与黄种人和现代中国人之间存在着连续性，有着亲缘上的继承关系①。也就是说，中国人的祖先已在这块国土上生活了一百多

---

① 吴汝康：《古人类学》，文物出版社1989年版。

万年，中国文明成为世界最古老的文明之一，决非偶然。

中国旧石器时代人类化石和遗物的发现，以山西省芮城县西侯度文化和云南省元谋人化石为最早。西侯度文化以石片石器为特征，包括石片、刮削器和砍砸器等，这种石器的打制方法，为北京周口店的北京人所继承，形成了中国北方地区旧石器文化的特征。中国南方旧石器文化诸如湖北郧县人、安徽和县人和南京汤山人的石器却是以砾石石器为主的文化。从旧石器时代开始，中国文化便表现出了南北不同的特色。

中国文明不论是农作物的栽培(北粟南稻)、家畜的饲养(以猪、狗为主)、蚕丝的发明、瓷器的创造、土木结构的建筑形式、封闭式院落的布局、以政治功能为中心的城市、玉礼器和青铜礼器的使用、以形意为主的方块字、以血缘为纽带的社会结构和祖先崇拜，等等，都说明中国文明是土生土长的独立的原生文明。

二

农业的出现被称为是新石器时代的革命，从采集渔猎到定居的农业社会，是人类知道用火后又一次改变人类生活的大事。

中国农业，根据考古学的发现，北方种粟，南方种稻。粟最初出现在西起甘肃东至山东的广阔地带，如甘肃秦安大地湾遗址、陕西西安半坡遗址、河北武安磁山遗址、河南新郑裴李岗遗址，以及山东滕县北辛遗址。它们的年代约在公元前6000年至公元前5000年之间。中国南方的稻作遗迹也有一系列的发现。时代最早的是湖南道县玉蟾岩洞穴遗址发现的栽培稻粒，年代约距今10000年，这是世界上最早的稻作遗迹。澧县彭头山的稻作遗迹，年代约为公元前7000年。比它们稍晚的湖北宜昌城背溪、陕西西乡李家村和河南舞阳贾湖等遗址，都发现了稻作遗迹，时代已晚至公元前6000年左右。浙江余姚河姆渡遗址中的稻谷堆积最厚处可达一米，这是稻作已很发达的时代了，约在公元前5000年左右。最近，湖南澧县城头山还发现了距今6500年的稻田遗迹①。

中国农业北粟南稻的格局，是由于地理纬度不同，气候不同，自然环境不同而造成的，大约以秦岭和淮河流域一线(约在北纬33～34度之间)为界。南北不同的情况，不仅表现在农作物的种植上，这和旧石器时代以来，在文化上形成的南北区别是一致的，而且一直延续到近现代。

中国以农业为本的传统始于新石器时代。农业发达的基本条件是土地和耕作技术的改良与提高，与农业密切相关的天文、历法、气象、物候，以及农具之改进，便成为当时突出发展的科学技术项目。古代农业社会的人是靠天吃饭的，因而对天象的观察十分认真，卜辞中已有关于天象的各种记录；殷代已使用阴阳历，一年十二个月，闰年十三个月②。《夏小正》中所记录的物候已相当精细，说明商末周初的人们已完全可以根据物候的变化来掌握农时③。春秋时代首先把最先进的铁金属应用到农具上去，大大改进了农具的质量。战国时代铁农具的使用已相当普遍。

重农的意识还反映在对土地崇拜的社祀上，江苏铜山丘湾商代末年社祀遗迹的发现就是一个明证④。

中国文明发展的基础是农业。手工业由统治者控制，主要为皇家和贵族服务。商业不发达，"重农抑商"是历代王朝的一贯政策。这对中国社会经济和文化的发展有极重要的决定性的影响。

---

① 袁家荣《玉蟾岩获水稻起源重要新物证》，《中国文物报》1996年3月3日。1997年全国十大考古发现之四"澧县城头山大溪文化城墙及汤家岗文化水稻田"，《中国文物报》1998年2月18日。

② 陈梦家：《殷墟卜辞综述》，科学出版社1956年版。

③ 杜石然等：《中国科学技术史稿》上册，科学出版社1982年版。

④ 俞伟超：《铜山丘湾商代社祀遗迹的推定》，《考古》1977年第5期，收入《先秦两汉考古学论集》，文物出版社1985年版，第54页。

三

　　文明社会是指人类历史发展过程中达到的一个文化发达的高级阶段，是从无阶级到有阶级，从氏族到国家的阶段，国家的出现是文明社会的标志。中国文明起源的时代是在没有文字记载的史前时代，因此，考古学的发现和研究便起到了不可替代的作用。近年中国考古学的研究表明：中国文明起源的要素，除了文字的发明、城市的出现、青铜冶铸技术的产生之外，在中国新石器时代中晚期诸文化中，贫富的分化，等级的产生，代表人的社会地位和身份的礼器之出现，特别是玉礼器的制作，城市中政治和礼仪性巨大的坛庙宫室基址的发现，都是文明社会形成的极重要的因素。文明要素必须是反映社会之质的变化的。但是，文明起源和文明社会的诞生是两个不同的历史阶段，要经过一个很长的从量变到质变的过程，文明社会产生是一次社会性质变化的飞跃。所以，某个单项文明起源的要素可能出现很早，诸文明要素综合发展导致社会性质变化，文明社会产生，则是后来的事情。这两者是要加以区别的[1]。

　　中国文明起源到文明社会的诞生，经历了从仰韶时代晚期到龙山时代，大约两千年的时间。苏秉琦把中国文明的形成概括为"古文化、古城、古围"和"古国、方国、帝国"等不同的阶段[2]，有极重要的影响。夏鼐认为殷墟文化是一个高度发达的文明，但并不是中国最早的文明，中国文明的起源应上溯到二里冈文化和二里头文化[3]。目前，中国考古学界对中国文明起源的意见，比较一致的看法是从仰韶时代晚期，文明起源的要素逐渐形成，龙山时代则是中国文明社会产生的

① 徐苹芳：《中国文明起源考古学研究的回顾与展望》，《华夏文明与传世藏书》，中国社会科学出版社1996年版，第223－236页。
② 苏秉琦：《中国文明起源新探》，香港商务印书馆1997年版。
③ 夏鼐：《中国文明的起源》，文物出版社1985年版，第76～106页。

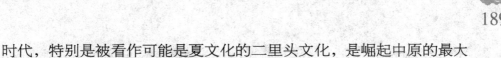
时代，特别是被看作可能是夏文化的二里头文化，是崛起中原的最大的已经成熟的文明国家的遗存。

四

夏商周三代是中国古史上从传说走向有文字记载的历史时代。夏代在考古学上虽然还是一个没有完全揭晓的谜，但二里头文化已经透露出若干"夏"的信息。这是中国考古学界应在最近时期内全力研究的重点课题。

在中国文明的形成过程中，商和西周文化具有重要地位。商代是有文字和有丰富的考古遗迹的第一个中国王朝。西周是继殷商以后在中国文明形成过程中建立华夏统一文化的王朝。

商周文化在全国各地推进的情形，不论在历史学研究上还是在考古学研究上都是一个新的重要课题。商王朝的统治是以武力为基础的，卜辞中记录的征伐诸方国的事可以为证。因此，商的政治势力虽然已到达某些方国，但在文化上的影响却并不深刻。西周王朝改变了商王朝的政策，加强了以血缘为纽带的政治统治，以宗法分封制和姬姜两姓联姻的方式，构筑了西周政权。在这样的政治统治结构之上，西周王朝一方面安抚殷人，另一方面在分封诸国之地，把商的殖民驻防政策，改变为承认和容纳当地文化，利用政治权力，搏铸成了一个文化共同体，即华夏文化①。这种政策上的改变，是基于西周提出了"天下"的观念，它把上天视为普天之下的主宰，西周诸王是代表上天(上帝)执行统治的"天子"。认同和融合是西周王室处理与各方国之间关系的原则，这在中华文明形成史上起到了巨大作用，具有划时代的意义。

在考古学上，商文化和西周文化与各方国文化之融合演进，呈现出了前后不同的景象。商文化在本土之外的扩展中，有两种形式：一是商人征伐方国后的殖民文化，如湖北黄陂盘龙城遗址、山东济南大

---

① 许倬云：《西周史(增订本)》，三联书店1995年版。

辛庄遗址和山东青州苏埠屯贵族墓地，在这些据点上，商文化占绝对优势，但也还残留着当地文化的痕迹，如大辛庄遗址的"第二类遗存"①，说明商文化在向各方国之推进中，有的并未与当地土著文化融合。第二种形式是，商文化凭借着它的优势向各方国施加文化上的影响，出现了当地土著文化与商文化融合的新类型。如江西新干商代大墓的发现，证明以当地土著文化和模仿中原殷商文化的成分占绝大多数，殷商文化的成分只占少数②。江西吴城遗址也是受商文化影响的当地土著文化③。同样的情形还可以在四川广汉三星堆祭祀遗址中看到，三星堆出土的玉器中，蜀人固有的玉器和仿中原的玉器占绝大多数，而中原的夏商玉器如牙璋、戈、环和琮等，只占少数④；青铜礼器中既有中原商代铜礼器，也有蜀人模仿中原的礼器⑤，这两者之间泾渭分明。商在政治上虽已到达此地，但在文化上，当地的土著文化却并未完全认同商文化，商王朝在文化上未能达到一统的局面。

西周文化与各方国文化之融合推进与商文化显然不同，可举山东古文化发展为例。山东在商周时期属东夷地区，它有自己的文化发展序列：从旧石器文化开始，依次为凤凰岭细石器文化、后李文化、北辛文化、大汶口文化、山东龙山文化（或称海岱龙山文化）和岳石文化。公元前17世纪商人入主中原后，山东则为东夷集团的中心。商王朝在征伐东夷诸方国的同时，带去了商文化。商文化是自西向东逐步推进的。鲁北发现的遗址中的文化因素有两种倾向，一是越靠西部的商文化因素越多，夷人文化因素越少；二是规格等级越高的遗址（如贵族墓）中，商文化因素越多，而一般遗址中则以夷人文化因素为主，甚

① 山东大学历史系考古专业等：《1984年秋济南大辛庄遗址试掘述要》，《文物》1995年第6期。
② 江西省文物考古研究所等：《新干商代大墓》，文物出版社1997年版。
③ 李伯谦：《试论吴城文化》，《文物集刊》第3期。
④ 杨建芳：《早期蜀国玉雕初探》，见《三星堆与巴蜀文化》，巴蜀书社1993年版。
⑤ 赵殿增：《三星堆祭祀坑文物研究》，同上。

至有完全是夷人文化的。这表示商文化首先在上层贵族(有些可能就是商人)中推进,而中、下阶层则以保存固有文化为是。到两周时期,遗址中的周文化因素大大增加,西周时夷人文化因素尚稍多一些,到春秋时期则明显地减少,进入战国时期后,夷人文化因素则融于周齐文化中而趋于消失①。西周文化在向诸方国推进融合时,远较商文化的推进为彻底。由此可见,周文化之演进在中国文明史上是一个极关键和重要时期,为秦的统一奠立了牢固的基础。

五

中国氏族社会从母系到父系,在中国历史上是一个重要的转变,它大约发生于仰韶时代中期,完成在龙山时代。不论是母系或父系,它们都是以血缘为纽带的社会组织,血缘关系是氏族社会的基础。父系的确立,使家族成为社会基本组织单位,为"家天下"的王朝统治铺垫了平坦的路途。

中国历史从氏族社会走向文明的国家社会,是在氏族社会父系确立之后转化的,但文明社会并未破坏氏族社会以血缘为纽带的父系制,相反地,却把父系血缘纽带与政治相结合,成为维护和加强政权的支柱。西周王朝更以血缘为纽带组成宗法制,并以姻亲联盟和分封诸国的封建制,构成了统治全国的网络。王既是宗族领袖,也是政治领袖,有财产支配权和主祭宗庙的特权②。

血缘关系,在中国社会历史中或明或暗地一直起着作用,这是中国社会历史和文化的一个极重要的特点。

考古学上所见血缘关系,从氏族社会母系制如仰韶文化的半坡遗址、姜寨遗址和元君庙遗址中都可表现出来。仰韶时代晚期男性祖先

---

① 乐丰实:《东夷考古》,山东大学出版社1996年版。

② 管东贵:《封建制与汉初宗藩问题》,《中央研究院第二届国际汉学会议论文集·历史与考古组册》,台北,1989年。

崇拜已见端倪，如陕西寅鸡福临堡和华县泉护村遗址出土的陶祖、石祖。到龙山时代末期父系制和私有制确立之后，血缘关系更集中地反映到祖先崇拜上。商人最重祭祀祖先，几乎天天都要祭，卜辞中祭祀的内容占了很大部分。西周宗法制对祭祀祖先有严格的礼制规定，人死之后，入葬家族墓地时仍要按昭穆次序排列墓穴。

严格地说，中国没有像佛教、伊斯兰教和基督教那样的宗教，只有原始的自然(天、日、月)崇拜，对土地(地、山、川)的崇拜和祖先(鬼、神)崇拜，特别是祖先崇拜高于一切，一直延续到近代。自西周以来的历代帝王皆以"天子"自居，除了祭祖先、天地之外，对其他宗教，只要不危害其政权利益，皆可容纳(但决不可能成"国教")，否则便可用皇权予以禁止。外来宗教传入中国后，也必须向中国传统的"孝道"妥协，造出《父母恩重经》来。这种情形，皆根植于血缘关系。不清楚这个特点，便很难理解中国社会和文化中的许多事情。

六

宗法封建制的西周，是中国文明社会早期的繁荣时代。但是，在繁荣的背后，却蕴藏着不符合历史发展的因素，即以血缘纽带为基础的宗法封建血缘政治，在世代更迭、亲疏分派的情况下，宗法封建制已逐渐失去了它本来的血缘亲密关系。诸国林立，各行其事，西周王朝的血缘政治已不能统治全国，诸侯霸国兴起，僭越礼制，礼崩乐坏，在东周考古学上可以举出若干实例。正在此时，秦崛起于西方，从公元前4世纪开始，秦献公和秦孝公励精图治，任用商鞅，改革变法，向西周以来的血缘纽带宗法封建制发起了攻击。秦始皇统一中国后，继承了商鞅变法的传统，废除封建制，设立郡县；统一文字、度量衡和货币(半两钱)；开驰道(统一车制)，筑长城；设立行政、司法和军事三权分立而统于皇帝的中央集权制。这在中国历史上是一次空前的重大变革，它给以血缘为纽带的宗法封建血缘政治以沉重打击，建立了中央、地方各级政府管理的地缘政治，被称为是中国血缘纽带组织的第一次"解纽"①。西汉刘邦称帝后，囿于反秦等具体情况，屈服于六国旧贵族的复国要求，既封异姓王，又封同姓王，违背了历史发展趋势。经文、景至武帝，通过削地分国、诸侯王不得治国，施行推恩、左官、附益、酎金之律，进一步削弱诸侯王国的势力。所以说，秦始皇的统一大业，最后是汉武帝完成的。

考古学上所见东周社会的剧变，已如前章所述。秦始皇和汉武帝在文化上的一统，也已被考古学的发现所证实。我们可以设想，如果没有秦始皇的统一，中国很可能会像欧洲大陆一样，形成若干小国。但是，统一必须有深厚的文化为共同的基础，西周的华夏文化和秦汉文化，都是中国统一的坚实基础。

中国文明的形成，经历了一百多万年的历程。到公元前3世纪秦统一时，才走完了它的漫长的先秦时代。秦汉以后的中国，进入了一个新的历史时期。

七

综上所述，中国文明的形成及其特点是：

中国文明的形成是自身发展的，是土生土长的原生文明。中国文明的经济基础是农业。与农业有关的科学技术得以发展。中国文明起源和文明社会诞生之间，经历了大约两千年。在黄河流域和长江流域同步发展。

商、周是中国早期文明社会的繁荣时期。以宫庙为主体的城市、以玉和青铜制作的礼器，是中国早期文明社会的标志。

中国从氏族社会进入文明社会时，并未削弱氏族社会的血缘关系，却以血缘关系为纽带，与政治相结合，构成了西周的宗法分封

---

① 管东贵：《中国传统社会组织的血缘解纽》，《华夏文明与传世藏书》，中国社会科学出版社1996年版，第126－132页。

制，实行血缘政治统治。祖先崇拜是牢固的血缘关系的反映，从商周以来便成为中国宗教的主要形态，而且一直影响到后世。

秦始皇统一，改血缘政治为地缘政治，建立统一的中央集权帝国。这对中国历史文明的发展具有决定性的影响和深远的历史意义。

贰 中国文明在世界文明史上的地位

一

最近一二十年以来，世界古史研究上的大事也许很多，其中意义最为深长的，是我们对中国古代文明形成的经过有了比较深入确切的了解；从这个了解去看世界古史，我们又能看到人类文明起源史上的新规律。从这新规律出发，我们对今日的世界又可能增加一层新的认识。

中国古史的新局面，是从好几个方面的学术进展所开辟出来的。这中间最要紧的进展是考古学上的。中国各地大量的新发现、新研究，使我们具体地知道了中国文明起源的经过，和每一个阶段的历史与内容。另外，在古文字的研究上也有突破性的进展，如周原甲骨的发现、商周爻卦符号的发现和新研究，以及对商周王制、都制的新看法，等等，都是过去所未见的。其中对古代美术品上面动物纹样的意义的研究，尤其对中国古代宗教和政治之间的关系的了解，有突破性的作用。

这一类新的研究的结果，使我们充分了解到一件事实：中国古代文明社会的产生，也就是说有城市、有国家、有文字、有伟大艺术的新社会的产生，不是生产技术革命的结果，也不是贸易商业起飞的结果，而是逐渐通过政治程序所造成的财富极度集中的结果。具体地说，这种政治程序的成分包括：宗法制度所造成的政治等级，宗族与武力的结合，以战争为掠夺征服的工具，独占巫师用以沟通天地之法器的艺术品，等等。

由于中国古代从野蛮社会迈入文明社会的过程是经过政治程序，而不是经过技术革命和资源贸易的程序，因此，文明的产生在中国并没有造成人与自然的关系上根本性的变化。就意识形态上说，中国古代文明是文明产生以前的同一个框架之内继续发展下来的，其发展过程并没有破坏原来的意识形态框架。用杜维明先生的话来说，中国古代的宇宙观的一个基调便是"存有的连续"：

瓦石、草木、鸟兽、生民和鬼神这一序列的存有形态的关系如何，这是本体学上的重大课题。中国哲学的基调之一，是把无生物、植物、动物、人类和灵魂统统视为在宇宙巨流中息息相关，乃至相互交融的实体。这种可以用奔流不息的长江大河来譬喻的"存有连续"的本体观，和以"上帝创造万物"的信仰，把"存有界"割裂为神凡二分的形而上学绝然不同。美国学者牟复礼(F. W. Mote)指出，在先秦诸子的显学中，没有出现"创世神话"，这是中国哲学最突出的特征。这个提法虽然在西方汉学界引起了一些争论，但它在真切地反映中国文化的基本方向上，有一定的价值①。

中国文明的特点是，它是在一个整体性的宇宙形成论的框架里创造出来的，但我们的意思并不是把意识形态作为前进的主要动力。意识形态只是重新调整社会的经济关系，以及产生文明所必需的财富集中的一个主要工具。具体的讲，文明产生的必要因素如下所述：

1. 在考古学的文明上所表现出来的财富之集中，并不是借生产技术和贸易上的革新这一类公认造成财富的增加与流通方式而达成的。它几乎全然是借生产劳动力的操纵而达成的。生产量的增加是靠劳动

① 杜维明：《试谈中国哲学中的三个基调》，《中国哲学史研究》1981年第1期。

力的增加(由人口增加和战俘掠取而造成的)，靠将更多劳动力指派于生产活动和靠更为有效率的经理技术而产生的。换言之，财富之相对性与绝对性的积蓄主要是靠政治程序而达成的。

2．作为政治程序占有优势地位的一项重要表现的事实，是贸易主要是限于宝货的范围之内，而战略性物资的流通常以战争方式加以实现。

3．由于财富的集中是借政治的程序(即人与人之间的关系上)而不借技术或商业的程序(即人与自然之间的关系上)造成的，连续性文明的产生能够在连续下来的宇宙观的框架中实现。

4．事实上，现有的宇宙观以及社会体系正提供了政治操纵的条件。那操纵的关键在于社会与经济的分层，在中国，这种分层包括宗族分支、聚落的等级体系(导致城市和国家)和萨满阶层以及萨满法器(包括美术宝藏)的独占。祖先和神居住在上面的层次。生人经由萨满或萨满一类的人物，借动物伴侣和法器——包括装饰着有关动物形象的礼器——的帮助与他们沟通。在中国这样把祖先或神的智慧的赋予与统治的权力之间划等号的文明之中，对萨满服务的独占与美术宝藏(亦即萨满法器)的占有，便是社会上层人士的必要条件。

中国文明形成过程中的第二个特点是它的连续性。中国文明产生之后，我们在文明社会中发现了很多所谓"蒙昧时代"和"野蛮时代"文化成分的连续。最重要的连续是生产工具。中国青铜时代文明的产生，在生产工具上并没有明显反映出由野蛮时代到文明时代这一重大历史变化。石、木、骨、蚌仍是生产工具主要的原料。青铜在这个文明社会中主要用途不是制造生产工具，而是制造与政治相关的器物。《左传》里有句名言叫做："国之大事，在祀舆戎。"中国古代青铜的使用就是围绕这类"国之大事"而展开的。用于祭祀的是大量青铜礼器，用于军事的就是各种兵器。这样，从野蛮时代到文明时代，中国的生产工具和生产技术的连续是相当明显的。

再一个例子是中国的古代城市与以前氏族社会中聚落的连续性。这就是中国古代的宗法制度，它是中国文明时代的亲族制度和国家统一的产物。氏族或宗族在国家形成后，不但没有消失、消灭或重要性减低，而且继续存在，甚至重要性还加强了。《左传》中讲的封建制度，就反映出中国古代亲族制度、氏族制度、宗族制度和国家政治之间的统一关系。

另一个例子是文字上的连续性。尽管在文字起源方面还有许多问题要讨论，但可以这样说：作为中国文明时代重要特征之一的文字，它的作用是与政治、与亲族的辨认、与宗教仪式等密切相关的。这使我们有理由相信，中国文明时代的文字，是陶文在野蛮时代的主要作用在文明时代的延续。

至于在意识形态上的连续性，我们在上面已有所阐述。

我们对中国古代文明的主要特征的认识再作一个扼要阐述，这就是：经过巫术进行天地人神的沟通是中国古代文明的重要特征；沟通手段的独占是中国古代阶级社会的一个主要现象；促成阶级社会中沟通手段独占的是政治因素，即人与人关系的变化；中国古代由野蛮时代进入文明时代过程中主要的变化是人与人之间的变化，而人与自然的关系的变化，即技术上的变化，则是次要的；从史前到文明的过渡中，中国社会的主要成分有多方面的、重要的连续性。

二

在中国以外，我们可以看到埃及、印度河流域、东南亚、大洋洲和中美洲、南美洲的古代文明的若干因素，从野蛮时代到文明时代这一过程中，在其连续性上与中国有相似之处。这里只举玛雅(Maya)文明作一个例子。对玛雅文明的研究是美国考古学界的一个伟大业绩。研究玛雅的书籍和资料相当多，通过这些研究我们了解到：玛雅是中美洲印第安人所创造的文明，其分布主要在墨西哥。玛雅文化大约在公元前后进入它的"古典式"，开始有文字和很高明的历法，这种历法和中国的干支有很大的类似。

玛雅文明也是在史前时代的基础上出现的。出现时有文字、阶级社会和战争，有非常繁缛的仪式和伟大的建筑，等等。从这些特征来看，玛雅文明无疑已经从野蛮社会进入了文明社会。但它与中国文明相似，从史前到文明的转变也没有牵涉到技术上的突破，他们在生产工具上仍使用史前时代的石器，没有任何能使我们信服的大规模的灌溉系统。在这个新兴的阶级社会中，仍然是通过宗教仪式行为来掌握和决定政治行为的，文字也完全是在仪式、政治和历法上使用的；亲属制度、氏族制度或称宗族制度，也与国家强烈结合，与城市密切结合。在他们的世界观中，亦把世界分为三层，由宇宙之树串通不同的层次，人通过树和其他的工具也可以从一个世界到另一个世界去；宇宙树上有鸟，鸟也是人神的重要助手；玛雅的陶器和艺术品中的动物也有很大的重要性，而动物扮演的一个角色也是沟通不同世界的助手，等等。

继续比较下去还可以看到，整个中美洲的文明是一个连续体。玛雅文化以后就形成了在墨西哥的阿兹忒克(Aztec)文化，其首都是特诺其蒂特兰(Tenochitilan)。1979年，理查德·汤森(Richard Townsend)写了一本关于特诺其蒂特兰文明的宇宙观和国家形态的书，他写道："墨西哥人把他们的城市与其自然环境之间的关系看成一个内容整合的宇宙性的结构——即一个有秩序的世界，在其中各种自然现象被当作在根本上是神圣的、活的，并且与人类的活动可以密切地结合起来。……印第安人则以一种参与的意识来掌握自然现象：宇宙被看成生命力量的关系的反映，而生命的每一方面都是一个彼此交叉的宇宙系统的一部分。"[1]这种印第安人对自然的宇宙观，在他们的城市建筑

① Richard Townsend, State and Cosmos in the Art of Tenochitlan, Washington, D. C, Dumbarton Oaks, p. 9, 1979.

和他们的文明各方面所表现的与自然的关系，与中国古代的自然观是可以相通的。

那么，我们怎么解释中国文明与中美洲文明的相似呢?这是一个有争论的老问题。虽然它们起源不同，但中国文明和中美洲文明实际上是同一祖先的后代在不同时代、不同地点的产物。我们把这一整个文化背景叫做"玛雅—中国文化连续体"。所以这样称呼是因为目前我们对中国文明和玛雅文明了解得比较清楚，而实际上这个连续体的地理范围是整个旧大陆和新大陆，其时间也远远超过中国文明或玛雅文明起源的时间，至少可以早到旧石器时代晚期。

在二三万年前到一万多年前，人类通过白令海峡至新大陆，在这个源源不断的过程中，他们具有的文化装备是相当复杂的。在这种程度很高的文化的基础上，后来于不同的地方，不同的时间就产生了相似的文明社会。其中包括公元前二三千年前产生的中国青铜时代文明，也包括公元前数百年在墨西哥产生的玛雅文明，以及其他性质相近的文明。

在这些不同地点、不同时间中产生的文明社会，促使他们产生的一个主要动力就是人与人之间关系的变化，这种变化在这些地区远远超过人与自然之间关系的变化。这使这些文明社会中从史前连续下来的宇宙观、巫术、天地人神的沟通，以及借助这种沟通所独占的政治权力等等，能够充分地发挥作用，因而导致这些文明社会有基本性的相似。

三

西方社会科学中关于文明起源的学说，一般被认为具有普遍适应性的学说主张是：文明出现的主要表现是文字、城市、金属工业、宗教性建筑和伟大的艺术；文明的出现，也就是阶级社会的出现，这是社会演进过程中一个突破性的变化。就西方的一般学说而言，造成这一变化的主要因素有下述几点①：

常提到的是生产工具、生产手段的变化所引起的质变。这主要指金属器的出现，金属与生产手段的结合。这里尤其重要的是灌溉技术、水渠的建设。

第二种因素是地缘的团体取代亲缘的团体。即在人与人的关系中，亲属关系愈加不重要，而地缘关系则愈加重要，最后导致国家的产生。

第三种因素是文字的产生。产生文字的主要动机据说是技术和商业上的需要。这是因为技术和商业的发展造成人与人之间关系的复杂化，也就产生了记录这些关系的需要。

第四种因素是城乡分离。城市成为交换和手工业的中心。在城乡分离的情况下，造成贸易的需要，就是加工前后的自然资源在广大空间的移动。

以上所述是西方社会史家关于从野蛮时代到文明时代主要变化原因的一般观点。下面再举一些个别的例子。比较早的是恩格斯，他在《家庭、私有制和国家的起源》（1848年）中写道：

文明时代巩固并加强了所有这些在它以前发生的各次分工，特别是通过加剧城市和乡村对立（或是像古代那样，城市在经济上统治乡村，或者像中世纪那样，乡村在经济上统治城市）而使之巩固和加强。此外它又加上了一个第三次的、它所特有的、有决定意义的重要分工：它创造了一个不从事生产而只从事产品交换的阶级——商人②。

美国近代社会进化论者莱斯利·怀特（Leslie White）把人类文化演

---

① 这一类的西文著作不胜枚举，可以下面三题为例：V. Gordon Childe（柴尔德），Man Makes Himself（初版），1936年，New American Library版，1951年，自三十年代以来产生很大影响。Robert MoC Adams，The Evolution of Urban Society（Chicago, Aldine, 1966），代表新一代注重文化生态学的看法。John E. Pfeiffer, The Emergence of Society（New York, MC GrawHill, 1977》是最新的综述报告。

② 恩格斯：《家庭、私有制和国家的起源》，人民出版社1972年版，第163页。

进上最初的一次质变看成是由基于亲属制度的个人关系和地位的社会（Societas），朝向基于地域财产关系和契约的社会（Civitas）的变化①。

欧洲研究文明时代考古的剑桥大学讲座教授科林·任富儒（Colin Renfrew）有一本《文明的起源》，是讲爱琴海文明起源的。书中对文明的说法可以说是代表了现代西方社会科学的主流。他写道：

我们可以把一个文明的成长程序看作是人类在逐渐创造一个比较大而且复杂的环境；这不但表现在透过对生态系统之中范围较广的资源之越来越厉害的利用的自然领域中，而且在社会和精神的领域中也是如此。野蛮的猎人所居住的环境，虽然已经为语言的使用所扩大，但它在许多方面与其他动物生存的环境并没有什么不同，而文明人则居住在说来的确是他自己所创造出来的环境之中。在这个意义上，文明乃是人类自己所造成的环境，他造成了这个环境以将他自己与那原始的自然环境本身隔离开来②。

这种具有代表性的观点表明：文明与野蛮的不同在于文明人把他自己与自然的原始环境隔离开来。其中的重要含义即：文明是在技术和贸易经济的新环境中形成的。

西方文明的历史，我们可以追溯到公元前三四千年以前的两河流域的乌鲁克（Uruk）文化，它所代表的是苏美尔人（Sumerian）的社会。苏美尔文明产生的动力与前面讲到的那些非西方式文明产生的动力，从考古和历史资料上看好像有根本的区别。这个文明的产生反映了人类社会从生态系统束缚中的首次突破，而其中主要的手段是技术，而不是前面所说的那些其他文明中的政治和宗教仪式。

在苏美尔文明里我们还可以看到金属工具用于生产和灌溉，灌溉的重要性非常明显；贸易在苏美尔文明中也有很重要的位置，造成原料与产品的广泛移动；楔形文字无疑是为了记录愈加频繁的经济、贸

---

① LeslieWhite，The Evolution of Culture，New York：MC Graw-Hill，1959.

② Colin Renfrew，The Emergence of Civilisation（London，Methuen，1972），p.11.

易活动而产生的。

苏美尔文明中的另一个现象是：它的宇宙观与"玛雅—中国文化连续体"有非常大的分歧。在这种宇宙观中，有一个与人截然分开的神界，这些神具有造物力量。因而在社会制度里面，出现了分立的宫廷与教廷，它们都是土地的占有者。在这种情况下，亲属制度被破坏，亲缘关系为地缘关系所取代。这样，从苏美尔文明到两河流域一系列新的文明现象，一直到后世的古典时代希腊罗马的文明所呈示的现象，与西方社会科学家所谈的文明起源的情况完全符合。苏美尔这个突破性的文明，成为现代西方文明的一个最主要源泉。

四

我们可以把世界文明形成的方式（形态）合并为两种最主要的方式：

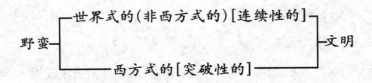

所谓世界式的或非西方式的，主要的代表是中国。中国的形态很可能是全世界向文明转进的主要形态，而西方的形态实在是个例外，因此社会科学里面自西方经验而来的一般法则不能有普遍的应用性。

对中国文明形成的特点的新认识，是中国现代考古学近几十年来的主要成果之一。如果把中国文明形成的特点这个新的认识，放到世界古史学上去看，我们很快地就能得到相当重要并非全在意料之中的两项结论。第一，中国文明形成的这种特征，并不是中国独有的，而是与世界上其他古文明，尤其与太平洋沿岸各区的古文明是一样的。例如古代墨西哥一带的玛雅文明，也可以说是建筑在由政治程序所造成的财富集中上面的，而且它的形成也不牵涉到重要生产技术的革新或大规模的生产资源的流通贸易。上述中国古代宇宙观里面的所谓存有的连续，也同样是美洲印第安人传统哲学的一个基调。不少人类学者主张，在美洲文明的下面有一个连贯亚、美两洲的巫教的底层，它可以说是中国文明与美洲文明的共同祖先。事实上从这个底层里面，后来萌生了不少文明社会，而它们的发展程序和动力都是相似的。

将上述对于中国古代文明的新了解，拿到世界古史上去加以比较，我们得到另一项结论：这个新了解与我们多年来奉为金科玉律的社会科学上讲社会进化的一些原则发生了根本性的冲突。照西方社会科学的一般说法——也是世界史教科书里面通行的说法——古代文明社会的产生是生产流通的结果。照这种说法，古代国家产生后，亲族制度式微，又产生政教分离，而且文字产生最初是为了记录货物的流通。可是中国文明产生的情形与此迥异；亲族制度与国家制度连锁起来，政教没有分离，文字最初的使用与经济记录很少关系。

这两项结论——即中国文明起源程序与世界上大多数非西方的古代文明的起源相似，但是与我们一向奉为圭臬的西方社会科学所定的规律不相符合——清楚地指出中国古史对社会科学一般原理的制订上面可以做重大贡献的方向。换句话说，它使我们觉察到了一件重要的事实，即一般社会科学上所谓原理原则，都是从西方文明史的发展规律里面归纳出来的。我们今后对社会科学要有个新的要求，就是说，任何有一般适用性的社会科学的原理，是一定要在广大的非西方世界的历史中考验过的，或是在这个历史的基础上制定出来的。退一步说，任何一个原理原则，一定要通过中国史实的考验，才能说它可能有世界的通用性。现在社会科学里面已有的那么多原理原则，如果其中有的不能通过中国史实考验的话，我们再不能说这是因为中国历史有特殊性、有例外性了。我们不妨慎重地来考虑这条原则可能是不完善的、是需要修正的。如果世界上的社会科学工作者认准了他们的理论必需通过中国史的考验，那么拥有极其丰富史料的中国史，对社会科学贡献的潜力是难以估计的。21世纪的社会科学可能是中国的世纪。

中国古代文明与西方社会科学之间的关系的正确了解的重要性，应该分两方面说。一方面如上面所说的，它使我们看出来现有对西方社会科学的局限性和中国历史（以及其他非西方史）在社会科学上的伟大前途。另一方面，它也使我们对西方文明若干伟大的特点与它在人类历史上的突破性，增加了本质上的了解。从苏美尔人的文明出现了以后的五千多年期间，中西文明虽屡有接触，可是西方文明和它的宇宙观，要到了19世纪才发生了密切的接触与震荡，造成了近百年的中国西化运动或现代化运动。知道了所谓西化的古史根源，对中国社会以及其他非西方社会而言，在它们如何设计怎样应付西化运动上有没有积极意义呢？我不知道这只是一个纯学术性的，还是一个多少也有实际意义的问题。

辉煌的中华早期文明

李学勤

李学勤，1933年生于北京。清华大学历史系教授、出土文献研究与保护中心主任、国际汉学研究所所长，中国先秦史学会名誉理事长，楚文化研究会理事长，"夏商周断代工程"专家组组长、首席科学家。1997年当选为国际欧亚科学院院士，1986年被推选为美国东方学会荣誉会员。先后任英国剑桥大学克莱亚堂客座研究员，日本关西大学客座教授、美国加利福尼亚大学(伯克利)校聘教授等。

研究领域是中国先秦史和古文字学，涉及甲骨学、青铜器研究、战国文字研究和简帛学等方面。

从上世纪50年代起，发表学术论文500多篇，专著20余部。

今天我讲的这个"辉煌的中华早期文明"，实际上是非常大的题目。大家都知道中国有着悠久的历史、深邃的文化，这是全世界所公认的。中国的文明有五千年之久，要来阐述这样的文明，即使只是它的早期阶段，这也是一个很大的任务，所以我在这里只能用我自己所能了解的一些知识，给大家介绍一下中国早期文明为什么是辉煌的，它的光辉在于什么地方。

我想从三个方面来说：一个方面是中国早期文明的长度，所谓长度是指中国的早期文明是怎么样的久远，它又怎么样在历史长河里绵延传承下来；第二方面是中国早期文明的广度，是指这一文明的分布传播，以及对周围世界的影响作用；最后，我们再看看中国早期文明的高度，就是它在发展过程当中达到了怎样的高峰。我想通过这几点，从它发展的长度、广度和高度这三个方面，来说明中国古代文明是真正辉煌的。

一、中国早期文明的长度

（一）中国文明的特点是从未间断

下面我们来谈第一个问题：中国早期文明的长度，或者叫中国文明起源的久远。关于这个问题，为了使大家能有一个量上的认识，最好先从世界上古代文明的比较谈起。人们常常说有四大古代文明，这个提法过去在我念书的时候，在小学课本里都有。所谓四大古代文明就是古代埃及、古代美索不达米亚也就是两河流域、古代印度和古代中国，这是所谓旧大陆上的四个古代文明。大家可能会问为什么没有提到希腊、罗马，这是由于这四大文明都是独立起源的最早的文明。古代文明实际上很多，可是并不都是独立起源的。比如与我们最近的日本，同样也有悠久的文明历史，而且很清楚地有突出的特色。可是甚至在日本历史上的特殊时期，日本学者也没有说日本文明是完全独立发展的，因为日本文明是在中国文明以及其他有关方面的影响之下发展起来的。古代希腊、罗马的文明也是在近东一些文明的影响之下发展起来的。因此，说到旧大陆上独立发展起来的文明，主要就是刚才提到的四大古代文明。

　　大家都知道，这四大古代文明里面，我们中国的文明有一个突出的特点，就是从它起源开始一直绵延下来了，在这一点上，和其余的三大文明不一样，它们都没能做到像我们这样连续传承到现在。

　　波斯人进入埃及之后，古代埃及的文明实际上已经逐渐衰落，特别是到了希腊化时期，埃及的古代文明基本上就衰亡了，古代埃及的文字后来也没有人能够认识。欧洲中世纪时代，埃及古代的古文字由于在石刻上，人们都能看见，但是他们认为这是一种异教的符号，并不认为是古代文字的遗存。直到1823年古代埃及文字得到解读之后，人们才逐渐将埃及文明挖掘出来重新了解和认识。古代美索不达米亚文明更是如此，因为楔形文字同样早就没有人能认识了，也是经过解读才能理解那里有那么古老复杂的历史。古代印度文明也是如此，当时还不是后来的印度人，是公元前三千年左右在印度兴起的文明，后来印欧民族进入印度，那个文明就消失了。只有我们中国的文明，带着它光辉的历史流传下来，经过了许许多多朝代，说不尽的风风雨雨，一直传承到现在。今天我们所有的中国人，仍然是这个文明传统的负载者，它还将影响我们，我们还要对它进行研究。如果我们不了解、不研究中国古代的文明，我们对整个中华民族的文化传统就无法深入理解。

　　借今天这个机会，我们把古代埃及的年表和中国古代的年表大致对比一下，大家就能有一个印象。

　　前一段我们实施了一个科研项目——"夏商周断代工程"，于2000年结题，当时出版了工作报告的简本，里面有一个《夏商周年表》。这个年表只能说是我们这一批工作者，在一段时间内所能达到的最好的成果。这个成果现在逐渐被国内采用，国外也有人开始采用。古代埃及年表也是一样，有关研究及研究的发展所用的时间比我们要长得多，有了国际上较为公认的结果。下面我用的古代埃及年表是根据

1994年牛津大学一位教授写的《古代埃及史》，具有权威性，2001年还经过台湾一位埃及学家的校正。这个年表和我们的年表一样，越古老的年代就越不那么准确，这点可以理解，但是大家可以对大致的情况进行对比。

大家知道，古代埃及一般分为前王国时期、古王国时期、中王国时期、新王国时期，然后进入了波斯占领和希腊化时期，按埃及古书记载，其间有从第一王朝到第三十一王朝。我们的历史，根据《史记》，第一篇是《五帝本纪》，即五帝时期。大家传说的炎黄二帝，黄帝就是五帝时期的开始。然后是《夏本纪》，夏代；《殷本纪》，商代；《周本纪》，周代……这是我们的历史。

我们看一看，牛津大学教授的那个年表，它从前王朝时代开始，也就是第一和第二王朝，按现在的估计，大概是公元前3150年到前2700年。古王国时期，也就是第三王朝到第六王朝，是公元前2700年到前2200年。然后有第一中间期，是第七王朝到第十王朝，公元前2200年到前2040年。接着是中王国时期，第十一王朝到第十二王朝，大概是公元前2133年到前1785年，其后有一个第二中间期，第十三王朝到第十七王朝，是从公元前1785年到前1552年。接下来是新王国时期，第十八王朝到第二十王朝，从公元前1552年到前1069年，然后有一个第三中间期，是第二十一王朝，从公元前1069年到前945年。总结起来分成三大段，古王国：公元前2700年到前2040年，中王国：公元前2133年到前1552年，新王国：公元前1552年到前945年。如果大家现在手头有一张"夏商周断代工程"年表的话，你会有一个惊人的发现，就是我们的几个大朝代跟古埃及这几个时期的划分差不多，这一点是很有趣的，可能大家没有注意到。

传说中的炎帝、黄帝，按古书的记载推算，大约就是公元前3000年左右。接着是夏朝，根据"夏商周断代工程"，我们从考古学、天文学等各方面给出了一个估计数字，是从公元前2070年开始；夏的灭亡、商的开始，我们估计是公元前1600年；商的结束，也就是周武王伐纣的年代，我们把考古学、天文学、文献、古文字等各方面的资料集中起来，选择了一个最好的年份——公元前1046年。现在来对比一下，大家就会发现两者的共同性，埃及的古王国时期大概是在公元前2700年到前2040年，如果算上前王朝时期就是公元前3150年到前2040年，而我们的五帝时期大约是公元前3000年到前2070年，这很接近了。特别是埃及第一中间期的最后，和夏只差30年。再看中王国时期和夏代对比，中王国时代加第二中间期是公元前2133年到前1552年，我们是公元前2070年到前1600年，这个数字只差约50年。然后是新王国时代，公元前1552年到前1069年，如果加上第三中间期是到公元前945年，而我们的数字是从公元前1600年到前1046年，数字还是相当接近的。当然这个没有什么特殊意义，我们不是宣传历史定命论，也不是前苏联《世界通史》中的"同时代法"，只是给大家看，古代人类的文明，在不同的地方有各自独立的起源和进程，可是它们的发展还是有某种共同性的。我们的五帝时期大约相当于古代埃及的古王国时期，我们的夏代和中王国时期，商代和新王国时期大体相当。这一点只供大家参考，我不做过多的引申。

（二）中国文明的起源从何时算起

下面要讨论中国文明的起源到底在什么时代？刚才我们谈到了五帝的传说，五帝在近代很长时期被认为只是神话传说，没有真正史实的意义。看一些外国学者的书，公认的中国文明起源是从商代开始，如果是这样，就是公元前1600年。甚至于有人说是从发现甲骨文的商代后期开始，那么就要从盘庚迁殷来算。大家都知道，商王盘庚把首都从奄迁到了殷，也就是今天河南安阳的殷墟，此后商朝再没有迁过都，盘庚迁殷大约发生在公元前1300年，也就是说我们的文明是从公元前1300年开始的。

现在我们看起来这种说法不太公正，因为不但古书里面的记载比这悠长得多，而且考古学的客观的考察也表明商代已有很发达的青铜文化，它的文明已有非常大的发展了。以文字为例，我们现在知道甲骨文里面有多少不同的字呢？大约四千到五千之间，没有很准确的数字，因为学者对字的释读与其分合的关系没有一致的看法，可是总是在四千到五千之间。通过这个量级就可以知道当时的文字已有了很大发展。大家知道，我们学任何一门外语，认识四千个字，已经很不错了。我小时候念英语，口袋里放一本书《英语四千字》，把那些都背会了，就很过得去了。实际上我们今天报刊上的常用字，也不过五六千个，里面还有一些字属于姓氏、地名，是不常使用的。甲骨文里面有四千多个不同的字已经很了不起了，而这四千多个字还不是当时文字的全部。甲骨文是商王和贵族用于占卜的，内容不可能包括当时生活和文化现象的各个方面，因此它不可能把所有的字都包括在内，今天我们任何方面的一本书也不可能把所有的字都包括在内，除了字典，所以当时的字一定要在五千个以上。从这一点，大家就可以体会到商代绝对不是一种很原始的文明，文明的起源要比这个早得多。如果再加上夏代，也不过就是再往前推四百年多一些，还未必是我们文明的起源，还要再往上推，估计说五千年文明史是有一定根据的。

当然，在这方面我们不能感情用事，一定要以科学的态度进行探索和研究。究竟我们的文明起源可以估计到什么时候，文明从起源到发展的过程是什么样的？我强调我们是在探讨当中，今天并不能给大家一个答案。

（三）文明的评判标准是什么

在这里，我想特别说明一下，什么叫做文明。文明是人类发展上的特殊阶段，是人类脱离动物界后进一步脱离了原始野蛮状态的阶段。我们从考古学上怎么来判断呢？考古学发现和研究古代的物质遗存，现在我们主要依靠考古来论证文明起源，就需要在考古方面找到文明的标志。这不只是中国考古学的问题，也是一个世界考古学的普遍问题。对于考古学中的文明标准，国际上现在有一些通行的标准，这些标准是外国学者在考古工作中提出的，是不是完全适合中国的情况，当然还需要进一步考虑，可是直到今天为止，我们国内学术界还是使用这样的标准。

我在这里向大家介绍一下这些标准是怎么出现的。这些标准得以流行是由于一本很流行的书，这本书1968年出版，作者格林·丹尼尔是英国学者，长期担任剑桥大学考古学系主任，他主要研究欧洲考古，而他的特点是还研究考古学的历史，担任过世界考古学史会议的两位主席之一。他写了这本书——《最初的文明》，副标题叫做"文明起源的考古学"，书虽然很小，可是很流行，成为西方国家考古学生的必读书，不单在英国出版，美国等一些地方都有版本。就是这本书把刚才说的考古学上通行的文明标准普及到了全世界。其实这些标准并不是由丹尼尔提出的，我们仔细读一下他的书就知道，这是在1958年美国芝加哥大学东方研究所召开的一次研讨会上提出的。芝加哥大学东方研究所在近东考古和历史方面的研究是很权威的，这个研究所当时召开了一个"近东文明起源学术研讨会"，会上有一位学者叫克拉克洪，他提出了文明的三条标准，而后经丹尼尔补充，通过《最初的文明》一书在全世界得到了普及。

这三条标准是什么？第一条标准就是要有城市，就是发掘出的遗址中应该有城市，如果都是原始的小聚落是不行的，要有城市，也就是要有城市和乡村的对比和差别。这个标准还有量的限制，作为一个城市要能容纳五千人以上的人口。第二个条件是文字，没有文字的文明很难想象，因为没有文字的发明，人类的思想文化的积累就不可能存留和传播。第三个条件是要有复杂的礼仪建筑，什么叫复杂的礼仪建筑呢？简单来说，就是一个建筑物不是为了一般生活需要而建造的，而是为了宗教的、政治的，或者经济的原因而特别建造的一种复杂的建筑。比如说古代埃及的金字塔，任何人去参观，站在金字塔前，对着狮身人面像，都会感觉到这是一种文明，这是没问题的。你不能说它是原始的，还是处在蒙昧、野蛮的状态，因为金字塔是坟墓，如果仅为了一般需要，无论如何也不需要建造这样大的建筑。它之所以被建造，是因为要尊重法老，使法老的神灵可以永存，这就代表了文明时代的阶级分化和统治。

由克拉克洪归纳提出、经过丹尼尔推广的考古学上的文明标准，就是这三条。他们说，由于古代遗留的信息很少，只要有两条就够了，而在两条里面，文字是不可缺的，有了文字再有其他的一种，就可以认为是文明社会了。这个看法传到东方，不管是在日本还是中国，学者都觉得有点不够，提出来最好再加上一条，就是冶金术的发明和使用。现在在我们国内，冶金术被普遍认为是一个标准，那么我们就有四条标准了。当然，这些标准是不是真正适合我们中国古代的历史状况，我看将来还可以讨论研究。

（四）从都邑遗址看中国早期文明

在我们的考古工作中，什么样的遗址最适合用刚才所说的四个标准来考察、衡量呢？我想大家容易理解，最好是都邑的遗址，都邑最能够判断那个时代是不是符合文明的标准。中国早期的都邑，考古学上最早发现的是殷墟。1899年发现了甲骨文，1928年开始发掘殷墟，抗战以前进行了15次发掘，到1950年能够恢复考古工作，首先就是继续发掘殷墟，一直到今天，殷墟发掘没有停止。殷墟是商代晚期的都邑，完全符合文明条件，不需要讨论。比殷墟早的都邑，一个很好的例子，就是20世纪50年代发现的郑州商城，我记得自己60年代初经过郑州的时候，车站广播已经说它是商朝的都城，后来大家又怀疑，一直到"文革"之后，这个问题才最后确定下来。郑州是一个总面积不比殷墟小的商代都城，但比殷墟要早。再往前，前些年又发现了一座在河南偃师的商代都城，很多学者认为这是汤的首都，它的位置和时代都是合适的。商代我们不需要多讨论了，因为商代是公认的文明社会，这是没有问题的。

夏代是考古学界探寻多年的重大问题。商代已经论定了，夏代难道就一点根据也没有吗？20世纪50年代末，中国科学院考古研究所的徐炳昶先生带领一批学者到传说中夏的地区进行调查，在他们的调查当中确定了一个重要遗址，就是偃师二里头。经过多年的发掘和调查，对二里头的面积、内涵都比较清楚了，它符合文明的条件。二里头有大型宫殿，还有很多的墓葬，出土了青铜器、玉器，陶器上刻着可能是文字的符号，已经是一个文明社会了。它的时代与地理位置和我们文献记载的夏相吻合，多数学者同意二里头文化是夏文化。

还能不能再往前推，这就是现在我们要探讨的问题。大家在报刊上或许已经注意到一个重要遗址，就是山西襄汾的陶寺。陶寺遗址的时代又比二里头早，它属于考古学上龙山文化的晚期，根据现在测定的材料，其时代大概是从公元前2600年到前2200年，早于夏代。这个遗址有城，城的面积是中原地区龙山文化城址里面最大的。它有城墙，有宫殿。与此相配合，它还有大量的墓葬，其中有些较大的墓出土了很多令人惊奇的东西，最引人注意的是礼器，反映当时的礼乐制度，是文明社会的产物。比如礼器中的磬，和后来的很类似，是三角形的，挂起来可以奏乐；还有鼓，用陶土烧成圆筒形，上面用鳄鱼皮覆盖，也可以敲击；还有陶制的礼器，比如一种很大的陶盘，里面画着一条盘旋的龙，这和后来的商周青铜礼器，在构造、艺术上是一脉相承的。我们中国社会科学院古代文明研究中心就用这个龙纹作为标志，它是文明的一种象征。陶寺遗址还有文字，前几年在那里出土了一个残破的陶背壶，就像军用水壶一样，一面是扁的，一面是鼓的，可以带在身上。在这个残破的背壶上，有一个用毛笔蘸朱砂写的"文"

字，这个字又大又清楚，所有人看见后都没有怀疑。陶寺又发现有金属，金属器物出土已有好几次。最近发现了一个铜环，像齿轮一样，非常规整，经过检测，这个环是砷青铜的。砷青铜在近东是相当普遍的，我国过去只在西北地区有些发现。

陶寺最近一项很重要的发现，就是有一个"观象台"，虽然其性质还不能最后确定，但可以在这里向大家介绍一下。陶寺城的中心有一个宫殿区，里面有一个部分经过发掘，是一个扇面形的建筑，前面是半圆的。这个建筑分为三层，最里面的一层有夯土柱的遗迹，排列紧密，柱与柱之间有缝。在2003年冬至那一天，发现在一个缝里面正好看见日出。大家知道地球公转在三四千年的时间里面没有很大的变化。后来在其他节气还有一些观测。如果"观象台"这一点能够确定的话，是天文考古学上的重大发现，和古书《尧典》里的观象授时是很契合的。《尧典》一项主要的内容就是观测天象，确定历法。据说当时有一年366天的历法，有闰月。尧的年代正与陶寺遗址相当，传说中的尧都平阳正在襄汾附近。

总而言之，我们通过这些材料，已经可以看到中国文明起源非常早，而且有它本身的特点，这是我今天在这里讲的第一点。

二、中国早期文明的广度

让我们接着谈第二个问题：中国早期文明的广度，这包括早期文明的分布，以及这种文明所影响的范围。

可能在座有些朋友已经注意到，在20世纪80年代以来，历史学、考古学界出现了很重要的观点变革。在历史学方面，特别强调中国自古是多民族、多地区的国家，我们光辉的传统文化是由各个民族和地区共同缔造的。把这一点综合起来，就是费孝通先生提出的"多元一体"。在考古学方面，苏秉琦先生首先在新石器时代文化研究中提出"区系"研究的概念，得到许多学者的发挥引申，从而显示出中国文明起源和发展的多线性。

过去把中国文明的历史看成基本上是单线的，既有思想的原因，也有实际的制约。在历史上，所谓"内华夏而外夷狄"的思想根深蒂固，由之衍生出华夏中心论，或者叫做中原中心论的狭隘观点，而在早期的考古工作中，由于人力等客观限制，成果大多数也只是在中原一带以内。只是到改革开放以后，各地方的考古力量逐渐充实扩大，才使局面有很大改观，大量的发现不是以前所能够预料的。

为了说明过去看法的狭隘，不妨以长江流域，特别是长江中游地段的荆楚地区为例。清代著名学者顾栋高作《春秋大事表》，有一篇专论讲春秋时期楚国的领域不过长江。直到民国时期，还有学者认为《楚辞》里的地名都在江北，连屈原的卒地也是一样。可是地下的文物遗迹提供了相反的证据，湖南省境内不断发现商周遗物，尤以商代晚期的青铜器为多，制作还特别典重精美，有人就说是从中原输入，甚至是近代才带去的。对此，湖南省博物馆的高至喜先生有一系列论文，以确切的考古材料加以反驳，大家可以看他的文集《商周青铜器与楚文化研究》，不过，他早在1981年发表的《"商文化不过长江"辨》一文，已经把问题讲得相当清楚了。

谈到商代的文化，20世纪80年代在长江流域有两次震动学术界的重大发现，就是四川广汉三星堆的两座器物坑和江西新干大洋洲的一座大墓。现在考古学家已经称两者分别属于三星堆文化和吴城文化了。

广汉三星堆位于成都平原，根据文献是在古代的蜀国。传统的看法，蜀地很封闭，长期不与外界交通，所谓"蜀道难，难于上青天"，传诵于妇孺之口，可是现在通过考古实践知道，那里和中原一直保持着联系的纽带，在那里能够看到中原文化明显的影响，尽管这种影响大约是间接到来的。从种种迹象看，比如三星堆的青铜器可能是受荆楚地区的影响，而荆楚地区又在中原商文化的影响之下。商文化的影响通过三峡进入四川，还可能由陕西的汉中城固、洋县一带也影响到四川。

新干大洋洲大墓所出的器物，也很容易看到中原商文化的影响，而与相邻近的湖南的关系，反没有那么强烈和明显。估计商文化的影响是由河南、湖北直接进入江西赣水流域。

上面举的不过是个别例子。商文化的影响面非常广大，即以青铜器的出土而论，北到内蒙古，东到海，西到甘肃东部，南到广西，都有商文化类型的器物发现。如果以玉器来说，影响还远到境外的越南北部。

有人把黄河、长江说成中国的"两河"，其实中国文明的分布何止这两河？我们绝不可限制我们的视界，才能充分认识早期文明分布和传播的宽广以及其多样性。

在充分强调中国早期文明多线性、多样性的同时，断断不可低估这一文明各地区间的共同性、统一性。事实上，只有存在着共同和统一，多线、多样的各地方文化才作为中国文明的组成部分而存在。再有，在不同的历史时期，多线、多样的地方文化的发展也不是平衡的。尤其是在夏、商、周三代王朝，王朝的首都一直在中原(广义的)地区，中原地区还是全国的核心。

最近些年，不少学者指出中原文化——有些论作称之为"河洛文化"——的重要性不应被忽略。这不是要恢复中原中心论，而是说明一个不可抹杀的事实，即在历史的若干关键性的当口，特定的地区会起特殊的作用。历史学和考古学的研究都表明，我们的先人真正脱离原始的状态而进入文明的门槛，正是在中原地区。从唐、虞到夏、商、周，都邑都在这一地区，司马迁在《史记》的《货殖列传》里便说："昔唐人都河东，殷(即商)人都河内，周人都河南。夫三河在天下之中若鼎足，王者所更居也，建国各数百千岁。"

中原中心论只讲中原文化对周边地区的传播影响，我们则主张文化的影响每每是双向的。中原地区之所以有其特殊地位，很重要的就是能够融合吸纳周边的种种文化因素。相信在今后的发现和研究中，这一点会进一步得到证实。

三、中国早期文明的高度

大家都知道，近些年很流行的一个学说，就是人类在古代有一个所谓"轴心时期"。这个说法是雅斯贝斯提出来的，说法的中心是，在公元前6世纪到前4世纪这一段时间，全世界出现了几个辉煌的文明高峰，出现了重要的人物。在西方有希腊的哲人时代，在印度有佛教的兴起，在中国有孔子、老子，以至后来的诸子百家，人类的文明便是从这里演变进展的。不管这个说法有多大意义，中国从春秋晚期到战国，确实有一个文明发展的高峰。问题是，我们怎么看待它的高度？它有什么特点，特别是我们从新发现的材料方面会有什么样新的认识，这就是我想在第三部分要谈的内容。

(一)考古成果为中国古代文明发展的高度提供了大量佐证

这个问题也可以从考古方面得到新的认识，为什么这么说呢？因为近些年来，考古学方面有一项重大发现，有的学者甚至说是最重大的发现，就是大量的简牍帛书，简称为简帛。简是用竹子、木头编连起来，是我们中国人最早的书写载体。各国古代文明都有文字，但是文字的载体不一样。古代埃及用纸草纸，纸草这种植物咱们中国没有，他们把纸草截取下来连接，然后压平，晾干后就成为类似纸一样的东西。古代美索不达米亚等在泥板上面刻画楔形文字，然后焙干，各有各的做法。中国人的伟大发明就是竹木简，用竹子、木头这些随手可得的东西，做成条状，一根一根编连起来叫册。中国人还有一个发明就是养蚕，生产出白色的丝织品叫帛，既可以写字，还可以画图，比竹木简又好多了，可是它有一个缺点，就是太贵不能普及。汉代发明纸之后(纸的发明也可能还早一点)，到了南北朝完全用纸，简帛就退出了。简帛书籍的发现是非常重要的，历史上曾经有过两次，在西汉和西晋，这两次发现都在很大程度上影响了学术史，今天不在这里讨论。

现代第一次发现这种古书是1942年，湖南长沙子弹库这个地方，有盗墓贼挖掘一座小墓，发现了一个竹编的盒子，里面就是帛书，有一幅是非常完整的。我们一直以为只有一幅，其实还有很多，只不过已经破碎了。这些东西，被一个在那儿教书的美国人带到美国去了，现在还在华盛顿，由赛克勒基金会保存。国内原物只剩下很小的一块，在湖南省博物馆。这件帛书上面是楚文字，楚文字是很难读的，所以一直到今天仍没有完全解读，不过它的内容是数术方面的，在学术上的影响还不是很大。

重大的发现是从20世纪70年代开始，我简单说一下大家就可以知道了。1972年，在山东临沂银雀山一号汉墓，出土了大量竹简兵书，最主要的是《孙子兵法》和《孙膑兵法》。1973年，在湖南长沙马王堆三号汉墓出土了大量的帛书和竹木简，帛书最多，有《周易》、《老子》等书籍，是汉朝初年的。1975年，在湖北云梦睡虎地十一号墓一个小墓里面，出土了大量的秦代的竹简，这是第一次看到用墨笔书写的秦人手迹。当时我直接到那儿去，有幸看到满满一棺材的竹简，主要是秦代的法律。1977年，在安徽阜阳双古堆一号汉墓也出土了竹简，有《周易》、《诗经》等等。1983年，湖北江陵张家山二四七号汉墓出土了大量的竹简，主要是汉初吕后时代的法律。1993年，湖北荆门郭店一号楚墓出土了大量的战国时代的楚简，主要是儒家和道家的著作，道家是《老子》，儒家有《子思子》，还有其他的书籍。大致同时，还有一个墓的楚简被盗掘，流传到了香港，由上海博物馆在1994年收购回来，内容和郭店简差不多，也都是儒家、道家的书籍。还有很多小的发现，我在这里就不介绍了。

(二)对中国古代文明发展高度的新认识

这些应该说是现代学者的眼福，有的连汉代的人也没有看过，我们居然发现了，能够进行研究，不能不说是我们的幸运。这些材料出现后，很多学者公认，确确实实是要重写我们的学术史，因为跟我们过去的想法大不一样。传统的想法，特别是从晚清以来的疑古思潮，对很多古书是怀疑的。当然，疑古思潮在政治、文化史上是进步的、有很大成绩的，可是它也有一种副作用，就是否定太多，古代历史变得好像没有多少内容了。现在我们发现这样大量的材料，给我们带来了新的认识，我个人意见，主要表现在两点上：

第一点，当时的学术思想，不但是繁荣发展，百家争鸣，而且我们想象不到其影响的深远能达到新发现材料所告诉我们的那种程度。例如，过去常说，儒家的传播西不到秦，南不到楚。孔子周游列国，可能还不如我们今天开着汽车在高速公路上转一两天所到的范围。孔子往西没有到秦国，去晋国实际上也只是到了边上，往南只到了今天的河南信阳，没有到楚国的腹地，所以儒家的影响似乎就是在中原一些国家的范围。但现在来看不是这样，至少在孔子之后，他的弟子，二传、三传，儒家思想的影响已经非常广泛。我们刚才谈到的出土大量战国儒家竹简的地方，是楚国首都的郊区。当时楚都在郢，也就是现在的江陵纪南城遗址，周围可以看到大量楚国墓葬群，有的墓很大，到现在还保存着很大的山包。出土这个简的郭店一号墓只是一个不起眼的小墓，经考证墓主可能是楚太子的一位老师，时代是公元前300年或者更早一点，这个人带走了这么多书籍。其中有《老子》，《老子》在楚国出现是容易理解的，老子原本是陈人，陈被楚所灭，他也可说是楚人。可是没想到儒家竟有这么大的影响，郭店简里面有子思一派的著作，而且是非常高深的、具有很强哲理性的作品，居然在楚国太子的一个老师的墓里出现，所以当时儒家学术影响已经远到了楚。楚国不是华夏，乃是所谓荆蛮的国家，是被排斥在中原文化之外的，可是它居然有这么高的儒家文化，这在以往很难理解。

最有意思的是，上海博物馆的简也是在这一带出土的，其中有一篇《武王践阼》，后来收录在汉朝人整理的《大戴礼记》里。在20世纪70年代的时候，考古学者在河北平山发现了一个大墓，是战国时的中山王墓，中山国也不是华夏，是狄人的国家。中山王的随葬铜器的铭文就引了《武王践阼》的话。这个墓是公元前307年左右所建，和郭店墓的年代相差不多。一篇很普通的儒家学术著作，往北传到了河北中部山区里面的中山国的王墓，往南传到了湖北荆门一带楚都郊外的墓葬，可见当时的学术影响有多么广泛。主要的学派道家、儒家作为一种共同的学术思想，流传如此广远，超乎我们的想象。诸子百家当时如此兴盛，影响如此巨大，以至形成了中国传统文化的基础，现在看来就不足为奇了。这是第一点。

另外一点，就是通过发现这些书籍，从战国时代一直到汉初的，我们看当时的学术发展究竟是怎样的呢？首先要看这些书都是什么书。当然，里面也有一些日常用书，比如《日书》等，用来择吉、算卦之类的，没有多高的文化价值，可是占相当大的比例是高级学术，不是一般的作品。比方说郭店简，其中有些是子思的著作，如《五行篇》，子思和孟子讲"五行"是战国晚期的荀子提到过的，荀子和子思、孟子学派的观点不一样，对此进行了很尖锐的批评。《五行篇》久已佚失了，现在在马王堆帛书里发现了，在郭店竹简里也发现了，可见当时非常通行。这篇著作非常难读，它讲的是人的性和德之间的关系，这是很深奥的问题，不是一般的民众所能够理解的。在郭店简与上博简里面还有一种《性情论》，讲的完全是抽象的范畴。过去我们看《论语》说夫子之言性与天道，不可得闻，好像孔子是不讲性和天道的，其实不是这样。《性情论》作为孔门学者的作品，过去我们根本不知道，它讨论的完全是天道、性命、情性等，可以说宋明理学所讨论的一些哲学概念，这里面都讨论到了，这些绝对不是当时一般民众所能够理解的。《老子》也是一样，不但有《老子》本身，而且还有解说《老子》的一些作品，例如上博简的《恒先》，同样非常富有哲理性。不管是儒家还是道家，给我们展示的是一个哲学的世界，让我们看到当时哲学思想是高度发达的。

过去由于疑古思潮的影响，我们对很多古书不相信。比如在20世纪20年代，梁启超就说过研究孔子和孟子之间的思想应该看《礼记》，然而有人说这些都是后人写的，甚至说是汉朝时作的，不能相信。现在只要一看竹简就明白了，《礼记》中许多内容就是当时的著作，就可以研究儒家孔子到孟子之间的演变。更重要的是，我们能认别孔门七十子或者七十子弟子的著作，比如子思、子游等人的著作，我们也就更接近孔子，因为他们本来就是最接近孔子的。对于道家，也可以看到老子到庄子，甚至《淮南子》之间的演变。我们认识了《老子》以下道家著作的面貌，也就更理解老子的本意了。这在学术史上，特别是哲学思想研究上，就和过去不同了。

通过这些，我们进一步看到了中国古代文明的高度。中国古代文明不只是社会上普遍的文化，它上升到系统的哲学理论，这是一个非常重大的特点。

我今天只有这样短短的时间，让大家从中国古代文明的长度、广度和高度这三方面看到中国古代文明的悠久、博大和辉煌。

最后，我再用两分钟时间讲一个想法。现在很多人说中国考古学已经处于黄金时代，我想最好说处于黄金时代的开始阶段。中国的现代考古学，如从中国人自己主持田野工作算起，至今还不到80年，比起约200年的世界考古学史，我们是很短的。相对于古代埃及、古代美索不达米亚等地的考古工作，我们的土地比它大，我们的历史比它长，我们考古的时间却短得多。我们没做的还有很多，我们的前面大有希望，至少还可以做200年，可以预期21世纪、22世纪甚至到23世纪，我们都可能有重大的发现，所以，今天我们不宜对中国古代文明的辉煌程度作太多的推论。

当代中国与传统文化

刘梦溪

刘梦溪，1941年生，现为中国艺术研究院中国文化研究所研究员、所长；《中国文化》杂志创办人、主编，2010年11月受聘为中国艺术研究院首批终身研究员。

研究方向为思想文化史、明清文学思潮和近现代学术思想。

近年出版的主要著作有《传统的误读》(1996)、《学术思想与人物》(2004)、《红楼梦与百年中国》(2005)、《中国现代文明秩序的苍凉与自信》(2007)、《中国现代学术要略》(2008)、《论国学》(2008)，《书生留得一分狂》(2010)、《牡丹亭与红楼梦》(2010)等。

近年来传统文化越来越受到学术界、知识界甚至广大民众的关注。关于国学与传统文化涉及很多方面的问题，今天我想讲的是，在传统文化与国学热兴起的背景下，当代中国传统和现代之间的一种张力和互动。现在大家已经逐步意识到传统资源并不是现代化的障碍，而是它的有益补充。就是说，现代化建设离不开自己的传统。

当代中国传统与现代的关系，有点像交响乐一般的繁丽，它呈现的是传统与现代的多重变奏。如果比做贝多芬的交响乐，应该是第五交响曲《命运》。当代中国在传统与现代的这种交错互动和变奏的过程中，彰显出中国的现代以及未来的命运。

◆ "知音"难觅：如何解读当代中国 ◆

当代中国有点像一个走红的明星，注意的人多了，谈论的人多了，称赞的人多了，挑剔的人也多了。报刊、传媒、网络对她的引用率大幅增加。但问题是应该怎样解读中国。

早期西方的传教士、汉学家，把中国说成是一个"谜"，所谓"谜一样的国家"。现在没有人说中国是谜了，但真正了解中国，并不容易。中国以外的人了解中国不容易，中国人自己也不一定对自己的国家有真正的了解。因为了解，特别是真了解，是很难的。不用说一个国家，就是真正了解一个人也是很难的。中国古代有一部书叫《文心雕龙》，南朝时期刘勰写的，是中国最早的一部成体系的文学理论批评著作，其中的一篇叫"知音"，开头第一句话就说"知音其难哉"？可见"知音"难得。

我们每个人在生活中都常常感到知音难求，《红楼梦》里的紫鹃姑娘不是也说"万两黄金容易得，知音一个也难求"吗？如果替我们国家着想，要找个知音就更难了。所以20世纪伟大的历史学家陈寅恪先生，在一篇文章当中特别讲到，对待古人的著作要具有"了解之同情"。这句话说得非常好。你要想了解别人，你就要设身处地，同情他的处境，对他不得不这样讲的话，不得不这样做的事，能够给予一种同情。假如我们每个人都具备这种态度，就容易处理好和个人和他人的关系了。

中国确有不容易了解的一面。一方面，反差大，城市与乡村、东部和西部、富人和穷人，彼此的差异判若两极。另一方面，有多种面孔，高速发展、中国人有钱了、全民皆商、世界工厂、大工地、潜在威胁等等，对这些，不同的人可以作出完全不同的解读，但每个人只能截取自己感兴趣的一两个侧面，却不敢自称读懂了中国。其中无法回避的难题是：中国人口太多。在13亿人口面前，一切问题都有理由，任何弊病都非偶然。有一个真实的故事，中美刚建交的时候，美国总统卡特到了中国，跟小平同志见面，谈得很好。最后卡特提出来对中国的人权问题表示非常关注。小平问指哪一方面？卡特说比如迁徙权、流动权不能得到保证，很多人想来美国，他们不能得到中国政府的允许。小平说你要多少，一个亿够吗？卡特不说话了。如果真有一个亿到美国去，他受得了吗？故事是真的，版本可能不同，我不过取其意而已。

但在问题丛生的同时，当代中国也给人们提供了无穷无尽的机会。这是一个前所未有的大舞台。很多留学国外的人，包括和中国有工作或者文化关联的外国人，更不要说那些大大小小的企业经管和做生意的人，他们都感觉到、意识到，中国是当今世界可以一显身手的地方，用一句广告语，叫做"一切皆有可能"。

我的意思是说，当代中国是一个正在变化的中国，一个日新月异的中国。

问题是，这个日新月异的中国，往什么方向发展？总的来看，是走向富强之路，走向现代化之路，走向人类文明的共同方向。

梁启超曾把中国历史分为三个阶段：从黄帝到秦统一，为上世史，称作"中国之中国"；秦统一至乾隆末年，为中世史，称作"亚洲之中国"；乾隆末年至晚清，为近世史，称作"世界之中国"。任公先生是一家之言，这里我是借用他提出的"中国之中国"、"亚洲之中国"、"世界之中国"三个概念。

没有疑问，当代中国已经是"世界之中国"。现在的情况是，"世界的中国"正在走向世界。中国当代社会最凸显的特点，是处于转型期，包括传统向现代转型，计划经济向市场经济转型，自我的运行机制向与国际接轨转型，长期贫困的国家向小康社会转型等等。

转型期就是过渡期，是未完成式，一切都处于建构的过程中，是"人在旅途"。许许多多问题的症结就在这里。因此也有人说，"现代化是陷阱"。问题是，在当今世界，即使是"陷阱"，如果这个"陷阱"是中国走向现代化不可绕行的，我们也无以辞避。现代化是我们多少代人的梦想，实现梦想需要付出代价。正如1991年诺贝尔文学奖得主、墨西哥诗人帕斯（Octavio Paz）所说，发展中国家是"命定地现代化"（condemned to modernization）。当然我们是现代化的后发国家，许多先发国家的经验和教训，可以成为我们"攻玉"的"他山之石"，后发的好处是可以少走一些弯路。

中国走向现代化之路，是一个艰难的旅程，中间一再被打断。晚清政府从1860年至1890年三十年的早期现代化尝试，由于1894至1895年的中日甲午战争，被打断了。民国政府初见成效的现代化努力，由于1937年的日本全面侵华战争，再一次被打断。我们改革开放以来的现代化进程，已经三十年了，取得了令世人瞩目的成就，但仍然是在现代化的进程之中。鉴于百年以来的痛苦经验，中国人不能不有所警惕，从领导者到普通民众，都需要格外小心，要尽一切努力，不能让这一次现代化进程再次被打断，无论是出于自己的原因（比如没有做到"一心一意"和"不动摇"等等）还是由于他者的原因。

我们不能否认现代化的多元模式的可能。历史上的现代化模式，最早是欧洲的模式，后来是北美模式，而以北美模式对世界的辐射力最大。但这两个模式，基本上是一致的，至少同多于异。再后来亚洲的现代化浪潮兴起了，实际上日本模式、韩国模式、新加坡模式，已经和西方有所不同。不用说，中国作为独立的"文明体国家"，其现代化模式一定更带有自己的特点。已经走过的改革开放三十年的经验证明，我们走的是一条既不同于美国，也不同于欧洲，又不同于日本的现代化道路。但我必须强调，我们的现代化是"人在旅途"，是未完成式。对我们三十年来所取得的成就，包括经验和教训，世界上都很注意。

当然，现代性的一些最基本的指标，无论东方还是西方，都应该是共指的，不同的是现代性的文化形式，否则人类便无法互相了解，实现跨文化沟通。

多元共生：中华文化的显著特点

现代化的多元模式，主要是文化的民族内涵和现代性之间的张力问题。因此，在一个社会由传统向现代的转型过程中，中间呈现的诸多问题，常常离不开文化的思考，就是说，从文化的视角解读现代社会，有可能把很多问题说得更清楚一些；单一的政治解读、经济解读、军事解读，都不容易把一个国家和社会研究明白。

我的一个看法是：社会的问题在经济，经济的问题在文化，文化的问题在教育，教育的问题在文化。这是一个文化与社会与政治与经济之间的互动循环圈，这个循环圈为我们提供了对社会现象作文化解读的可能。我不是文化决定论者，但我觉得，当代中国文化方面的欠账太多。因为我们在较长一段时间内把文化混同于意识形态，以致文化排斥多于文化建设。殊不知文化建设是需要依赖社会的。经济的市场化自然是现代化的必经之路，但社会不能市场化，社会的教育与学术尤其不能市场化。人类的道德理性(譬如操守)和美好的情感(譬如爱情)，不能市场化。总之，经济强国的建立，不能以牺牲文化的基本价值为条件。

现代性语境下的文化问题，有一个自我的文化身份和与他者的关系问题。走向现代，那么传统呢？走向世界、一切方面都试图与国际接轨，那么自己呢？所以，便有了对自身角色做文化辨认的需要，而角色离不开自己的文化传统。如果说一百年前、三十年前，可能还会有学者认为现代化和民族的文化传统是不相容的，但今天，已经很少再听到这种声音了。我们长期反思的结论是：现代化不能完全丢开自己的文化传统，不能离开自己的出发点，不能找不到回家的路。

中国是一个有悠久历史文化传统的国家。五千年的文明，三千年有文字可考的历史，曾经创造了辉煌灿烂的古代文明与文化。当欧洲还处于中世纪的时候，中国的唐代就已经迎来了自由歌唱的历史时期，唐代的多元繁荣是中国文化史的最辉煌的记忆。

多元共生是中国文化的显著特点。就中国文化的发生来说，它是多元的，具体可以说有黄河文化和长江文化不同的两源。我们过去讲中国文化，一般都讲黄河文化，以黄河文化为基准，因而黄土地文化、农耕文化、内陆文化、写实主义文化等等，成为人们概括中国文化的常用语言。但长江文化为我们提供了不同于黄河文化的范例，甚至长江上游、中游和下游所呈现的文化面貌也是如此的不同。

长江上游四川广汉的三星堆出土了大量的青铜器，这些青铜器的造型和黄河流域非常不同，有非常夸张的千里眼和顺风耳，充满了神奇的想象力，甚至使人怀疑这是中国人制作的造型吗？从这些青铜器的构造上，我们约略可以想象出四川人的性格似乎带有青铜器的刚性。而长江中游的楚文化完全是另外一番景象。有一年我参观河南的博物馆，看到黄河流域出土的大量青铜器，各种鼎器的造型浑厚庄严，有力度，感觉很震撼。后来馆长带我去看另一处存放的青铜器，一排的鼎器，但造型轻巧，下座虽大，腰身却很细，年代也跟黄河流域差不多。馆长让我想想是哪里出土的？我说可能是三楚。他说是啊，"楚王好细腰"嘛。宫廷的审美取向已经影响到了青铜器的造型。由这一点可以看出，楚文化确实有自己的特点。长江下游的浙江则有大规模的玉器出土，就是有名的良渚玉器，不光有人身上佩戴的饰物，而且有生产工具和军事器械，例如玉斧、玉刀、玉箭、玉剑等等。所以考古学家怀疑，我国古代是不是可能有一个玉器时期。这些洁白坚硬的玉器，或许也可以让人联想到浙江人的一些性格特征。

所以，不仅长江文化和黄河文化不同，长江上中下游的文化也有很多差异。黄河文化的那些人们熟悉的特征，不一定完全适用于长江文化。长江自古以来航运便利，可以直接和海洋联系起来，如果说黄河文化带有内陆文化的特点，那么长江文化已经在一定程度上带有了海洋文化的特点。长江流域南面的岭南文化，更是很早就直接跟海外建立了广泛的联系。

就学术思想而言，中国传统文化也具有多元互补的特点。学术思想是民族精神的理性之光，是最高形态的文化。儒释道三家思想的相互包容和互动互补是其显例。佛教是在东汉时期由印度传到中国的，这么一个外来宗教慢慢变成中国自己的宗教，是由于儒家的思想有极大的包容性。道教的产生也在东汉，当佛教思想刚刚传进来的时候，起来进行反驳和讨论的居然不是儒家而是道教。因为道教是宗教，所以对另一种宗教的理念不能认同。南北朝时期的范缜写过有名的《神灭论》，就是批评佛教思想的。他为什么写这个文章呢？据陈寅恪先生考证，范缜的曾祖父、祖父、父亲以及他自己，都信仰天师道，这是道教的一个分支，他反对佛教，是由于他有道教的家传影响。

历史上很多国家和地区都有宗教战争，但是中国这么长的历史，很少有宗教战争。这是由于中国的文化思想有极大的包容性，特别是儒家思想。所以然者，在于儒家不是宗教，或如陈寅恪先生所说，"儒家不是真正的宗教"。正因为传统社会占主流地位的儒家不是宗教，儒释道三家的思想才融合得很好。汉以后儒家是在朝的思想，道家和道教以及佛教主要在民间。对于一个知识人士而言，三家思想的互补使得精神空间有很大的回旋余地，进退、顺逆、浮沉，均有现成的学说依据，所谓"达则兼济天下，穷则独善其身"。儒家思想给人以上进的力量，修身、齐家、治国、平天下，是传统士人的共同理想。但是，如果仕途受到了挫折，乃至革职、斥退、罢官的时候，道家无为的思想便可以给他很好的支撑。道教崇尚自然，可以让他畅游于山水之间，甚至遭遇罪愆，如果信奉佛教，剃度出家，也可以避世完身。总之，生命个体不会陷入完全的绝境。所以，多元性、包容性和自性的超越精神，是中国传统文化的价值理性的基本特征。

传统中国还有发达的民间社会，主要以家庭和家族为中心，构成文化多元存在的社会依托物。依据文化人类学的法则，文化传统可以区分为大传统和小传统。一个社会的主流意识形态，比如中国传统社会的儒家思想，就是大传统；而民间文化和民间信仰则是小传统。大小传统是互动和互相依赖的，当大传统遭遇危机的时候，我们仍然可以在民间文化中搜寻到它的碎片。所谓"礼失，求诸野"，就是这个意思。我们今天到东南亚一带，看到那里的华族社会，其中国文化传统的根性仍然相当牢固，甚至比我们国内看得更重。

中国文化自有令人自豪的不间断的传统，原因很多，其中一个原因和汉字有关系。汉字我们使用了两三千年，从秦朝的统一文字到现在，一直是中华文化的载体，电脑盛行原以为会使我们的汉字遇到危机困难，实际结果却并非如此，现在汉字进入电脑极为方便，说明我们的汉字在现代背景下仍然具有强大的生命力，是我们文明不间断的有功之臣。相反，20世纪初前半期，许多志士仁人以为汉字将成为现代化的"累赘"的想法，未免是杞人忧天。

不过从清朝中叶以后，中国的发展落在了世界文明的后面。不少史学家喜欢讲清朝如何不可一世，喜欢讲"康乾盛世"，但是我个人的看法，中国落后的直接触点其实还是发生在清朝。由于康熙晚年到后来奉行闭关锁国的政策，不与外人建立正常的交流关系，使中国处于与世界隔绝的状态。唐朝为什么那样强大而且繁荣？胸怀广大地与中亚以及其他国家建立稳定的文化商务关系，是重要的一因。17世纪的时候，欧洲人很愿意跟中国交流，但是清朝统治者不接受他们伸出来的手。显例是1793年英使马戛尔尼以给乾隆祝寿的名义率船队来华，带有乔治三世国王给乾隆帝的祝寿信，希望与中方签署一项贸易协定，并在双方首都互设使馆。清朝认为根本无此必要，价值1.56万英镑的600箱礼物收下了，马戛尔尼则除了拿到一柄精美的玉如意，等于空手而归。我以为至少是此次，不是西方而是清朝统治者主动放弃了交流的历史机会。否则，如果当时能够主动打开和欧洲经商的通道，后续的发展也许就不是后来的面貌了。

到了晚清，中国的大门被西人的船坚炮利打开，欧风美雨狂袭而至，传统文化的核心价值发生了危机。1911年持续几千年的帝制解体了，最后一个皇帝被赶下了龙椅，以"三纲五常"为代表的儒家思想，也就是传统社会的大传统，还能够继续发用吗？中国固有的文化能否在新的历史条件下重生？或者换句话说，中国传统文化与现代性应该是怎样的关系？传统中国经过怎样的途径才能顺利地进入现代中国？中国传统文化在今天还有意义吗？百年以来一直存在争论，直到今天仍不能说已经获致完全的解决。

回归原典：国学和经典阅读

晚清民国以来的百年中国，是我们民族的固有文化传统解体与重建的过程。这个过程一直隐含着、存在着两个真实的问题，即第一，到底如何重新诠释自己文化传统的价值？第二，实际上存在一个民族文化的重新认同问题。因为从清末到民初到五四乃至后来，长时期唯西方是举，只知有"西"不知有"东"，而且经常的口号是"要与传统彻底决裂"。结果使得中国自己固有的文化传统严重流失，流失到自己不能辨认自己。

上世纪90年代初期，我和香港中文大学校长金耀基先生，有过一次文化对话，后来发表在我主编的《中国文化》杂志上。金先生是有名的文化社会学家，他长期致力于现代化问题的研究。他说，中国文化20年代不想看，80年代看不见。上世纪20年代，反传统的思潮呈压倒之势，对传统当然不想看。可是到了上世纪80年代，文化传统大面积流失，即使想看也不容易看到了。是不是现代化必然要告别自己的文化传统？人们发现，东亚的一些国家并不是如此。比如日本，虽然早期也有过"脱亚入欧"的潮流，可是后来，在现代化的过程中自己的传统保存得相当完好，甚至比我们的现代化先行一步的台湾，也没有和中华文化传统彻底脱离。早几年到台湾的时候看到浓浓的人情味，传统的特征非常突出。而我们自己的文化传统呈现于当代社会的，的确少之又少。所以"中国和自身脱离"是一个很大的问题。

五四反传统，主要检讨的是社会的主流文化，文化的大传统。五四精英、上一个世纪的文化先进，他们虽然不留情面地批判传统，但他们本身又是受传统熏陶的有十足中国文化味道的从业人员。胡适反传统算是很激烈了，但他的身上，仍然保留有十足的中国传统文化的味道。他们那一批人很小就留学国外，甚至十几年、几十年在国外，但他们不发生文化失重的问题，文化的根始终在文化中国。像陈寅恪先生在国外的时间非常长，到过很多国家，但是他的文化关切、学问的中国文化根基，始终没有变。1961年诗人吴宓自重庆赴广州探望寅恪先生，他的印象是："寅恪兄之思想及主张，毫未改变，即仍遵守昔年'中学为体，西学为用'之说(中国文化本位论)。"(《吴宓日记》续

编，1961年8月30日条，三联书店版）

我们文化的小传统，即民间文化和民间信仰，后来也在相当一段时间遭到了破坏。我们一两代人都是在大小传统齐遭毁损的背景下成长起来的，很少有机会接受传统文化典范的熏陶，从而成为民族固有文化的缺氧者。特别是动乱时期，提倡学生揭发老师、子女揭发父母、同志揭发同志、街坊揭发邻里，全民大揭发，中国人的人性尊严丧失殆尽，对社会基本伦理价值的伤害是难以想象的，也是难以弥补的。我认为这个影响直到现在也不能说已经完全成为过去。

改革开放三十年来，随着国家经济实力的增强，政府和民间做了许多重建传统的努力，取得的成效昭昭可睹。但由于长期与传统脱节所造成的文化断层，一时还不能完全找到与传统衔接的最佳途径。人们看到的大都是比较浅层的模仿或没来由的怀旧，而缺乏民族文化传统的深层底蕴。

我认为当今文化传统的承续与重建，有三条途径比较行之有效。第一是文本经典的阅读，第二是文化典范的熏陶，第三是礼仪文化的熏习。

中国文本典籍之丰富，汗牛充栋不足以形容。中国很早就有修史的传统，各朝各代都有完整的史书，不包括《资治通鉴》，就有二十四史，加上《清史稿》，是二十五史。还有各种野史笔记，也都有丰富的史料价值。史书之外，还有丛书和类书。当然按传统的"四部之学"，史书是"乙部之书"，另还有经部之书、子部之书，以及数量更大的个人作品集，也就是"集部之书"。

这么多的典籍，专业的研究者尚且望洋兴叹，我们一般的公众，该读些什么书呢？过去做学问打基础，或者想积累自己的传统文化知识，最初步的是要读"四五四"和"百三千"。"百三千"就是《百家姓》、《三字经》和《千字文》，是从前的发蒙读物。"四五四"是"四书"、"五经"和"前四史"。《史记》、《汉书》、《后汉书》和《三国志》是前四史，篇幅不是很大，如果不能全读，选读也可以。像《史记》，主要需要读传记部分，共七十二篇，故事性强，不难读的。除了"前四史"，这几年我一直提倡读一点"经"。现在大家讲国学，什么是国学？国学这个词在《周礼》里面就有了，但是我们今天讲的国学，不是历史上的国学，历史上的国学是国家所立学校的意思。今天讲的国学这个概念，是晚清出现的，可以叫做现代国学。至少1902年黄遵宪和梁启超的通信里，已经在使用国学的概念，还不一定是最早。讲国学最多的是章太炎先生。他一生有四次大规模地讲国学，他是当之无愧的国学大师。

国学是做中国学问的一种根底，最重要的是经学和小学。什么是小学？小学包括文字学、训诂学、音韵学，是过去做学问的基本功，也就是清儒常说的"读书必先识字"。章太炎先生就是研究文字学的大专家。还有一个是经学，就是指《诗》、《书》、《礼》、《易》、《乐》、《春秋》"六经"。诗是《诗经》，书是《尚书》，礼是《周礼》（还有《仪礼》、《礼记》，称"三礼"），易是《易经》，也叫《周易》，乐是《乐经》，《春秋》也叫《春秋经》，因为是极简短的史事记载，必须借助于几种"传"方能看得明白。有《左传》、《公羊传》、《谷梁传》，我以为《左传》最重要，最便于阅读。由于《乐经》后来没有传下来，空此一"经"，所以便有了"五经"的说法。

现在关于国学有几种说法，有一种说国学就是"国故之学"的简称，后来大家觉得这个范围太大，比较一致的看法，是说国学是指中国的固有学术，包括先秦的诸子百家之学，汉代的经学，魏晋南北朝的玄学，隋唐的佛学，宋代的理学，明代的心学，清代的朴学等，这是学术史的一个流变过程。可是我觉得，要是把国学看成中国学术史，很多人会望而却步，一般的民众怎么可能进入呢？因此我很赞成20世纪的大儒马一浮的观点，他说所谓国学，就是"六艺之学"，也就是"六经"。马先生的定义的好处，是抓住了中国学问的源头，把中国文化的最高形态称作国学，这是天经地义之事。中国人做人和立国的基本精神，都在"六经"里面，而且可以和国民教育结合起来。所以我主张我们的中小学、大学的一二年级，应该设立"国学课"，内容就是以"六经"为主。由于"六经"的义理较深，可以从《论语》和《孟子》入手。《语》、《孟》实际上是"六经"的通行本。熟悉了《语》、《孟》，也就熟悉了"六经"的义理。高中和大学的一二年级，应适当增加文言文的写作练习。如此长期熏陶，循序渐进，百年之后，"六经"就可以成为中华儿女的文化识别符号。

所以今天讲文本的经典阅读，我想包括《论语》和《孟子》的"四书"是首先该读一读的典籍。《论语》、《孟子》再加上《大学》、《中庸》合称"四书"，是南宋大儒朱熹把它们合在一处的。《大学》相传为孔子的弟子曾参所作，《中庸》的作者据说是孔子的孙子子思。《大学》和《中庸》文短理深，其实并不易读。我的看法，主要还是要先读《语》、《孟》。当然，开始阶段，"百三千"即《百家姓》、《三字经》、《千字文》等蒙学读物，读一读也是有百利而无一弊的。以前这些都是生之为中国人的必读书，现在读这些书，很大程度上是文化补课，是为了改变百年以来的文化断层而增补的几门必要的传统文化课。至于老庄、诸子、古文、诗词、戏曲、小说，还有佛道经典，应该如何选读，是另外的问题，这里就不一一谈及了。这是我讲的关于文化传统重建的第一点，文本的经典阅读。

第二是关于文化典范的熏陶。一个文明体国家，在其发展过程中留下了无穷无尽的文化典范。文本经典也是一种文化典范。此外古代的建筑，包括宫廷建筑、百姓民居、佛道教的寺庙和道观，大量的地下发掘文物，以及各种物质的和非物质的文化遗产，能够流传到今天的，许多都是各个历史时期的文化典范。还有历史上的杰出人物，也是文化典范的代表。中国是讲究人物的国度。三国人物，魏晋人物，盛唐人物，晚清人物，都是有特定内涵的人物群体。我们通过和这些文化典范的接触与对话，接受文化典范的熏陶，是文化传承和重建文化传统的一条重要途径。

第三是礼仪文化的熏习。礼仪文化的提倡，可以唤起人性的庄严，可以帮助人们恢复对传统的记忆。中国是礼仪之邦，可是实事求是地讲，当代中国也是礼仪文化流失得最多的国家。礼仪的核心是一个"敬"字，所谓无敬不成礼。所以孔子说："为礼不敬，临丧不哀，吾何以观之哉！"朱熹对这句话的解释是："礼以敬为本。"礼敬，礼敬，如果没有了敬，礼就不存在了。因此中国人的习惯，拜佛也称做"礼佛"、"敬佛"。其实"孝"的内核也是一个"敬"字。孔子认为如果没有了"敬"，人类的"孝"和犬马的"能养"便无所区别了。如果联系我们的节日庆典和日常生活，随处都可以看到礼仪缺失的情形。比如中小学生的校服，大都是质量很差的运动装，根本和校服不是一回事。校服必须是礼服，国家典礼、学校开学和毕业的典礼，以及学位的授予等庄重的场合，学生应该穿上校服，又好看又精神，很合乎礼仪。

总的来看，百年中国以来的文化传统是处在流失与重建的过程之中。我说的文本的经典阅读、文化典范的熏陶和礼仪文化的熏习，是重建中华民族文化传统的一些必要途径。包括于丹对《论语》的解读，我个人也并不轻看，因为她旬日之间把儒家最基本的经典《论语》送到了千家万户。当人们对传统的文本经典已经陌生的时候，她让大家对《论语》重新产生了一种亲近感。她帮助普通民众拉近了与本民族文化传统的距离。

我的愿景是，希望正在走向世界的中国，同时也走向自己文化的深处，是世界的中国，同时也是中国的中国。

中国人的人生智慧

冯之浚

冯之浚，男，1937年4月生，回族，北京人。上海交通大学博士生导师，上海大学、浙江工业大学教授；上海大学循环经济研究院院长，国务院参事，国家软科学指导委员会副主任，中华文化学院副院长，国际欧亚科学院院士，中国科学学与科技政策研究会名誉理事长，中国可持续发展研究会副会长，中国软科学研究会副会长，第五届全国政协委员，第六届全国人大代表，第七、八、九、十届全国人大常委，第十届全国人大环境与资源保护委员会副主任。

主要从事软科学研究，主要研究领域是"战略研究、规划研究、政策管理以及区域经济与地域文化"，近期重点研究循环经济、低碳经济、文化与人生。

先后编辑出版了《现代化与科学学》、《论战略研究》、《软科学纲要》、《战略研究与中国发展》、《区域经济研究》、《国家创新系统的理论与政策》、《循环经济导论》、《中国循环经济高端论坛》（五卷）等著作60余部。同时，在《中国社会科学》、《管理世界》、《中国软科学》、《科学学研究》、《人民日报》、《光明日报》、《科技日报》等报刊上公开发表学术论著100余篇。

前言

　　文化是人造的第二自然。人类的实践创造了文化，文化塑造了环境，反过来，文化和环境又影响了人类，因此，本质意义上的人，实际上就是文化意义上的人，文化与人生在本质问题上是联系在一起的，二者关系密切，相得益彰，有着共通的探索领域。

　　文化可以分为纵向、横向结构。从纵向来看，文化包括了器物层、制度层、意识层。文化的器物层由人类加工自然创制的各种器物构成，是整个文化创造的基础；文化的制度层由人类在社会实践中建立的各种社会规范、社会组织构成；文化的意识层由人类社会实践和意识活动中长期内蕴化育出来的价值观念、审美情趣、思维方式等构成。从横向来看，文化包括了三大研究领域，即人与自然的关系、人与人的关系、人与自我的关系。其中人与自然的关系，讲的是人要知天，最终目标是实现天人和谐，解决人类的生态危机；人与人的关系，讲的是人要知人，最终目标是实现人际和谐，解决人类的人文危机；人与自我的关系，讲的是人要知己，最终目标是实现身心和谐，解决人类的精神危机。

　　人生是个大学问、大智慧，人生智慧所关注和研究的同样是人与自然的关系、人与人的关系、人与自我的关系，也是探索知天、知人、知己的问题。中国传统文化的一个显著特点，就是对人生智慧的关注和思考。中国人生智慧极富特色，究其根底也是研究人与自然、人与人、人与自我的关系，对此，儒、道、佛三家从不同角度给予了阐释，它们为中国传统人生智慧提供了一个较为完整的文化图景。"以佛修心，以道养身，以儒治世"，成为中国知识分子的修行处世之道。

在处理人与自然、人与人、人与自我的关系上，儒、道、佛各有侧重，儒家着重处理人与人的关系，道家着重处理人与自然的关系，佛家着重处理人与自我的关系。

中国传统人生智慧融儒、道、释为一体，互补相融。儒家讲入世，强调刚健有为，以天下为己任；道家讲忘世，强调清静无为，以柔克刚，安时处顺；佛家讲出世，强调万物看空，排除烦恼，自度度人。儒、道、佛三家在人生智慧问题上虽然有所差异，但各有特色，又互相融合，总的精神都是提倡和谐，从自我的修炼和完善做起，进而扩展到社会、世界、天地和宇宙，使自己成为一个高尚的人、智慧的人、快活的人、有趣的人，成为一个与自然、与人、与自我和谐的人。"才分天地人总属一理，教有儒释道终归一途"，儒、道、佛从不同视角出发，最终能达到共同的目标，这个共同的目标就是和谐人生。

中国历朝皆以儒家治国，兼用道佛安定人心。汉代提倡儒学，兼用道家思想的黄老之学。"自曹参荐盖公言黄老，贾生、晁错明申、商，公孙弘以儒显。百年之间，天下遗文古事，靡不毕集"（《史记·太史公自序》），即是诸家兼用之写照。汉代既有崇尚道家的"文景之治"，也有"罢黜百家、独尊儒术"的时期，更有汉明帝崇儒佛兼备，既以儒家治世，又派人求佛法，造佛寺，译佛经。唐代20多个帝王，除唐武宗一人崇道外，其余都不同程度地尊奉佛学，在以儒治国的同时，对佛道二家均予支持。唐高祖李渊、太宗李世民更是利用道家始祖老子(李耳)同姓的巧合，宣称自己是道家始祖后裔。同时，支持玄奘取经、译经，张扬佛学。宋元明清各代，绝大部分的帝王，均支持佛道二家。宋代排佛，仅宋徽宗一人。宋代崇奉道家，以唐代的"恭奉玄元皇帝"为例，把当时的道家代表奉为"玄朗"。元代以佛家为本，明代朱元璋当过和尚，清代顺治"半路"出家，康熙、雍正、乾隆对佛道积极支持，雍正更是总结儒、道、佛三家的特点，认为儒家主入世、道家主忘世、佛家主出世。乾隆自称"十全老人",称自己为五百罗汉之一的转世。中国文化后来存有"三教同源"、"三教同流"、"三教合一"的说法,儒、道、佛三家相互激荡,相互交流,相互补充,为世人的乐生(儒家)、长生(道家)、来生(佛家)提供了不同的精神需求。中国文化博大精深,"不择细流,故成其大",中国的人生智慧更是博采众长,融合各家,凝炼出人与自然和谐的价值取向,人与人群己关系的定位取舍,人与自我的精神境界的追索,为愉悦人生、和谐人生提供了重要的精神资源。

中国传统人生智慧有"为学"与"为道"之分。老子讲"为学日益,为道日损。"(《老子》第四十八章)"为学"是知识问题,"为道"是见识问题。"为学日益",是说求知识需要日积月累,用的是加法,一步步积累,每天学习,知识不断增多;"为道日损",是说逐渐减少个人的私欲、武断、偏执,用的是减法,一步步否定,最后达到"损之又损,以至于无为"(《老子》第四十八章),不断提高个人修养和人生境界。文化与人生的问题多属于"为道"的范畴。

中国传统人生智慧有"为人之学"和"为己之学"之分。孔子"古之学者为己,今之学者为人。"(《论语·宪问》)意思是说,古人是为了自己修身的需要才读书的,而今天的人是为了他人才读书的。"为人之学",是为了求生存,找职业,表现自己,而取得他人肯定,追求的是外在的;"为己之学",是为了修身,为了闻道明理,提高自身修养和人生境界,实现自我的内在价值,其追求是内化的。文化与人生的问题多属于"为己之学"的范畴。

21世纪人类面临着一项共同的挑战和冲突,即人与自然、人与人、人与自我的冲突,以及由此而引发的生态危机、人文危机和精神危机。现在越来越多的学者把视角投向博大深邃的中国文化和人生智慧,认为发掘中国文化和人生智慧的瑰宝,寻求可资借鉴的精神资源,对于解决人类面临的冲突和危机是十分有益的。当前,我们构建社会主义和谐社会，促进人与自然、人与人、人与自我关系的和谐发展，也要从中国文化与人生智慧中汲取营养，特别是知天、知人、知己之道。

中国人生智慧关注的第一个问题——人与自然的关系

人与自然的关系，讲的是人要知天，最终目标是实现天人和谐，解决人类的生态危机。人与自然的关系如何、人应当怎样对待自然是人类安身立命的重要命题。汉代著名思想家司马迁曾说，"究天人之际，通古今之变，成一家之言"，这几乎是中国古代所有学问家、思想家的共同心愿。"天"含义多样，一般是指自然界，"人"指人类，"际"，就是关系。自古以来，探索人与自然关系的学问，也称为天人之学，与义理之学、会通之学并称为三大学问。天人关系是研究知天的问题，也是探索人生意义的问题。在这个问题上，中国人生智慧强调人与自然的统一，人的精神、行为与外在自然的一致，以及由此而达到的天道与人道的统一，从而实现完满和谐的精神追求。

（一）人类在天人关系认识上的发展

人类在处理与自然的关系上，经历了三个阶段：崇拜自然、征服自然和协调自然，标志着人类对自然界认识不断深化，人类的文化积淀不断增加，以及人类素质的提高和人生境界的升华。

崇拜自然。在人类社会的早期，由于生产力极其低下，原始人群在生产中软弱乏力，因而，同自然界之间的关系是十分狭隘的。他们看到有些自然现象给人们带来意外的享受，同时，有些自然现象却给他们带来灾害和恐惧。人们虽然想尽办法企图克服自然界带来的灾难，可是所能办到的却极其有限。在这种背景下就产生了一种对自然界崇拜的原始宗教。人们将大自然的日月星辰、风雨雷电、土地山河、凶禽猛兽等，无不加以神化并对它们崇拜。

就在崇拜自然的人类社会早期，先民们已经开始凭简陋的工具、坚韧的意志和不断增长的智慧与险恶的自然环境搏斗。人们在生产斗争中获得了驾驭自然的能力，这些知识鼓励人们作进一步的尝试。在漫长的石器时代，火的使用和农耕的发明是人类历史上的两件具有划时代意义的伟大创造。人类先后又发明了青铜器和铁器，生产力水平有了质的飞跃，社会发展速度逐渐加快，人类的生存、发展能力也不断增强。当人类的历史进入16世纪时期，揭开了近代科学的帷幕，人类逐渐以大自然的征服者的英雄姿态出现在世界舞台上。

征服自然。随着资本主义的发展和第一次工业革命的出现，西方主客二分、主客对立的哲学思维的主导，人类进入了大规模征服自然的阶段。征服自然的阶段近400年来，人类依靠科学技术的力量，不断发展生产力。社会生产力从蒸汽机时代进入电气化时代，继而又步入以电子计算机、核能开发、空间技术、生物技术为标志的高科技时代。若从历史的跨度进行比较：人类的历史约有300万年，人类的文明史约有6000年，科学技术的历史约有2500年，近代科学的历史约400年，现代科学技术的历史还不到100年，然而，这短短的四五百年中，人类社会发生了迅速而巨大的变化。有学者估计，今天社会在3年内所发生的变化相当于本世纪初30年内的变化、牛顿以前时代的300年内的变化、石器时代的3000年内的变化。

科学技术的进步是推动社会发展的强大动力，然而，片面、单纯地把科技作为征服自然的利器，在取得重大成就的同时，绝对人类中心主义蔓延，忽视了人文精神，导致了蔑视自然、虐待自然思想的抬头，把自然界当作取之不尽并可肆意挥霍的材料库和硕大无比的垃圾桶，巧取豪夺，竭泽而渔的大规模征服自然的做法，终于导致了自然大规模的报复，环境污染、生态失调、能源短缺、城市臃肿、交通紊乱、人口膨胀和粮食不足等一系列问题，日益严重地困扰着人类。《红楼梦》有言，"身后有余忘缩手，眼前无路想回头"。事实警告人类片面把自然界看作是人类的对立物或绝对人类中心主义的观点是错误的。随着人口的持续增加，经济规模的不断扩大，传统的生产模式带来的资源短缺和环境污染，迫使人类进行深刻的反思。

西方历史学家汤因比从世界文明发展的历史中进行了人与自然关系的深刻思考，他在代表作《历史研究》中向世人公布了关于世界文明发展的研究成果：世界古往今来共有26个文明，并断言在这26个文明中，有的发育不全，有的已经消亡，有的明显衰弱。而在其最后一部著作《人类与大地母亲》中，汤因比深刻注意到人类物质技术力量的进步对大自然的毁坏所造成的恶果，他关注着人类将与自然环境建立怎样的关系。在汤因比所论述的26个文明中，衰落的特别是那些消亡的，都直接或间接地与人与自然关系的不协调有关，由于人口膨胀、盲目开垦、过度砍伐森林等造成的对资源的破坏性使用是其中的主要原因。举其要者，诸如玛雅文明、苏美尔文明和复活节岛上的文明的失落都有力地证明了这个判断的正确性。

1962年，罗马俱乐部出版了代表作《增长的极限》，发出了资源枯竭、环境恶化的警告，令人震惊，一定程度上推进了可持续发展观念的形成。20世纪70年代，发生了两次世界性能源危机，引发了人们对经济增长方式的深刻反思。1972年，联合国发表了《人类环境宣言》，强调保护环境、保护资源的迫切性。80年代，人们开始探索走可持续发展道路。1987年，时任挪威首相的布伦特兰夫人在《我们共同的未来》的报告里，第一次提出可持续发展的新理念。1992年，联合国环境与发展大会通过了《里约宣言》和《21世纪议程》，正式提出走可持续发展之路。

协调自然。在反思人与自然关系的同时，学者们从不同的认识角度提出了改进的对策，在协调自然方面进行了有益的探索。戴利(H.Daly)等经济学家提出了"稳态经济"理论，他们把传统的不考虑生态影响的经济模式称为"增长经济"，而把根据生态和社会相结合观念而形成的经济称为"稳态经济"，主张在必要时应该不惜放弃短期经济增长和资源消耗以维持整个社会的长期生存和稳定，能够为全社会提供一个无限期保持下去的较高的生活水平，并且能够有成效地使全社会成员公平合理地享受这一较高的生活水平。英国经济学家史密斯(G.Simith)及一些自然科学家提出了"生态的蓝图"理论，他们指出高度发达的工业化带来的不是社会的进步而是无穷的灾难，世界的前途面临着走向危机和摆脱危机的道路选择，必须控制人口、保护资源、压缩生产，提倡一种新的生活哲学，在不破坏生态环境的前提下制定准则以进入一种新的生态平衡社会。20世纪60年代，美国经济学家鲍尔丁(Boulding K.)提出了"宇宙飞船理论"，指出，地球就像一艘在太空中飞行的宇宙飞船，要靠不断消耗和再生自身有限的资源而生存，如果不合理开发资源，肆意破坏环境，就会走向毁灭。

在这些思想萌芽的基础上，人类的生态伦理观逐渐由"人类中心主义"转向"生命中心伦理"和"生态中心伦理"，生态阈值的问题开始受到广泛关注，自然资源的作用得以被重新认识，浅生态论向深生态论转变，一种遵循"减量化、再利用、资源化"原则、采用全过程处理的循环经济模式逐渐形成，并被广泛实行。而随着人类温室效应及由此产生的全球气候变暖问题日趋严重，以低碳经济模式为基本内涵的发展模式也被提到了日程之上，其基本特征正是低能耗、低排放、低污染。循环经济、低碳经济以及我国在科学发展观指导下提出的新型工业化、节能减排、绿色经济、战略性新兴产业、资源节约型和环境友好型社会等这些新的概念，很多内容是互相包容的，我们可以用"绿色发展"加以统领。总而言之，人类逐渐认识到，只有合理地利用自然界，才能维持和发展人类所创造的文明。人类的科技和经济发展的目标，应当向协调人与自然界关系作战略转移，人类应该进入人与自然协调发展的新阶段。在协调自然阶段，人类需要充分发挥聪明才智，不断升华人生境界，提高自身素质，实现人与自然的共同发展。

（二）天人和谐是中国人生智慧的共同目标

关注天人关系是中国人生智慧的显著特点。从先秦时代到明清时期，我国大多数思想家、哲学家都有自己的"天人观"，这是中国传统文化的一个独特现象。纵观中国传统文化的天人观，主要有三种：一是老子的"见素抱朴"、"回归自然"的"顺天说"；一是荀子的"制天命而用之"的"制天说"；一是《易传》提出的天人和谐说。百家争鸣，百花齐放，观点各有差异，但主张天人和谐是一致的，在他们看来，天与人、天道与人道、天性与人性是相类相通的，是可以统一的。

《易传》在天人关系上提出了一系列精辟的思想，其中"人生的理想是天人和谐"等思想就是在今天也依然对我们为人处世有着重要的指导意义。

《易传》主张天人和谐。要达到天人和谐，首先要解决"穷神知化"的问题。《系辞上》说："夫《易》，圣人之所以极深而研几也。唯深也，故能通天下之志；唯几也，故能成天下之务。"深，指万物变化之神妙；几，指事物运动变化的苗头。极深研几，即"穷神知化"。这就是说，无论怎样的幽深不测，怎样的变化细微，都要穷研而知之。惟此，方能通天下之志，成天下之务。在当时就能提出"穷神知化"的观点，对于人类认识自然、认识自身、揭示大自然的奥秘，无疑是一个极大的推动力量。

人既要遵循自然法则，又要自强不息，有所作为，以达到天人和谐的境界。为此，《易传》又提出"裁成辅相"说："天地交泰。后(君)以财(同裁)成天地之道，辅相天地之宜，以左右民。"(《象传》)就是说应在认识自然规律的基础上，对自然加以辅助、节制或调整，使其更加符合人类的要求。"裁成辅相"的观点，既要求深刻地认识自然，又要求能动地协调自然，朴素地表达了人与自然的辩证统一关系。与此同时，《易传》又提出"范围天地之化而不过，曲成万物而不遗"(《系辞上》)的思想。即节制、调整自然的变化而又不违反其本性，普遍成就万物而无所遗漏。一方面强调尊重自然规律，"顺天休命"、"辅相天地之宜"；另一方面又强调要充分发挥人的能动作用，"裁成天地之道"，"范围天地之化"，在大自然面前有所作为。

《易传》认为人生的理想应当是与天地相合，达到天人和谐的最高境界。人要"与天地相似，故不违；知周乎万物而道济天下，故不过；旁行而不流，尔天知命，故不忧；安土孰乎仁，故能爱；范围天地之化而不过，曲成万物而不遗，通乎昼夜之道而知"(《系辞上》)。主张人与自然的关系"不违"、"不过"，讲究天人和谐，比较正确地解决了人与自然的关系问题。

《易传》认为，自然是宇宙普遍生命大化流行的境域。由于大自然养育了人类及万物，所以天有德、有善，有"无穷极之仁"。而"仁"集中表现在大自然永恒的创造力之中，"天地感而万物化生"(《咸·象》)，"天地之大德曰生"(《系辞上》)。一个"生"字，概括了宇宙的根本法则，天地以此心，普及万物，使整个宇宙充满了生机、活力，成为生生不息、日新月异的大化流行过程，生命始终流畅不滞，盎然不竭。

传统的天人和谐思想一方面强调天、地、人相统一，另一方面强调人的特殊性，将人与自然的关系定位在一种积极的和谐关系上，不主张片面征服自然。它肯定天道之创造力充塞宇宙，而人则"与天地合其德，与日月合其明，与四时合其序"(《文言》)，并能够将仁的精神推广及于天下，泽及草木禽兽有生之物，达到天地万物人我一体的境界，天、地、人合德并进，圆融无间。这些思想启示我们，人生要顺天，才能实现天人和谐的目标。顺天关键是要抓住时机，"待时而动，何不利之有?"（《系辞下》）"时止则止，时行则行，动静不失其时，其道光明"（《象传》）。

（三）中国人生智慧重视自然资源价值

中国文化向来主张亲近自然，关注自然，在思考人与自然关系时，重视自然资源的作用。自然资源是自然奉献给人类的珍贵礼物，它不仅是人类赖以生存的重要基础，也是人类文化的重要载体。新世纪新阶段，重视自然资源的价值是我们贯彻落实科学发展观，建设资源节约型、环境友好型社会，实现绿色发展的关键。

自然资源可以理解为自然界中具有一定的时间空间格局、对人类生存和生活直接间接地产生影响的所有自然因素的总和。自然资源包括一切具有现实价值和潜在价值的自然因素，对于人类的生存与发展、满足人类多方面的需求，有着其极其重要的功用价值，除了具有显而易见的经济价值外，其功能和用途的多样性还决定了具有生态价值和社会价值，主要体现在：

（1）自然生态为人类提供最基本的生活与生存需要的"维生价值"；（2）自然资源作为人类利用自然、改造自然的对象物，为人类提供"经济价值"；（3）自然资源为人类提供"经济"作用的同时，还提供"生态价值"。虽不能直接在市场上进行交换，体现的是潜在价值、间接使用价值，如森林所提供的防护、救灾、净化、涵养水源头等生态价值；（4）自然为人类满足精神及文化上的享受而提供"精神价值"，体现的是存在价值或文化价值，如自然景观、珍稀物种、自然遗产等所体现的精神性价值；（5）自然为满足人类探索未知而提供"科学研究价值"等。

自然资源的经济价值、生态价值、社会价值等是统一的和不可分割的整体，经济价值如果不顾及其他不断地开发，那么必然会引起生态价值和社会价值的流失和缺损，比如森林的无制约采伐在获得巨大经济效益的同时，也会导致森林生态效益和社会效益的损失甚至毁灭，进而引发难以恢复的生态和环境问题，也反过来约束着经济效益的获取。自然资源的价值是其经济价值和"服务价值"（生态价值、社会价值等）的总和，服务价值是其经济价值的基础，随着人类发展水平的提高，人类对自然资源的服务价值的需求会越来越高，其生态价值和人文价值将会显得越来越重要。要充分发挥自然资源的作用，既要通过向自然资源投资来恢复和扩大自然资源存量，又要运用生态学模式重新设计工业，还要通过开展服务和流通经济，改变原来的生产和消费方式。

中国人生智慧关注的第二个问题—— 人与人的关系

人与人的关系，是讲人要知人，最终目标是实现人际和谐，解决人文危机。人不是孤零零地生存在世上的，而是和他人一起生存在世上的。既然如此，那么人与人之间应该保持一种什么样的关系，一个人应该如何对待他人，怎样才能与他人和谐相处，就成为文化与人生领域中非常值得探讨的重要课题。在对待人与人关系的问题上，中国文化和人生智慧主张"修己以安人"，通过自我完善，和谐处世，促进人与人之间互相尊重、互相信任，最终实现社会稳定和发展的更大价值。

(一)"仁"的精神

"仁"的精神是中国人生智慧的象征。"仁"不仅在各种道德中是最基本的也是最高的德目，而且在世俗道德生活中也是最普遍的德性标准。在《论语》中讲"仁"有104次之多，可见"仁"的重要。在中国文化中，"仁"与"人"是同一的，是人之所以为人的根本特性。《说文·人部》中说："仁，亲也，从人、二。"可见仁是对他们的友善，是在两个或两个以上的人交往中产生的。"仁也者，人也"(《孟子·尽心上》)，"仁者人也，亲亲为大"(《中庸》)。孔子指出"仁之方"，是指"忠恕"二字，"尽己为人"是"忠"，"己所不欲，勿施于人"是"恕"，"忠恕"之道就是要以自己为尺度来规范自己的行为。"樊迟问'仁'，子曰：爱人"(《论语·颜渊》)。这里把"爱人"作为"仁"这个道德规范的定义。爱人与尊重人是一件事的两个方面，所以孔子说，"己所不欲，勿施于人"(《论语·卫灵公》)，自己不想要的，不要去给别人。又说："己欲立而立人，己欲达而达人"(《论语·雍也》)，自己要做成事情，同时要使别人把事情做通。由此看来，孔子所说的"仁"不仅指人们心里要想到他人，而且在行动上也要尊重他人，爱护他人。这种"爱心"不只是爱自己的亲属，而是由此作为起点去爱大众，"泛爱众而亲仁"(《论语·学而》)。如何才能算是博爱大众呢？孔子回答说："老者安之，朋友信之，少者怀之"(《论话·公冶长》)，这是一个高尚的理想：对老者关怀尊敬，对朋友讲诚信，对少年注重教育，这些可以算是博爱大众的标准了。

"仁"，既是道德规范，又是区别善恶的标准。哪些事应当做，哪些事不应当做，都要用"仁"这把尺子加以衡量。孔子还分别提出了仁的一些具体条目，例如恭、宽、信、敏、惠，认为"能行五者于天下为仁矣"(《论语·阳货》)。恭即庄重、自尊；宽即宽厚，对他人宽厚，对自己严格；信即诚实，讲信用，不说假话，不骗人；敏即勤快、认真；惠即帮助他人，想到他人的难处。这五条都做到了，就是真正实践了"爱人"的信条。在爱人的基础上，形成了"老吾老以及人之老，幼吾幼以及人之幼"、"不独亲其亲，不独子其子"的宽广情怀和安老怀少的社会风尚，形成中华民族大家庭社会生活中浓烈的人情味和生活情趣。

在我们这个星球上，有60多亿人口，6000多种语言，2500多个民族，200多个国家，繁多的宗教信仰，人与人之间由于利益不同、观念不同、信仰不同，难免会发生冲突和矛盾，要实现和谐共处，必须提出取得全球共识的伦理。1993年8、9月间，为纪念"世界宗教会议"召集一百周年，来自世界上大小120多个宗教团体的6000余名代表在芝加哥召开了"世界宗教议会"大会。为建立起公认的全球伦理，代表们在大会上经过长期讨论和反复修改，通过并签署了《世界宗教议会走向全球伦理宣言》，宣言把"己所不欲，勿施于人"确定为"全球伦理"，并指出"这个原则是有数千年历史的宗教和伦理和传统所寻获并持守的"，"这个终极的、绝对的标准，适用于人生各个范畴，家庭和社会，种族、国家和宗教。"这意味着中国文化的博大精深的人生智慧已经被世界各国有识之士所接受，为全人类追求和平、美好的生活作出了重要的贡献。

(二)和而不同

中国文化的基本特质是追求人之自我身心、个人与他人、人与自然、人与超越之天地宇宙的普遍和谐。为实现和谐的追求，中国文化提供了两大法宝，一是"和"，一是"中"。

中国文化十分重视人与人和睦相处，待人诚恳、宽厚，互相关心、理解，与人为善、推己及人，团结、互助、友爱、求同存异，以达到人际关系的和谐。"和为贵"一词出自《论语》，孔子说，"礼之用，和为贵"（《论语·学而》），礼之运用，贵在能和，主张借礼的作用来保持人与人之间的和谐关系。孟子提出"天时不如地利，地利不如人和"

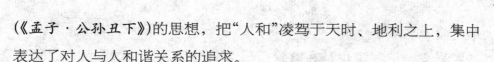

（《孟子·公孙丑下》）的思想，把"人和"凌驾于天时、地利之上，集中表达了对人与人和谐关系的追求。

在处理人际关系时，"和"与"同"是中国文化所关注的一对含义不同的范畴。早在西周末年至春秋战国时期，就有过所谓"和同"之辨。"和"是众多不同事物之间的和谐；"同"是简单的同一。《国语·郑语》记载，史伯在回答郑桓公"周其弊乎"的发问时认为，西周最大的弊端就是"去和而取同"。史伯说："夫和实生物，同则不继。以他平他谓之和，故能丰长而物归之。若以同裨同，尽乃弃矣。"史伯区别"和"与"同"，"以他平他谓之和"，把聚集不同的事物而得其平衡，叫作"和"，"和"能产生新事物，所以说"和实生物"；"以同裨同"，就是把相同的事物叠加起来，那是不能产生新事物的。五声和，则可听；五色和，则成文；五味和，则可食。推及施政，则必须"择臣取谏工，而讲以多物，务和同也"，综合不同意见，防止偏于一端、专横独断，否则，则"天夺之明，欲无弊，得乎?"

孔子曾提出"和而不同"的著名观点。他说："君子和而不同，小人同而不和"，他认为君子能汲取别人的有益思想，纠正其错误思想，力求公允正确，绝不盲从，这叫"和而不同"；而小人只会随声附和，从不提出自己的独立见解，这叫"同而不和"。

"和"是中国文化和人生智慧的重要特征，其内涵十分丰富，充满了大智大慧的深刻哲理。"和而不同"的"和"，一是主张多样，二是主张平衡，对不同的意见，不同的事物，持以宽容的态度，"同归而殊途，一致而百虑"（《易传·系辞下》），提倡宽厚之德，发扬包容万物，兼收并蓄，淳厚中和的"厚德载物"（《易传》）的博大精神。

将"和"用于人生，以宽和的态度待人，就会取得众人的信任，就会上下通达、左右和谐，生命也能得和而盛，得和而寿。儒家重视自身修养，将严于律己、宽以待人视为君子与小人的分野，体现了一种道德境界和人文涵养。宽以待人，厚德载物，对他人不要求全责备，从善意出发去推测他人，既要能容人之恶，还要能成人之美，换一个角度来看，这其实也是在解脱自己、善待自己，正如明代陈继儒所说："薄福者必刻薄，刻薄则福愈薄矣；厚福者必宽厚，宽厚则福益厚矣"（《安得长者言》）。

"和"不是"同"，"和"是有矛盾、有斗争的，是对立面的统一，不是各要素的同一。宋代张载在《正蒙·太和篇》中讲："有像斯有对，对必反其为；有反斯有仇，仇必和而解"，意思是说只要有一种事物、一种现象，必定有与之相对的事物和现象，两者免不了有矛盾、有斗争，最后解决的方法一定要和。张载看到了宇宙世界、人间社会都是有矛盾的，但在矛盾的解决上他主张"仇必和而解"，而不是"仇必仇到底"。对立和斗争不应以一方消灭另一方作为最终的结局，而是应相辅相成，协调配合，趋向于"阴阳合德而刚柔有体"。中国人生智慧的智慧充分体现在这句"仇必和而解"之中，以和谐的方法来消除矛盾、解决矛盾，使事物向一个更新的方面来发展，最后解决的方法一定是求和，不是让矛盾冲突扩大。只有"和"才有生机和活力。这种对待矛盾的朴素的辩证思想，对于我们实现和谐人生的理想是大有裨益的。

（三）中和之境

"中庸"之道是儒家人生智慧的核心理论。《礼记·中庸篇》讲：极高明而道中庸。最高明的才讲中庸，才能谈得上中庸。这就是说，中庸之道是处理人际关系的最高的一种思维观念和行为准则。所谓"中"，是说凡事应有一个适当的"度"，超过这个"度"，就是"过"；没有达到一定的"度"，就是"不及"。处理事情，要合乎这个"度"，就是"执中"。所谓"庸"，就是传统，就是规律，就是不变的法则，也就是"中"的最高表现，是实现"中"的规律法则和途径。

孔子说，"尧曰：'咨尔舜，天之历数在尔躬，允执其中，四海困穷，天禄永终。'舜亦以命禹。"（《论语·尧曰》）又说："舜其大知也与。

舜好问而好察迩言，隐恶而扬善，执其两端，用其中于民，其斯以为舜乎。"(《礼记·中庸》)孔子的这两段话，不但说明"中"的思想源远流长，而且强调指出它的重要性。尧传舜，舜传禹，只交代一句话，就是"允执其中"，并认为如此便可"天禄永终"，可见"中"的重要。又说舜是大智的人，为什么说舜有大智呢，一个重要理由就是舜能够"执其两端，用其中于民"，进一步说明"中"的重要以及"中"的难能可贵。

关于"中"的含义，孔子自己解释为"过犹不及"、"执两用中"、"中立不倚"。子贡问孔子：子张与子夏哪个好一些？孔子说：子张有些"过"，子夏却显得"不及"。子贡说：那么，子张好些吧？孔子说："过犹不及"(《论语·先进》)。可见，在孔子看来，"中"就是既无"过"，也无"不及"。同时，孔子认为，作为标准的"中"不是一成不变的，而是随着时间和条件的变化而变化。他说："君子之中庸，君子而时中"(《礼记·中庸》)，孔子言"中"，并在实际生活中，灵活地运用了"中"。如在行为上，他主张中行，"不得中行而与之，必也狂狷乎！狂者进取，狷者有所不为也"(《论语·子路》)，认为中行是高于狂狷的修养境界。在人际关系上，他主张"无适"、"无莫"，"和而不同"、"周而不比"、"群而不党"。在待人接物上，他主张"尊贤而容众，嘉善而矜不能"(《论语·子张》)，"泰而骄，威而不猛"(《论语·尧曰》)。这些都是孔子灵活运用"中"的具体表现。

有人认为"中"是一种调和论，是一种折衷主义，其实不然。首先，"中"的思想含有辩证法的因素，"中"反对"过"与"不及"，就肯定了事物本质的稳定性。其次，三代相传，只交代一句"允执其中"，便可"天禄永终"。并说："天下国家可均也，爵禄可辞也，白刃可蹈也，中庸不可能也。"(《礼记·中庸》)如此重要的德行，绝不可能是指不左不右，不好不坏的圆滑处世的折衷主义。再次，孔子历来痛恨搞折衷主义的人，对于"同于流俗，合乎污世"(《孟子·尽心下》)的人，孔子一概斥之为"乡愿"，认为他们是乱雅之郑，夺朱之紫的"德之贼"。孔子说："君子和而不流，强哉矫！中立而不倚，强哉矫！国有道，不变塞焉，强哉矫！国无道，至死不变，强哉矫！"(《礼记·中庸》)这就是说，一旦确立了"中"的准则，永不偏离，甚至"至死不变"。可见这"中"绝不是折衷主义的产物。

与"中"有关的还有"权"、"和"等概念。孔子说："可与共学，未可与适道；可与适道，未可与立；可与立，未可与权"，权与中是相互配合使用的概念，其本义是秤锤，可随物体的轻重在秤杆上左右移动后达到平衡，可引申为变通。《孟子·尽心上》说："执中无权，欲执一也"，保持中庸而不知权变，就是执于一端。儒家提出"权"的概念作为"中"的补充，为了使人能通权达变，以利于"执中"。"和"是说"中"要达到的效果，东汉大儒郑玄对"中庸"解释道："名曰中庸者，以其记中和之为用也"。"中和"一词的含义是指按"中"的标准去做就会达到一种"和"(和谐)的状态。

中庸之道立足之处在于"和谐"，这一朴素而又深刻的道理还是中医养生文化的渊源，和谐养生正是中医理念的最高哲学。后来者又把中庸之道与黄金分割律结合起来，认为黄金分割律0.618蕴含着健康长寿的密码，与人体结构和寿命、疾病有联系。人的正常体温是37度，乘以0.618约为23度，正是最有利于人类延年益寿的温度；从子时(夜里12点)到午时(中午12点)共12小时，乘以0.618为7.416(约7.5小时)，这正是黄金睡眠时间，过长、过短都不利于身体健康；人的身高乘以0.618正好是足底到肚脐的长度，而肚脐是人体第一大养生黄金穴。

中国文化所蕴涵的讲"执中"、求"致和"的人生智慧是十分深刻的，是营造和谐的人际关系、创造和谐的人文环境的基本原则。它作为一种调节社会矛盾使之达到中和状态的深刻哲理，为我们保持和谐人际关系、构建和谐社会提供了极有价值的精神资源。社会主义和谐社会建设遵循民主法治、公平正义、诚信友爱、充满活力、安定有序、人与自然和谐相处的原则，其中，公平正义、诚信友爱、充满活力等方面的目标汇总起来，就是和谐社会最重要的特征所在，即人与人的和谐。

中国人生智慧关注的第三个问题—— 人与自我的关系

人与自我的关系，讲的是人要知己，最终目标是实现身心和谐，解决人类的精神危机。中国文化和人生智慧强调做人要有自知之明。老子讲，"知人者智，自知者明"，就是说能清醒地认识自己，对待自己，才是最聪明的，最难能可贵的。人要了解自己很难，老子选择一个"明"字，有其深意。什么是"明"？"明"是对着黑来讲的，对着盲来讲的，"明"就是眼力好，盲是丧失了视力。看别人看得见，看自己看不见，这就是自我的盲区。中国文化和人生智慧要求我们要让自己走出盲区，进入自我明察中去。

(一)认识自我

认识自己的问题是人生智慧关注的首要问题。古今中外东西先贤，都十分重视认识自己的问题，在与中国先秦时代同期的古希腊也开始了对自我的探寻。古希腊德尔菲神庙的石碑上清楚地刻着这样一条铭文——"认识你自己"，哲学家苏格拉底由此提出了"认识你自己"的哲学命题，要求人要首先认识自我，他把人对自身的自然属性的认识转向了对人的内在精神的认识。虽然，自古希腊时起，人们已将"认识你自己"的铭文刻在神殿之上，但千百年后人类对生命、对自我的所知所见仍然十分有限，可见认识自我是多么艰难。

认识自我的困难就在于"我"之复杂，每个人身上都有四个"我"：一是公开的我，自己知道，别人也知道的部分。二是隐私的我，自己知道，别人不知道的部分。三是背后的我，自己不知道，别人知道的部分。四是潜在的我，自己不知道，别人也不知道的部分。前两种可以说是浅层的，易于认识的，绝大部分人的盲点则在于后两种。自我感觉良好，时常沉溺于自恋幻觉中的人，是因为不知道背后的我，总将当面的恭维和逢迎的捧场视为全部的评价。自卑自贱自惭形秽者则失落于不知有潜在的我。

认识自己的一个关键是要能分辨烦恼，不要让无谓的烦恼影响了自我的判断。有心理学家对烦恼进行了数字化分析，认为人们的烦恼中，有40%属于杞人忧天，那些事根本不会发生；30%是为了怎么烦恼也没有用的既定事实；另12%是事实上并不存在的幻想；还有10%是日常生活中微不足道的小事。也就是说，我们的心中有92%的烦恼都是自寻的。

清除自我认识中的盲点，是一种积极的自我开拓。诚然，直至生命的终点我们都无法穷尽自我，但时时警惕自我，激励自我，当使我们不枉为人，不虚此生。人类不断成长，是因为能不断认识自我，磨练自我，提升自我，善待自我，而认识自我则是人生"自觉"的起点，人生永恒的主题。

(二)磨练自我

刚健有为、自强不息，是实现自我价值的起始和前提，是中国人积极人生态度最集中的理论概括和价值提炼，也是人类在认识自我之后首先要建立的立命之说。

孔子十分重视"刚"的品德，他说："刚毅木讷近仁"(《论语·子路》)，所谓"三军可夺帅也，匹夫不可夺志也"，这种临大节而不夺的品质即是刚毅的生动表现。在他看来，刚毅和有为是不可分的，有志有德之人，既要刚毅，又要有历史责任感和时代使命感。"不知命，无以为君子也。"（《论语·尧曰》）孔子提倡并努力实践为崇高理想而不懈奋斗，鄙视饱食终日无所用心的人生态度，他"发愤忘食，乐以忘忧，不知老之将至"（《论语·述而》）。儒家提倡博学、审问、慎思、明辨、笃行的治学之道，主张刻苦学习，不甘人后，"人一能之，己百之；人十能之，己千之"。这些，都是刚健自强、积极有为思想的表现。

《易传》对刚健有为、自强不息的思想作了概括的经典性的表述。《象传》说："天行健，君子以自强不息。"《系辞下》说："天地之大德曰生。"天体运行，健动不止，生生不已，人的活动乃是效法天，故应刚健有为，自强不息。这里阐明了效法天行之健，充分发挥人的主观能动性的思想。《易传》还说："刚健而文明，应乎天而顺乎人。""刚健中正，纯粹精也。"它把刚健当做一种最重要的品质，同时又要求刚健而中正，即不妄行，不走极端，能够坚持原则，"以冲中正"的态度来立身行事。

在物欲张扬、精神式微的今天，强调刚健有为、自强不息的精神更有现实意义，人应当立志高远，积极进取，有所作为，奋发图强，敢于面对现实，善于化解矛盾，勇于迎接挑战，在挫折面前不气馁，在困难面前不低头，不妄自菲薄，不怨天尤人。

（三）提升自我

"孔颜乐处"是儒家追求的最高精神境界，也是历代中国知识分子追求的最高精神境界。

什么是真正的快乐，是人生的一个基本问题。孔子有两段著名的语录，讲到"乐"：一句是，"饭疏食饮水，曲肱而枕之，乐亦在其中矣。不义而富且贵，于我如浮云。"（《论语·述而》）一句是，"一箪食，一瓢饮，在陋巷人不堪其忧，回也不改其乐。贤哉回也。"（《论语·雍也》）这被北宋周敦颐称为"孔颜之乐"，它几乎贯穿于整个宋明理学之中。孔子周游列国，颠沛流离，困厄万端；颜渊一箪食，一瓢饮，穷居陋巷。这本身并无乐处可言，但孔颜化解了身处逆境或物质匮乏所引起的外感之忧，使自得其乐，体悟到一种理性的愉悦。这种快乐，乐于扬弃了外在之物、外弛之心，自我意识到自身与天道合其德，同其体，也就是体认到个体自身的内在完美，即自己所具有的真善美高度统一的自由人格。这就是一种精神境界。

"孔颜乐处"的提出者是北宋周敦颐，也是二程(程颢、程颐)的老师。史称周敦颐每令二程"寻仲尼、颜子乐处，所乐何事"(《二程遗书》卷二上)。二程认为生活贫困无甚可乐，说"箪、瓢、陋巷非可乐，盖自有其乐耳。'其'字当玩味，自有深意。"(《二程遗书》卷二上)孔颜乐处在于具有富贵不淫、威武不屈、贫贱不移的精神境界和对别人"至诚恻怛之心"。程颢说，"富贵不淫贫贱乐，男儿到此自豪雄。"(《秋日偶成》)又说，"云淡风清近午天，望花随柳过前川。旁人不识予心乐，将谓偷闲学少年。"(《偶感》)只要"浑然与物同体"，"反身而诚"，就会对世俗之富贵贫贱泰然处之，忘怀得失，由哀而乐，这就是孔颜乐处。

"孔颜乐处"是关于儒家安身立命之道的一个具体说法。"安身立命"作为一个成语，出自禅宗。在《景德传灯录》卷十记载：僧问："学人不据地时如何？"师云："汝向什么处安身立命"。但它作为一种学理，是出自儒家的。孔子认为守丧三年理由就在一个"安"，"安"就是情感的安顿，精神的安顿；"吾日三省吾身"提到了"身"，指的是人的行为践履，把精神安顿与生活实践联系在一起；关于"立"，孔子的说法是"三十而立"，就是确立人生的价值取向；关于"命"，孔子的说法是"不知命，无以为君子也"，指的是君子应有使命感。《论语》中分别论及对安、身、立、命，但只是些初步的想法。宋明理学吸收了佛教哲学和道家哲学的理论思维成果，对安身立命之道做了深刻的阐发，才使之在学理上臻于成熟。儒家安身立命之道用传统的说法就是"超凡入圣"，成就理想人格，达到理想境界。这种内在超越，完全靠自己努力，"我欲仁斯仁至矣"。

人生境界是中国传统文化中的主要问题，其他问题都围绕它而来。境界说是中国人生智慧的一大特色，这里所说的境界，就是一种精神生活的方式，是中国哲学家所追求的理想人格之极至的一种精神状态、精神天地。

冯友兰先生的"人生境界说"是他哲学思想中最为珍贵的一个部分。"……人所可能有的境界，可以分为四种：自然境界，功利境界，道德境界，天地境界"（《论人生中的境界》），这四种境界是人与周围各方面可能有的四种关系或四种境界。

在自然境界中的人，其行为是"顺习"的，也就是顺从自然来发挥自己的才能或遵守自己已有的习惯；在功利境界中的人，其行为是"为利"的，做事情都有他们所确切了解的目的；在道德境界中的人，其行为是"行义"的，其行为所及的对象，是利他的，是有益于社会公益；在天地境界中的人，其行为是"事天"的。他不仅认识到社会的全，还进而认识到天地之全，因而，做人，不但应对社会有贡献，也应对天地有贡献。他的所作所为，不求名，不为利，也不求闻达与回报，而在知天和尽性。他这样做，已经不属于一般的仁义，而是如道家所说，以自然行事，也就相当于大仁大义。

"天地境界"就是人和天地的关系，亦即哲学境界，是一种自觉有超社会、为天地立心的意义，这是一种最高、最完善的境界，是冯友兰先生伦理思想的集中表现的境界说，也是他整个哲学体系的核心内容和最终归宿。在人类对待自然的态度上，人类中心主义一直占据主导，人类被看作是万物的尺度，是一切事物的评判者。这种思潮到了近代发展到了无以复加的地步，在这样的情况下，解读"天地境界"尤为重要。人类有责任维护环境生态的完整性，人类的首要目标必须是在分享地球有限资源的同时关心其他人和生物。"天地境界"就是讲人要有自觉，在地球上只有人类才具有理解世界、超越自我的能力，有没有看到人与自然的和谐关系是人类境界的试金石，如果人类不只看到了自己的利益，也看到了天地的利益，那就超越了狭隘的人生境界，进入了"天地境界"。

冯友兰先生认为，哲学的用处，不在于增加实际的知识和才能，而是使人改变自己的生活态度，使人对宇宙人生的觉解进而体现出一种人格、胸襟和气象，提高人的精神境界，也就是他经常强调的"极高明而道中庸"。

(四) 善待自我

世界上的事物都有其正面和反面，正反对立面往往是互相依存的，人生也是如此，有得必有失，有顺必有逆，有胜必有败，有进必有退，有荣必有辱。顺境易处，逆境难为，关键在于以什么样的态度对待顺境和逆境，自古常言不我欺，不论顺境逆境、圆缺福祸，都要理解别人，善待自己，自解得失，善处顺逆，随缘自适，用舍由时，知足常乐，安心为本，才是处理好人与自我关系的关键。

1. 用舍由时，仰俯皆宽。

苏轼说"用舍由时，行藏在我"(《沁园春》)，转引自孔子的"用之则行，舍之则藏"(《论语·述而》)。苏轼一生坎坷，特别是中年以后，越贬越远，越贬越低，但在对待人生顺逆上，他却是中国文人当中一个典型例子。上面这句词体现了苏轼的人生态度，他圆满地融合了儒家、道家和禅宗，入则奉儒，奋力进取，忧国忧民，出则道禅，洒脱一身，诗酒度日，形成了"不为外物之得失荣辱所累的超旷精神"。他一生忧患，历尽坎坷，但他没有像弱者那样，以自杀来结束自己的生命；也没有像隐者那样，归隐江湖，从此不再过问世事；而是以老庄佛禅的处世哲学为精神武器，超然自得，随缘自适，用精神上的乐观来消解环境的险恶、物质生活的困乏。

孟子讲："达则兼济天下，穷则独善其身"，他所回答的是两个问题："内圣"和"外王"。所谓"内圣"就是改造自我，使自己更美好；所谓"外王"就是改造世界，使世界更美好。儒家强调在"内圣"基础之上的"内圣"与"外王"的统一，仅有"内圣"不过是"隐"，仅有"外王"不过是官，既有"内圣"又有"外王"才能称为"士"。因此，儒家人格理想不仅是个体善的修炼，更重要的是责任感和担当意识，是济世救民。儒者对国事民瘼有真诚的关怀，努力为国家、民族和人民建功立业，即使遭到贬谪也以深沉的忧患系念天下百姓的疾苦和国家的兴亡。

同时，儒家也有其超越精神，穷居陋巷，自得其乐，安贫乐道。孟子讲"仰不愧于天，俯不怍于人"，正是表现出了这种情怀。儒家思想传统中知识分子尊崇正心，修身、齐家、治国、平天下的信条，这是几千年来无数知识者的最高理想。然而实际上，成功的机会少，失望的时候多，于是便出现了"穷则独善其身，达则兼济天下"的思想，它是把慎独和放达结合起来，形成了一种积极达观的人生态度，几千年来影响始终不衰。

2．知足常乐。

知足常乐思想是中和之境在生活层面上的展开，是人们在日常生活中所尊奉的一个重要原则，甚至已经成为一种内在人格的象征。当人生理想与现实困境发生矛盾时，知足常乐会起到说明、解释、鼓励、安慰和调剂的作用。

中国传统文化在人生问题上有两种对待：对仁、义、礼、智、信等生存问题的高要求和对名利、得失、贫富等生活问题的低要求，而知足常乐就是这种低要求的具体体现。《申鉴·杂言下》说："德比于上，故知耻；欲比于下，故知足"，道德向上看齐，所以知耻；利欲向下看齐，所以知足。

人生难解的不外乎两个问题：一是名，一是利。有则故事讲：一天，宋朝徽宗皇帝出游来到长江畔的金山寺，他登上金山寺高处的一座阁楼，极目远眺江中来往如织的船只，问住持黄伯禅师："来往的船只那么多，究竟有多少只呢?"黄伯禅师回答说："只有两只。"徽宗不解其意，禅师就进一步解释说："一种是寻名，一种是求利。"徽宗顿时恍然大悟，来来往往的船只虽多，数不清楚，但追根究底，离不开追求功名和利禄两种目的。这有如《汉书·食货志》讲的："天下熙熙，皆为利来；天下攘攘，皆为利往。""名利二舟"充分体现出了禅师对世情透彻的参详。人的一生可以说与名、利这两个东西难舍难分，离开了名，人的精神需要便得不到满足，离开了利，人的物质需求便得不到满足。得不到满足，人就会不死心，就会痛苦。然而仅仅在这两方面寻求满足，则难以提高人的道德修养，因为它只是一时一己的人生私欲，脱不开一个"我"字，而要达到一个高度的道德修养就必须超越这个"我"。

名与利都可以归结为一个字：欲。名望欲，物质欲，还有由这两种欲望衍生出来的权力欲、金钱欲和色欲等，这些欲望的满足是无止境的。名缰利锁，欲海权山，人皆知其害，却一叶障目，慧窍闭塞。如何应对呢? 那就是"知足"。老子讲"甚爱必大费，多藏必厚亡。故知足不辱，知止不殆，可以长久。"(《老子》第四十四章)孟子讲："养心莫善于寡欲"(《孟子·尽心下》)。欲望少了，人就不会为外物所纠缠，身体就会轻松愉快，心灵才能得到滋养。平常心最难，面对种种诱惑不为所动，需要真定力，练就一颗八风吹不动、守拙守朴的平常心，情怀淡淡，用一个"淡"字观照世间千情百态，才能懂得动静相宜、取舍有法的道理。

面对名利，入世的儒家、忘世的道家、出世的佛家提出了各自的解脱之道。这其中禅宗"放下"的智慧非常值得我们借鉴。禅宗有则故事：当佛陀在世的时候，有位婆罗门贵族来看望他。婆罗门双手各捧一个花瓶，准备献给佛陀作礼物。佛陀对婆罗门说："放下。"婆罗门就放下左手的花瓶。佛陀又说："放下。"于是婆罗门又放下右手的花瓶。然而，佛陀仍旧对他说："放下。"婆罗门茫然不解："尊敬的佛陀，我已经两手空空，你还要我放下什么？"佛陀说："你虽然放下了花瓶，但是你内心并没有彻底的放下执着。只有当你放下对自我感观思虑的执着、放下对外在享受的执着，你才能够从生死的轮回之中解脱出来。"人生在世，有太多的放不下。如果我们都像佛陀指示的那样能够放下，便不失为一条幸福解脱之道。

当然，"食色，性也"，儒、道、佛三家开出的药方，虽有"悬壶"之功，却乏"济世"之力，人们不可能完全摆脱名利，该忙碌的依然要忙碌，该追求的依然要追求。不过，在物欲张扬、精神式微的当下，劝人把名利看得淡一点，"空"一点，淡泊处世，清心守静，在清静中寻找舒适，在闲适中享受乐趣，使人经常调剂到一种怡乐自在的最佳状态，从这个角度看三家之说，不无裨益。当然，知足仅仅是一种智慧或精神上的东西，无论知足还是不知足，都不能改变人在现实生活中的真实处境，所以由"知足"带来的"常乐"就不是现实上的，而是一种在精神上的对名与利的超越。知足不是目的，人生修养或道德实践才是最终的目标。

3．安心为本。

修身之本在安心，是中国人生智慧的一大特色。禅宗二祖慧可，少为儒生，博览群书，通达老庄易学。出家以后，精研三藏内典。年约四十岁时，遇天竺沙门菩提达摩，即断臂求师。《祖堂集》卷二中记载，慧可问："请和尚安心。"师曰："将心来，与汝安心。"进曰："觅心了不可得。"师曰："觅得岂是汝心？与汝心安竟。"达摩语慧可曰："为汝安心竟，汝今见不？"慧可言下大悟。慧可曰和尚："今日乃知，一切诸法，本来空寂。今日乃知，菩提不远，是故菩提不动念而至萨般若海，不动念而等涅彼岸。"师云："如是，如是。"大意是讲：慧可问达摩祖师：请佛心印的法门，可以说给我听吗？达摩说：诸佛心法，并不是从别人那里得到的！他听了又问道：我心不得安宁，请大师为我说安心法门。达摩便说：你把心找出来，我便为你安心。慧可听了这话，当时便愣住了，良久，方说：找了半天心，连个影子也找不到。达摩开导他说：如能找到了，那就不是你的心了！我已经帮你安好心啦，你看到了吗？慧可恍然大悟。慧可向达摩求法，其实就是为了"安心"，见师傅把自己截了回来，便把问题的实质托了出来。佛教禅宗一派传入中国，与老庄合理核心相结合，发挥了"直指人心，明心见性"的特点，形成独具特色的中国禅，表现出很高的人生智慧。禅宗主张凡事持平常心，不过分追求、过分祈盼、过分喜怒哀乐，顺其自然，但求心安。如此一来，繁杂的人生问题，就变得比较简单明了。

唐代诗人白居易说，"心泰身安是归处，故乡可独在长安？"（《重题》）"我生本无乡，心安是归处"（《初出城留别》）。不重具在，但求心安，实在是一种不可多得的哲学境界。白居易深知"居大不易"，于是便提出了解决人生旅途困苦寂寞的方法。他认为真正的根其实在心中。人最根本的需要，是心灵归宿，是精神家园，内心的家园往往比物质的家园更重要，抽象的家园比具体的家园更重要。心安是一种感觉，一种与充满惆怅忧郁不同的感觉，它以顺乎大道、无欲无为为核心，重视内心的宁静与平衡。

苏轼的《定风波》词云："试问岭南应不好，却道，此心安处是吾乡。"这首词所讲的是，苏东坡的弟子王定国屡遭贬斥，流放荒野，其妾柔奴一直跟随并无怨言，原词有序说："王定国歌儿曰柔奴，姓宇文氏，眉目娟丽，善应对，家世住京师。定园南迁归，余问柔：'广南风土，应是不好？'柔对曰：'此心安处，便是吾乡'。因为缀词云。"不论岭南生活条件多么艰苦，只要有了随缘自适无往不快的心情，就可以把它当作家乡，一位年纪轻轻的歌女竟作出如此富有哲理的回答，正合苏轼苦乐随缘的性情。正所谓"无论海角与天涯，大抵心安即是家"，苏轼一生历经坎坷、受尽磨难，但他却能超然物外、旷达乐观，得益于他怡养身心的处世方法、平和宁静的安心之道。"安心"处世，就是以恬淡平宁的态度对待生活，求得心理上的平衡和心境上的安宁。禅宗的"安心"、白居易的"心安"与苏东坡的"安心"有异曲同工之妙。

在任何环境中，人生还有一种最后的自由，就是选择自己的心态。良好的心态有利于正确对待客观事物，对健康也是有益；不良的心态对健康有害，甚至导致疾病。据世界卫生组织的统计，全球完全没有心理疾病的人口比例只有9.5%。有专家保守估计，目前中国大约有2600万人有不同程度的抑郁症。其实每个人都有抑郁情绪，不及时调节就会患抑郁症，预防的主要办法就是要缓解压力，及时调整心理上的不平衡，消除和"转化"不良心理，具体就是要能够知足常乐、达观超脱、宣泄疏导、排遣自娱。有专家指出，19世纪威胁人类最大的是肺病，20世纪威胁人类最大的是癌症，21世纪威胁人类最大的是精神疾病，这种说法值得深思。

中国传统人生智慧所追求的目标、理想可以用宋代大儒张载的"横渠四句"来概括——"为天地立心，为生民立命，为往圣继绝学，为万世开太平"，正是这四句话充分体现了中国古代思想家的"仁者气象"和"天地情怀"。今天我们继承中国文化和人生智慧的精髓，实现和谐人生，构建和谐社会，正是要实现这一伟大理想。

总之，中国传统人生智慧是一个丰富的思想宝库，无论就人与自然的友好相处而言，还是就社会的和谐发展而言，抑或就个体人格的健康发展而言，人类在21世纪应更加需要借助、光大优秀的中国文化和人生智慧。我们理当拿出自信来，从中国文化和人生智慧的人文精神、生存体验与生活睿智中寻找瑰宝，寻找生命力，为当下的生存、现实的关怀、生命的定位、处世的方法、价值的实现、精神的寄托、理想的达成，发挥其价值。

历史上的中国和中国疆域

葛剑雄

葛剑雄，祖籍浙江绍兴，1945年12月出生于浙江湖州。现任复旦大学图书馆馆长、特聘教授、中国历史地理研究所教授、校务委员会委员、校学术委员会委员兼人文分委员会副主任。教育部社会科学委员会委员兼学风建设委员会副主任，中国地理学会历史地理专业委员会主任，中国秦汉史研究会副会长，中国史学会理事，中华中山文化交流协会常务理事，上海市历史学会副会长，上海市社会科学普及学会副会长，上海中山文化交流协会副会长，中山学社副社长。全国政协常委，上海市政府参事。自1985年起，先后任哈佛大学哈佛燕京学社访问学者、剑桥大学访问学者、法国高等社科院客座教授、日本国际日本文化研究中心客员研究员及港台多所大学、研究所客座教授。

著有《西汉人口地理》、《中国人口史》（第一卷）、《中国人口发展史》、《中国移民史》（第一、二卷）、《统一与分裂：中国历史的启示》、《未来生存空间·自然空间》、《中国历代疆域的变迁》、《中国古代的地图测绘》、《葛剑雄自选集》、《历史学是什么》、《梦想与现实》、《人在时空之间》（一集、二集）、《葛剑雄演讲录》、《中国史的十六个片断——葛剑雄写史》等，发表论文百余篇。

领导干部国学大讲堂

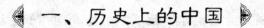

一、历史上的中国

　　"中国"这个词最早见于西周初年，到春秋时已经使用得很普遍。"国"（繁体字作國）与"或"字相通，指的是城、邑。春秋以前，大大小小的国数以千计，所以有"万国"之称，于是天子所居的国（京师）就被称为"中国"，即处于中枢地位的国或各国中心的国。以后又将地理上处于中心区的国泛称为"中国"，即处于中心区的国。这一中心区开始只限于今天的黄河中下游，即周天子的直属区和诸侯中的晋、郑、宋、卫、鲁等国，而周围地区的其他诸侯国就不能算中国。到了秦汉时代，原来的诸侯国都已包括在统一国家之内，这些地区就都可以被称为"中国"了。显然，随着统一国家的形成、疆域的扩大和经济文化的发展，"中国"的概念是在不断地变化和扩大的。一般说来，一个中原王朝建立了，它的主要统治区就可以被称为中国，而它所统治的边远地区以及统治范围之外就是"戎"、"狄"、"蛮"、"夷"，就不是中国。

　　正因为中国的概念是变化的，范围是不固定的，所以在相当长的历史时期内是模糊的、不确切的。即使在中原王朝内部，人们也可以把其中比较边远偏僻的地区看做非中国。由于没有明确的标准，人们往往只是根据习惯。所以不仅不同时期有不同的说法，就是在同一时代说法也不一样。有些地区已经归入中原王朝的版图，经济文化水平有了一定的提高，自认为可以跻身中国了，可是在老牌的中国看来，它们还没有称中国的资格。以后它们被承认为中国了，又有相对落后的地区被当做非中国。例如在西汉时代，四川盆地的汉人聚居区对周围的少数民族早已以中国自居了，可是在关中盆地和黄河下游人们的眼中，四川或许还没有称中国的资格。今天的江西、湖南，那时已经正式设置了郡县，是汉朝疆域的一部分，却还没有被当做中国。到了明朝，江西、湖南当然能称中国了，可是湖南西部的边远地区、特别是其中少数民族聚居的地区往往还被视为非中国，今天的云南和贵州一带也还被当成非中国。

中国也是一个文化概念，一般即指汉族（华夏）文化区。在特殊情况下，中国就成了王朝法统的同义词。例如在西晋以后，东晋和南朝政权虽然已经离开了传统的中心地区，却始终以西晋的合法继承人自居，自认为是真正的中国，而把北方的政权称为"索虏"（扎着头发的下贱人）。但北方的政权却认为自己灭了西晋，夺取了这块传统的中国地区，当然就成了中国，而东晋和南朝只不过是偏于一隅的"岛夷"（海岛上的野蛮人）。这场中国之争到隋朝统一才解决。隋朝继承了北朝的法统，自然承认北朝是中国；但它又不能否定南朝的中国传统，更何况南朝也已归入自己的版图。所以隋朝给了双方以平等的地位，都承认为中国。到唐朝初年编前朝历史时就南、北双方并列，因而有了南北朝的名称。

从明朝后期开始，来华的西方人一般都用中国或中华、中华帝国来称中国，而不是用明朝或清朝。鸦片战争以后，中国开始被作为国家或清朝的代名词，尤其是在国际交往中。但是人们的概念还是相当模糊的，甚至是自相矛盾的。像魏源（1794—1857）这样一位杰出的学者和思想家也是如此。在他的著作中，中国一词有时是指整个清朝的范围，和今天的概念完全一致，有时却只指传统的范围，即内地十八省，而不包括蒙古、西藏、新疆、东北和台湾在内。

到了晚清，中国作为国家的概念已经明确，但清朝的正式名称还是清、大清或大清国。清朝在对外交往或正式条约也使用中国一词，往往还包含着一种传统的心态，即着眼于中国二字的字面含义——中心、中央、天下之中的国家。同样一个名词，西方人的理解只是一个

国家的名称，即China，并无特别尊崇的意思，清朝却理解为Central Empire，做一种尊称而乐意接受。

1912年中华民国建立以后，中国才成为它的正式简称，成了国家的代名词。中国也有了明确的地理范围——中华民国的全部领土。

所以，今天我们研究历史，论述历史问题时提到的中国，应该有我们的特定含义，而不是用当时人那些模糊不清、前后不一的概念。我们所说的中国，既不应该等同于商、周、秦、汉、晋、隋、唐、宋、元、明这些中原王朝，也不应该等同于汉族或中原地区，而必须包括我们所明确规定的地理范围中的一切政权和民族。

那么，能不能就用今天中华人民共和国的领土作为历史上中国的疆域范围呢？显然也不妥当。因为由于1840年以来帝国主义的侵略和掠夺，中国已有一百多万平方公里的土地被攫取，外蒙古（今蒙古国）的独立也使中国的领土减少了156万平方公里。今天的中国领土已经不能包括18、19世纪清朝的最大疆域，无法反映当时的实际。所以我们讲历史上的中国，应该以中国历史演变成一个统一的、也是最后的帝国——清朝所达到的最大疆域为范围。具体地说，就是今天的中国领土加上巴尔喀什湖和帕米尔高原以东、蒙古高原和外兴安岭以南的地区。这一范围大多在历代中原王朝的直接统治之下，有的曾先后归属中原王朝的管辖，有的曾由当地民族或非汉族建立过政权，而这些民族已经成了中华民族大家庭的一员。

应该指出，我们选择这一范围并不是因为它的广大，而是由于它能比较全面地反映中国疆域发展的结果。事实上，这一范围并不是中国历史上的最大疆域，例如唐朝的西界一度到达咸海之滨，元朝的北界远达北冰洋，朝鲜的北部曾是汉朝的郡县，越南北部曾是明朝的一个布政使司（省）。

◆ 二、疆域的含义 ◆

我们所说的疆域，基本上就等于现代的领土。但由于历史条件不同，它具体的含义也不完全相同。所谓疆域，就是一个国家或政治实体的境界所达到的范围，而领土的定义则是在一国主权之下的区域，包括一国的陆地、河流、湖泊、内海、领海以及它们的底床、底土和上空（领空）。

两者的主要区别在于：

领土是以明确的主权为根据的，但疆域所指的境界就不一定有非常完全的主权归属。例如历史上的中原王朝拥有主权很明确的正式行政区以外，往往还有不少属国、藩国、羁縻单位等各种附属的、接受监护的或自治的区域。王朝在这些区域之间的地位和作用千差万别，有的能拥有完全的主权，与正式的政区相同；有的只能部分控制，或者不能稳定地控制；还有的只是名义上的归属，与外国并无二致；要根据完全的主权标准来确定疆域的范围就很不容易。

疆域一般只指表层的陆地和水面，不像领土这样延伸到它们的底床、底土和上空。这是由于在科学技术和生产力不发达的情况下，这样的延伸还缺乏实际意义，所以人们不可能对这些延伸部分产生主权意识。例如在没有任何飞行器的条件下，就既不可能进入别国的领空，也不必担心本国的领空受到别国的侵犯。在地下矿藏还没有充分利用、开采技术相当落后的条件下，也不会存在本国的底土受到别国算计的可能性，当然就没有明确底土归属的必要。

领土一般有明确的界线，即使是一些未定的和有争议的地段，争议双方总有各自的界线。而疆域的界线却往往很不明确，即使当时也是如此。由于人口稀少，交通不便，生产手段落后，或者处于游牧、

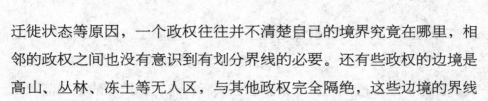

迁徙状态等原因，一个政权往往并不清楚自己的境界究竟在哪里，相邻的政权之间也没有意识到有划分界线的必要。还有些政权的边境是高山、丛林、冻土等无人区，与其他政权完全隔绝，这些边境的界线在哪里就很难判断。

领土的拥有者一般都有明确的领土意识，疆域的拥有者却未必有这样一种主权意识，而往往根据各自的标准来决定哪里属于自己的疆域。在相当长的年代里，中原王朝的统治者和信奉儒家学说的学者都认为，中国是天下之中、文明的中心，中国的皇帝就是君临天下、拥有一切的最高主宰："溥（普）天之下，莫非王土。率土之滨，莫非王臣。"因此王朝的疆域范围不在于实际上应该在哪里，而是皇帝接受到哪里，或者是哪里的人有资格作皇帝的臣民。被称为"夷"、"狄"、"戎"、"蛮"的人是所谓"天子不臣"的对象，是没有资格作皇帝臣民的，所以的聚居区不能算"中国"的疆域，只能是"化外"。常常有这样的情况：明明当时的朝廷已经控制了这些政权，或者管辖了这些地区，统治者却偏要说它们"不通中国"、"非我朝所有"，在列举自己疆域范围时不把它们算在内。

还有的人用文化标准来判断疆域的范围，认为只有接受了汉文化或儒家文化的地区才能算是中原王朝的疆域，否则就不能算，这就完全混淆了概念。历史上的朝鲜、越南由于长期受到中国文化的熏陶，与汉文化区有很多相似之处，而西藏却由于本地民族一直聚居，外来文化不易传入，与汉文化区差异很大，因此在旧时代，的确有些人念念不忘朝鲜、越南曾经是中原王朝的一部分的历史，却把西藏当做外国。但事实是，朝鲜、越南早已成为独立国家，而西藏从13世纪以来始终是中原王朝的一部分。所以我们对当时人的言论也要作具体分析，不能简单照搬，更不能认为连当时人都不承认的地方就肯定不是这个政权的疆域。

领土或国土是对国家而言的，它的前提是国家的存在。在还没有国家存在的时间和地区自然也就不存在领土或国土。疆域则并不一定指一个国家，中国历史上出现过的一些地区性的、民族性的政权实体，甚至一些部落或部落集团，它们实际占有的、控制的地域范围都可以称为疆域。

正因为有这些区别，我们在论述历史上的中国时，还是沿用了传统的名词"疆域"，而不是用今天通行的"领土"。

三、不同类型的疆域

从有文字记载以来，中国历史上出现过的政权形式、行政制度、管辖办法的具体情况非常复杂，不同时期、不同地区间的差别也很大，疆域的定义很难确定，也很难一概而论。但对疆域的主要类型还是可以归纳为以下几种：

1．正式行政区。

无论是中原王朝，还是地区性、边疆的政权，这都是它们疆域的主要的、基本的部分，一般设置于农业区或半农半牧区，有正式的、分级的行政机构加以管理。这些机构都有固定的或经常性的驻地和明确的管辖区，对区内人民登记户籍、征集赋役和税收、执行法律。最高统治者拥有对内对外的全部权力。从秦朝(公元前221—前206)以来历代设置郡(国)、县(侯国)，或州、道、路、府、行省(省、布政使司)、厅的地区，除少数例外，一般都是正式行政区。

2．特殊行政区。

在边远地区、新控制或占领的地区、非汉族(或非本民族)聚居区所设置的行政区，统治者给予一定的优待，实行比较松散的管理，如减免部分或全部赋税，不进行经常性的户籍登记。这些单位的名称与正式行政区相同，长官也由中央或上一级政府任命。这种单位往往是一种过渡形式，等条件成熟后就会改为正式行政区。如西汉时在西南和南方新占领区设置的"初郡"，历代在边远地区新设置的行政单位等。

3. 军事驻防、屯垦区。

在边疆地区设置的军事机构，以控制、监护、管理当地的政权或一部分行政事务的区域，如汉以后的西域都护府、西域长史府，唐代的大部分都护府，明代缘边的卫、所，清代的将军。这些单位都固定或经常性地驻扎军队，实行屯垦，有明确的防区或辖区，长官由中央政府任命，但对辖境内的行政和民事部分行使权力的方式就很不同：有的还保留当地的自治政权，而不干预它们的内部事务；有的完全不负行政责任，而由中央政府委派的另一套行政系统来管理；有的同时兼管民政，因而与上述特殊行政区并没有什么区别。

4. 民族或地方自治地区。

在少数民族、非汉族聚居区或新控制的地方政权范围内设置的行政区域，有的就保持了原有的机构和名称，有的作了一些改变。这些区域的共同点是：长官实行世袭，或者按照当地原有习惯产生，但必须得到中央或上级政府的批准或确认；长官可以保留原来的称号，但必须承认臣属的地位；可以有自己的军队，但对外的军事行动必须得到上级政府的批准，或者接受上级政府的调遣。它们对内部有自治权，但自治的程度各不相同，有的完全保持原有的民政系统，实行原来的行政制度，对中央不承担赋税和劳役，中央不派驻官员，或者只派起顾问和监督作用的官员；有的就必须接受上级政府的派员担任副职，并承担一定的赋税和劳役；有的只能管辖境内的本民族人口，或者只能保持本民族的习惯治理，而对非本民族人口和新实施的法令就不能干预。至于那些只保留了原来的首领名义和经济特权，而不再给予任何行政权力的单位，或者仅仅接受了中央政府名义，而实际完全不受中央政府控制的单位，就不属于这一类型了。

值得注意的是，这一类区域的情况相当复杂，又经常发生变化，同一个区域的不同地方、不同时期都可能属于不同的类型，因此必须作具体分析，不可一概而论，也不可一成不变。

5．实际统治区。

一个政权或政治实体实际上控制的、得到相邻政权实际承认或没有受到干预的区域。由于特殊的生产方式、经济落后或范围有限，这类区域内部一般没有行政区域或机构，治理的手段也很原始、简单。有的还有很大的流动性，没有固定的界限，如北方的游牧民族政权、南方的部族统治区和边远地区的民族政权等。

确定一个地方是不是属于某一政权的疆域，不能只看名义，而应该看实质。不能从传统的正统观念和狭隘的民族观念出发，而应该站在今天整个中华民族的立场，作实事求是的分析。

对历史上的"称臣纳贡"，一般不能作为归属的根据。

所谓"称臣纳贡"大致有三种情况：

第一种是小国与大国的关系，如明、清时的朝鲜，多数年代都是向中国称臣纳贡的，在形式上连新君登位也要向中国报告以便得到认可。但实际上朝鲜有自己完整的国家机构，它的内政不受中国的干涉。它对中国称臣主要是出于对大国的敬畏和文化上的传统习惯，是为了获得安全的保证和合法的延续性。在经济上也不存在剥削与被剥削的关系，进贡与赏赐往往是后者的价值高于前者，至少也是相等的。的确有的政权在向中原王朝称臣后完全服从朝廷的旨意，自愿处于从属地位。但中原王朝由于国防安全、经济利益或文化差异的考虑，宁可保持大国与小国的关系，而不愿接纳为自己的疆域，如西汉后期汉朝与匈奴的关系。至于有的政权在向中原王朝称臣纳贡以后完全失去了主权，成了王朝统治下的自治地区，那就是另一种性质了。

第二种是以称臣纳贡为手段的通商贸易。历史上不少游牧民族和外国商人，为了获得必需的物资或增加贸易量，往往会以进贡为手段，换取中原王朝的赏赐、免税特权或进出口的特许。这是由于正常的贸易经常被禁止，或者得不到合法的保护，而以进贡的形式不仅迎合了统治者的自大心理，而且有厚利可图。并不是这些"进贡"都代表了进贡者所在的国家，更不说明这些国家都成了中原王朝的属国。

第三种纯粹是中国统治者的一厢情愿：对方完全是以平等身份派来的外交使节或贸易代表，中原王朝却非要称之为朝贡。这只能证明专制统治者的妄自尊大和愚昧无知。鸦片战争前来中国的西方使节几乎没有不被称为"朝贡"、"进贡"、"请封"的，我们自然不能因此就认为当时的葡萄牙、英国、意大利等都是中国疆域的一部分。

中国历史上还有一种羁縻政区，情况也比较复杂，需要具体分析。所谓"羁縻"，就是一方面"羁"，用军事和政治的压力加以控制；另一方面要"縻"，以经济和物质的利益给予抚慰。这是中原王朝在新征服区和非汉族聚居区设置的特殊政区，虽然也用正式政区一样的名称，但一般不派遣行政官员，而由当地民族的首领世袭，也不征收赋税徭役。由于羁縻程度、时间长短、周围形势和历史背景等都不相同，所以有些羁縻政区实际上已成为民族自治地区或特殊行政区，有的则仅仅处于称臣纳贡的阶段，有的甚至只是偶然发生过联系，不能作为疆域的一部分。

四、中国疆域的变迁

历史上中国疆域的变迁非常复杂，但总的趋势是逐渐扩大，不断巩固，至清朝中期而定型。具体过程请参阅《简明中国历史地图集》(谭其骧主编，中国地图出版社1991年版）中的地图和文字说明。

五、中国疆域形成和变化的原因

在世界历史上，中国并不是最古老的国家；在今天的世界中，中国也不是领土最大的国家；但是中国的疆域却在世界史上拥有独一无二的地位。

翻开世界史，我们可以发现，在中国传说中的三皇五帝时代之前，也就是相当于中国新石器时代的仰韶文化、河姆渡文化时期，埃及人在公元前4241年就有了历法，苏美尔人在公元前3500年有了楔形文字的雏形，埃及人在公元前3500—前3200年在幼发拉底河入海处出现，基什王于公元前2870年裁定两河流域两邦间疆界争执并树立界石，埃及的第三王朝（公元前2780—前2680）开始建造金字塔。而中国传说中的黄帝时代，一般认为存在于公元前2550年前后。我们平时所说的"五千年文明史"，也是指从黄帝时代以来这一历史时期的一个约数，并不是正好有5000年。

但是在今天的世界地图上，早已找不到苏美尔人、腓尼基人、基什人的国家，也发现不了第一乌尔王朝的踪影。埃及作为国家的名字虽然还存在，但早已不是当年的主人了。从公元前1680年开始，喜克索人、利比亚人、库施人、亚述人、波斯人、马其顿人、罗马人、阿拉伯人、土耳其人先后成为这块土地的主人，原来的埃及人早已消失在众多的外来人中，就连从公元前3000年起就长期使用的埃及语也早已成了消亡的语言。不仅埃及，就是其他文明古国，如巴比伦、印度、罗马等无不如此。而中国至迟在商代（商代以前的夏代因史料有限，姑且不论)已经建立了奴隶制国家，时间大约在公元前16世纪。到公元前221年，秦始皇建立起一个疆域辽阔的统一的中央集权国家。从此，尽管也出现过内乱、分裂、民族战争和改朝换代，但是以汉族(华夏族)为主体的多民族政权实体不仅始终存在，而且统一的疆域范围越来越广，最终凝聚为一个统一的多民族的国家，并在18世纪中叶形成了中国的极盛疆域。

苏联的领土曾有2240万平方公里，超过今天中国领土的两倍，但是如果拿这个国家疆域变化的历史与中国相比，那就与面积数字的比较完全不同了。10世纪后半期，也就是相当于中国的北宋初年，东斯拉夫人中的一支辅罗斯兴起，罗斯王公斯维亚托斯拉夫及其子弗拉基米尔扩大了领土，建立起一个强大的国家。但到12世纪中叶，罗斯就分裂为许多小公国，1223年又被蒙古军队占有，成为金帐汗国的一部分，汗国通过俄罗斯王公进行统治。14世纪以后，相当中国元末明初时，莫斯科大公国逐渐强大起来，伊凡三世(公元1462—1505年在位)吞并了所有东斯拉夫人的土地，并摆脱了金帐汗国的统治，建立俄罗斯帝国。16世纪后半期，俄罗斯的疆域才扩大到伏尔加河地区，吞并东乌克兰和基辅的事实到1667年才为波兰所承认，1775年取得黑海北岸地区，1783年夺取克里米亚，17世纪扩张到亚洲，19世纪从中国夺取了一百万平方公里的领土，直到第二次世界大战后才最终形成苏联的领土，但不到半个世纪又重新分裂。

领土面积略超过中国的加拿大和仅次于中国的美国，它们的历史都只有二百多年，而它们的领土定型的时间就更短了。

因此，在今天世界上领土最大的几个国家中，中国是唯一拥有历史悠久的稳定疆域的国家。中国能够在两千多年前就形成了广阔的疆域，中国的疆域能够稳定地延续下来，统一的中国疆域最终出现在18世纪中叶并且由清朝实现，这些都不是偶然的，需要各方面的很多条件。但最主要的原因还是：中国各族人民为统一而进行了长期的共同努力；中国人民在特定的地理环境下大力开发经济，发展生产；历代统治者、尤其是清朝统治者顺应历史潮流，实行了正确的政策。同样，近代中国大片国土的沦丧，固然有其外部原因，但国力的衰落和政府腐败是决定因素。

1．各族人民的共同奋斗。

在中国疆域的形成过程中，汉族作出了主要的贡献。这不仅是因为汉族人口众多，文化和科学技术先进，而且在于汉族最早建立了统一政权，为中国的疆域奠定了基础。

中国第一个统一的中原王朝——秦朝，就是以汉族的前身华夏诸族为主建立的。尽管秦朝存在的时间很短，但经过汉朝近四百年的巩固，中原王朝的疆域已经基本定型。从秦朝至清朝这两千余年间，虽然中原王朝的疆域时有盈缩，但它们的主体部分——北起阴山、燕山、辽河下游，南至两广，西起陇东、四川盆地，东至于海——是相当稳定的。即使这一部分分裂成几个政权，它们之间在政治、经济、文化各方面也没有什么差异，因此不久又会归于统一。根本的原因就是在这一范围内的人口中，汉族占了绝大多数。汉族在长期共同的生产和生活中形成了共同的文化和民族，经过儒家学说的总结提高，升华为一种统一的观念。由于汉族地区优越的自然条件和汉族人民的辛勤劳动，这一主体部分从秦汉以来一直是东亚大陆经济和文化最发达的地区，对其他政权和民族具有极大的吸引力。这固然也导致其他民族的入侵，但更促进了民族之间的融合。由于这一部分在经济和文化方面的巨大优势，尽管它不止一次成为非汉族的统治区，但军事上的征服者一次次成为经济和文化上的被征服者，甚至征服者的整个民族也被融合在汉族之中了。要是没有这一主体部分的存在，或者一部分的经济和文化力量不足以影响并融合其他民族，那么，在东晋十六国、南北朝、五代十国、辽宋、宋金那样的分裂以后就不可能再恢复统一的局面。而历史事实是，这样的统一不仅恢复了，而且统一范围越来越大，持续的时间越来越长。

另一方面，非汉民族同样为中国的统一疆域的形成作出了不可替代的贡献。

首先，中国的边疆最早是由非汉民族开发经营的，在它们归属于中原王朝或者成为中国的一部分之前，一般都已经有了一定的经济文化基础和一定数量的人口，建立了自己的政权或者结成了政治实体。百越民族对于岭南、东南沿海和山区的开发，巴、蜀、"西南夷"、蛮、僚、俚等民族对西南的开发，肃慎、东胡、夫夷、挹娄、鲜卑、乌桓、高丽、磕锣、奚、契丹、女真、满等民族对东北的开发，匈奴、鲜卑、丁零、突厥、回鹘、契丹、蒙古等民族对北方的开发，西域各族，羌、突厥、回鹘、党项、蒙古、回、维吾尔等民族对西北的开发，羌、吐谷浑、吐蕃(藏)等民族对青藏高原的开发，台湾的当地民族对台湾岛的开发，都是这些地区最终成为中国疆域一部分的前提和基础。由于边疆地区自然条件不如中原，一般都有地势高寒、地形崎岖、气候炎热或寒冷、潮湿或干旱、土地贫瘠、植被茂密、疾病流行、交通运输不便等不易克服的困难，所以在开发过程中尤其需要付出巨大的代价。这些民族还在创造适应当地具体条件的物质文明的同时，产生了适应当地条件的制度和精神文明。

其次，儒家大一统学说虽然有其积极作用，但也有其消极的一面，那就是只注重汉族农业区，忽视周围牧业区的不开发地区，把统一的范围局限于中原王朝和汉族人口。所以历史上一些武功赫赫的汉族政权，尽管多次进入了蒙古高原，却满足于凭借"天之所以限胡汉"的长城为界。对于边疆地区的得失往往并不在意，甚或麻木不仁。汉、唐、明这几个曾经有很强国力的汉族政权都没有能将别的农业区和牧业区统一起来，相反，中国历史上的三次大统一都是由来自北方的非汉族直接或间接完成的。东汉开始的北方民族的南下虽然引起了几百年的分裂，但正是以非汉族的统治为基础的北方政权最终实现了南北统一。崛起于蒙古高原的元朝和发祥于长白山下的清朝都是以北方民族为基础，进而统一南方汉族地区的。

所以，如果没有非汉民族对边疆的开发，不是由他们来打破传统的统一观的局限的话，统一的中国疆域也同样不可能出现。

2．生产力的发展推动统一。

任何一个政权或部族对疆域最基本的要求，就是为了保证自己的生存。因此，在已经形成了一定的生产方式以后，无不以各自的生产需要为选择取舍的标准。汉族很早就成为单一的农业民族，汉族所建立的中原政权无不以农为本，以农立国，也就是以能否适应农业生产为开疆拓土的前提。前面提到的中原王朝的主要部分，就是一个最适宜的农业区。而在这一区域之外，在生产水平比较落后的条件下，一般还难以开发。例如这一区域的北界并没有明显的地理障碍，但寒冷和干旱的气候却限制了农业的发展，所以即使在北方的游牧民族退却的时候，中原王朝的正式政区也很少越过这一界限。汉族移民的主要流向是南方，直到南方人口相对饱和以后，才不得不转向东北、台湾等地和海外。

牧业民族对自然环境的要求较低，往往满足于游牧生活，只要能从中原获得茶叶、纺织品和金属工具等必需品就会年复一年地"逐水草而居"。即使进入了农业区，牧业民族也不会自觉改变生产方式，这就是为什么元朝初年会有人向皇帝建议将汉人统统赶走，将他们的耕地全部辟为牧地。

人口数量也是对疆域范围的一项重要制约因素。人口太少，就没有必要，也不可能扩大疆域。即使一时扩大了，也无法维持下去。西汉时的人口大约是6000万，在其正式行政区(不含西域都护府)内的人口密度是每平方公里不足14人。在自己的疆域内还有大片处女地的情况下，扩大农业生产或获得经济利益就不能成为对外用兵的正常理由。非汉族政权在进入中原地区以后，都避免不了本民族人口太少的矛盾。清朝入关以后，举族内迁，东北几乎成为无人区。本族既无起码的人口加以经营，又不许汉人开垦，就只能采取划为禁区的愚蠢政策，结果使俄国侵略者轻而易举地攫取了大片土地。但是人口的增长必须以生产的发展为前提，在历史上的中国这样一个自给自足的地域范围内，如果不能生产出足够的粮食和生活必需品，人口数量就无法维持，更不会增加。19世纪中叶中国的4亿多人口就是完全由本国疆域内生产的食品和生活必需品供养的。

随着生产的发展，人口不断增加，传统的农业区已经无法满足开垦的需要。另一方面，由于新品种的引进和生产技术的进步，宜农的范围也越来越大，由平原、河谷扩展到丘陵山区，由温带推进到寒温带、热带。对于解决了温饱的人们来说，产于边疆地区的皮毛、药材、土特产等有了更大的需求。近代工业兴起以后，内地对边疆的木材、燃料、矿产和其他资源的依赖程度越来越大。在发展生产的过程中，牧区和边疆的人民也意识到自身的局限，逐步开发适宜本地的农业和副业。他们对内地的需求不再仅仅是茶叶、布匹，而是更广泛的生产和生活用品，技术、知识和文化。总之，逐渐形成了内地离不开边疆，边疆离不开内地，汉族与少数民族互相支持、互相依靠的关系。如果说在古代，农牧界线和内地边疆的畛域只能靠武力才能暂时打破的话，那么在近代，生产的发展和由此产生的经济合作、文化交流已经足以取代并且超过武力的作用了。

生产的发展提高了人们克服地理障碍的能力，使原来视为畏途的江河、山脉、丛林、沙漠、海洋不再能限制人们的往来，更不能成为划分疆域的天堑；也使原来无法开发利用的土地成为人们的家园。灵渠的开凿便利了岭南的开拓，丝绸之路的出现促进了西域与内地的联系，航海技术使公元前2世纪的西汉能在海南岛设置行政区，使公元3世纪的孙吴政权能远航台湾，甘薯、玉米、花生、土豆等新作物的引进和推广，使山区和边疆大大提高了对移民的吸引力。19世纪中叶的清朝能够建立起疆域如此辽阔的统一国家，正是在这范围内的地理障碍得到一定程度的克服的结果。

3．顺应历史潮流的政策巩固了中国疆域。

在清朝以前，中原王朝也曾经拥有过包括农业区、牧业区在内的地域，统治过由汉族和其他民族共同组成的国民。但是它们的疆域往往不能持久，更难以巩固。由汉族统治者建立的中原王朝大多无法有效地控制边疆地区，像唐朝这样强大的帝国，极盛疆域也维持不了几年。而非汉族以武力进入中原又会对农业经济造成极大的破坏，像元朝征服黄河流域、长江流域的过程就是一场大屠杀和大破坏的悲剧，以至整个元代都难以偿付统一的惨重代价。

但是清朝统治者采取了一些顺应历史潮流的政策，大大减少了统一过程的负面影响，也使统一的疆域得到了巩固。

首先，清朝及时调整了对汉族的政策，使自己成功地统治了发达的农业地区，也使中国疆域的主要部分迅速得到恢复和发展，成为扩大统一范围的基础。清朝取消了明朝后期的苛捐杂税，改革了赋税制度，在一定程度上减轻了农民的负担，采取了一系列争取汉族士人效忠的措施，使它被大多数汉人接受为明朝的合法继承者。在清朝的政权确立以后，除了满族地位大大提高，满族文化的影响有所扩大以外，中国的传统制度和文化几乎原封不动地延续下来了。社会的稳定和经济的发展使清朝在与准噶尔的长期战争中有了可靠的后方和强大的实力。

其次，清朝对少数民族实行了符合实际、切实可行的政策。这当然与清朝统治者本身出自少数民族，因而对以往汉族统治者的歧视政策有切身体会有关，但更主要的是他们吸取了历史上的经验教训的结果。清以前各朝对边疆和少数民族聚居地区实行统治的方式，一是扩大正式行政区域的范围，即与内地汉人地区一样设置郡县府州，一是设立都护、都司等军事机构和中原王朝控制下的羁縻单位。但前者不适应游牧民族和人口稀疏地区，强行设置既会招致当地人民的不满，也使朝廷背上了沉重的包袱，难以长期维持，后者过多地依赖军事力量，行政系统大多形同虚设，一旦军队撤退或优势丧失，控制权也就随之取消。而清朝在东北、内蒙古、青海、新疆和西藏设置了不同形式的政区，比较成功地解决了这一难题。以蒙古为例，清朝建立的盟旗制度就是一项有代表性的创举，既适合蒙古族以游牧为主、流动性大、人口稀少的特点，又加强了朝廷对盟、旗各级的控制。从蒙古归入清朝的版图以后，蒙古地区一直保持着稳定，还为清朝提供了精锐的军队，这项制度的实施是一个重要原因。尽管从根本上说，清的统治无法摆脱民族压迫和民族歧视，但清朝对少数民族的优待，特别是对各少数民族上层人士的优待，对疆域的巩固与稳定起了很大的作用。

清朝统一的过程中，虽然也免不了军事征伐与武力，但并不是以军事作为唯一的手段，而往往采取更有效的其他措施。如在西藏，清朝就充分发挥了宗教的力量，继续扶持黄教，建立政教合一的体制。通过册封达赖、班禅和确认他们的继承过程，清朝实际上取得了西藏的最高主权。在平定各边疆地区的过程中，尽量采取"招抚"的办法，避免双方生命财产的损失，为统一后的稳定和治理创造了有利条件。在边界的确定上，并非一味追求领土扩张，而是根据历史和现状寻求合理的解决。在清朝的军队平定天山南麓以后，中亚的巴达克山、霍罕(浩罕)、布鲁特等纷纷要求归附，但清朝未予接受，并且在边境立碑规定了边界线。康熙年间与俄国谈判北部边界时，并不因为军事上的胜利而提出领土要求，而是作适当退让，以额尔古纳河为界，将尼布楚(今俄罗斯涅尔琴斯克)及石勒喀河、额尔古纳河之间地划入俄国。雍正时划定外蒙古与俄国边界时也同样如此。

4．落后腐败导致国土沦丧。

19世纪后期，面对着完成了产业革命，急于向外扩张的帝国主义列强，中国依然停留在没落的专制帝国，依靠小农经济供养着4亿多人口。在侵略者面前，尽管中国人民英勇顽强，不惜牺牲，但血肉之躯和原始的武器毕竟敌不了洋枪洋炮。落后使中国蒙受了生命财产的巨大损失，也丧失了大片领土。

但落后并不是失地的唯一或最主要的原因，很多领土的丧失只能归结于清朝政府的腐败。在清朝的前期和中期，统治者不乏明智的领土政策，但他们始终以天朝大国自居，陶醉于接受"四夷"的称臣纳贡，根本不了解，也不愿意了解世界，更不了解帝国主义国家的真实意图。儒家的统一观本来就有其局限，更无法适应近代世界的形势。面对帝国主义的侵略还死抱着"溥（普）天之下，莫非王土"的幻想和"华夷之辨"的教条，其结果当然只能是一次次的失败。例如，乾隆年间，俄国和日本就已经侵入库页岛，开矿、捕鱼、建教堂，争夺了多年。作为主人的清朝却一无所知，因为岛上的土人照旧每年过海到三姓衙门（在今黑龙江依兰县）纳贡。到1850年（道光三十年），俄国竟单方面宣布库页岛是俄国领土，清朝还是不闻不问，原因之一是土人的贡品并没有断绝。1687年（康熙二十八年）《中俄尼布楚条约》签订以后，俄国势力不断向东扩张，大批移民进入远东，19世纪前期已经越过外兴安岭，到达中国黑龙江以北、乌苏里江以东地区。但就在条约签订之后，清朝却重申并加强了在东北"封禁"的命令，使黑龙江和吉林两个将军辖区内长期人烟稀少，兵力不足，很多地方还是无人区。因而在《中俄瑷珲条约》和《中俄北京条约》签订以前，中国领土被俄国侵占已是既成事实。至于因为君主和大臣的卖国求荣、愚昧无知造成中国领土损失的事例就更难一一列举了。

向古人借智慧——
谈中国文化经典

【台】龚鹏程

龚鹏程，江西吉安人，1956年生于台北。台湾师范大学国文研究所博士毕业，历任淡江大学文学院院长，台湾南华大学、佛光大学创校校长，美国欧亚大学校长等职。曾获台湾中山文艺奖、中兴文艺奖、杰出研究奖等。2004年起，任北京师范大学、清华大学、南京师范大学教授。现为北京大学中文系教授。

曾任中国古典文学研究会、中国历史文学学会、中国武侠文学学会、中国艺术行政学会、当代思潮研究会理事长。

主要著作有：《文学散步》、《文学与美学》、《文化文学与美学》、《宜兰张氏族谱》(合著)、《淡水镇志》(合著)、《游的精神文化史论》、《中国文人阶层史论》、《中国传统文化十五讲》等。

◈ 一、人文主义的传统 ◈

《向古人借智慧》，是我在大陆出版的一本书名(2005年百花文艺出版)。原本是在台湾一家广播电台谈读书方法的记录，暂时借来做为本文的题目。

看到这个题目，朋友们大约已心里有数，是要说中国文化如何博大精深，我们应当好好读书，向古人借智慧云云。

但我未必想再讲这些陈腔滥调，且让我从一个故事说起：

从前美国哈佛大学有位校长威廉·爱略特(Charles William Eliot, 1834—1926)在1869—1909年间，担任了四十年校长，对哈佛的校风影响深远。他曾与纽约一家出版社合作，编印过一套《哈佛经典丛刊》(Harvard Classisc)。从希腊至近代，凡百余种，合为四十九卷，他自己一卷《序文、导读、索引合编》，合起来五十册，排起来刚好占书架五呎宽，所以又被称为"架上五呎丛书"。销行不衰，直卖到现在，上百年了。另外，爱略特又辑了三十二部小说，合为《哈佛经典小说丛刊》，共二十卷，也很受欢迎。出版社卖书给读者还牛得很，付了款后，书店一次只寄几本来，隔一两月再寄若干。意思是教你仔细读，读完了他们才肯再寄。读者要花几年才能把书购齐，也就是把它读完。

本讲从哈佛大学提倡读经典的这一类故事讲起，是有原因的。

过去，吴宓留学哈佛，受教于新人文主义大师白璧德(Irving Babitt, 1865-1933)，便服膺其说。返国后，即于1922年1月创办《学衡》杂志，大伸白璧德之教。《学衡》创办时，吴宓在东南大学，因此学术史上常以《学衡》代表南京之学风。至少在跟北京相对比时是如此认定的。

白璧德与爱略特同时而稍晚，因此他可说是继爱略特而起，伸张人文精神的代表人物。他所主张的人文主义，强调的是人如何完善的问题。素朴的人，通过人文教养之教育，逐步提高，故与浪漫主义着重自我之伸张，途辙迥异。既讲究人文教养，因此阅读经典便是必须之事。经由阅读经典，特别是文学经典，人才能学到标准与纪律。人文主义又常被称为古典主义，道理正在于此。在这方面，他和爱略特的主张恰是合拍的。

　　但白璧德所主张的"新人文主义"，并不同于在欧洲文艺复兴以后发展起来的人文主义。他认为旧的人文主义颇有流弊，因为人文主义者强调研读经典，其弊乃导致人文主义学者以钻故纸堆为高，流于玩物之自鸣得意，摩挲古典以为乐，以此优游岁月。对此，他主张研究古典亦须与现代相联结。如何联结？他提出比较与历史方法。比较古今，吾人所研习之古，乃能对现代具有比较及启发之意义；历史方法，则是观察中古发展至今之轨迹。因此，白璧德并非古典主义者，他所谓的新人文主义，重点实在"中和"。例如古与今之中和，不执古之道以御今之所有，亦不站在科学进步观的角度，贵今贱古。

　　在1908年出版的第一本著作《文学与美国的大学》中，白璧德言道：

　　旧人文主义……在某些方面已过时且不足以适应时代之需。……它会导致超美学的(ultra-aesthetic)享乐主义的生活态度。即退回到自己的象牙塔中，在古典文学中寻求精致慰藉的那种倾向。……未能以更广阔、有机的方式将它们与当代生活联系起来。因此，古典文学注入新生命和兴趣，不可能指望借由重振旧人文主义来达成，而是要在研究古典文学时更广泛地应用比较和历史的方法。……这些方法必须为观念所渗透，且通过绝对价值感(a sense of absolute values)而得到加强。……每个作者的作品，……应把它们当作古代与现代世界一脉相承的发展链条上的环节而予以研究(第六章《合理的古典研究》)。

现在不妨总结一下我们寻求人文主义定义的成果。我们发现人文主义者在极度的同情与极度的纪律及选择间游移，并根据他调节这两个极端的情况，而相应地变得更加人文。……正像有人告诉我们的那样，圣弗朗西斯融合了他身上老鹰与鸽子的品质：他是个温顺的老鹰。……就最实用的目的而言，适度，乃是人生最高的法则（第一章《什么是人文主义？》）。①

第一段就是区分新旧人文主义，强调古今应联系贯通起来，"古典人文研究，将通过日益密切地接触现代人而获益匪浅；同时，就崇今者来说，他们也只有彻底承认古人的前道之功，才能侧身人文学科的行列。古典以现代为前景，就不会有枯燥呆滞之弊；现代以古典为依托，则能免于浅薄和印象主义之弊"（第七章《古与今》）。"一名古典教师应履行的最高任务，就是运用想象力，去将过去的东西重新阐释为今天的东西。……我们既缺乏对现代有充分观察的古典教师，又缺乏具有足够古典背景的现代文学教师，这是实现人文方法复兴的主要障碍"（第四章《文学与大学》）。

既要古又要今，就是第二段所说的中和原则。他认为人文主义最核心的精神，在于人不走向极端，能够"叩其两端""取两用中"。其修养工夫所在，即在其借平衡调适两端，而让自己得到较高的品质，让一切极端均能中和。在人身上体现出适宜、适度、适当的性质。因此他说："再没有比走向极端的多元论（pluralism）更不具人文或人文主义特性的了。只有那种同样走向极端的一元论（monism）才可与之相比"（第一章）。

中和的原则，不仅表现在古与今方面，也表现在传统与创新、个人与历史、自由与限制、理性与感情、民主与贵族、人与自然等各项

---

① 见白璧德：《文学与美国的大学》，北京大学出版社2004年版，张沛、张源译。我在译文方面有些改动。

对立极端之中和。用白璧德的话说，此即人之律(Law for man)，在一与多之间保持平衡。而其所以能平衡者，则由于人内心"高尚意志"与"卑下意志"之对峙中，人对自己内在的制约(inner-check)力量(见其《民治与领袖》Democracy and Leadership,1924。吴宓的译介见《学衡》32期，1924年8月)。①

人文主义一词，自其拉丁文辞源观之，最初之词意就是"信条与纪律"，因此它原本确实是贵族而非平民的，重理性而非如浪漫主义那么感性。但白璧德所主张的新人文主义，讲究的却是"正确的平衡"。此即他与欧洲旧人文主义大不相同之处。

顺着这个区分，白璧德非但不满于旧人文主义之"在古典文学中寻求精致慰藉"这种享乐主义生活态度，更不满当时流行的德国式古典研究方法。他的新人文主义，主要特征或其立说之主要目的，就是要反对当时流行的德国式"严格的科学研究方法"(sterng wissenschaftliche methode)。他说：

在中世纪那个极端时期，人类精神(the human spirit)……沉迷于超自然的梦幻中。现在，它又走向另一个极端，力图使自己和现象结合为一体。这种科学实证主义传播甚广，它使人与自然日趋同化，特别是对教育影响巨大，某些教育机构正成为科学大工厂(第四章)。

就语言受制于"事之律"而言，它是文献学；若它表达了"人之律"，则它是文学。……今天，我们所知道的文献学家，并不会因为有了"促进人类进步"这个培根主义的捧场，就与他们的原型：(古罗马)亚历山大语法学家有何不同。……跟出色的老式语法或考证(textual criticism)相比，大量时下流行的Quellenforschung(德文：来源研究)实处于较低水平。……今天的学生，往往把一切都当成文献考据，把文

---

① 吴宓之译介，张沛、张源认为他用"理欲关系"来解释高意志跟卑下意志，乃是误读。见注五所引书，附录。

学、历史和宗教本身都变成"一串故事"。没完没了的收集资料，可是面对这些材料却无法从中提炼出恒久的人类价值。……我们的大学亦因而陷入了文献学的独裁统治之下，现行学位制度，对好学深思之士毫无促进作用，只鼓励在研究工作中展示出娴熟技术的人。……古代经典研究的德国化，不仅对经典本身是毁灭性的打击，就整个高等文化说，亦是一大灾难（第五章《大学与博士学位》）。

依他看，德国化的学风"鼓励人放弃一切自发的思考，仅在某一小块知识领域当别人观点的纪录或仓库""情愿把自己的心灵降低到纯粹机械功能"（第六章）。其毛病，一在只重视材料，运用考证去达成知识之累积。二在专业分工，造成切割，且又服膺"事物法则"。这些批评，至今看来，仍是非常准确的，今日学风仍有此弊。

二、人文主义的挑战

依白璧德之见，美国的大学中，人文精神已遭遇到功利主义自下而上的威胁，专业化由上而下的威胁，以及几乎无法阻挡的商业化和工业化之威胁。特别是数量化的时代，白璧德认为大学更应认识"质"的重要，培养有品质的人。

因此，在他的想法中，更关注的乃是专门性大学（college）而非综合大学。他在《文学与美国大学》一书中所指的大学，就是college。这个字一般都称为学院，但白璧德之所以用college称大学，而不用university，正所以表明他心目中实施人文教育之场所，乃是college而非综合大学。College在时代洪流中应当格外捍卫人文主义的传统与标准。他所期望于这些小学院的，乃是"在自由文化精神的激发与指导下，教授为数有限的几门标准课程"(上引书，第四章)。他说：

> 这些小学院若能认识到自身的优势，不陷入自然主义之谬误，而把人文意义上的发展和单是扩大规模相混淆；又不让自己被规模和数量所震慑，那么这些小学院就幸运了。尽管全世界都醉心于量化的生活，大学却必须牢记自己的任务，是让自己的毕业生成为高品质的人……力求在老旧的世袭贵族和新兴的金钱贵族之外，培养我们社会所需的性格与智力贵族，以资抗衡。

大学假如不培养金钱贵族，自然就不会以职业出路为教育目标。白璧德反对专业化，也反对读书只为了某个特殊的功利目的。故若一名学生未广泛阅读，只一心专注于他的论文，以求写了毕业，获得学位，最令其鄙视。他所强调的"学术的闲暇"或"高雅的业余者"(elegant amateur)，类似中国古代所谓："君子不器"或"游于艺"之类，多识前言往行以自畜其德，悠游澡浴于学问之海，并不自限于某一知识领域，也不把自己当成一名处理知识问题的职业技工(详见其书第九章)。而这种理想，他以为已不可见于德国的学术研究风气，亦不可见于美国之新型大学，只可求诸英国剑桥、牛津等校：

> 也许只有在英国，那种高雅的业余者之理想，才得以幸存且延续至今(第四章)。

> ……这种学术闲暇的传统和旧式的人文主义，在英国的大学中尚有一定的保留。但即使在牛津与剑桥，人文主义者和闲暇者也正受到专门的科学家和忙碌的人道主义者的排斥；在我们美国的大学教师中，这种情况就更多了(第九章)。

白璧德的想法，当然有他的时代背景。人文主义者通常溯源于文艺复兴；但文艺复兴固然提倡了人文精神，其人文精神却主要是建立在理性上的。理性的弘扬，渐渐就促进了科学的发展，并使人越来越重视科学、相信科学，而形成了科学主义。要求人文学、社会学都得效法科学，或成为科学。教育上，也就出现了科学主义的大学观。代表人物，就是白璧德所大力抨击的培根。

　　培根认为社会之发展需要科学，科学人才之培养必须以科学教育为内容，大学则为承担此工作内涵及使命之地。其所谓科学，又专以通过归纳法获得的知识为准。因此大学就成为教导学生使用科学方法去掌握知识，以贡献于社会之机构。19世纪初，英国就开始为大学到底应维持古典人文教养教育，抑或发展科学教育而产生了论战，斯宾塞(Herbert Spencer)、赫胥黎(Thomas Henry Huxley)等都主张科学主义教育，以致一批重视科学技术教育、旨在培养各种实用科技人才的新型大学在各主要工商城市涌现，老牌的古典大学，如牛津、剑桥，也增设了自然科学系科，开始培养科学人才。此风于19世纪后期传入美国，与其功利主义思想结合，迅即蔚为洪流。自然科学与技术实用学科地位日高，人文教育备受冷落，白璧德之感叹，即为此而发。

◀ 三、经典教育的实践 ▶

　　不过，白璧德并非孤军奋战。在他之前，19世纪有托马斯·阿诺德(Thomas Amold)、梅修·阿诺德(Mathew Amold)、纽曼等人，主张大学教育旨在培养绅士。20世纪，白璧德稍前，有爱略特一类人；后则有萨顿(George Sarton)、赫钦斯(Robert Maynard Hutchins)等人依然倡道推动人文教育，且影响深远。

　　萨顿乃科学史家，其说亦号称新人文主义，但目的在实现科学的人文化。认为科学固然重要，但我们应注重科学的人文意涵，让科学重新与人文联系在一起，从而建立一种建立在人性化科学上的新文化。他称此为新人文主义。

赫钦斯主持的芝加哥大学，则主张发展理性、培养人性，是教育永恒不变的目标，大学就是针对此一目标，促使学生理性及道德能力充分发展健全而设的。为达此教育之永恒目标，赫钦斯建议设立一套永恒学科。谓此学科"绅译出我们人性的共同因素，因为它使人与人联系起来，使我们和人类曾经想过的最美好事物联系起来，并因为它对于任何进一步的研究，和对世界的任何理解都是重要的"。此学科由两大类科目构成，一是与古典语言和文学有关的学科，学习之途径就是阅读古典著作；另一类，可称为"智性课程"，主要包括文法、修辞、逻辑、数学等具有永恒性内容的学科。这些学科，不但配合永恒的教育目标，也与那些因时代需要而设的应世谐俗学科不同。那些学科常随时代需要而枯荣，当令时，至为热门；过时了，就毫无价值。①

　　赫钦斯是美国学术界的奇才，三十岁就担任芝加哥大学校长，名震一时。他在1951年编成了一部大书，足以与《哈佛经典丛书》先后辉映，叫《西方的经典》(Great Books of the Western World)。次年由大英百科出版社出版。

　　书凡五十四卷，第一卷导言，二、三卷是索引，其他五十一卷便是经典文本。包括七十四位作者，作品四四三种。跟我们的《四库全书》相似，它也用封面颜色来分类，文学类黄色；历史、政治、经济、法律类蓝色；天文、物理、生物、化学、心理类绿色；哲学、宗教类红色。但所选很多作品其实不定属哪一类，故这也只是大略分之而已。所收全是1900年以前的书。

　　这一大套书，期望中的读者是大学生或具大学程度的人。当然，经典越早读越好可以及早受用。但他并不希望大家囫囵吞枣地读，他希望读者能按次序，一本一本读下去。如果自己无法有效地读，那

---

① 另参刘宝存《科学主义与人文主义大学理念的冲突与融合》2005年第1期，《学术界》总第100期。

么，他又替大家拟了一个阅读计划，特意编了十本导读书，让大家每年根据一本导读去阅读那些经典，要读原文，一年一本，刚好十年读完。每本导读，内分十五课，以第一册为例：

1. 柏拉图《自由》及《克利图》。
2. 柏拉图《共和国》卷一、卷二。
3. 莎孚克利斯《哀地婆斯王》及《安提宫屋》。
4. 亚里士多德《伦理学》卷一。
5. 亚里士多德《政治学》卷一。
6. 普鲁塔克《希腊罗马名人传》四篇。
7. 圣经《旧约·约伯记》。
8. 奥古斯丁《忏悔录》卷一至卷八。
9. 蒙田《论文集》六篇。
10. 莎士比亚《哈姆雷特》。
11. 洛克《政府论》第二篇。
12. 绥夫特《格列佛游记》。
13. 吉朋《罗马帝国衰亡史》十五、十六章。
14. 美国独立宣言、宪法及联邦论及。
15. 马克思恩格斯《共产党宣言》。

以上所举每一本书，都说明卷次与页数，从容带领读者优游于经典之中。导读着重指出古代思想和现代的关系，尤具启发性。而且真是导读，不是灌输或教训，表现了赫钦斯所强调的"自由教育"之精神。另外，不知你注意到没有：它第一课是从柏拉图开始的。其实他每一册的第一课都从柏拉图开始。西方人本来就有一切哲学都是柏拉图的注脚之说，本编亦是此意。一切回到柏拉图，也就是一切皆从源头上去找答案，由古人的智慧中探索真理的可能。

导读之外，二、三卷的索引也十分有价值。它把西方文化的基本思想分列为一百零二项，其下又罗列为两千九百八十七个题目，读者若想知道西方对某一个问题有何主张，利用这个索引，可以一索即得。编这样的索引，不唯嘉惠读者，更可以显示编者的功力。从前梁实秋先生就很推崇他这套书，认为："与其读所谓的'畅销书'，不如读这一部典籍"①。

哈佛、芝加哥这两大套经典丛书及其教育理念（包括与之相配合的课程设计），在美国可谓典范。其他学校没有如此大规模的编辑项目，但也不是没有类似的做法，只是规模可能略小些罢了。例如《莎士比亚全集》，旧版最著名的是剑桥大学编的，九大册，1863年开始刊行，1867年二版，1893年三版。牛津大学也有另一个版本。1921年开始则剑桥又推出新版三十九册，出到1966年才出齐，长达四十五年，慢工细活，极为矜审。美国耶鲁大学所编则为四十册本，为在美国通行之版本。其他投入古代经典整理的项目极多，就不一一介绍了。

四、阅读经典的批判性

在我们中国，介绍西学的人，大抵只注意人家一些新东西。觉得西方总是求新求变，新观念、新理论，不断推陈出新。殊不知西方传统之坚韧，初不因现代化而瓦解。反而是在面临科学主义、商业化、数量化、功利取向时，不断有人伸张人文主义传统，力图矫正之。而一些著名的大学，就在此扮演了中流砥柱的功能，不断呼吁人们应该

---

① 西方的典籍，1980，台北九歌出版社《白猫王子及其他》。

回去细读古典。

近年后现代、多元文化、后殖民、女性主义等理论甚嚣尘上，同样引起了这样的批判。十年前曾任哈佛客座教授的布鲁姆（Harold Bloom）出版的《西方正典》（The Western Canon），即为其中一例。

此公在该书中选了贵族制时期的莎士比亚、但丁、乔赛、赛万提斯、蒙田、莫里哀、米尔顿、约翰生博士、歌德；民主制时期的渥滋毕斯、珍·奥斯汀、惠特曼、狄瑾生、狄更斯、普鲁斯特、乔哀思、伍尔芙、卡夫卡、波赫士、聂鲁达、斐索等二十六家之作，谓其为西方文化中之"正典"（the canonical），认为现今我们对语言比喻之驾驭、原创性、认知力、知识、词汇均来自他们。

其次是：他不仅力陈经典的价值，更把矛头指向正流行当令的女性主义、马克思主义、拉冈学派、新历史主义、符号学、多元文化论等，合称为憎恨学派（School of Resentment），谓此类人憎恨正典之地位及其代表之价值，故欲推翻之，以便遂行其社会改造计划。打着创造社会和谐、打破历史不公之名义，将所有美学标准与大多数知识标准都抛了。可是被他们另外揭举出来的，也并不见得就是女性、非裔、拉丁美裔、亚裔中最优秀的作家；其本领只不过是培养一种憎恨的情绪，俾便打造其身份认同感而已。此等言论，逆转了攻守位置。让一向善于借着批判传统、颠覆这颠覆那，以获得名位者有些错愕。

这些学派自然也立刻反唇相讥，说布鲁姆所称道的正典，只是欧洲男性白人的东西，甚且只是英美文化中惯例认可者，并不适用于女性、多元文化者或亚裔非裔。

但此类反击，除了再一次诉诸身份、阶级意识形态之外，毕竟没有说出：为什么正典必须扩充或改造？其美感价值与认知，为什么不值得再珍惜？因为：此类文论家原本就不太读也不能读原典；文本分析恰好就是他们的弱点；舍却文学的艺术价值不谈，正是其习惯。如此而欲反抗正典说，岂非妄谈？读者根本不晓得何以必须放弃莎士比

亚而偏要去读一些烂作品，只因它是女人或黑人写的，或据说其中有反帝反封建抗议精神？过去，读者基于道德感正义感，以社会意义替代了审美判断，跟着此类文论家摇旗呐喊，如今一经戳破，乃始恍然。故"憎恨学派"之反驳，非特未将布鲁姆消灭，反而令质疑文化研究者越来越多。

当然，此亦由于布鲁姆立说善巧。以往，倡言读经者，辄采精粹论立场，不是说经典为文化之核心精粹，就是说经典之价值观可放诸四海、质诸百代，乃万古之常经，今世之权衡云云。布鲁姆却不如此。

他本以《影响的焦虑》一书饮誉学林，论正典亦采此说。谓经典之所以为经典，自然是因它们影响深远，但所谓影响，并非只是后人信仰它、钦服它、效法它、依循它，而是后代在面对经典之巨大影响时存在着严重的焦虑，故借由反抗、嫉妒、压抑去"误读"经典，对它修正、漠视、否定、依赖或崇拜，这些创造性的矫正，也是影响下的表现，因此后代纵或修正或摆脱经典，仍可以看出经典的价值与作用。

同时，正典亦因是在影响的焦虑中形成的，所以它们都是在相互且持续竞争中存留下来的，文本相互激荡，读者视野不断调整，正典本质上就永远不是封闭的，一直是互为正典(the "inter canonical")。简单说，反对经典，正是因为经典重要、影响大。而反对者对经典之误读或创造性矫正，又扩大了它的影响、丰富了它的意涵，故经典永不封闭。

由这样动态的关系去看经典，才可以避免反对者所持的各种理由，什么古典不适今用啦、何须贵古贱今啦、经典只代表着一阶层之观念与价值啦、文艺贵乎创新啦等等。

但不论布鲁姆或爱略特，任何提倡读经典的人，也都无法说服那些反对的朋友。盖此非口舌所能争。经典的意义固然永不封闭，但它得有人去读，其意义是由阅读生出来的。倘若士不悦学，大家都不爱阅读，视阅读为畏途或鄙视之，仅以谈作者身分、肤色、阶级、国别为乐或废书不观，徒逞游谈，则正典之生命便将告终。

而现在的学府正是这般可能埋葬经典的地方。学者要著书立说、要升等、要申请项目经费，自须别出心裁，立异以鸣高。今日创一新派，明日成一理论，方为此中生存之需，乖乖读点正经正典，既无暇为之、不屑为之，亦无力为之。

如今大学讲堂中，高谈多元文化、女性主义、后殖民、拉冈、傅柯者，车载斗量。可是能好好阅读讲说如莎士比亚、塞万提斯、米尔顿、狄更斯的，却着实稀罕。博士硕士们，找些理论、看点论文、上网抓点资料，手脚倒也勤快，作品可没读过多少，更莫说那些不厌百回读的经典了。对于这些人、这样的机构来说，提倡读经，其实就是要求改造学术伦理，重新界定所谓的学术价值到底是什么。

五、在中国读经典

可是，阅读经典的这种批判性，恐怕更应该施于中国。不是吗？美国本有阅读且悦读经典的传统，已如上述。主流大学带头做起，校长本身就是古代经典的大行家，校内重要学者则著书立说以昌明读经典的重要性，课程设计更是环绕这个精神而展开(影响台湾通识教育极大的哈佛"核心课程"与芝加哥"经典教育"，便是其中之一环)。因此其学府虽也有应世谐俗的部分，但其世俗化、功利化，哪有中国这么严重？中国有这样的大学、这样的校长、这样的经典丛书、这样的课程吗？

目前我们的大学，有白璧德、赫钦斯、布鲁姆等人所批评的一切毛病，而且既踵事增华，又变本加厉。故他们所说之所有经典该读的理由，我们都适用，抑且比人家还要迫切，还应更加紧地读。

然而，我们想读经典却也不易。梁实秋先生在介绍赫钦斯编的《西方经典》时，即曾感叹东方人也有东方的经典，而期待我们也能参照他们的书，编出一套《东方的经典》来，并希望中文版之外还有英文版。

没有书，也没有读者。个别的人喜欢找点古书看，当然也是有的，但我说的是我们缺少经典的读者社会。社会不支持读古书，读经典的人也构不成普遍的社会群体。大家读八卦杂志、读畅销书、读明星起居、读时尚报导、读考过试以后就扔进字纸篓的教科书、读一切无聊图文垃圾，可就是不读经典。

想要读古书的人，则总是会碰到庞大的压力，问你为何要读、读了有什么用、现代人何必钟情老古董、古书里面有毒素怎么办、经典为何只能是古籍、那些东西跟我的专业有何关系、对我们未来事业能有什么帮助……等等等。他要自己先说服自己，跟这些乱七八糟的问题纠缠一通，找出一个勉强自己去读读看的理由；然后再一一应付别人对你居然读经的询问，和没完没了的质疑。身心俱困，口弊唇焦，经典还没读呢，什么兴致全没了！

当代大学生尤其不是经典的读者群。能考上大学，本身就是读教科书参考书好手的明证。读那些东西把时间都占满了，故通常没机会读其他的书；读教科书把脑子读坏了，于是也不再能读什么经典；受限于专业体制，更不会去读与专业无关的韩文、杜诗、孔孟、老庄、《金刚经》、《红楼梦》。

因此我们莫说比不上哈佛芝加哥，对早年提倡人文精神的前辈先生，亦当有愧。

其实，五四那一代的大学生，无论南北，也都具有远比现今更通博的精神，不为专业体制所限。例如：

傅斯年在北大读国学，去英国却读心理学，然后到德国再从文科读起，但地质、蒙学、藏学、相对论，什么都学。

赵元任留美，先学电机，后读数学，再转哲学，获博士后再转研究语言。

金岳霖去美国，先是学商，转学政治，得了博士后，又去英国学哲学，回国替赵元任教逻辑课，才最后以逻辑名家。

闻一多在美国本来学美术，后来则以文学著称。

马寅初，在哥伦比亚大学以研究纽约市财政获博士，后来则以人口学闻名。

看看这些例子，就知道专业云云，对他们只如笑谈，根本视若无物。就是博士学位，也不看在眼里。闻一多、陈寅恪、梅光迪、陈衡哲、梅贻琦、任鸿隽等，都不是博士，吴宓也不是。难道凭陈寅恪、梅贻琦这些人的学问，还拿不到学位吗？当然不是。是他们根本不把学位当一回事。就像鲁迅与周作人兄弟在日本读书多年，从来也没想要拿个学位一样。

读书、做学问，就是读书做学问。读书不是工具，学位不是目的，什么专业更是无关紧要。《论语》曰："君子不器"，又曰："学而时习之，不亦乐乎"，此之谓也！古人的智慧，即体现在他们的具体生活中。这类事例，不知还能给现在人一些启示吗？

中华孝道与和谐社会

李宝库

李宝库，男，1944年生于山西潞城。1963年至1968年就读于中国人民大学历史档案系。1979年调入民政部工作至今。曾任民政部副部长、第十届全国政协委员。现任中国老龄事业发展基金会理事长、全国敬老爱老助老主题教育活动组委会主任、中国老年艺术团总顾问。社会兼职：中国青年政治学院社会工作学院院长、兼职教授，西北大学中国老龄事业发展研究院名誉院长、兼职教授。著作有《民政工作文存》、《一颗闪耀人伦之光的璀璨明珠》；主编有《中国政区大典》、《社区工作者手册》、《中国敬老故事精华》、《中华孝道故事》；组织制作电视片《中国社区建设》、《无声的革命》。

　　社会和谐，核心是人的和谐。在我国老龄化程度日趋严重的情况下，在构建和谐社会的过程中，有一个问题不容忽视，即代际和谐与家庭和谐，也就是如何对待老年人的问题。这个问题如果解决不好，就会影响和谐社会的构建。而要解决好这个问题，离不开一个"孝"字。我认为，孝是我们民族的传统美德，是人伦道德的基石，是中华文化的瑰宝。在人类历史的长河中，它始终闪耀着不灭的光芒。

一、孝是闪耀人伦之光的璀璨明珠

孝是我们民族的传统美德。孝字最早见于殷墟出土的甲骨文，由上面一个"老"字和下面一个"子"字组成。后来在书写的过程中，把老字的下半部省略了，就成了现在的孝字。《说文解字》上说，孝即"善事父母者。从老省，从子承老也"。先有老子，后有儿子；老子在上，儿子在下，这就是孝字。孝字的构成可以理解为：孩子小时，父母在上面护着，怕风吹着、日晒着、雨淋着；孩子长大了，父母也衰老了，孩子在下面又背着父母。总之，孝字的构成，体现着父慈子孝，人间亲情。

把人们这种亲情回报的纯朴情感提升到理论即孝道的高度，是2500多年前我们的先哲孔子和孟子的功劳。孔子论孝，一是讲孝的意义。他认为，"孝为天之经也，地之义也，民之行也"，孝是天经地义的事情。二是讲孝的内容，重点是三条：一是养，二是敬，三是谏诤。养就是让父母吃饱穿暖。敬就是在人格上要尊敬父母。如果光养不敬，孔子说，和饲养犬马有何区别呢？子夏问孝，孔子曰："色难"。意思是，对父母长期保持和颜悦色不是一件容易的事。最重要的，他又提出谏诤。在《孝经》第十五章中，孔子明确地提出，只要有不义的事，就应该谏诤。唯父之命是从，并不是真正的孝。他不赞成愚忠、愚孝。之后的孟子则在孔子提出的养、敬和谏诤的基础上，提出"老吾老以及人之老"，把人们对父母之爱，延伸到其他老年人。这是了不起的发展。孔孟的这些关于孝的精辟论述，成为高悬古今、照耀世界的真理。他们发掘、总结人性的真善美，并以之教化民众的伟大功勋，使他们成为人间圣贤。

综上所述，孝是人世间一种高尚的美好的情感。它的本质是爱，有爱就有孝。它的表达方式是感恩，是亲情回报。它的作用是完善人的品格，提升人的思想境界，在家庭和社会中追求人际关系的和谐。可以毫不夸张地说，孝是一颗永远闪耀着人伦道德之光的璀璨明珠，是我们中华民族对世界文化的贡献，是民族文化的珍宝。

　　诚然，随着时代的前进，尽孝的形式也要与时俱进。过去是"父母在，不远游，游必有方"，现在是"好儿女志在四方"，但要"常回家看看"；在老年人基本生活未得保障时重点是养，而温饱问题解决之后，精神慰藉就成了重点；就是将来养老制度更加完善了，老年人不再需要年轻人直接供养，但老年人对亲情慰藉和天伦之乐的需求，是其他任何东西都不能替代的。所以，孝的形式可以改变，孝的本质不可能也不应该改变。我们在建设社会主义精神文明的过程中，世界各国人民创造的优秀文化成果都要拿来，为我所用；对于我们的老祖宗所创造的中华民族孝亲敬老的传统美德，我们就更应当倍加珍惜、发扬光大了。

　　2007年3月11日，《人民日报》出了一个专版，题目是《弘扬孝道，共建和谐》。这是从1949年建国以来，我们的党报第一次把"孝道"提到全国人民面前。2008年，国家决定清明节放假三天，让人民群众祭奠祖宗、追念先烈、感恩和怀念逝去的父母，受到人民群众由衷的欢迎。这一举措，对于弘扬民族文化，传承中华孝道，有着十分重要的意义。

二、《孝经》是需要精心开发的人伦宝藏

《孝经》相传是大圣人孔子和他的弟子曾子的著作。《孝经》融六经①之精华，被誉为"传之百世而不衰"的不朽名著。数千年来，《孝经》被视作金科玉律，上自帝王将相，下至平民百姓，无不对其推崇备至。历史上为《孝经》注疏解译的就达500家之多。《孝经》究竟是怎样一部书？它怎样体现了中华民族的传统美德？它的历史局限性又在哪里？这些，正是我们下面所要探讨的。

(一)《孝经》的主要观点

《孝经》总共18章，1903字。从"开宗明义章第一"到"丧亲章第十八"，孔子对孝进行了全面、深刻、极为精彩的论述，许多观点和分析充满哲理，至今闪耀着真理的光芒。

第一，孝是所有德行的根本，一切教化都在此基础上产生。孔子在第一章中开门见山地指出，有一种至德要道，那就是孝。他说，"夫孝，德之本也，教之所由生也"。孔子进而把孝的内容归纳成三条："始于事亲，中于事君，终于立身"。就是说，孝开始于侍奉父母，进而为国君尽忠，最后实现自己的理想抱负。几千年来，孝道一直是中华民族的传统美德。时至今日，我们所提倡的尊老爱幼、热爱祖国、胸怀远大理想等新的道德要求，可以说是传统孝道的发展和完善。

第二，人人都应尽孝，侧重有所不同。孔子认为，他提倡的孝道

① "六经"是《诗经》、《尚书》、《仪礼》、《周易》、《乐经》、《春秋》六部经典的总称。

面向的是每一个人；孝道面前人人平等，孝道面前人人有责；行孝不分尊卑贵贱，只不过不同的人行孝的侧重点有所不同。因此，从第二章到第六章，孔子分别对天子之孝、诸侯之孝、卿大夫之孝、士之孝和庶人之孝进行了论述。孔子认为，天子身系国家兴衰和百姓命运，其品德至关重要，天子之孝应当是爱敬父母，教化万民；诸侯是天子政令的实施者，其地位在一人之下、万人之上，诸侯的品行也直接关系国家安危，因而诸侯之孝应当是临深履薄，和其人民；卿大夫的地位仅次于诸侯，其主要任务是具体执行政令，起着一种上传下达的桥梁作用，因而卿大夫之孝应当是言动有据，为民表率；士是官吏中地位最低的一个群体，是具体事务的执行人，对父母之孝和对国君之忠在他们身上体现得格外明显，因而士之孝应当是尽职尽责，不负亲恩；庶人是普通劳动者，是每个家庭的支撑者，庶人之孝应当是谨身节用，赡养父母。孝道既是一种品德，也是一种责任，对不同地位身份的人，提出不同的行孝的要求，是应当的。这是因为，地位越高，影响越大，责任越重。

第三，实行孝道是天经地义的事。如果说，上述第一个观点讲的是什么是孝道，第二个观点讲的是谁来行孝道，那么第三个观点讲的就是为什么要行孝道。孔子在第七章中专门论述了这个问题。他说，"夫孝，天之经也，地之义也，民之行也"。他认为孝道是天经地义的事情。日月星辰运行于天，春夏秋冬四时循环，这是天地间不变的法则。那么，在人世间与天地规律相应的不变法则是什么呢？是人人都是父母所生、父母所养，儿女感恩和善待父母的孝道。孝道就是符合天地运行规律的道德行为。孔子还进一步论述了孝道在治理国家时所起到的巨大作用："其教不肃而成，其政不严而治"。就是说，以天地间的真理教化百姓、治理国家，可以收到事半功倍的效果。

第四，在家庭中和社会上都做得好才是真孝子。孔子说，作为一个孝子，在家庭日常生活起居中，要以最诚敬的心情周到地照顾父母；奉养时，要以最和悦的心情任劳任怨地服侍父母；父母生病时，要以最忧虑的心情照料父母；父母过世时，要以最哀痛的心情来料理后事；举行祭祀时，要以最严肃的态度来追思父母。这五方面都能做到，才称得上是侍奉双亲的孝子。与此同时，孔子又对孝子在社会上的表现提出要求，那就是："居上不骄，为下不乱，在丑不争"。就是说，一个在父母面前行孝的人，在外居官不能骄奢淫逸，在社会上不能为非作歹，在人群中不能计较争斗、惹是生非。不然的话，就会给父母带来麻烦和灾祸。这样的人，无论在家多么孝顺，也不能算是真正的孝子。

第五，广行孝道要讲究礼节。在第十二章中，孔子从更大的范围来论述孝道。他说：教化百姓和睦相处，没有比用奉养父母的孝道更好的办法了；教导百姓懂得长幼之序，没有比用尊敬兄长的悌道更好的办法了；想要改革民情风俗，没有比用音乐更好的办法了；让君王安心，使民众太平，没有比用礼节更好的办法了。孔子特别强调"礼"在推行孝道中的重要性。他说，礼，诚敬而已。如果有人敬爱自己的父亲，作儿子的一定感到喜悦；有人敬爱自己的兄长，作弟弟的一定感到喜悦；有人敬爱自己的君王，做臣民的一定感到喜悦。敬爱一人，而使千万人喜悦，所敬爱的虽少，但喜悦的人却很多，这种以诚敬之心尊重每一个人的礼节，就是在广行孝道中所要采用的最有效、最重要的方法了。

第六，君子教化人民推行孝道，要身体力行。在第十三章里，孔子着重讲了怎样才能做到至德。他说，君子以孝道教化人民，并不需要亲自沿着家家户户讲述孝的意义，而是以自己日常的孝行感化人。君子通过言传身教，为民众作出表率，从而使天下儿女都能孝敬父母，使天下父母都能得到孝敬，这才是君子所要追求的最高尚的美德。

第七，君子在家遵行孝道，然后才能在外建功立业。在第十四章中，孔子论述了"行成于内，而立名于后世"的道理。孔子认为，君子能孝父就能忠君，能敬兄就能尊长，能理家就能做官，如此才能事业有成，声名远扬。总之，做大事者，要从修养自己的品德开始，先修身齐家，然后才能治国平天下。

第八，一味顺从并不是孝。在第十五章里，孔子对谏诤进行了精辟的论述。曾子问：唯父之命是从就是孝吗？孔子说：这是什么话！从前天子有直言相劝的谏诤之臣七人，虽然无道，也没有失去天下；诸侯有谏诤之臣五人，虽然无道，也没有失去其封地；卿大夫有谏诤之臣三人，虽然无道，也没有失去其乡邑；士有诤友，就能保住好的名声；做父亲的若有能谏诤的儿子，就不会陷于不义的行为中。因此，如有不义之事，就应当真诚相劝，一味顺从，又怎能说是孝呢？孔子不赞成愚忠愚孝。

（二）《孝经》的历史局限

生活在两千多年前、以"仁爱"为怀的大思想家、大教育家孔子，他的思想观念必然带有那个时代的烙印，具有一定的局限性。

第一，维护以家族和血缘为核心的宗法统治。为了维护奴隶社会的长治久安，一方面，孔子对天子提出忠告：竭尽敬爱，侍奉父母，成为普天之下、四海之内效法的榜样；另一方面，孔子又对君子为君尽忠、为国尽力提出要求：上朝时必须考虑如何忠于职守，退朝后应当反省修身补救过失，对君王的美政要帮助顺利推行，对君王的过失也要匡正补救。与此同时，孔子又特别强调指出，属于五刑的犯罪条款中以犯不孝罪刑法最重，而最大的不孝有三种：第一威胁君主，第二诽谤圣人，第三不孝敬父母。孔子的良苦用心，由此可见。这也是历代封建统治者格外推崇《孝经》的原因之一。

第二，强调以孝治天下。在"孝治章第八"里面，孔子对"以孝治天下"作了专门论述。他说，古代圣明的帝王以孝治天下，其下的公、侯、伯、子、男也是如此，因而得到天下的拥护。孔子还描写了一个以孝治天下的理想境界：人人和睦相处，天下太平，祸乱不起，灾害不生，一幅充满博爱、和睦、宁静、幸福的社会图景。但这只是孔子的理想而已。孔子所处时代，周室衰微，诸侯纷争，社会动乱，世风日下，这样一个社会，单靠一个孝怎么治理得了？历史的经验已经证明，治理国家，不但要靠德治，还得靠法治，乱世还得用重典，才能治理好。通过推行孝道实现天下大治，只能是孔夫子的美好愿望。

第三，感叹今不如昔。《孝经》里多次提到"先王"之法多么多么好，古代圣明的帝王如何以孝治天下，古代的民风如何淳朴、社会如何美好等等，总之是今不如昔。于是，留恋过去，主张克己复礼。这是一种守旧的思想。

(三)《孝经》的巨大魅力

《孝经》面世已经两千多年，不但被历代帝王奉为经典，也深受广大百姓的喜爱。直至今日，仍以"中华传世名著经典"流传于世。其魅力可谓大矣！究其原因，我想起码有以下四点：

第一，《孝经》论孝，是从人的本性出发的。日月星辰运行于天，春夏秋冬变化于地，是大自然不变的规律。父母生儿育女，儿女依恋父母，世代相传，是人世间不变的规律。孔子把人的本性中的真善美提炼出来，归纳成孝道，并因势利导用以教化人民，提高他们的道德品行，这种观察问题的方法是从实际出发的，唯物的，而不是空想，因而能经得起时间的考验，"传之百世而不衰"。

第二，《孝经》是教人向善的。《孝经》教人孝父母，敬兄长，尊长辈，忠于君王，效忠国家，都是中华民族的传统美德。历来的忠臣孝子被人尊崇，历来的逆子叛臣被人唾弃。谁家的爹娘不想得到儿女孝敬？谁家的儿女不想成为有用之才？《孝经》很好地回答了这个问题。因此，《孝经》有着极其广泛而深厚的群众基础。

第三，《孝经》主张社会和谐稳定。"和"是儒家思想的重要内容，在《孝经》中得到了充分体现。"和谐"二字，有人解释为"人人有饭吃，人人可以说话"。由于孝的浓厚的人情味，广泛的群众性，以及它在和谐人群、稳定社会中的巨大的不可替代的作用，因而被历来的执政者所重视，把它作为实现和谐稳定的法宝。在今天我们建设和谐社会的过程中，孝道仍然有着重要的现实意义。

第四，《孝经》充满人生智慧。《孝经》语言生动，博大精深，富含哲理，给人启迪，教人智慧。古人说：敬人者人恒敬之。一个敬字，成为人际关系的润滑剂。孔子在"广要道章第十二"中所说的"敬一人而千万人悦，所敬者寡，而悦者众"的话，就使我们悟出尊重别人是多么重要，从而更加自觉地愉快地去做这件事。也是在这一章中，孔子提到"移风易俗，莫善于乐"，用音乐来改革风俗，教化民众，的确是英明的见解。在"诸侯章第三"里，孔子所说的"在上不骄"，"满而不溢"，"如临深渊，如履薄冰"，对于今天的各级领导者来说，不也很有启发吗？

综上所述，可以看出，《孝经》是一部奇书，是一部使人崇高圣洁的书，是一部充满人生智慧的书，是一部承载中华民族传统美德的经典之作。诚然，书中的时代烙印和历史局限也是很明显的，正因为如此，它又是一部需要我们下功夫认真分析研究的书。所以说，《孝经》是一座需要精心开发的人伦宝藏。

三、中华孝道的传承

孝文化起源于原始社会父系氏族公社时期。恩格斯在《家庭、私有制和国家的起源》一书中说：随着"对偶婚"的出现，"给家庭增加了一个新的因素，除了生身的母亲之外，它又确立了确实的父亲"。以后，"对偶婚进一步发展为一夫一妻制"。这是人类真正脱离野蛮状态，走向文明时代的关键性一步。《周礼》上说："有夫有妻，然后为家"。这种家庭，既是生活单位，也是生产单位，共同的相依为命的生产和生活，将全家人联为一体。这样一来，亲情关系稳固了，自然也就有了辈分、身份和称谓。恩格斯对此特作说明："父亲、子女、兄弟、姊妹等称谓并不是简单的荣誉称号，而是一种只有完全确定的、异常郑重的相互义务的称呼。这种义务总和便构成这些氏族的社会制度的实质部分。"于是，人们在承担起各自在家庭中的义务的过程中，相互之间"知有爱"又"知有礼"，从而形成了父慈子孝兄友弟恭的亲情关系。这种亲情，又逐步升华为自觉的道德行为，从而产生了孝的观念和孝的文化。

孝文化在夏商时期"由礼入法"，成为人人必须遵循的伦理规范。到了周朝，孝文化有重大发展，确立了"以孝治家"和"以孝治国"的双重职能。《大学》中说："治国必先齐其家"，"家齐而后国治"。东周时，孔子和他的弟子作《孝经》，对孝这种人类纯洁美好的情感作了系统的精辟的论述，把孝上升到理论的高度，成为孝道。

汉朝是孝道昌盛时期。汉高祖刘邦认识到孝对稳定社会的极端重要性，他说："父子之道，人道之极"，大力倡扬孝道。汉朝从第二个皇帝惠帝起，所有皇帝的谥号都冠一个"孝"字，以孝号召天下。汉武帝刘彻为加强中央集权，采纳大儒学家董仲舒的建议，"罢黜百家，独尊儒术"，把儒家经典提到空前的高度。汉王朝的治国方针就是"以孝治天下"，把孝从家庭伦理观念扩展为社会道德规范，用"忠孝合一"去治国安民，从而使孝文化得到极大发展，成为汉代以后近两千年中国主流的传统文化的重要内容，渗透到社会的各个方面。特别是到东汉时，在《白虎通义》中把"三纲"法典化，成为维护封建皇权专制的工具。君臣、父子、夫妻之间的关系，在先秦儒家典籍中，是一种"君义臣忠"、"父慈子孝"、"夫和妻柔"的对应关系，此时成为绝对服从的关系。宋明时又出现"君叫臣死，臣不能不死"，"父叫子亡，子不能不亡"这样的说法，越来越走向极端，愚忠愚孝愈加泛滥。

汉以后的南北朝、隋、唐、宋、元、明、清历朝历代，都把孝道放在极高的地位。很多皇帝亲自向群臣和皇子讲解《孝经》，有的亲自撰写解释《孝经》的文章，有的命人将《孝经》译成本民族语言。唐玄宗不但两次亲自注释《孝经》，诏令天下，家家收藏，还亲自书写《孝经》，刻石立于太学。南宋时，宋高宗除将御书《孝经》赐给宠幸的臣子外，又将御书的《孝经》颁发给天下的州学。金元时，规定各级学校都要使用唐玄宗注释的《孝经》。明太祖朱元璋认为，《孝经》是帝王治天下的大经大法，极力推行。清康熙皇帝时，刻出"满汉合璧"的《孝经》。雍正皇帝时又规定儒童考试要根据《孝经》出题。乾隆皇帝为敬老大摆"千叟宴"，规模达到三千人。为了倡行孝道，各朝又制定典章法律，对不孝的行为给予严厉惩处。《晋律》规定，对不孝之人处死后陈尸于市。《隋律》、《唐律》都把不孝列为"十恶"之中。清代规定，杀死父母的，不但处以斩刑，还要毁掉其全部财产，连此人的老师和地方官也要受到牵连。在大力提倡和严厉惩处的同时，各朝又进行了极其广泛的宣传活动。一方面是表彰孝子、孝女，对他们的孝行(包括愚忠愚孝)大加宣扬；另一方面是在各种启蒙读物中，普及孝的知识，向儿童、精通文墨者乃至不通文墨的农民手工业者和城市市民宣传孝道。在识字教育的《百家姓》、《三字经》、《千字文》中，在对儿童教育的《弟子规》、《神童诗》中，在对女子教育的《改良女儿经》、《闺训千字文》中，在道德教育的《名贤集》、《增广贤文》、《朱子治家格言》、《颜氏家训》等读物以及文学作品、地方戏曲、民歌民调中，处处渗透着孝道。元朝郭居敬编撰的古代24个著名孝子的故事《二十四孝》，更是家喻户晓。在整个封建社会，统治者为了巩固政权，把孝抬到了不适当的高度，大讲愚忠愚孝，这是孝道传承中的糟粕，是对孔孟孝道观的曲解。因而，我们的态度应当是，取其精华，弃其糟粕，批判地吸收。

辛亥革命推翻了封建统治，民国建立。孙中山先生曾说："国家讲伦理道德才能长治久安，孝是无所不适的道德，不能没有孝。"当代哲学大家任继愈先生在《谈谈孝道》一文中说："'五四'以来，有些学者没有历史地对待孝这一社会现象和行为，出于反对封建思想的目的，把孝说成是罪恶之源，是不对的，因为它不符合历史实际。"到了"文化大革命"，极左思潮泛滥，更是把孝说得一无是处，孝子贤孙，孔孟之道，统统在打倒之列，把汉朝以来捧到天上的孝道，狠狠地踩到了地下。直到上世纪末和本世纪初，国人都不太敢谈孝。究其原因：一是"五四"时期一些人的矫枉过正和"文革"当中的彻底否定；二是在市场经济条件下一些人重利轻义；三是一些人盲目学习西方。殊不知，这正是我们之长，西方之短。

在我们对孝道采取否定和疑虑态度的时候，孝道在海外却得到了较好的传承。港澳台地区对孝道的认识和实践，比我们内地要好得多。朝鲜、韩国、日本、新加坡和马来西亚等国，对孝道更是珍爱有加。韩国百分之九十的国民认为，行孝是家和万事兴的基础，也是做人的美德，只有在家庭中尽孝，在工作上才能敬业，对国家才能尽忠。孝道作为儒家文化的基石，在韩国社会精神文化生活中占有主导地位，浸透在社会生活的各个角落。在韩国，不孝之人就被人瞧不起，就无法在社会上立足。新加坡极为重视孝道的教育，在小学生第二语言课本的18篇文章中，讲孝道故事的就有8篇。

纵观孝道传承的历史，使我们认识到，把孝道捧到天上或踩入地下，都是偏激的，孝道应当回归到公民道德教育基础的位置上来。万善德为本，而孝道又是一切伦理道德的根本，足见其地位之重要。

◆ 四、当今时代需要孝 ◆

在我们全面建设小康社会，构建社会主义和谐社会，实现中华民族伟大复兴的进程中，人们惊奇地发现，我们对孝的需求是那样迫切。

我们的老年人需要孝。我国已经进入老龄社会。我国是世界上老年人口最多的国家。老年人为国家、社会和家庭辛苦劳碌一生，做出贡献，他们是社会的宝贵财富，理应受到社会的尊重。西方人说："一个阅历丰富的老年人，就是一座人生的博物馆。"东方人说："年轻人对着镜子才能看清楚的事，老年人对着砖头就能看清楚。"但是，由于自然规律，老年人在很多方面不能同中青年相比，从总体上讲，他们是社会的弱势群体。按照国际上60岁以上的老年人口达到10%、65岁以上的老年人口达到7%的标准，我国1999年已经进入老龄化社会。目前，我国60岁以上的老年人口已达1.6亿多，占总人口的12%，而且每年以3.3%的速度增长。预测，到2020年将达到2.48亿，占17%；2050年将达到4.34亿，占31%。到那时，每三个人当中就有一个老年人，而80岁以上的高龄老人在4亿老年人中，就将近1个亿。在老龄化带来的一系列社会问题中，对老年人的年龄歧视已成为影响代际关系的世界性社会问题。中国也不例外。一些人认为，人老了，不中用了，是包袱、累赘，因而对老年人采取冷漠、歧视的态度。为此，在联合国召开的世界老龄大会上，发出了"建立不分年龄、人人共享的社会"的呼吁，要求人们公平友善地对待老年人，和老年人共享社会进步的成果。在家庭关系上，由于一些人价值观、道德观的滑坡和法制观念淡薄等原因，涉老方面的矛盾更加突出。一些不肖子孙，不但不尽孝养义务，反而虐待打骂老人，抢夺老人财物，干涉老人婚姻，侵犯老人的合法权益。从全国看，老年人因孤独、疾病、饥寒、受虐待等原因，自杀事件屡有发生。2004年3月，预防长者自杀亚太地区会议在香港召开。会议提供的材料，根据保守的估计，我国每年约有25万人自杀，200万人自杀未遂，其中55岁以上的老年人和准老年人约占20%。特别是农村老年人的自杀率，是世界平均水平的4—5倍。在我国老年人自杀的原因中，家庭矛盾引起的急性人际冲突是一个重要方面。特别是农村的老年人，很多人不懂得用法律保护自己，有些人不愿、也无力和自己的儿女打官司，自杀成了他们无奈、也是最后的抗争。2005年，黑龙江人大代表翟玉和的调查，孝道传承在农村出了问题，52%的人对父母麻木不仁。农村中吃的最差、穿的最差、住的最差的是老年人。在农村，有两种旧观念影响着老年人的维权：一种是"家丑不可外扬"，不愿意讲；一种是"清官难断家务事"，不愿意管。因此酿成很多悲剧。这些情况，不能不引起我们的高度重视，我们应当对国民加强法制教育和孝道宣传。对那些违法犯罪的不孝之人绳之以法，自然是解决问题的一种办法；但在家庭矛盾中，更多的情况属于道德范畴，只有大力弘扬孝道这个中华民族的传统美德，使做儿女的自觉尽到自己的责任，才是更为积极有效的办法。建立中国特色养老保障体系，前提是发展生产，重点是两个保障：一是制度保障，二是道德保障。孝道教育，成本最低，作用很大，意义深远，是建立中国特色养老保障体系的必不可少的道德保障。

我们的儿童需要孝。儿童是国家的未来，应当精心培养。现在的问题是，由于我国不得不长期实行计划生育的国策，家庭形成了四个老人、一对夫妇、一个孩子的"四二一"的家庭结构。人们由于爱幼的本能，特别是隔代更甚的规律，我们的儿童往往被娇惯、溺爱。在这样环境中长大的孩子，很容易成为以我为中心、淡化亲情回报和缺少社会责任感的人。这对孩子们形成健全的人格是很不利的。这不能怪孩子们，是我们大人们教育不当造成的。因而，我们应当以孝道为切入点，加强儿童的思想道德教育，让他们从小就懂得孝敬父母的道理，做个有道德良心的人。对孩子们进行孝道的教育，不必讲什么大道理，古今中外孝亲敬老的故事就是好教材。不知大家注意没有，"教"字的构成很有意思：左边是个"孝"字，右边是个反文，先学孝道，再学文化，德才兼备，才成其为教育。从古至今，教育总是把德育放在首位。德育教育为什么强调一个"孝"字？孔夫子早就在《孝经》里面讲清楚了，他说："夫孝，德之本也，教之所由生也。"意思是说，孝是一切人伦道德的根本，教育就是从这里开始的。所以，一个从小就知道孝敬父母的人，长大以后才可能成为对他人、对社会、对国家有责任感，道德高尚，成就大事的人。

我们的社会需要孝。我国正在实行和完善社会主义市场经济。市场经济需要诚信法则。目前的情况是，市场上假冒伪劣的东西仍然猖獗，诚信问题成了亟待解决的大问题。对此，一方面要依法惩治；另一方面，要对国民加强诚信教育。诚信和孝道其实是相通的。诚信要求在市场交换中货真价实，童叟无欺；孝道是对父母养育之恩的真诚回报。一个真正孝敬父母的人，在市场经济中一般是不会做假的。因而，在国民中进行孝道的宣传教育，对于形成诚信的社会氛围，从而促进市场经济的健康发展，是有好处的。

我们的国家需要孝。要把国家治理好，不仅需要依法治国，也需要以德治国。德治的"德"，包括社会公德、职业道德、家庭美德和个人品德。在家庭美德和个人品德中，头一条就是孝敬老人。我国有近4亿个家庭，家庭是社会的细胞，家庭稳定，社会稳定。而孝，正是调节家庭关系的一剂良药。在目前的家庭关系中，总的看，关心下一代是有过之而无不及，关心上一代却显得有些苍白无力。因此我认为，以德治国也应当注意从家庭入手，从孝道入手，尔后延伸到社会、国家。一个孝敬父母、品德高尚的人，必是遵守社会公德和职业道德，效忠国家的人。

五、弘扬孝道要广做宣传

弘扬孝道，宣传很重要。元朝的郭居敬编撰的《二十四孝》的故事，600多年来在宣传孝道上影响极大，家喻户晓。《二十四孝》中的确有些不健康的属于愚孝的东西，如"郭巨埋儿"、"王祥卧冰"、"恣蚊饱血"、"尝粪忧心"等，但从总体上讲，它在弘扬孝道上功不可没。高水平的宣传，其作用无法估量。苏州有座寒山寺，建寺300年间默默无闻。自从唐朝人张继写了那首著名的《枫桥夜泊》——"月落乌啼霜满天，江枫渔火对愁眠。姑苏城外寒山寺，夜半钟声到客船。"把一个深秋夜晚的寒山寺及其周围的环境描写得美妙绝伦，使人如临其境，如闻其声，寒山寺从此名闻遐迩，成为每个游客必到的名胜。唐朝杜牧的那首《清明》："清明时节雨纷纷，路上行人欲断魂。借问酒家何处有，牧童遥指杏花村。"对山西杏花村汾酒的宣传作用也是巨大而长远的。交通部门的宣传工作也做得很好，"高高兴兴上班去，平平安安回家来"；"司机一滴酒，亲人两行泪"，这些话很很能打动人心。为了弘扬中华孝道，全国老龄办、民政部、教育部、国家广电总局、团中央、全国妇联和中国关心下一代工作委员会共同举办了全国敬老爱老助老主题教育活动。为了把这项活动推向深入，我们在宣传上下了一些功夫：一是编写出版了《中国敬老故事精华》，收集了古今感人至深、催人泪下、富于哲理的孝道故事80篇。我们是把它当作当代的《二十四孝》来编的。二是制作了《中华敬老故事》电视艺术片。三是和广东话剧院合作改编、排练了反映母爱的舞台剧《疯娘》，在全国21个省市演出140多场，在观众中引起强烈共鸣。四是我们又根据古代敬老文献、当代社会风习和自己的工作实践，撰编出10条《敬老心语》：

第一条，"孝亲敬老是人的高尚品德的一面镜子"。在2005年的全国政协会上，我提了一条建议，说考察干部，也要看他是不是孝敬父母。一个人如果连自己的父母都不孝敬，他会勤政为民、效忠国家吗？听说四川有一条规定，不孝敬父母的人，不能委以重任。陕西、浙江杭州、山西运城、甘肃金昌等地，都有类似的规定。这条规定现已列入国家公务员处分条例，不养老甚至虐待老之人，轻者给予处分，重者开除公职。

第二条，"关爱今天的老年人，就是关爱明天的自己"。人人都有老的一天。从自身做起，从现在做起，形成孝亲敬老的良好社会风尚，今天的老年人和明天的自己，都会是受益者。

第三条，"只有孝敬自己的父母，才能得到子女的孝敬"。榜样的力量是无穷的。我们要想孩子将来孝敬自己，先要对自己的父母好，做出榜样。

第四条，"怎样关爱自己的儿女，就应当怎样关爱自己的父母"。这句话来自郑板桥。他在某地为官，离开时，百姓都来送行。年轻人说，给我们留几句话吧。他就对年轻人说，要爱父如子。在当今社会，如果我们能拿出给孩子的二分之一、三分之一的爱，来回报我们的父母，就算孝子了。

第五条，"只有像关爱自己的父母一样关爱公婆，才可能使自己的父母得到同样的关爱"。自古以来，处理婆媳关系就是个难题。汉乐府里面有一篇，题目是《为焦仲卿妻作》，讲的是婆婆压迫儿媳妇，小两口双双上吊自尽的故事。现在好像有点反过来了，当然有很多孝敬公婆的好媳妇，但不孝的也不是个别。每个女儿都愿意自己的父母得到关爱，但是女儿出嫁以后，别人的父母成了你的公婆，你的父母又成了别人的公婆。因此，只有大家都对公婆好，才能使自己父母得到同样的关爱。

第六条，"大象无形，大音稀声，大爱无言。父母的大爱，常在不言之中，做儿女的要细心体会才是"。这一条是从《道德经》来的。现在很多孩子，饭来张口，衣来伸手，习以为常，感觉不到父母无微不至的爱。什么时候才能感觉到呢？等他做了父母的时候。"养儿方知父母恩"。这时候他们才想到，当初父母是多么爱我呀，我为什么就没有想到呢？有的要报父母之恩，已经来不及了，"子欲养而亲不待"，只能悔痛终生。所以我们特别提醒青少年，早一点觉悟，从小就孝敬父母。尽孝当及时啊！

第七条，"中华传统，尊师如父，成功者永远不要忘记传道授业解惑之人"。在每个人成长的过程中，为我们付出最多的，除了父母，就是老师。民间常说："一日为师，终身为父。"所以，老师的教诲之恩，永不能忘。

第八条，"家家有老人，人人有老时；我今不敬老，我老谁敬我？"这一条是说，要设身处地地想问题，己所不欲，勿施于人；己之所欲，先施予人；我为人人，人人为我。

第九条，"当官不敬老，不是好领导。当官又敬老，人人都说好。"这是讲给当官的同志的。趁着手里有权，多为老年人办些实实在在的事，以后你下来也能受益。不然，有权的时候想不到，想到的时候没权了。

第十条，"忠和孝都是人的爱心的表现。孝是小家之爱，忠是大'家'之爱；孝是忠的基础，忠是孝的升华。当忠孝不能两全时，为国尽忠也就内含了为父母尽孝之德。"这一条讲的是忠和孝的关系。特殊时期，如战争、大的自然灾害和特殊工作任务等，忠孝难以两全。但在和平时期，在一般情况下，忠孝是可以两全的。孝子不一定都是忠臣，但是忠臣必定都是孝子，大忠臣都是大孝子。

既然孝是万古长存的美德，既然构建社会主义和谐社会需要孝，我们就有责任把历史传统和时代特点结合起来，理直气壮地弘扬孝道，使之在全社会蔚然成风。

和合思想的现代意义

张立文

张立文，1935年4月28日生，男，汉族，浙江省温州市人，中国共产党党员。现任中国人民大学哲学系教授、博士生导师，中国人民大学孔子研究院院长、学术委员会主席，中国人民大学和合文化研究所所长，中国周易研究会副会长。

主要研究领域：中国哲学和中国文化。

主要学术成果：出版学术专著20多部，学术论文400多篇，主编各类学术著作40多种。著作多次获北京市、教育部、国家社科优秀成果奖，并获退溪学国际学术奖。主要著作包括：《周易思想研究》(1980)、《朱熹思想研究》(1981)、《宋明理学研究》(1985)、《中国哲学范畴发展史》天道篇(1988)、《传统学引论》(1989)、《新人学导论》(1989)、《中国哲学逻辑结构论》(1989)、《周易帛书今注今译》(1991)、《中国哲学范畴发展史》人道篇(1995)、《和合学概论》(1996)、《李退溪思想研究》(1997)、《朱熹评传》(1998)、《船山哲学》(2000)、《和合与东亚意识》(2001)、《中国和合文化导论》(2001)、《和合哲学论》(2004)、《中国学术通史》宋元明卷(2004)。主编、合著：《道》、《理》、《气》、《心》、《性》、《天》、《变》、《亚文》、《中外儒学比较研究》、《中国学术通史》等。

一、为什么提出"和合学"

从历史层面看，先秦时有儒、道、墨、名、法、阴阳等学派。到了汉代儒家占了主导地位，董仲舒提出"罢黜百家，独尊儒术"。尽管当时儒、道两家思想有分歧，但是汉武帝是尊儒的，汉代的学术实际上就是经学。三国魏晋时期的学术有了转变，出现一种融合儒、道两家的新的学术思想，就是玄学。到了隋唐时，中国的思想又发生一次转变，汉代佛教的传入，使中国文化第一次受到了外来文化的影响。佛教在唐代是非常盛行的，按照史书记载，当时，民间的私人藏书"佛经多于《六经》数十百倍"。由此可见，隋唐时，佛教在当时的思想界和民间信仰中，占有非常大的优势，是强势文化。相反，对儒家的思想比较淡薄，是佛盛儒衰的状况。

到了宋明理学时，理学家孜孜以求的是把中国的和外来的文化，也就是把中国的儒家文化、道教文化，与佛教文化融合起来。唐代的思想界是儒、释、道三家鼎立，尽管是"儒衰佛盛"，但基本上是三家。所以开御前大会讨论问题的时候，都把和尚、道士、儒生三家请来。儒、释、道三教怎么融合，需要提出一个方法，就像我们20世纪80年代"文化热"中讨论文化怎样融合的方法一样，唐代文化整合的方法就是"兼容并蓄"。但文化整合方法受价值观的支配，而没有兼容并蓄起来。北宋，程颢把三教兼容并蓄文化整合方法落实到"天理"上，建构了一种新的文化和新的理论形态，就出现了"理学"。到了现代，理学也被叫做"新儒学"，代表人物有冯友兰、梁漱溟、熊十力及港台熊十力的学生牟宗三、唐君毅等。冯友兰《新理学》一书，第一页就说他是接着宋明以来的程朱理学讲的。程朱就是程颢、程颐和朱熹。熊十力和后来的牟宗三等是接着宋明理学中陆九渊和王阳明，也就是陆王讲的。程朱是理学，陆王是心学。从先秦到宋明，每次思想的转变，也就是理论形态的转生，大概需要三百到五百年。从宋明理学到现代，接着讲了差不多一千年了。在当今的网络世界，社会处在非常大的转型期，我们还能不能再接着宋明理学讲下去，是不是需要一种新的适合于现代社会需要的理论思维形态，是当时我们思考的一个问题。再"接着讲"显然已经不行了。清代戴震在《孟子字义疏证》一书中提出一个非常尖锐的观点，就是理能杀人。鲁迅也在著作中，称理学是"吃人的礼教"。我们现在不能"接着讲"了，应该"自己讲"。所以，我就在《和合哲学论》这本书中明确地提出和合哲学思维形态，加上1996年出版的《和合学概论》上下两卷，这两部书是我的和合思想的基本理论架构。

可以看出，既然过去中国的哲学、思想、学术、文化是不断地在新的时代有新的理论思维形态诞生，那么现在我们应该接续中国哲学的这个传统，讲中华民族自己的哲学，而不能照着西方讲，如胡适照着实用主义，冯友兰照着新实在论讲中国哲学。这是第一点。

第二点，可以从现实层面来看。明末以来，西学东渐，外来文化一再冲击中国文化，中西文化不断碰撞。宋明理学把儒、释、道文化融合成一种新思想，对外来的佛教文化予以回应，因此在宋明理学出现后，佛教就不像隋唐时那么兴盛了。那么现在，中国文化能不能再次做出回应？中国文化能不能保持自己的主体能动力，而不成为西方文化的附庸？能不能发扬中国文化自己的主体能动力，建构中国自己的新文化？这是一个非常大的问题。这个问题不仅摆在中国的知识界、学术界、思想界面前，同时也为普通民众所关心。特别是"文革"以后，很多人由于信仰失落，思想空虚，需要找到一个精神家园，一个思想的落脚点。在这种情况下，我们需要提供给百姓一种思想，这种思想是中国固有文化的一种转生（我把它称为"转生"，这是非常重要的）。所以上世纪80年代初期以来，思想界、文化界、学术界出现了中西文化的大讨论，当时很重要的一点，就是怎样把中西文化融合起来。提出了很多方法，比如综合创新、中体西用、西体中用、创造性的转化、新儒家提出的复兴儒学、儒学第三期的发展，等等。卷入这个讨论的不仅有大陆、台湾的学术界，美国、澳大利亚、新加坡、韩国等国家的学者都参与了讨论，提出了很多文化整合的方法，但是这里有一个问题。比如综合创新，综合什么？创什么新？批判地继承，批判什么？继承什么？在不同的时代，不同的人，价值观念是不一样的，就是说我们思想背后都有一只无形的手，支配着我们对问题的体认和价值评价。所以关键在于我们要把这些方法落实下来，落实到实在的层面，不能空谈方法。我们现在遇到了怎样把中、西、马——中国传统文化、西方文化和马列主义的文化互动、对话，融突和合，建构一个我们自己的思想体系的问题，这实际上也是对西方文化做出回应，也是在承传中国文化中建构自己的文化，这是一个重要问题。中国是有五千年文化传统的文明古国，我们不能没有自己的文化思想，文化思想是中华民族精神的源头活水，也是民族之根，一个无根的民族和无民族精神的民族，是会枯萎的、衰亡的。所以我们在吸收外来文化的同时，也要建构自己的文化思想。

第三点，从现代社会的飞速发展来看。现代社会科学发展，知识普及，在这种情况下，我们怎样提出一个能够适合于社会发展需要的思想，很值得思考。《周易》早就提出"与时偕行"、"为道屡迁"，我们的思想如果还停在原来的层面上当然是不行的。中国的思想经过这么多次的转生，都体现当时的时代精神，都是适应当时社会需要的。中国在改革开放以后，便从以阶级斗争为纲，转变到以经济建设为中心，之后苏联解体，世界格局亦发生了从冷战向后冷战的转变。亨廷顿提出"文明冲突论"，中国领导人高瞻远瞩，提出世界以"和平与发展"为时代的主题。在这种时代机遇下，以经济建设为中心，必须有安定的社会环境、和睦的人际关系、上下团结的良好氛围、积极进取的自强精神，才能改变我国的落后面貌。如何使13亿人民安定团结，一心一意搞建设、谋发展，就需要和合，否则我们就会失去这个时代的机遇。

在上述三方面的情况下，我提出了"和合思想"。我在书的后记当中提到，这个思想很可能遭到批判。所以当时书的出版很难。可见，一种新的思想的提出是相当不容易的。

二、什么是"和合学"

中国思想的转生，有其规律性，如同游戏规则，哲学思想转生也有规则，规则就是一种范式，需要人们去发现。不掌握规则和范式，就谈不上真正的创新。我研究中国哲学史45年，做了45年的探索，最近十几年才真正发现中国哲学的规则。这个规则有三方面：

一是核心话题的转变。每个时期的核心话题，都是当时的时代精神和人的智慧"觉解"的体现。先秦时尽管是百家争鸣，但是《周易》上有一句话"天下同归而殊途，一致而百虑"。我们只看到"百家争鸣"的"百虑"和"殊途"的不同，而没有探讨他们的"一致"和"同归"，那就是说他们还是有一致和同归的地方，这个同归的地方就是核心话题的一致。不管是哪一家，当时的核心话题都在探索"道"，不管是天道、地道、人道，都是讲道的问题。比如孔子讲"朝闻道，夕死可矣"，老子是《道德经》，法家韩非子有《解老》、《喻老》等讲道的文章。可以说，道家讲天道讲得多，儒家讲人道讲得多，兵家孙武讲地道讲得多。《周易》上讲"立天之道曰阴与阳，立地之道曰柔与刚，立人之道曰仁与义"。这是先秦时所探讨的核心话题。其宗旨是消除春秋战国频繁的战争，给人民以安身立命之道。

两汉时所探讨的核心话题变成"天人"。司马迁在《史记》上说："究天人之际，通古今之变。"董仲舒专门做文章，讲"王道通三"，就是说先秦时天道、地道、人道是分立的，把三者通起来，就成了一个"王道"，实际上都是为汉代的大一统服务的。先秦时诸侯国林立，为争盟主等而互相残杀。秦汉以后国家统一，需要突出王权的权威来统一国家。但是，如果王权无限膨胀，不能制约，那就会发生问题，所以董仲舒就以天老子来制约天子，即用天的权威来制约皇帝的权力。过去批判董仲舒的天人感应论，其实他的苦心是用天来制约王权的无限膨胀和皇帝的肆无忌惮。可见汉代探讨天人关系问题的价值和意义。

魏晋是一个动乱的时期，这个时候人的生命不保，人生迷惘，人生的价值如何实现？得不到解答。"竹林七贤"的嵇康、阮籍、刘伶等人，现在看来都很荒诞，其实他们是对当时社会的不公、不平和对政治的不满。当时讨论的话题就是"有与无"的问题：现实世界是什么样存在？人生的价值能否体现？王弼是"贵无"论，裴顾是"崇有"论，这是当时的核心话题，与此相联系的是"本末"、"自然名教"问题。

隋唐时的核心话题是"佛性"，也就是说人活着能不能成佛，为什么成佛，成佛有没有根据，所以禅宗讲"明心见性"。围绕着"有情有性"与"无情有佛"，而有性情问题的讨论，儒道也就此而发挥自己的观点。其宗旨是探讨终极关怀问题。

到了宋明理学的时候，核心话题是"天理"问题，简单地说就是"理"。当时有三派，一派是"程朱"理学，讲"性即理"；一派是"陆王"，讲"心即理"；一派是从张载到王夫之，讲"气即理"。由理而展开为理气心性问题，其宗旨是追求价值理想。到了现代新儒家，要么就是讲理，要么就是讲心，要么就是讲气，讲唯物主义。从思维理路、核心话题来看，现代新儒家并未超越理学的义理架构范围，所以他们是"接着讲"。

第二个游戏规则是诠释文本的转换。任何思想都有所本，这个本就是经典的诠释文本。先秦的时候是《五经》，特别是《周易》。两汉时，董仲舒所依傍的诠释文本是《公羊春秋》。魏晋玄学所依傍的诠释文本是三玄，即《老子》、《庄子》、《周易》。隋唐时所依以诠释的文本主要是佛教的经典，即佛经。宋明理学的时候，依傍的诠释文本是《四书》，即《论语》、《孟子》、《大学》、《中庸》四书。从每个时期的哲学思想理论思维形态的转生来看，都有与其适应的诠释文本，并都回到中国哲学思想源头，来找依傍的文本。

第三个游戏规则是人文语境的转移。每个时期有与其时代精神相适应的人文语境，它折射了理论思维形态的变化，它随民族精神及其生命智慧的觉解而转移。可以看出，一个新思想的出现，核心话题、人文语境和依傍的诠释文本都是不一样的。现代新儒学，冯友兰也好，牟宗三也好，依傍的文本还是《四书》。现代中国的哲学，或者说中国的思想，在人文语境变化的情况下，需要有新的核心话题和新的依傍文本。譬如把和平和发展作为世界的主题，怎么和平？怎么发展？是需要思考的问题，也要有其依傍的文本。一个时代的核心话题，实际上体现了那个时代的精神，体现了那个时代对于当时社会冲突的化解。我不用"挑战"和"回应"的概念，我是用"冲突"与"化解"，化解和冲突是中国本有的词。比如现代社会中的阶层问题，怎样划分阶层，怎样调解、和谐各个阶层之间的冲突；还有社会经济的发展和环境的冲突，等等。我们要有人类意识，要从全球的观念来看。中国文化能不能走向世界，也不能只解决中国的问题，它是同整个人类的问题连在一起，是全球的问题。我们对人类的这些问题需要做出化解，提供化解的理念和方法。

人类21世纪所面临的冲突主要是什么？我的《和合学概论》的副标题是"21世纪文化战略的构想"，就是回应21世纪人类所面临的种种问题。我认为21世纪人类所遇到的冲突主要是五大冲突，就是人与自然的冲突，人与社会的冲突，人与人的冲突，人的心灵的冲突，还有文明之间的冲突。

人与自然的冲突很明显，环境污染、资源匮乏等等问题在我国都是非常严重的。

人与社会的冲突，大的方面有战争、贫富不均、两极分化、贩毒吸毒、绑架、恐怖活动等等，小的方面比如农民工问题，农民工到城里打工，打工一年没工钱带回家过年，就会出现犯罪率高的现象，他们也知道是在犯罪，但没钱回家过年，怎么向老婆孩子交代，面子上也过不去。这就需要从社会找找问题，现在政策好了，政府帮农民工讨回工资，这很重要，可以化解冲突。

人与人的冲突总是存在的，当然冲突的内容可能不太一样，为利益、为名誉、为地位等等很多方面，而不讲仁义。

人的心灵的冲突是心理问题，心理问题确实很重要。很多人灵魂没有着落，没有精神家园。工作忙了一天，回到温馨的家，这只是身体得到休息，但灵魂呢？灵魂有没有一个温馨的家，这是个很大的问题。据调查，北京大学生20%有心理障碍，国外当然问题更多。心理问题就是人的灵魂问题。

第五大冲突就是文明之间的冲突，历史上延续最长而且影响最大的四大文明：中国的儒教文明、印度的佛教文明、伊斯兰文明和基督教文明，这四大文明基本上都产生在东方，文明的冲突，本质是不理解的结果，这四大文明其实从它们的教义上讲都是主张和平博爱的。

人类所面临的这五大冲突，产生了五大危机。人与自然的冲突，就是生态危机；人与社会的冲突，就是人文危机；人与人的冲突，就是道德危机；人的心灵的冲突，就是精神危机；文明之间的冲突，就是价值危机。为什么发生这些冲突和危机？能不能化解？值得大家探讨。和合学作为2001年世界文明对话年东亚的指导思想之一，在2000

年冬中国人民大学召开了东亚和合思想的国际会议，曾讨论化解五大冲突和危机问题。

和合，实际上既反映了我们现代社会的需要，同时又是一个新的核心话题。和合体现了新的时代精神，它是化解人类所面临的五大冲突的一个智慧的抉择。核心话题的提出，不是拿来一个概念就行了，如果要详细了解我的思想，大家可以看我的《中国哲学范畴发展史（天道篇、人道篇）》这本书，我把中国哲学所有的范畴做了一个全面、系统的梳理，所以才提出"和合"的思想。

"和合"是个新概念，在辞海上查不到，但"和合"这个概念，中国很早就有了。它依傍的解释文本，就是《国语》。据传《国语》是春秋时左丘明所作，或为左丘所编。它是作为《五经》之一《春秋》的外传，没有被作为《五经》之一，所以保持了当时一些比较原始的、真实的思想资料，没有经过后人不断的整理、修改。《国语·郑语》有一段话，"商契能和合五教，以保于百姓者也"。《墨子》、《管子》也都讲到"和合"。《国语》和《左传》都记载有"和同"之辩的资料："夫和实生物，同则不继。"孔子讲"君子和而不同，小人同而不和"，我们可以体会到他提出来的"和"和"同"是不一样的。和，声音相和，按照《周易》的解释，"乾道变化，各正性命，保合太和，乃利贞。首出庶物，万国咸宁"。故宫的太和殿、中和殿、保和殿，都是从这儿来的。合，本义是合口，嘴一张一合，《周易》说："天地纲缊，万物化醇，男女构精，万物化生"，天地、男女，就是阴阳两极，两极是有冲突的。但是纲缊、构精就是融合。用现在的话讲，就是有矛盾就有可能冲突，之后就是融合，也就是现在说的对立统一，这就是合的意思。《国语》上讲"故先王以土与金木水火杂，以成百物"。西方是上帝造万物，《圣经》第一章就是创世纪，上帝造就万物。中国没有上帝创世说，中国有天，孔子讲"天何言哉，四时行焉，百物生焉，天何言哉"，天没有讲话，没有生万物，而是"和实生物"，天地冲突、融合就能生万物。中国的这种思维，是多元的他事物与他事物融突而和合的结果，所以中国文化的精神有包容性，不管什么思想，到了中国都能融化。历史上，犹太人被同化了，满族也被同化了，佛教传到中国以后也是中国化了。说明中国文化有包容性，有容乃大。西方是强调斗争，强调主客二分，就是非此即彼，具有排他性、排斥性。就像基督教分出来一百多家支派，各派互相斗争。中国就没有宗教战争，儒教、道教、佛教之间没有打仗，这就是包容。天地、男女就是阴阳，互相冲突，又互相融合，而化生新生命。"同则不继"，同，犹如《周易·革》卦说的"二女同居"，人类就不能延续下去。

所以中国说"和实生物"，就是在各个层面都要协调平衡，这个思想非常重要。现时代的经济发展，也需要平衡和协调，哪一方面跟不上都不行。我们的思想观念也一样，社会变了，经济制度变了，思想跟不上，还是很保守的话，也就落后了，落后就会被社会所淘汰。实际上，我们提倡政治文明、精神文明、物质文明，核心的一点就是和合，如果不和合，就不可能有政治文明，也不可能有精神文明和物质文明。可以看出，和合的思想，实际上就是一种中国的民族精神和首要的价值。但和合思想，有一阶段是断了，没有发扬出来。

再如从汉代的和亲，可以看出这种"和"的思想对于外交政策的影响。我们是讲和平的，要尽量减少战争，获得安定发展的机会。汉代的和合思想，并不是停留在理论的层面，它还渗透到科技层面，如中医。中医的理论实际上就是阴阳五行的思想，一个人生病，实际上就是阴阳五行不能取得平衡，阳亢阴虚，不能和合，人的身体就会生病。农业上也是，风调雨顺才能有好收成，在历法上有二十四节气，按二十四个节气来耕种，人与自然才能取得和谐和平衡，才能获得农业的丰收。孔子也讲不误农时，这就是和合思想的体现。可见，和合思想在中国的历史上得到了一些具体的运用，但在知识层面，这个理论本身没有得到发展，所以我们现在要弘扬和合思想。现代所说的和合，是指人与自然、社会、人际、心灵、不同文明中诸多元素、要素互相冲突、融合，与在冲突、融合的动态过程中诸多元素、要素和合为新结构方式、新事物、新生命的总和。

三、和合学的原理

和合学提出了五大原理，来化解人类所面临的五大冲突和五大危机。

1．和生原理。

和生原理，就是人、自然、社会、人的心灵和文明都应该和生，这个和不是光讲和谐，不是说没有冲突，天地、男女、阴阳、金木水火土，都是冲突，冲突要通过互相对话、谈判，互相谅解、理解，只有和来化解，非此即彼的对立斗争，只能使冲突尖锐化，冲突更难化解。人类征服自然，自然也会报复人类，所以人类所酿成的苦酒，都要自己喝掉。

2．和处原理。

自然界是有生命的，人也是有生命的，我们不能以人的生命来扼杀、遏制或者损害自然的生命，人和自然需要和处，就是和睦相处。国际关系也好，企业也好，都应该和处。同行业的企业产品基本上相同，互相争夺市场占有率，互为竞争对手，但竞争也促进不断改革，不断创新产品，成为发展的动力。从这个意义上讲。有竞争对手不是坏事。企业之间也是互相联系的、互补的，主要是应发挥自己的特点。近年来内地很多大学搞合校，有的合了以后就没有特色了，每个学校应有自己的特色，都要有自己的强项，独一无二的就是最好的。

还有一些机构搞大学排行，这种排行套用西方的标准，很不准确。自然科学有院士，评分就高，文科大学、政法大学、财经大学，即哲学社会科学大学，没有自然科学院士，分数就低，排名次序就低，这种评价就是不考虑中国的实际，大学的特色应不只是大而全。不能都搞大而全，其实大而全并不能显出特点。整个社会合起来，各个大学，各个城市，各有各的特点，就可以互补，整个社会就能协调和平衡。中国文化应该发现自己的特点，不能跟着西方文化跑，我们如果跟着西方文化，照搬他们的东西，拿来主义，这样的结果，再过几代人，中国文化就消失了，这不是危言耸听，不能掉以轻心。

3．和立原理。

通俗地讲就是站起来，中国人民站起来了，就是立起来了，立起来要立得住，站得稳。如此就要搞政治、经济、文化建设，否则就立不住，站不稳。同时，自己立起来，也要使别人立起来。"己欲立而立人"，不能自己立起来了，不让别人、别国、他民族立起来，反而采取制裁、扼制等办法，不让其立起来，这样，从长远来看，是害人也害己。只有和立，才是康庄大道。

4．和达原理。

自己发达了，也要使别人发达。如果不发达国家和发达国家的差距越来越大的话，这个世界就会产生动乱。中国如果西部和东部经济发展差距、贫富差距越来越大，将来也会成为社会动乱的原因。所以中央做出开发西部的决策，东西部要平衡，要共同富裕，贫富不能拉得太大。因此，社会要发展就要协调地发展，要共同发达。

国际上一些政治家、谋略家和未来学者，都是很"近视"的，为了自己的功利，对中国采取制裁、压制的办法。李瑞环在新加坡曾讲过，中国人如果没饭吃，就要出去找饭吃，如果走出三亿，中国还有十亿，但世界上谁能负担这三亿人？哪个国家都负担不了！所以，英明的政治家和战略思想家，对中国的问题应该有长远和睿智的眼光。

5．和爱原理。

和生也好，和处、和立、和达也好，都应该建构在和爱的基础上，都应该有爱心。如果采取法西斯主义，世界当然就不能安宁。太平洋海啸，中国等一些国家都伸出援助之手，这就是和爱思想的体现。有了和爱，很多的问题和冲突，甚至战争都可以得到化解，都可以通过谈判来解决。谈判实际上就是双方的谅解和妥协，以达成融合，然后产生一个新条约，就是和合的运用。所以和爱是思想基础，爱自然、爱人类、爱同胞、爱国家、爱民族，在这种前提下，很多问题就会得到化解，而不用采取斗争的办法。"文革"当中两派的争斗，谁也没有好结果。我经历了1949年以后几乎所有的政治运动，有深刻的感受和体验，所以和合学也是我人生体验的结果。

从文物保护到文化遗产保护

——中国文化遗产保护

吕 舟

吕舟，清华大学建筑学院教授，清华大学国家遗产中心主任，国际文化财产修复与保护研究中心（ICCROM）理事，中国文物古迹保护协会（ICOMOS-CHINA）副主席，中国世界文化遗产专家委员会副主席，中国紫禁城协会副理事长，北京清华城市规划设计院文化遗产保护研究所所长。

一直从事文化遗产保护和建筑历史研究工作，参加古迹重要文物政策的制定工作；组织、主持大量国家重点文物保护单位、世界遗产地的保护规划编制；参与三峡库区文物抢救工程。

参与主持西藏布达拉宫、罗布林卡、萨迦寺三大工程，山西南部中国早期木构文物保护工程等重大国家文物保护项目；主持汶川震后都江堰二王庙、伏龙观等文物抢救工程；参与中国世界遗产项目的申报、监测、保护等工作，担任第28届世界遗产委员会大会主席、文化遗产顾问，并参与日本、朝鲜、越南等国世界遗产项目的咨询、评审工作。

中国现代文物保护起始于20世纪30年代，以国民政府颁布的《古迹保护法》为标志，在中国对文化遗产的认识开始于对文物和古迹的认识。

20世纪初中国处在一个无论在政治还是经济都极为贫弱的时期，其殖民地半殖民地地位导致了人们对传统文化矛盾的态度，一方面人们认为传统文化已经不能解决中国在当时所面临的问题，需要通过一场文化的变革，使中国走入现代社会；一方面又为中国丰富、厚重的文明史，为曾经的文明成就而自豪。中国正是在这种矛盾的态度下开始了对文物古迹的保护。这种保护由于来自于西方列强对中国文物的掠夺而引起的国人对文物保护的关注，例如对敦煌文物的保护；也由于从留学国外的学者返回国内之后带来的新的保护思想的影响，例如梁思成等学者提出的整旧如旧的保护思想等，特别是从当时他们在保护中对新材料、新技术，特别是现代材料和技术的热情可以清楚地反映这种状况。但由于战争等各种原因，中国文物古迹保护事业在新中国建立以后才真正得到比较大的发展。

20世纪50年代对文物古迹的保护强调了对中国历史上留存下来的最重要、最能够反映伟大的文明成就的建筑、建筑群的保护。这和当时的历史条件、人们对文物古迹的理解是分不开的。这一时期人们关注文物古迹在唤起民族自信、民族自豪感方面的作用，同时也希望通过对这些文物古迹的保护形成民族的凝聚力，来更快、更好地促进社会主义建设。在保护观念上，由于当时与苏联的特殊关系，而使得苏联的影响在中国各个领域中反映出来。苏联在保护观念上强调文化遗产保护的政治功能，强调对伟大的民族精神的表达，在保护实践上强调对保护对象完美状况的追求，特别是对在战争中遭到破坏的历史建筑的修复更被赋予了多重的意义。这种思想对于苏联保护界而言，实际上也是一种传统的观念。在历史上他们就更倾向于接受法国维奥勒·勒·杜克的修复思想。如果讨论这一时期中国的文物古迹修复观念，同样也可以看到中国自身这一学科领域发展的内在原因。

中国建筑史的研究工作同样开始于20世纪的20－30年代，早期的研究更侧重于文献的梳理。中国营造学社通过现代建筑调研方法对中国200个县的大约2000处历史建筑进行了实地调查和部分测绘之后，中国建筑史的研究才获得了比较丰富的实物资料，从建筑史的角度人们更关注建筑最初建成时的状态，这种状态反映了中国各个历史时期不同的建筑风格，以及社会政治、经济背景。因此从建筑史角度的复原研究就变成一项十分重要的工作内容。中国最早考虑文物古迹保护的先驱主要是社会贤达和留学回国的建筑师、建筑史学者。社会贤达关心的是文物古迹对民族心灵的影响，建筑师和建筑史学者同样关注这些经过历史上多次维修、改建保留下来的建筑最初的形态和风格。

1961年第一批全国重点文物保护单位名单的公布反映了这一时期中国文物保护工作的基本状况，反映了人们对文物古迹价值的认识。第一批全国重点文物保护单位名单包括了180处文物古迹，其中革命遗址及革命纪念建筑物33处、石窟寺14处、古建筑及历史纪念建筑物77处、石刻及其他11处、古遗址26处、古墓葬19处。显然，这一时期历史纪念价值是评价文物古迹的基本价值，相对于历史价值和艺术价值而言，人们还没有形成对文化价值和社会价值的认识。

20世纪60年代中期到70年代中期，中国的相对封闭，在保护的观念上没有新的发展，但在保护实践上，一些重要的保护工程促进了技术上的发展。例如，山西永乐宫的搬迁工程，不仅是大规模的历史建筑搬迁，而且进行了中国历史上第一次大面积壁画的切割、保护和搬迁。这是一组保存较为完整的元代建筑群（13－14世纪）。除4座主要建筑为元代建筑之外，建筑内还保存着大量的元代壁画，具有极高的历

史和艺术价值。1957年由于附近的水库工程，决定对这组建筑群进行搬迁保护。经过近2年时间的准备，1959年春搬迁工程正式开始，到1964年底，工程全部完成。这一工程对中国当时一系列的相关法规进行了检验，为中国现代的文物建筑保护维修工作积累了经验，特别是在壁画的揭取保护方面积累了重要的经验，同时也培养了一大批保护维修人员。

20世纪70年代对五台山南禅寺大殿的复原，不仅促进了对特定时代建筑风格、建筑细部做法的研究。这项工程是1973年开始，到1975年完成的山西五台山南禅寺大殿的复原。南禅寺大殿建于公元782年，1953年被发现，是中国现存的最早的木结构建筑。由于历代的改动，其面貌发生了很大的改变，无论是门窗还是墙体都已为晚期的做法。1973年主管部门决定按照"恢复原貌"的原则将其恢复为唐代的面貌。同时促进了人们对保护历史建筑历史风貌特征的思考。

20世纪80年代，中国进入改革开放的时期，中国文物保护界开始重新和国际文化遗产保护领域接触，这一时期对西方社会而言，同样是一个充满了挑战的时期，如何解决能源问题，如何解决可持续发展问题，如何解决环境问题，如何解决文化间冲突的问题，都是受到国际社会广泛关注的热点问题，而世界遗产的保护则为文化间的相互理解，促进和平发展创造了条件。西方建筑发展过程中的后现代主义思潮又影响了人们对历史、对传统文化的思考。中国文物保护界则通过一些学术机构，特别是大学开始了国际文化遗产保护理论的讨论，《威尼斯宪章》等重要的文化遗产保护文献被翻译、介绍到中国文物保护界，关于风格复原的讨论也使得人们开始思考文物古迹保护中如何对历史价值进行有效保护的问题。

1985年中国加入《保护世界文化和自然遗产公约》，这是中国文物古迹保护加入国际文化遗产保护事业的一个极为重要的步骤。尽管在加入之初，从中国文物古迹保护界的角度，是希望在更大程度上向世界展示中国古老文明的魅力和伟大的文化成就，但事实上这一行动也将促进中国文物古迹保护进入一个新的时期，无论在保护思想还是保护方法上都将出现巨大的转变。

《威尼斯宪章》是《保护世界文化和自然遗产公约》规定的文化遗产保护的原则性文件。《威尼斯宪章》强调了对保护对象各种价值的保护，特别是对历史价值的保护问题。从《威尼斯宪章》的角度，纪念物的价值并不仅仅在于它是人类智慧和创造力的结晶，是美的反映，更重要的是它对人类历史的见证作用，不仅见证了它被创造时的社会经济、政治、文化等各方面的内容，而且通过它所经历的使用、修缮、改造，也见证了它存在的整个时间岁月中社会的发展、变迁。这种见证作用是人类认识历史、认识社会变迁的最重要的途径，它的真实性是无法替代和再现的，从这个角度历史价值就成为了纪念物的核心价值，它决定了在保护当中要关注所有可能存在和可能具有价值的历史信息和痕迹，对它们进行必要的保护，在这种情况下纪念物本身成为了一个历史信息的载体，它本身的艺术完整性也就不再是保护需要首先考虑的问题了。显然这种认识是随着人类历史研究而获得的一种对文化遗产更为深刻的认识。这种保护方式又与中国在建筑历史研究的初期对早期建筑，特别是唐宋时期建筑最初形态缺少认识的时候，急于通过对建筑的复原研究认识这种形态，并把这种复原用在维修保护中的做法是冲突的。《威尼斯宪章》提出的原则也不同于那种为了展现一个辉煌的时代，表述一种精神需求而对保护对象进行美化的做法。《威尼斯宪章》强调历史信息保护的思想反映了一种更为客观的现代精神和历史观。

《威尼斯宪章》所表达的这种思想和中国已有的保护思想的冲突，从《威尼斯宪章》被介绍给中国文物保护界的那一天就开始了。《威尼斯宪章》所反映的历史观和中国由于特殊的历史背景所形成的历史观存在着差异，《威尼斯宪章》提倡的对全部历史信息进行保护的方法与中国已有的追求"完整"、"完美",排斥"残缺"的审美倾向也存在着矛盾。因此,在中国文物保护界出现了对《威尼斯宪章》强烈的批评和抵制。这种批评强调《威尼斯宪章》是欧洲文化背景下的产物,是针对砖石结构建筑的保护原则,并不适合中国(或者东方)的文化背景,更无法解决木结构建筑保护的问题。事实上,不仅在中国的文物保护界存在着对《威尼斯宪章》的质疑,对许多希望把历史建筑变成地方的标志性建筑,变成城市的亮点,吸引更多的旅游者,促进地方经济发展的地方政府负责人来说,也很难接受那种完全保存历史建筑饱经风霜的面貌的修缮方法,他们则更多的希望通过建筑表达一种曾经的辉煌。在这种矛盾和冲突当中,《威尼斯宪章》也被更多的人认识和思考,同时也有人试图用各种他们认为正确甚至是"创新"的方法来解释或者实践《威尼斯宪章》。

80年代,和国际社会一样,中国随着新的城市建设的加速,开始了对历史地段和历史城市的保护。1982年2月8日国务院转发了国家基本建设委员会、国家文物事业管理局、国家城市建设总局《关于保护我国历史文化名城的请示》。在这一文件中提到了经济建设、旅游业发展对重要的历史文化城市的影响;提出保护历史文化名城的概念,并涉及到欧洲、美国、日本及苏联的相关做法和所制定的法律;提出要参照《文物保护法》对历史文化名城进行保护,要求各地方政府组织力量,制定历史文化名城的保护规划;提出从城市税收中提取一定比例的经费用于保护。同时国务院公布了《第一批中国历史文化名城名单》,一共24个城市被列为历史文化名城。

1986年12月,建设部、文化部在《关于请公布第二批国家历史文化名城名单的报告》中对历史文化名城的评定标准做了以下说明:

"第一,不但要看城市的历史,还要着重看当前是否保存有较为丰富、完好的文物古迹和具有重大的历史、科学、艺术价值。

第二,历史文化名城和文物保护单位是有区别的。作为历史文化名城的现状格局和风貌应保留着历史特色，并具有一定的代表城市传统风貌的街区。

第三，文物古迹主要分布在城市市区或郊区，保护和合理使用这些历史文化遗产对该城市的性质、布局、建设方针有重要影响。"

在这一文件中还提出了两个重要的问题，一个是在公布国家级历史文化名城的基础上，各省、自治区、直辖市政府公布省级历史文化名城的名单。建立对历史文化名城的两级保护体制。另一个是提出了"历史文化保护区"的概念："对一些文物古迹比较集中，或能较完整地体现出某一历史时期的传统风貌和民族地方特色的街区、建筑群、小镇、村寨等，也应予以保护。各省、自治区、直辖市或市、县人民政府可根据它们的历史、科学、艺术价值，核定公布为当地各级'历史文化保护区'。对'历史文化保护区'的保护措施可参照文物保护单位的作法，着重保护整体风貌、特色。"

历史地段和历史城市的保护促进了对文物古迹环境保护的思考，文物古迹已不再是孤立的点。

90年代随着经济建设速度的不断加快，文物古迹保护的压力也不断增加。同时，重大文物保护项目的开展无论在理论和是实践技术上都促进了中国文物保护事业的发展。1994年开始的长江三峡水利工程淹没区文物抢救工程，是中国历史上最大的一次文物保护行动。经过普查，淹没区有超过1000处不可移动文物。三峡文物抢救工程在大约十年的时间中集中了中国包括文物系统、大学、科学研究机构的各方面的力量，对三峡文物进行了考古发掘、搬迁、原地保护、资料记录等多方面的保护，并形成了一支有较高技术水平的保护力量。2000年以后西藏三大项保护工程的进行，又一次促进中国文物保护力量的发展。

1985年中国加入《保护世界文化和自然遗产公约》。对世界遗产的保护也促进了中国文物古迹保护的思考，促进了保护体系的发展，特别是推动了从文物古迹保护向文化遗产保护的发展。

1997年丽江和平遥被列入世界遗产名录。丽江、平遥的保护和经济发展成为人们关注的对象，同时也成为历史城镇保护的示范和重要案例。2001年联合国教科文组织亚太办事处在丽江召开的关于历史城镇保护与发展模式的研讨会，邀请了包括4个世界遗产城市和4个尚未列入世界遗产名录的城市以及地区、国际组织的专家进行了广泛的讨论，最终提出了协调保护、发展和相关者利益的"丽江模式"。这一模式对历史城市的保护和管理而言具有一定的意义，丽江在其保护、发展的过程中，也积极实践了"丽江模式"的相关内容，促进了保护、管理水平的提高。

人类文明的创造是在特定的环境背景下进行的，在很多情况下环境与文化遗产本体是无法分割的，人类历史上许多文明、文化的发展是基于人类文明和自然环境之间的关系。从《保护世界文化和自然遗产公约》建立以来，人们也一直在关注文化遗产和自然遗产的关系，关注文化遗产的自然环境背景的问题，如何把人类文化的要素和人类生存所依赖的自然环境结合在一起，成为世界遗产保护的一个重要方向。1992年文化景观概念的提出，是在这一方面的一个重要的突破，它强调了自然和人类文化之间的关系，强调了这两者之间的相互作用，在一定程度上弥补了《保护世界文化和自然遗产公约》的空白。基于对文化景观的理解，相关的一些遗产项目也被列入到世界遗产名录当中，1995年菲律宾水稻梯田项目被认为符合世界遗产中文化遗产标准的第三、第四、第五条标准，被列入世界遗产名录。中国的庐山被认为符合世界遗产中文化遗产标准的第二、第三、第四、第六条标准，在1996年被列入世界遗产名录。庐山被列入世界遗产名录有一个十分重要的意义，是对第六条标准的运用。世界遗产的第六条标准是"与具有突出的普遍意义的事件、活传统、观点、信仰、艺术作品或文学作品有直接或实质的联系"。这一标准在庐山项目上的运用清晰地表明了对中国的文化景观而言传统的文化精神和自然风光、环境的结合具有重要的价值，景观的诗情画意则是对这种价值的体现。文化景观概念的提出，对中国景观、园林界参与遗产的保护起了重要的推动作用，而针对文化景观的保护工作又从新的角度阐释了中国传统文化的意义，并进一步把遗产保护、土地利用、环境保护等方面的力量重新进行了整合。在中国世界遗产预备清单上云南元阳哈尼梯田和西湖与龙井茶原产地两个文化景观项目也反映了这样一种保护趋势。这两个项目都具有极其巨大的规模和重要的影响，西湖与龙井茶原产地与中国传统文化，特别是反映传统文化中独特的茶文化所表述的中国传统社会中独特的精神与社会生活的结合，反映了中国传统文化中精髓的内容，它的保护对中国文化遗产具有独特的意义。而云南元阳哈尼梯田则反映了传统农业社会与自然环境之间的关系，特别是通过对这一项目的保护，实现对在这一地区仍然存在、并保持着活力，且紧密结合在一起的传统民族文化体系和自然生态体系的有效保护，对中国文化遗产保护而言是实现物质遗产和非物质遗产综合保护的具有积极意义的探索和实践。文化景观类型的遗产保护在保护方法上既不同于传统的建筑、建筑群、遗址的保护，也不同于历史城市的保护，它强调的是自然要素与文化要素的结合，特别是自然环境对文化内涵的表达，因此更具有综合性，需要考虑的内容也更多样和更复杂。文化景观的保护为遗产保护提出了更强烈的保护管理规划的要求。对文化景观的关注，不仅仅影响到中国世界遗产的申报内容，同样也影响到国家层面上文化遗产的保护。2005年国务院公布的第六批全国重点文物保护单位名单中，河北黄骅的古贡枣园反映了典型的文化景观特征，而它的保护也为全国重点文物保护单位的保护提出了新的问题。

　　2000年，中国文物古迹保护协会（ICOMOS-CHINA）通过的《中国文物古迹保护准则》是中国文化遗产保护理论和实践经验的一次重要的总结。《中国文物古迹保护准则》建立起了一个符合国际文化遗产保护原则的平台，即遵守以《威尼斯宪章》为代表的国际文化遗产保护体系，同时也在这个平台的基础上对反映中国文化遗产设计、工艺、材料、环境的特殊性，反映中国传统文化影响的要素提出了有针对性的保护理念和相应的技术标准。《中国文物古迹保护准则》中对中国文化遗产保护领域中的两个重要问题提出了指导性和强制性的限定要求，而这两个方面也的确是中国文化遗产特别是文物建筑保护中的"短板"。

《中国文物古迹保护准则》首先解决的问题是文物古迹的保护程序问题。适当的程序是管理工作的基本要素，通过对程序的控制可以实现对保护工作全过程的有效管理。长期以来，中国文物古迹保护工作中缺乏明确的程序管理本身也导致了保护工作中的一些难以控制的问题的出现。特别重要的是在这个程序中第一次把研究工作放在了基础工作的位置，这对于中国文物古迹的保护具有特别重要的意义。从2004年以后，通过对编制文物保护规划促进对文化遗产本体及其周边环境的研究，确认其价值，制定有针对性的保护措施，已经对中国整体的文化遗产保护水平的提高发挥了重要的作用。

另一个重要的方面是《中国文物古迹保护准则》第一次明确限定了对于保护"原状"中原状的定义，明确了哪些是在保护工作中必须保护的原状，哪些是可以恢复的状态。《中国文物古迹保护准则阐释》指出：

"必须保存现状的对象有：

①古遗址，特别是尚留有较多人类活动遗迹的地面遗存；

②文物古迹群体的布局；

③文物古迹群中不同时期有价值的各个单体；

④文物古迹中不同时期有价值的各种构件和工艺手法；

⑤独立的和附属于建筑的艺术品的现存状态；

⑥经过重大自然灾害后遗留下有研究价值的残损状态；

⑦在重大历史事件中被损坏后有纪念价值的残损状态；

⑧没有重大变化的历史环境。

可以恢复原状的对象有：

①坍塌、掩埋、污损、荒芜以前的状态；

②变形、错置、支撑以前的状态；

③有实物遗存足以证明为原状的少量的缺失部分；

④虽无实物遗存，但经过科学考证和同期同类实物比较，可以确认为原状和少量缺失的和改变过的构件；

⑤经鉴别论证，去除后代修缮中无保留价值的部分，恢复到一定历史时期的状态；

⑥能够体现文物古迹价值的历史环境。"

　　显然在这样的一个体系框架中，价值不再仅仅是因为始建年代的久远，而更在于保护对象在其存在的整个历史时间区段中被赋予的全部信息，以及由这种信息所体现的价值。

　　2005年国际古迹遗址理事会（ICOMOS）在西安大会上讨论了文化遗产的场地与环境问题（Site）。事实上，这一问题对中国文化遗产保护而言有特殊的意义，中国在讨论环境问题上有自己独特的环境观，这种环境观是一种基于传统的风水观念的对环境和处于这个环境中的文物本体整体的认识，这种认识也体现在了这次会议最终的文件《西安宣言》当中。而随着世界经济的发展，随着发达国家又一轮城市更新的高潮的来临，随着发展中国家城市化过程的发展，随着新的关于城市历史环境问题的讨论，西安会议上关于环境问题的讨论越发具有了现实的意义，从中我们也可以看到在中国独特文化背景下的保护理念对国际文化遗产保护理念的贡献和影响。

　　2007年5月24—28日在北京召开了《东亚文化遗产保护理念与实践

国际研讨会》。这一会议是应第30届世界遗产委员会会议决议,针对北京故宫、天坛、颐和园等世界遗产地的保护理念和修缮工程进行状况进行研究和讨论的要求而召开的。参加这次会议的不仅有国际文化遗产保护领域各重要组织,也有亚太特别是东亚国家文化遗产保护领域的主要专家。中国文化遗产保护界则通过这次会议,系统回顾、总结了中国在历史建筑类型的文化遗产保护理念和实践的发展与变化,并将理论和实践的经验变成对实践进行控制的具有很强的实践性和可操作性规定,在这次会议的最终文件《北京文件》中反映了出来。

《北京文件》对真实性和完整性问题做了明确的阐释:

"真实性可以理解为信息来源的可信性和客观性。文物古迹最基本的价值在于其本身就是这些信息的来源,例如所反映的形式与设计、材料与遗产本体、用途与功能、位置与环境以及传统知识体系、口头传统与技艺、精神与情感等因素。修缮或修复的目的应当是延续这些信息来源的完整无缺的真实性。在可行的情况下,应当尊重一直延续着的传统做法,例如在必要的情况下对建筑物表面重新做油漆彩画。这一原则特别针对东亚地区的文物保护的情况。"

"完整性应当重视所有的有助于表达遗产的重要性和价值的因素。对一座历史建筑,它的完整性应当与其内在因素密切相关,包括结构、油漆彩画、屋顶、地面以及建筑与人文和自然环境的关系等。为了保持遗产地的历史完整性,需要特别保证体现其全部价值的各种因素中的一部分得到良好的保存,包括建筑物的各种有意义的历史印记。"

在涉及到木结构历史建筑维修时出现的构件更换问题时,《北京文件》指出:"更换的措施只有在能够恰当地满足那些必须替代腐朽或已损坏的构件和建筑部分,或者修复的要求所必要的位置上才能使用。在修缮木结构时,替换木材应尊重相关的价值。新的构件或其建筑部分应采用与所置换构件种类相同的木材。如果这一点无法做到,则替换木材必须与原构件具有相似的特性。应当保存文物建筑中替换下来的重要材料，以便用于研究和教育活动。"

在关于以中国、日本、韩国为代表的东亚建筑中油漆彩画保护问题上，《北京文件》提出："建筑表面的丰富性是由从古至今的文化表现形式的多样性、审美成就以及所使用的材料和工艺的多样性构成的。在许多情况下，工艺技术和材料会保持多个世纪。尽管如此，每一个阶段也都有其特殊的文化背景和价值，这些都体现在那些匠师的作品中。这正是木结构油漆彩画的情况。因此，在保护时，首先要考虑的是应当尽可能多的保留表层材料的真实性，涉及到重新油漆彩画的决定应当基于在适当的专业评估之上。所有油漆彩画应当首先通过科学分析的方法进行研究，以获得有关原始材料和工艺、历史上的修缮、当前状态以及宏观和微观层面的腐朽机理等方面的信息。适当的传统技术和工艺应当在任何可行的条件下加以应用。传统材料和相关知识也应当是一个持续研究的内容，以便加深对传统技术工艺的认识和改善对其的应用。新材料和新工艺只有在进行试验和证实之后才可以使用，而且绝不能对文物古迹造成破坏。"

从这些内容可以清楚的看到中国文化遗产保护领域正经历着一个重要的转变过程，在这个过程中各种因素都在发挥着作用，都在影响着这种转变的方向。然而毫无疑问的是，对中国文化遗产保护而言，一个理论体系逐渐完备，实践过程更为严密的时代已经来临。

中国的"和谐文化"及其现代启示

王 杰

王杰，1963年生，曾用笔名叶舟，山东淄博人。中共中央党校哲学部教授，中外哲学教研室副主任。先后毕业于山东大学哲学系、中国人民大学哲学系，获哲学学士、硕士、博士学位；后在北京师范大学历史系博士后流动站从事研究工作。

兼任中国哲学史学会、中华孔子学会、国际儒学联合会、现代哲学专业委员会、中国实学研究会理事、常务理事、秘书长，国际儒学联合会宣传出版委员会副主任，国际儒学联合会普及委员会委员，中国孔子基金会季美林研究所副所长，中国管理科学研究院社会发展研究所所长，全国首家孟子学院顾问，中华母亲节促进会顾问，《中国人》杂志顾问，尼山圣源书院副秘书长，中央社会主义学院客座教授及多所研究机构的特邀研究员等职务。

主要著作：《荀子注释》、《儒家文化的人学视野》、《先秦儒家政治思想论稿》等。发表学术论文及图书评论150余篇，其中多篇论文被中国人民大学书报资料中心·中国哲学卷/伦理学卷、《新华文摘》、《中国社科文摘》、《哲学动态》、《光明日报》等全文转载或论点摘登。

在中央党校中青班、师资班、周一讲座、校外在职研究生班及各高校、党政机关、企业等班次上，开设了《中国传统哲学的基本精神》、《中国传统文化的基本精神》、《儒释道与中国文化》、《传统文化及其现代价值》、《中国传统文化研究中的几个问题》、《如何看待当前的国学热》、《孔子的管理智慧》、《儒家的生态智慧》、《中国的和谐文化及其当代启示》、《中国哲学的智慧》等讲座。

信奉的人生格言是：

崇尚独立思考，追求独立人格。

岂能尽如人意，但求无愧于心。

引子

中华民族有五千年的文明历史。为什么中华文明能历久弥新、传承下来？这其中一定有一种支撑我们这个民族不断繁衍生息、不断自我更新、不断创新转换的内在精神动力存在，这种精神动力，就是中华民族的民族精神，就是中国文化的基本精神。这种精神不是单一的，而是具有多种表现形式，如天人合一、以人为本、自强不息、厚德载物、爱国主义等，都可以说是这种精神的集中体现，除了这些精神外，还有一个重要的精神，那就是"贵和尚中"的文化精神，我们可以称之为"和谐文化"。这些精神共同构筑了中华民族的民族精神和中国文化的基本精神。"和谐文化"正是中国文化中最具生命力的组成部分，是几千年中国社会发展的重要思想动力之一。在构建社会主义和谐社会的过程中，如何弘扬中华民族的"和谐文化"，协调社会各方面的利益关系，减少社会摩擦和矛盾冲突，维护社会的和谐稳定，巩固党的执政地位，推动经济发展和社会进步，是一个具有重要理论意义和现实意义的课题。

对"和"概念的梳理

中国传统文化源远流长、博大精深。在悠久灿烂的传统文化中，处处充满着贵和、重和的思想。那么，什么是"和"？"和"字出现得很早，在甲骨文和金文中就已经有"和"字了。中国古代两本重要的字书《广雅》和《说文解字》在对"和"的解释中，就认为，和就是谐，把和、谐看作是一个意思。《现代汉语词典》和《辞海》也认为，和，就是和谐，协调。可见，和、谐在它的本义上是一个意思。西周末年的太史伯阳父（史伯）最早提出了"和"这一概念。史伯在为郑桓公分析天下大势时指出，西周看来就要灭亡了，因为周王亲小人、远贤臣，不顾人民的意愿，"去和而取同"。在史伯看来，"和实生物，同则不继。"我们后来常用的"和"、"同"概念就是来源于这里。那么，史伯说的"和"、"同"是什么意思？史伯举例说，金木水火土相配合，就能生成万事万物；五种滋味相调和，就能满足人的口味；六种音律相协和，就能使人赏心悦目，这就是"和实生物"；如果只有一种声音，就谈不上有动听的音乐；如果只有一种颜色，就构不成五彩缤纷的世界；如果只有一种味道，就谈不上鲜美可口的佳肴。这就是"同则不继"。用现在的语言来表述就是，"和"就是在承认有矛盾有差别基础上的多样性的统一，"同"是否认矛盾差别的绝对同一。史伯可以说是中国思想史上第一个对和谐理论进行探讨的思想家。比史伯晚200多年的齐相晏婴继承了史伯的和、同思想，并做了进一步的发展。据《左传·昭公二十年》

记载，当齐侯提出"和与同有没有差别"这一问题时，晏婴用比喻的方式对和、同问题做了形象的阐释，他说，厨师做汤的时要用各种不同的调味品来调制，才能使汤美味可口；乐师要协调各种不同特色的声音，才能创造出美妙动听的音乐；君主治理国家也是这样，当你制定一项决策，发布一项命令时，你就要善于倾听各种不同的意见，兼听则明，偏信则暗，只有这样，你才能使自己的决策或命令更加完善合理。在史伯、晏婴那里，已经把和、同的最基本内涵表述出来了。但把和、同思想作为一种道德要求，作为评判君子和小人的标准，则是春秋末期的孔子。孔子用和、同思想来衡量和评判君子和小人，这就是他说的一句非常有名的话，"君子和而不同，小人同而不和。"我们知道，在孔子时代，区分君子与小人的标准主要是看道德的高低，由于道德高低的不同，他们的处事方式也就有明显的不同。具体说就是，君子在为人处事方面，既坚持原则又不排斥不同意见，不是否认矛盾差别，而是求同存异；而小人在为人处事方面，则是一味消灭矛盾差别，一团和气，人云亦云，随声附和，对任何意见一律无条件接受和认同。孔子还说："君子矜而不争，群而不党。"意思是说，君子在处理问题时，能保持和谐而不结党营私，行为庄重而不与他人争执，善于团结别人而不搞小团体，这样的人才称得上君子。自从孔子以后，和、同之辨就成为中国文化中一个十分重要的命题，"和"文化成为中国文化的重要特征和基本精神之一。本文将从八个方面，对中国传统的和谐文化传统做一回顾和梳理，并对传统和谐文化对当代社会的启示做一展望。

（一）从人与自然的关系看，中国传统文化是注重生态伦理平衡的天人和谐之学

在中国文化看来，天、地、人之间并不是各自独立、相互对立的系统，而是彼此有着不可分割的内在联系，它们同处于一个充满生机的生命洪流之中，是生生不息、一气贯通的。因此，中国传统哲学一开始就把认知的视角放在天人关系上，认为做学问如果不关注天人关系，就不能称之为学问。因此，像西方社会那种为知识而知识、为学术而学术的学问在中国几乎不曾出现过。为什么"天人合一"能够成为中国传统哲学的基本特征？因为中国是一个以血缘关系为纽带，以农立国的农业国家，农业要靠天吃饭，要搞好农业生产，就要了解天文历法，了解时令和季节的变化，所以，顾炎武说，三代以上，人人皆知天文。人的生存与发展与天与自然的关系就非常密切，正是由于中国社会的这一基本特征，历代思想家都十分重视探讨天与人之间的关系，如《周易》就提出了"夫大人者，与天地合其德，与日月合其明，与四时合其序"的天人和谐思想以及"观乎天文，以察时变；观乎人文，以化成天下"的思想，以后的董仲舒提出了"天人相与"说；司马迁提出了"究天人之际"说；刘禹锡、柳宗元提出了"天人相交"说；程颢提出了"天人同体"说；张载、王夫之提出了"天人一气"说；朱熹提出了"天人一理"说；陆象山、王阳明提出了"天人一心"说，等等。北京故宫的核心建筑太和殿、中和殿、保和殿以及皇家园林"颐和园"，就反映了和谐的思想理念。可见，在中国文化系统中，天人合一问题始终是被中国哲学家看作最重要的哲学问题。天人合一思想的具体表现之一就是天人和谐，那么，天人合一、天人和谐的落脚点在哪里？是落脚在"天"上，还是在"人"上？讲天讲地，最终目的是要落实到人，人是一切的出发点和归宿，也就是荀子说的"善言天者必有征于人"，这是中国传统哲学重道德人伦、重人生价值、重生命存在的特点所决定的。因此，在中国传统文化那里，宇宙论、认识论、政治论、伦理学是贯通的，而不是彼此分离的。

那么，天人合一思想在中国文化系统中究竟有什么表现？中国传统文化肯定人与自然界的统一，将人与万物视为一个和谐统一的整体，主张人应当认识自然、尊重自然、保护自然，反对一味地向大自然索取，反对片面地利用自然、征服自然、改造自然，提出了"取物限量，顺天择时"的生态伦理思想。儒家一直主张，要推己及人、要由人及物，把"仁爱"的精神扩展至宇宙万物。如孔子就要求人们以友善的态度对待自然万物，对待鸟、兽、草、木，他提出了"钓而不纲，弋不射宿"，主张只用鱼竿钓鱼，反对用大网拦河捕鱼，并反对射杀夜宿回巢的鸟。反对人类对大自然生命的滥捕滥杀，反对破坏生态平衡，孔子对破坏生态环境和资源持一种批判和否定的态度。孔子这一论述体现了"天人合一"的伟大思想，至今也仍然具有非常深刻的现实意义。有关的思想在中国传统文化中比比皆是。如孟子说："不违农时，谷不可胜食也；数罟不入洿池，鱼鳖不可胜食也；斧斤以时入山林，树木不可胜用也。"就是说，不违背农时，谷物就会多得吃不了；不随便到河沟洿池中去捕鱼，鱼鳖就会多得吃不完；砍伐工具按时进山林砍伐，树木就会多得用不完；荀子也说："春耕，夏耘，秋收，冬藏，四者不失时，故五谷不绝，而百姓有余食也。"就是说，只要人们按照四时的季节特征安排农业生产，五谷就会滚滚如泉涌，老百姓家中的粮食就会多得吃不完。孟子、荀子讲的都是保护生态环境问题及按照自然时令从事农业生产问题。再譬如，《中庸》说的"万物并育而不相害，道并行而不相悖"；孟子说的："亲亲而仁民，仁民而爱物"；荀子说的"万物各得其和以生，各得其养以成"、"万物皆得其宜，六畜皆得其长，群生皆得其命"；《淮南子》说的"故先王之法……不涸泽而渔，不焚林而猎"，都是追求人与自然的和谐。儒家甚至把是否保护生态环境与"孝"联系在一起，《礼记》就说："断一树，杀一兽，不以其时，非孝也。"宋代张载在《正蒙》中提出了"民吾同胞，物吾与也"的命题，意即人类是我的同胞，天地万物是我的朋友，天与人、万物与人类本质上是一致的。儒家是这样，道家也是这样。老子提出"人法地，地法天，天法道，道法自然。"强调人要以尊重自然规律为最高准则，以崇尚自然效法天地作为人生的基本归宿。庄子也强调人必须遵循自然规律，顺应自然，与大自然和谐，以达到"天地与我并生，而万物与我为一"的和谐境界。儒家、道家是这样，法家也是如此。在处理人与人、人与国家的关系问题上，法家与儒家、道家有天壤之别；但在处理人与自然关系的问题上，法家与儒家、道家则有惊人的相似之处。秦朝的法律《田律》就明文规定，春天不得砍伐正在生长中的林木，不准采摘刚发芽的植物，不准捕获幼鸟幼兽，秋冬狩猎时不准打死已经怀孕的禽兽等。再请看这样一些诗句："劝君莫打三春鸟，子在巢中待母归"、"请君莫射南来雁，恐有家书寄远人"。再譬如，"采菊东篱下，悠然见南山"；"天苍苍，野茫茫，风吹草低见牛羊"，展示的是一幅幅人与大自然和谐相处的景象。欧洲那种人类中心主义的思想，在中国文化思想中就很难找到。

人与自然和谐相处的思想在中国当代社会仍具有巨大的思想价值，其突出表现就在于：现代社会的飞速发展，人类面临各种各样的内心焦虑、精神压力和矛盾冲突，这一思想的根本意义就在于解决人与社会群体、人与人以及人的肉体与心灵之间的和谐问题，解决人的精神世界和现实生命存在的问题；面对自然带给人类的无穷灾难，人类是选择生存还是死亡，这一思想给了我们重要启示：在进行社会主义市场经济过程中，我们要更加重视人与自然的和谐相处，协调统一。要树立正确的生态保护意识，要善待大自然，减少对资源的无限制的掠夺和对环境的破坏，因为自然界是人类生存的基础，如果盲目破坏自然，破坏了我们自己的生存环境，最终只能导致人类自身的灭亡。就像一百多年前，恩格斯所警告的那样："我们不要过分陶醉于我们人类对自然的胜利。对于每一次这样的胜利，自然界都对我们进行了报复。"为实现自身的可持续发展，人类不得不重新审视与自然的关系，把人与自然的和谐相处作为一项重要的内容。

(二)从人与社会群体、人与人之间的关系看，中国传统文化是注重群我和谐、人我和谐的人际和谐之学

中国传统社会是建构在血缘关系基础上的自给自足的小农经济社会，与世界其他文明相比较，希腊文明更侧重于人与自然的关系，希伯来文明、印度文明更侧重于人与神的关系，而中国文明则侧重于人与人之间的关系。因此，如何处理好人与社会、人与人之间的关系是中国社会的一个大问题。在处理人际关系方面，中国文化主张群我和谐、人我和谐，并提出了一整套规范人与人之间亲爱友善关系的伦理体系。人是社会生活的主体，更是社会和谐的主体，离开了人的交往关系，社会和谐就无从谈起。中国传统文化是在肯定等级制度合理的前提下提倡人际关系的和谐。孔子讲"君君臣臣、父父子子"，在这一等级秩序中，每个社会成员都各尽其职、各安其位。作为国家来说，在财富分配方面要尽量做到平均，使各利益集团之间不至于发生大的矛盾冲突。在处理人与人之间的关系时，要重视五伦关系，传统的人际关系是靠五伦、十义来维系的，或者说是靠三纲六纪来维系的。所谓五伦，就是指父子有亲、君臣有义、夫妇有别、长幼有序、朋友有信；所谓十义就是指君仁、臣忠、父慈、子孝、兄友、弟恭、夫义、妇顺、朋实、友信，所谓三纲就是君臣、父子、夫妇，六纪就是诸父、兄弟、族人、诸舅、师长、朋友。无论是五伦、十义，还是三纲六纪，核心就是五伦，它们都从人伦关系的角度，规定了每个人为维护良好的人际关系应当遵守的基本道德准则。怎样才能实现人与人、人与社会的和谐？传统哲学提出了自己的一系列标准。这些标准就是要做到"老者安之，朋友信之，少者怀之"，做到"己所不欲，勿施于人"，"己欲立而立人，己欲达而达人"，其中"己所不欲，勿施于人"被公认为是处理人际关系的"道德黄金律"。做到"老吾老以及人之老，幼吾幼以及人之幼"，做到"出入相友，守望相助，疾病相扶持"，做到"老有所终，壮有所用，幼有所长，鳏寡孤独废疾者皆有所养"，也就是孟子所说的"天时不如地利，地利不如人和"，这就是儒家所描绘的一幅讲诚信、讲友爱、关爱他人、关爱社会的美好蓝图，反映了儒家对人际关系和谐的基本态度。

儒家是这样，其他各家都是按照自己不同的方式追求社会的和谐和人际关系的和谐，如以韩非为代表的法家就强调通过"以法治国"的方式，建构一套适合战国末期统治者需要的"法治"理论，以达到社会稳定与和谐的目的；道家则主张通过"无为而治"的方式，以达到"虽有舟舆，无所乘之，虽有甲兵，无所陈之。使民复结绳而用之。甘其食，美其服，安其居，乐其俗。邻国相望，鸡犬之声相闻，民至老死不相往来"的理想社会状态；墨家则试图通过"兼爱"与"非攻"的方式，指出只要人人都懂得兼相爱、交相利，天下就能太平安定，社会就能和谐稳定。中国古代先贤对美好社会理想的追求，虽然带有乌托邦的性质，但它作为一种崇高的目标和理想境界，始终代表着中华民族对以人际和谐为基本特征的社会发展目标的美好憧憬和不懈追求。

传统的和谐思想还可以通过一些成语、俗语反映出来，如和气生财、和气致祥、和衷共济、和颜悦色、和风细雨、和善为邻、和以处众、内和外顺、合成天下、协和万邦、家和万事兴等，还可以通过一系列道德规范和范畴反映出来，如仁、义、礼、智、信、温、良、恭、俭、让、宽、惠、敏、忠、恕、孝、悌、德、勇、慈、爱、利、敬、荣、辱、廉、耻等；目的在于实现人际的和谐、社会的和谐。和谐社会既是我们的理想，又是我们的目标，要真正达到和实现现代意义上的社会和谐，并不是一蹴而就的，还要付出百倍的艰辛和努力，可以说是任重而道远。

（三）从人的身与心（形与神）之间的关系看，中国传统文化是注重性命双修、形神俱养的身心（形神）平衡之学

在中国传统文化看来，自然是个大宇宙，人是个小宇宙，人不但要与自然和谐、与他人和谐，同时自身也要和谐，也就是一个人的身心平衡问题。人是一个有机的生命存在体，是精神与肉体、理性与感性的完美统一，如果把精神和肉体分离和对立起来，要么追求精神的满足和幸福，要么追求肉体的刺激和快乐，那就不是完整意义上的生命或人生。因此，中国传统文化对人的生命价值的尊重，就体现在对人的身心关系或神形关系的关注上，主要表现在两个方面：一是身（形）是心（神）的基础。如先秦哲学家荀子就提出了"形具而神生"的命题，南北朝时期的思想家范缜也提出了"形存则神存，形谢则神灭"的思想。有了肉体，然后才有精神的存在，肯定了先有身体后有精神，反映了身心统一，神形不离的思想；二是在承认身心统一、神形不离思想的基础上，强调社会上的每一个成员，都要重视修身和正心，重视道德修养。因为在一个社会系统中，人的身心（包括心理、生理、阴阳、脑体等）平衡是一切和谐平衡的基础。现代社会，人类面临着五大矛盾冲突：就是人与自然、人与社会、人与人、人与自我心灵以及不同文明之间的冲突，由这五大冲突，造成了生态、社会、道德、精神以及价值的五大危机。这五大冲突和五大危机时时刻刻在困扰着我们的社会，困扰着我们每一个人，尽管社会的物质财富极大丰富，尽管人们的生活水平日益提高，但是人们还是感到不满足，还是感到困惑和迷茫，焦躁和烦闷，压抑和忧虑，孤独和自卑，感到精神空虚、心浮气躁，感到无所适从，人的身心常常处于分裂状态、矛盾状态中，社会上患有心理、精神疾病的人有增无减。解决这些矛盾冲突和危机，我们很难从西方文化中寻找到答案，而中国传统文化恰恰可以在这方面为我们提供一些有价值的借鉴和帮助，譬如说在对待物质利益的态度问题上。儒家不否定人都有欲望，肯定人们对物质利益的正当追求，但是，这种追求不是无限度的，不是无节制的，而是要符合道德原则，不能违背道德原则，要做到"欲而不贪"，正像孔子所说："富与贵，是人之所欲也，不以其道得之，不处也；贫与贱，是人之所恶也，不以其道得之，不去也"、"不义而富且贵，于我如浮云"、"君子义以为上"、"君子爱财，取之有道"。孔子还说："君子有三戒，少之时，血气未定，戒之在色；及其壮也，血气方刚，戒之在斗；及其老也，血气已衰，戒之在得。"人在追求情欲上，在喜怒哀乐上，在追求物质利益上，要掌握中和适度的原则，要保持平衡谦和的心态。不能贪得无厌，不能把物质利益作为人生的全部追求，更不能见利忘义、损人利己。杜甫说："富贵必从勤俭得，男儿须读五车书。"如果把物质利益作为人生的全部追求，就会像孟子所说的那样，"宝珠玉者，殃必及身"，"暖衣，饱食，逸居而无教，则近于禽兽。"灾祸一定会找到你的头上。儒家这种"以义制利"的价值观完全有可能成为人类构建共同价值观、公共道德准则的基础。再看看道家。老子也说，"甚爱必大费，多藏必厚亡"，就是说，过分地沉溺于名利，就必定要付出更多的代价；过分地聚敛财货，就必定会酿成惨重的损失。老子向我们昭示了一切祸患之源就在于贪图名利及贪婪财货。老子还说："祸莫大于不知足，咎莫大于欲得。"意思是说，大至一个国家，小到个人生存，最大的祸害就是不知足，最大的过失莫过于贪得无厌。有一首《不知足歌》，对那些贪得无厌的人进行了淋漓尽致的讽刺。现代社会，生活在红尘世间，总有太多的欲求，总有太多的不愿舍弃，得陇望蜀，欲壑难填。结果是有太多的包袱，太多的放不下，想得到的越多，反而失去的越多。在人短暂的一生中，比金钱、名声更重要的还有健康、家庭、亲情、友情。有一种小动物，叫蝜蝂，唐代柳宗元还专门写了一篇文章《蝜蝂传》，这种小虫子可以说是最笨最傻最不知放下的小动物，它把遇到的任何东西都拿来背到背上，直到背上的东西把它压趴到地上为止。人生在世，三万来天，非常短暂，学会放下某些东西，这是一种积极的人生态度。高楼大厦一张床，山珍海味一口饭而已。传统文化告诉我们，面对各种外在的诱惑，要保持平和恬淡的心态，不要过度地沉溺于对外物的追逐、金钱的诱惑和权力的纷争上。"不以物喜，不以己悲"，"宠辱不惊，闲看庭前花开花落"，"去留无意，漫观天外云卷云舒"。这句话的意思是说，为人做事能视宠辱如花开花落般平常，才能不惊；视职位去留如云卷云舒般变幻，才能无意。要得之不喜、失之不忧、宠辱不惊、去留无意，这样才可能心境平和、淡泊自然。如果说儒家是侧重于处理人与人之间的关系、道家是侧重于处理人与自然的关系，那么，可以说，佛教则是侧重于处理人与自我的关系。所以，后世一直就有"以儒治世，以道养身，以佛修心"的说法以及"不知《春秋》，不能涉世；不精《老》《庄》，不能忘世；不参禅，不能出世"的说法。儒释道三家在对待人生问题上虽有差异，但又各具特色。总的精神就是从自我的修炼和道德完善做起，使自己成为一个生活快乐的人，充满人生智慧的人。传统文化给我们提供的正是这样一种人生大智慧，其宗旨都是解决人的安身立命问题。它要在纷繁多变的世界中寻找一处属于自己的精神家园和心灵港湾，要在功名利禄、醉生梦死、利来利往的世界中寻找一块属于自己的"孔颜乐处"。在传统文化看来，只有寻找到了安身立命的根本，才能做到"富贵不能淫，贫贱不能移，威武不能屈"，才能做到"为天地立心，为生民立命，为往圣继绝学，为万世开太平"。因此，我们说，中国传统哲学、传统文化不在于一种有限的、狭隘的功利之用，而是一种人生之妙用、人生之大用，它对于慰藉人的心灵，变化人的气质，涵养人的德性，纯洁人的情感，提升人的精神，开阔人的视野，都有极大的帮助。

（四）从处理不同国家和民族的关系看，中国传统文化是注重以邻为善、和平共处的仁政王道之学

我们知道，在中国远古时代，曾经有"万邦"、"万国"的说法，随着私有制的产生，各个部落、邦族之间成为一个相对独立的利益群体，如何处理各个氏族、部落、邦族之间的关系，避免大的流血冲突，古人很早就在思考这个问题。《尚书·尧典》中提出的"协和万邦"的政治理念以及《周易·乾卦》提出的"万国咸宁"的思想以及《周礼》提出的"以和邦国，以统百官，以谐万民"的思想，就是对这一思考的回答。这两句话的基本含义就是主张各个邦族之间要和睦共处。这种协和万邦、万国咸宁的政治理念成为中国春秋战国以后处理国与国关系的基本准则。如孔子就认为，"四海之内皆兄弟"，四海之内都是兄弟姊妹，都是人类大家庭的一员，应该团结一致，和谐相处。孔子还说："远人不服，则修文德以来之，既来之，则安之。"（《论语·季氏》）主张以文德感化外邦，以德服人，反对轻率地对他国诉诸武力。墨子也主张"兼爱"、"非攻"，认为社会上出现的一切矛盾冲突，都是由于不懂得兼相爱、交相利的结果，反对那些以攻伐为目的的不义战争；孟子更是在提倡王道仁政的基础上，反对霸道，反对不义之战，提出"仁者无敌"（《孟子·梁惠王上》），"杀一不辜，而得天下，皆不为也"，主张"以德服人"，因为"以力服人者，非心服也，力不赡也；以德服人者，中心悦而诚服也"。（《孟子·公孙丑上》）只要施仁德于世，就能达到"自东自西，自南自北，无思不服"（《诗·大雅·文王有声》）的理想效果。荀子也是提倡"群居和一之道"，可见，主张邦族、诸侯之间的和平共处，反对"以邻为壑"，反对用武力征伐他国，一直是中国传统文化中处理邦国之间关系的准则。把这一理念放在世界视野中来看，其实就是如何处理国家与国家、民族与民族之间的关系问题。随着世界多极化和经济全球化趋势的进一步发展，各国之间应该更加重视对话合作，重视沟通交流，重视用谈判的方式解决争端问题，维护世界和平是全人类的共同使命，是全人类的共同追求，也是全人类的共同心愿。持久和平、共同繁荣是和谐世界的两大命题，中国传统的协和万邦、万国咸宁思想理念在当今世界，仍具有不可低估的现实价值。

（五）从处理各种文明的关系上看，中国传统文化是注重海纳百川、有容乃大的兼收并蓄之学

不像基督教、伊斯兰教那样具有强烈的唯一性、排他性，中国传统文化则始终具有很大很强的包容性。譬如印度佛教文化的传入就很具有说服力。佛教在汉代由印度传入中国后，相信的人并不多，被看作与道家或民间神仙方术一样的东西，中国人坦然接受了这种外来文化。然而佛教要在中国生根发芽，就要认同中国的现实，适应中国的社会和文化。譬如，佛教主张出世，而中国并不是一个宗教国家，而是一个讲究严格等级制度的君主专制国家，因此，它必须要解决佛教出世与君主至高无上的关系问题。按照佛教的正统观点，出家人是不应当跪拜君主的，也不需要赡养父母，但这在中国根本行不通，你要么退出中国，要么按中国的规矩办。什么规矩，那就是，只要到了中国的领土，不管你是什么人，都要向皇帝跪拜，这是前提条件，满足了这个条件，再谈别的。于是，佛教在这个问题上做出了调整和让步，以妥协或迎合传统而告终。这是佛教能在中国站住脚并得以发展的重要条件之一。自魏晋以后，佛教在中国的发展越来越快，影响越来越大，尽管儒释道三教的矛盾冲突非常激烈，但总的来看，它们之间的相互渗透和融合也是很明显的。特别是隋唐时期，佛教经过几百年与中国传统文化的矛盾冲突以及理论上的自我调整，达到了成熟的阶段并逐渐产生了许多具有中国特色的佛教宗派和理论，如天台宗、三论宗、法相宗、唯识宗、律宗、华严宗、密宗、净土宗、禅宗等。在中国，无论是过去还是现在，从人们的日常衣食、语言，到思想、文学、艺术、建筑以及天文、医学等各个文化领域，几乎随处都可看到佛教文化的深刻影响。尽管历史上曾发生过著名的"三武"灭佛运动（"三武"是指北魏太武帝、北周武帝、唐武宗），但这些所谓灭佛运动并未能遏止佛教对中国文化广泛而深入的影响。在大多数统治者看来，儒释道三教对国家统治来说各有好处，因此，对三教大都采取三教兼容的政策。佛教最后融入了中国哲学的主流，形成了儒释道三教合流的宋明理学。可以说，儒释道三家是在一种相互矛盾斗争，而又不断相互渗透、相互融合中发展的。这种渗透和融合，既没有发生谁吃掉谁的现象，也没有造成三家归一的结局。山西大同的悬棺寺、广东江门的玉台寺等就是儒释道共居一室，和平相处。佛教经过一千多年的中国化过程，终于成为中国文化的重要组成部分。对唐朝传入的伊斯兰教和基督教，（基督教在鸦片战争前，在中国共传播了三次，唐朝、元朝以及明末清初，大约有500年左右的时间）中国哲学也同样采取了吸纳、接受的态度。由于伊斯兰教和基督教自身的特点，它们很难像佛教那样融入中国的社会和文化中，它们要保持自己的独立性，没有关系，中国文化照样可以接纳你。

（六）从人的修身与平治天下的关系看，中国传统文化是注重道德修养与外在事功相统一的内圣外王之学

"内圣外王"一词最早是在《庄子·天下篇》中提出来的。什么是内圣？内圣就是一套道德修养功夫；什么是外王？外王就是要让人的这套功夫发挥作用，用来治国平天下。《大学》开篇讲的修身、齐家、治国、平天下，就是对内圣外王之道的最好解说。内圣外王是中国传统文化的最高政治理想，也是中国古代知识分子的最高理想追求。它把个人的道德修养与政治紧密联系在一起，这是中国传统文化中非常重要的一个特点，我们常说，穷则独善其身，达则兼济天下，内备圣人之德、外具王者之风，说的就是这个意思。在传统文化系统中，内圣是非常重要的，内圣是基础，外王是目的，它通过立志乐道、克己内省、意志磨砺和自强不息等自我砥砺过程，使个人在道德上达到一个很高的境界，也就是达到圣人、理想人格的境界，这是通过内圣达到理想人格的过程；但光讲内圣还不够，内圣只是局限于个人，内圣还要转化为外王，转化为事功，实现治国平天下的理想，以平治天下为己任，这是通过内圣达到治国平天下的过程，如孔子在讲"为仁由己"时，他是在强调"内圣"的方面；在讲"修己以安人"、"修己以安百姓"时，他是在强调治国平天下的方面。"内圣外王"体现了中国文化中道德与政治的统一。那么，如何才能实现内圣与外王的内在统一？《大学》就是要回答这个问题。《大学》是《礼记》中的一篇，它着重阐发了个人修养与社会政治之间的关系问题，《大学》提出了"三纲领"和"八条目"。"三纲领"和"八条目"就是儒家实现"内圣外王之道"的根本途径和方法。所谓"三纲领"就是指"明明德、亲民、止于至善"；"八条目"就是指"格物、致知、诚意、正心、修身、齐家、治国、平天下"。从"格物"到"修身"阶段，就是我们说的"内圣"，也就是孔子说的"内求于己"、"为仁由己"；从"齐家"到"平天下"，就是我们所说的"外王"，也就是孔子说的"修己以安人"、"修己以安百姓"。《大学》以"修身"为中轴，把"正心""诚意""格物""致知"与"齐家""治国""平天下"联系在一起，这就是所谓"内圣"与"外王"的统一，用孟子的一句话来概括就是："穷则独善其身，达则兼善天下"。如果说古希腊哲学要到苏格拉底时才把哲学从天上带回到人间；那么，中国哲学则是从人间逐渐向天上延伸，但始终没有离开人间，是极高明而道中庸，是尊德性而道问学。中国传统哲学的各家各派均以"内圣外王"作为人格设计的基本架构和理想目标，除了儒家外，墨家、法家的"内圣"同样是注重道德修养；其"外王"则是指建立千秋功业。一般而论，儒家是从积极的入世的方面来认识世界、认识社会、认识人生，道家则是从消极的逃世的方面来认识世界、认识社会、认识人生，可以这样说，儒家是积极的人生观，道家是消极的人生观，儒家的积极入世与道家的消极逃世、遁世往往是互补的，对一个人来说，体现在他身上的往往是儒道互补，而不是截然对立，当他得意有为时，儒家那种自强不息、刚健有为的思想、治国平天下的思想就占了上风；当他失意消沉时，往往道家思想的情怀又占了上风。其实，我们每一个人身上，一半是儒家主义，一半是道家主义。

（七）从人的认识和实践的关系看，中国传统文化是注重言行一致、表里如一的知行合一之学

知行问题是中国哲学史上讨论的一个重要问题。"知"一般说来包含两层含义：一是通过与外界对象和事物的接触而获得的知识，是认识之知，如墨子、韩非子；一是作为道德行为的知识，是德性之知，如陆九渊、王阳明。这里所说的知，主要是指德性之知。所谓"行"，也不是我们所说的社会实践，而主要是指个人的道德践履。因此，这里的知行主要是指人的德性之知和道德践履，是与内圣外王之道密切联系的一个问题。知行问题是中国文化中一个相当古老的问题。千百年来，对这一问题争来争去，主要围绕知行的先后问题和难易问题而展开。主要有程朱学派的知先行后说，陆王学派的知行合一说，王夫之、颜元等人的行先知后说以及孙中山的知难行易说。但最能体现中国传统哲学特点的是知行合一学说。知行合一是明代大思想家王阳明首先提出来的，认为万事万物之理就存在于我的心中，不用向朱熹那样外求事物之理，只要向内心求理就可以了。可以说，王阳明提出的知行合一思想由天人合一观念推演而来，它阐明的是做人的学问，把一个人的认识问题转化成了道德问题，从道德的视角来看待知行问题。在王阳明看来，一个人知了就要去行，不能知归知，行归行，把知行分作两截。在做人做事上，王阳明主张坐而论、起而行，他所说的"行"包含的内容很多，范围很广，如学、问、思、辨都包含在内。王阳明甚至认为，人的"一念发动处即是行"，这实际上是取消了真正的"行"，所以，明末清初的思想家王夫之批评他的知行观是"销行以归知"。王阳明的知行合一学说，所追求的是通过反省自身，激励人们不断地追求完美的道德境界，从而达到圣人、理想人格的境界。言行一致、知行合一是中国文化的一个重要特征，其中蕴涵着深刻的人生哲

理和人生智慧，这一宝贵思想遗产在当今尤其值得借鉴。但是，尽管这样，从孔夫子到孙中山，两千多年来，都没有科学地解决中国传统哲学中的知行问题，直到在1937年发表的《实践论》一文中，毛泽东在马克思主义的指导下改造了中国传统的知行学说，才对这一问题有了一个科学的解答。《实践论》的副标题就是"论认识和实践的关系——知和行的关系"。毛泽东在《实践论》一文中，科学地改造了传统的知行范畴，建构了认识和实践、知与行具体的历史的统一的现代知行合一论，丰富和发展了马克思主义的认识论。

（八）从价值目标和理想境界来看，小康、大同是中国人永恒不懈的终极追求

中国人在价值目标和理想追求方面，从一开始就设定了两个不同的阶段：一个是小康阶段，一个是大同阶段。大同也好，小康也罢，都是古代思想家认为在中国历史上曾经存在过的两种社会理想模式。"小康"一词最早出于《诗经·大雅·民劳》："民亦劳止，汔可小康。惠此中国，以绥四方。"意思是说，老百姓太辛苦了，他们该休整一下了；爱护京城的百姓吧，以此来安抚边境四方。两千多年前，孔子开始用"大同"、"小康"来表达心目中的社会理想。小康社会是一种什么状态？孔子说："丘也闻有国有家者，不患寡而患不均，不患贫而患不安；盖均无贫，和无寡，安无倾。"（《论语·季氏》）均、和、安的社会，就是小康社会，就是要争取实现人际关系比较合理、社会环境比较安宁和人民生活水平比较富裕，孔子眼里的小康标准是什么？就是庶、富、教的标准。孔子说，一个国家如果人口已经很多了，就要使这个国家的人民富裕起来，人民富裕起来以后，就要用良好的道德原则和规范来教育他们。孟子也主张富而后教，用现在的语言来表述，就是首先要保证衣食住行等最基本、最起码的条件，在此基础上，营造适应社会和谐、百姓幸福的环境。正因为这样，小康社会始终是人民所向往所追求的。邓小平同志吸收和扬弃中国传统文化"小康"思想的精华，创造性地与当代中国的现代化建设实践相结合，用"小康"和"小康之家"来描述中国式的社会主义现代化；于1984年明确提出了"小康社会"的奋斗目标。2002年11月，中国共产党第十六次全国代表大会报告又提出了"全面建设小康社会"的战略目标，明确提出本世纪头二十年的奋斗目标就是"全面建设小康社会"，并且将建设小康和推进中国特色的社会主义现代化事业结合起来。创造性地完成了对传统"小康"思想的现代性转换。

　　按说，能达到小康水平已经相当不容易了，但在儒家思想看来，小康社会还不是最好最理想的社会，与小康社会相比，还有一个更高层次更高境界的理想社会，儒家思想把这种更高层次更高境界的理想社会叫做大同社会。那么，小康与大同最大的区别是什么呢？在儒家思想看来，最大的区别就在于小康是私天下的产物，而大同则是公天下的产物。小康是大同的基础和雏形，是大同社会的初级阶段，是实现大同理想的必由之路，大同则是在达到小康之后所必然要追求的最高理想目标。如果说小康社会是指一种生活宽裕、上下有序、家庭和睦和讲究礼仪的社会状态，那么，大同社会则是一种"天下为公，选贤与能，讲信修睦。故人不独亲其亲，不独子其子，使老有所终，壮有所用，幼有所长，鳏寡孤独废疾者皆有所养，男有分，女有归。货恶其弃于地也，不必藏于己；力恶其不出于身也，不必为己。是故谋闭而不兴，盗窃乱贼而不作，故外户而不闭"的人间胜景。用现在语言来表述就是，在大同社会里，德才兼备者成为了社会的管理者，人与自然和谐相处，经济可持续发展；社会有选贤与能的机制，人与人之间讲信修睦、互相爱护、互相帮助，没有嫉妒、没有争斗、路不拾遗、夜不闭户，人人尽己之力，取己所需，每一个人的生活都能够得到保障，社会风气井然有序。是物质文明、制度文明与精神文明和谐发展的社会，一切人类最美好的愿望和理想在大同世界都如愿以偿地实现了。因此，千百年来，追求和谐的大同世界一直都是中国人的梦想。无论是柏拉图的《理想国》，还是法国傅立叶、欧文的空想社会主义，无论是先秦儒家的"大道之行也，天下为公"，还是清末康有为的"大同"学说，梁启超的"世界大同"，孙中山的"天下为公"，李大钊的"世界联邦"、陈独秀的"大同主义"，都是对传统的"大同"思想所作出的新的阐释，都在致力于描述和讴歌以"和谐"为特质的理想社会。无论是过去还是现在，小康和大同，都是中国人孜孜以求的追求目标。

几点思考和启示

1. 和谐社会的提出是对千百年来传统和谐文化的最高理论概括和思想升华。

和谐社会乃是和谐世界理念的提出，不是空穴来风，它是深深植根于中国传统的和谐文化土壤中，是对中国传统和谐文化在新的历史条件下的继承和弘扬，是对千百年来人类对美好理想社会形态不懈追求的继承和弘扬。在当今社会，和谐的自然就是美丽的，和谐的国家就是强盛的，和谐的社会就是顺通的，和谐的民族就是平安的，和谐的身体就是健康的，和谐的夫妻就是甜蜜的，和谐的家庭就是幸福的，和谐的人类就是圆满的。

2. 传统文化是中华民族的根，我们不能也不可能抛弃我们的根。

对任何一个民族来说，文化是一个国家和民族之所以成为这个国家和民族的灵魂和标志。是这个国家和民族的身份证。一个民族如果没有自己的科技，可能会亡国；但是，一个民族如果丧失了自己的文化，就要亡种，而亡种比亡国更可怕。一个民族，只有找到了自己的文化源头，才能辨清今后的发展方向；只有找到了自己民族的根脉，才能泽被自己的子孙万代；只有找到了自己的根基，才能把握自己国家和民族的命脉。

3．批判继承，综合创新，是我们对待传统文化的一个基本原则。

毛泽东以马克思主义的立场、观点和方法研究和分析中国传统文化，形成了批判地继承的科学态度。他说："今天的中国是历史的中国的一个发展，我们是马克思主义的历史主义者，我们不应该割断历史，从孔夫子到孙中山，我们应当给予总结，继承这一份珍贵的遗产"。江泽民也指出："中国在自己发展的长河中，形成了优良的历史文化传统。这些传统，随着时代变迁和社会进步，获得扬弃和发展。对今天中国人的价值观念、生活方式和中国的发展道路，具有深刻的影响。""现代的中国是历史中国的发展。"这表明，一个国家的历史和传统是不能割裂的。固守传统，只能是死路一条；全盘西化，必然失去自我。批判地继承，综合地创新，才是我们对待传统文化的一个基本态度和基本原则。

4．对待传统文化，我们应该心存温情和敬意。

这句话是50年前钱穆先生在《国史大纲·凡读本书请先具下列诸信念》中说的。中国近代以来的反传统浪潮已经使得传统价值观念威信扫地；全球化浪潮及市场经济大潮更是对已经被颠覆的支离破碎的传统思想雪上加霜，游离不定。在这个问题上，往往存在两大误区：一是把近代落后挨打的原因归结到了传统文化身上，似乎传统文化必须由它来为中国近代以来的衰落与灾难承担总责任，于是，每个人都往传统文化身上吐口水，以至于传统文化面目全非，举个例子来说，从孔子以来的2500年，假如以500年为一接力棒，前四棒，也就是16世纪之前，我们无论在科技和文化上，都遥遥领先于世界各国，这是有目共睹的历史事实，而在第五棒的竞赛中，也就是明朝中叶以后，我们开始落后了，我们曾经有2000年的时间领先于世界，近500年来，我们落后了，但我们能把这种落后归结为我们的传统文化吗？16世纪以前，中国文化遥遥领先于世界，这种领先不是自封的，是一种事实，承认这种事实，才有了李约瑟难题的产生。二是纠缠于中国传统文化是精华多还是糟粕多，纠缠于如何吸取精华，弃其糟粕上，但是，不管传统文化是精华多还是糟粕多，它毕竟是我们民族自己的传统、自己的文化，作为炎黄子孙，作为龙的传人，不管你对中国文化了解多少，我想，有一点是需要我们做到的，那就是，对待自己的民族文化，我们应该心存温情和敬意。

中国优秀传统文化对
领导干部道德修养的启示

朱康有

朱康有，国防大学马克思主义教研部教授，哲学博士，国际儒学联合会理事、中国实学研究会理事。在《哲学动态》、《中国哲学史》、《孔子研究》、《学术界》、《中国军事科学》等刊物上发表文章60余篇。研究方向：中国传统哲学、马克思主义哲学。出版过专著《老子》、《人道真理的追寻》、《马克思主义哲学前沿理论问题研究》，主编、副主编、参编著作20余部。

加强党的建设，一方面要加强能力建设，另一方面则是要加强党性和作风建设，提高领导干部的道德素养。在当前情况下，大力加强党性和作风建设、提高领导干部道德素养是一项非常紧迫的战略性任务。胡锦涛同志指出："从近年来查处的领导干部违纪违法案件看，腐败分子走上违法犯罪的道路，大都是从道德品质上出问题开始的"。①

怎样从这个"开始"、这个源头上加强领导干部的道德修养？除了法律的约束、制度的硬性保障外，以当代中国化的马克思主义来进行教育是非常重要的。需要特别指出的是，中国化的马克思主义，从毛

---

① 《十六大以来重要文献选编》(下)，中央文献出版社2008年版，第177页。

泽东思想到中国特色社会主义的最新成果科学发展观，都非常高度重视继承和创造性地发挥中国优秀传统文化的积极部分。其重要性正如江泽民指出的："我们能不能继承和发扬中华民族的优秀传统文化，吸收世界各国的优秀文化成果，建设有中国特色社会主义的文化，这是事关中华民族振兴的大问题，事关建设有中国特色社会主义事业取得全面胜利的大问题"。①胡锦涛同志在十七大中明确提出要"加强中华优秀文化传统教育"，我想，吸收中国优秀传统文化，加强现代领导干部修养，也正是其中的应有之义。

十七大还提出"要全面认识祖国传统文化"，如何去认识？中国优秀传统文化博大精深，我们从提高领导干部道德修养的视角看，把它的整体结构及内涵用古人自己的话概括为"内圣外王"四个字。意思就是以内在道德修养，去为社会人群做事业；最高应达到"圣人"的境界，去做治国平天下的大事业。儒家是中国传统文化的主体，它有一句名言是"修身齐家治国平天下"，就鲜明地体现了这一点。所以，将做人、做官、做事深刻地统一起来，这是中国优秀传统文化的主要特点之一。为此，它提出了一整套的理论和规范，对我们领导干部做人、做官、做事具有非常重要的启示。

◆ 一、做人的启示 ◆

优秀传统文化把"修身"即内在的道德修养看作外在政治行为的前提和基础，认为只有良好的道德修养，才能有良好的政治行为。这话反过来说就是，"领导干部首先要堂堂正正做人"。做人基础不牢，就

---

① 《十四大以来重要文献选编》(中)，人民出版社1997年版，第1678页。

会地动山摇。那么传统文化是怎样看"做人"的呢？就是要求明了做人的意义、做人的方法、做人的目标。

（一）修己安人

做人的意义就是要做到修己安人。修己安人，就是用人伦道德修养自己，同时也使他人获得安乐。为什么要这样去修养呢？就要明白人是什么。

从人与其他"物"的区别来看，荀子说：水、火有气但没有生命，草木有生命但没有知觉，禽兽有知觉但不讲礼义；人有气、有生命、有知觉特别是讲礼义，所以成为天下最尊贵的了。孟子认为人有这样的特点：吃饱穿暖了，非常悠闲，若没有人伦的教育，跟禽兽的区别不大，所以人离禽兽不远。可见，人与物之别、人与鬼之差，只是一念之差。差在什么地方？正是人有了礼仪文明，有了人伦道德即做人的规范，懂得了是非、善恶、美丑，有了羞恶之心、荣辱之道，才是人。这是人之为人的一个基本点。

从人与人的关系来说，人的强大在于能够组成社会。组成社会，就要有人与人相互合作和爱护的"仁义"之道。所以，修养仁义道德，不纯粹是为了个人，更主要是为了处理好人与人的关系。孔子说"修己以安人"、"修己以安百姓"，就是让别人也得到安宁，做官的要让老百姓得到安乐。北宋思想家张载的话的境界就更高了，他说要"为天地立心，为生民立道，为往圣继绝学，为万世开太平"。正是从国家利益和整体利益的原则出发，在个人对他人、对社会的关系上，传统道德强调个人对他人也有一份责任，官员更要对百姓负责。

故此传统文化对做人意义的启示就是，做人首先要树立道德人格内涵，树立做人的责任，那你就要分清楚是非、善恶和美丑，按照今天的话讲，就是做人什么是引以为荣的？什么是引以为耻的？有荣辱观。所以，道德人格不只是一般人，更是领导干部首先应树立的。这是做人的基本资格。

怎样把这种意义、这种责任贯彻落实下来？特别是当你与他人、社会发生矛盾时怎样办？是首先去指责别人，还是怨社会？这就涉及到做人修养的具体方法——"反求诸己"。

（二）"反求诸己"

什么是"反求诸己"呢？儒家典籍《礼记》用射箭的道理解释说，在社会中做人的修养，就像射箭一样。射箭先要把自己的身心调整好，调正了你才能去发射；发不中，你不能怨旁边别人胜过了你，比你的环数高，你再回来调整自己身心就可以了。

怎样做到"反求诸己"？具体来讲，就是要贯彻孔子说的"忠恕"之道。所谓"忠"道，就是"己欲立而立人，己欲达而达人"；所谓"恕"道，就是"己所不欲，勿施于人"。忠恕之道的基本精神是设身处地、推己及人——我自己不愿意别人怎样对待我，也不要以之来对待别人；我自己所希望达到的，也希望别人能达到。

这是不是只是对普通人的要求？不是的，它更是对各级官员的要求。《论语》最后传载中国上三代文化的精神是"朕躬有罪，无以万方，万方有罪，罪在朕躬"、"百姓有过，在予一人"，"万方"就是万邦，引申含义就是全国。强调社会没治理好，甚至出现了天灾人祸，官员不能怨老百姓素质不高，甚至是最高领导者也不能把责任推到人民身上，而是要从自己身上找根源、找原因，反思自己的过失。中国历史上常有皇帝下"罪己诏"的例子，在天下出了事的时候，皇帝担起所有的责任。比如有了天灾、地灾，也不去怨老天爷，而是首先反省自己的所作所为。

"反求诸己"启示我们，不怨天，不尤人，多苛责自己，才能不断提高自己的修养，这是做人的基本方法。领导干部只有不断反身自省，才能奠定从内心愿意为民众服务的基本素养。

上面做人的意义和方法都突出强调了做人道德方面的要求。实际上，在做人的理想目标上，传统文化还强调人要具有包括德性在内的多方面素质，即具备"成人之道"。

(三)"成人之道"

这里的"成人"，不是从小孩到成年人的生理成长过程，而讲的是在做人的目标上如何成为一个完善的人。要做一个什么样的人，儒、道、佛三家分别提出了圣、仙、佛三种做人的理想目标。单就儒学而言，《论语》记载这样一段话，说学生子路问孔子，怎样才能是一个完美的人？孔子说：智慧像臧武仲，可以控制欲望，清心寡欲像孟公绰，勇敢像卞庄子，多才多艺像冉求，再用礼乐来成就他的文采，这样可以说是完人了。所以，"成人之道"涉及到人的知识才能、德性力量、审美情趣等很多素质。

"成人之道"的启示说明，做人要追求全面发展，既要以德立身，也要素质全面。这不仅是个人发展的目标，也是社会培养人的理想目标。领导干部在做人上，不仅要有德的根基，还要努力有比较全面的修养，才能带领人民逐渐全面协调发展。我们应该承认，传统文化强调人应当多方面发展，这在思维趋向上同马克思主义关于人的全面自由发展要求有相同之处。但具体地看，二者的区别又是根本性的。马克思主义关于人的全面而自由发展的思想，建立在人类社会发展规律的基础之上，是与改造资本主义社会发展的片面性、建立全面发展的共产主义社会的理想目标和实践活动密切相连的。

但是，我们也应该承认，传统文化关于做人的意义、方法和目标的思想，反映了人类社会活动的一般特点，具有现实的合理性，对我们培养新时代的建设者，奠定做官的基础具有重要启示。总结以上，这种启示就是：做人首先要明辨是非、善恶和美丑，按照今天的话讲，就是要有荣辱观。这是做人的基本资格；做人要严于律己、宽以待人。以自己的诚信取信于人，取信于社会。这是报效社会、做官的前提条件；做人要追求全面发展，既要以德立身，也要才华出众、素质全面。这不仅是个人发展的目标，也是社会培养人的理想目标。

尽管讲全面，但中国传统文化对人的评价中"德"还是占第一位的。官做得再大，人做得不行，老百姓同样最终不买你的账。所以，"人"字两笔很好写，但要做好难，身居官位的人要做好就更难。当然，也就更为重要——可以说它涉及到国家和民族的命运前途问题。而且我们都不缺乏这种道德人格的楷模。比如，革命和建设时期，像方志敏、张思德、焦裕禄、孔繁森等一大批民族的忠烈楷模，至今仍为人们所传颂。这其中，张思德同志还仅仅是个烧炭的战士，毛泽东却号召全党都要向他学习。当然，我们的事业中也出现了少数腐败分子为人们所不齿、所唾弃。比如，湖北省天门市原市委书记张二江，不管出差到何地，都公开指使身边工作人员"到街上转转，有好的就带回来"。12年中，他竟与除老婆之外的107个女人有染。这真是已经不知恬耻了！胡锦涛同志在2008年的中央纪检工作会议上严厉批评有的领导干部"道德败坏"，"思想道德防线出了问题"。言下之意，这些所谓的"领导干部"确实连起码"做人"的资格和底线都丧失掉了。

人称"河北第一秘"的李真，被判死刑前，在狱中接受记者采访时说："权力……修养……做人……个性……品质……就像一炉钢，要炼好，火候、原料缺一不可。我是属于'钢'还没炼好，就出炉了……现在看，我身上欠缺的东西太多了"。①后悔没做好人，断送了官命，晚了呀！事实教育我们，只有做人做好了，才能为"做官"打下良好的基础。

---

① 乔云华：《地狱门前——与李真刑前对话实录》，新华出版社2004年版，第187页。

二、做官的启示

在我国古代社会中，"政德"即官德被看作是最重要的道德。虽然这些政德在根本上是体现上层阶级意志的，但其中包含了对治世之道的一般规律性认识。在2009年的纪检会议上，胡锦涛同志强调说："我们党的干部标准是德才兼备、以德为先"[①]。2009年6月30日，习近平又在全国优秀共产党员代表座谈会上强调，要"以德修身、以德服众，始终保持共产党人的道德感召力"。我认为，这些讲话从某种意义上讲，都是对传统"政德"很好的揭示和继承。下面本文以此为基础，谈谈优秀传统文化对于我们领导干部如何"常修为政之德"的启示。

(一)以德修身

传统文化认为，做官的人掌握公权，道德修养比一般人更重要，强调在领导和管理活动中"以德修身"，这比做人的修养标准更进一步了。以德修身，首先强调在官员的各种活动中，必须始终把道德修养看作基础性、前提性的。儒家经典《中庸》说："知所以修身，则知所以治人；知所以治人，则知所以治天下国家矣"。可见，官吏的修身治己，这是治国理政的起点。为什么呢？因为官员往往位高权重，别人不易监督，所以道德修养主要靠自律。这一思想，是非常深刻的。马克思曾经说过："道德的基础是人类精神的自律"[②]简单地说，中国古人的"以德修身"，实质就是"精神自律"、心性修养。

正是有了自觉、自律的道德要求，古代产生了许多名传千古的"清

---

① 《十七大以来重要文献选编》(上)，中央文献出版社2009年版，第850页。
② 《马克思恩格斯全集》第1卷，人民出版社1995年版，第119页。

官"。譬如，后汉时期东莱太守杨震路过昌邑县时，他的门生王密是本地的县令，为报杨的举荐之恩，晚上以黄金十斤相送，并说"暮夜无人知"。杨震严词拒绝说："天知、地知、你知、我知，何谓无人知者？"百姓因此送给杨震一个"四知先生"的美号。"举头三尺有神明"，"四知"之语，意在强调人要自省、自警，心中有敬畏感。

我们党非常重视以马克思主义为指导积极吸收和改造传统道德。毛泽东把"自觉地改造自己"和"改造世界"并提。[①]刘少奇在《论共产党员的修养》中，把道德修养上升到"改造主观世界"的实践高度，形成了具有中国民族特色的党性修养理论。特别是他创造性地阐述了"慎独"的修养方式，强调共产党员"即使在他个人独立工作、无人监督、有做各种坏事的可能的时候，他能够'慎独'，不做任何坏事"。[②]胡锦涛同志经常告诫党的各级领导干部，要"常怀律己之心"。这是因为你本身就是一个标准，你的作为和喜好能迅速影响下面。

所以，"以德修身"启示我们：领导活动首先不是指向被管理者、被领导者，而是首先及于为政者自身。"正人"必须先"正己"，只有先进行自我治理，然后才能更好地施治于人。在"以德修身"基础上，才能以德服众。

（二）以德服众

在我们的传统文化中，法家主张靠武力、靠权势让人民服从。儒家的孟子不这么看。他说，凭着强力让人屈服，人家并非内心真的佩服，那是自己力量不够；靠着道德让人信服，人家才是内心愿意并实实在在地佩服。

那么，当代的领导干部在管理活动中靠什么发挥影响力呢？现代管理科学认为，一种是权力因素，一种是非权力因素。权力让人产生

---

① 《毛泽东选集》第1卷，人民出版社1991年版，第296页。
② 刘少奇：《论共产党员的修养》，人民出版社1962年版，第40页。

敬畏感和服从感。而非权力的影响，主要由道德品格、知识才能、意志情感等构成，使人产生一种敬重感、信赖感和激励感。非权力影响主要来自领导的内在因素，通过潜移默化的自然过程体现出来的，所以对人的影响就非常巨大而且持久。

中国古代更看重非权力因素即道德威望的影响力，它有着"怀近柔远"的巨大政治凝聚力和向心力作用，"德化"理念甚至渗透到了外交和贸易之中。对此，江泽民总结说："中华民族历来很看重领导者的榜样作用。'其身正不令而行，其身不正虽令不从'，就是古人留下的警世名言"。①在这方面，周恩来的人格魅力给中外政治家——无论是敌是友，都留下了深刻的印象。"'仕宦而至将相，为人情之所荣'，是不知荣也者，辱之基也。惟善自修者，则能保其荣；不善自修者，适足速其辱"。②意思是说，做官做到将相，被世人公认是一种荣耀，但荣耀与耻辱往往并存。只有善于自我修养的人，才能保持他的荣耀；不善于自我修养的人，荣耀只会加速给他带来耻辱。今天，"以德服众"的启示就意味着，我们共产党的领导干部当然要在其位、谋其职、用好权；但是，作为先进性的政党，更应注重非权力的作用，发挥真理和人格的感召力，用"道德力量"驾驭权力这把"双刃剑"，真正让权力为社会服务。

对于领导干部来说，在为社会、为人民服务过程中，经常遇到的一个矛盾就是，"才"和"德"哪个修养更重要的问题。到底应该如何处理好德与才的关系呢？

（三）以德为先

中国传统文化强调，"百行以德为首"。司马光在《资治通鉴》里分析智伯无德而亡时写道："才德全尽谓之'圣人'，才德兼亡谓之'愚

---

①《十五大以来重要文献选编》(上)，人民出版社2000年版，第149页。
② 林宗岗编著：《中国官训经典》，红旗出版社1996年版，第7页。

人’，德胜才谓之‘君子’，才胜德谓之‘小人’”①。现在也有句顺口溜：叫有德有才是正品，有德无才是次品，无德无才是废品，有才无德是危险品。

话虽这么说，新中国成立后，我们对这个问题的认识，实际上走过了一段弯路。我们倡导"又红又专"，但在实际中又有某种偏颇。"文革"时甚至用"红"代替了一切，有"才"反而成了"白专"典型。改革开放初期，我们比较强调"才"，启用不少"能人"，但又忽视了道德的教育。这一方面导致了社会对道德修养重要性的认识偏差。譬如，教育部课题基金"中国道德调查"一个抽样表格中的数字说明，在当今社会，提拔使用干部，重"才"占绝对优势，而"德"加上"政治觉悟"的因素仅仅比"偶然的机遇"高一点，比"与领导关系搞得好"还差一大截②。另一方面，由于道德缺位，创业中的"能人"倒下了很多。孙中山曾经讲过："有了很好的道德，国家才能长治久安"③。不止如此，一个单位、一个企业也是这样。

党的十六大以来，胡锦涛同志高度重视提高领导干部的道德修养。2006年他指出"在干部考察中更加注重道德品行"④，现在又强调"以德为先"。这反映了新形势、新任务对领导干部的新要求。"以德为先"的启示说明，领导干部在把握"才"和"德"的关系上，始终要确立"才为德之辅，德乃才之帅"的理念，把德性修养放在第一位。

总结以上要点，如果我们站在"为政"的高度去认识中国传统文化，那么其合理性即现代启示在于：第一，领导干部更要重视道德修养。当了官，不是说你修成正果，可以为所欲为了，而是更要严格要求自己，用更高的"官德"标准进一步去提高道德修养。越是高级领导

① 《资治通鉴》(一)，中州古籍出版社2003年版，第3页。
② 李萍：《中国道德调查》，民主与建设出版社2005年版，第108页。
③ 《孙中山全集》第9卷，中华书局1986年版，第242页。
④ 《十六大以来重要文献选编》(下)，中央文献出版社2008年版，第177页。

干部，越要注意修养，否则，掌握更大的权力和资源，足以以"才"误党误国。第二，领导干部的道德修养主要靠自律即慎独。面对权力，要常念为政之德、常怀律己之心、常思贪欲之害，时刻战战兢兢、如临深渊，自省、自重，养浩然正气。第三，选拔干部既要注重德才兼备，更要坚持以德为先的原则。如果说有才能干事，那么有德就决定了为谁干事。中国特色社会主义事业是人民的事业，必须做到权为民所用、情为民所系、利为民所谋，坚决反对以权谋私、以权腐败。要不断加强领导干部的道德建设，让权力掌握在愿意为人民做事的人手中，让那些有能力又愿意为人民做事的人当官。

古人云："公门里面好修行"，做官要面对各种复杂矛盾，是人生大舞台，如果做官能注重修养，那就可以为人民做好事、做大事。因此，传统文化讲做官的道德，目的是为了做事。下面，我们看看传统道德关于做事的思想，对我们有什么启示。

◀ 三、做事的启示 ▶

传统文化讲"做事"，不是一般地泛论"在其位、谋其事"，而是强调在义利矛盾面前，如何能够独善其身、不做坏事，如何能够舍生取义、为社会做大事。传统文化把"内圣"与"外王"统一起来，其"外王"包括做官、做事两方面。这两方面在现实中也不总是完全统一的。关于做官与做事的关系，有人总结出了四种情况：做官为了做事，为做事不做官，做事为了做官，做官只为谋私事。当做事和做官相冲突时，怎么办？传统文化首先强调要用道德的高层境界去提升。要坚守道义，按今天的话讲，那就要树立正确的"义利观"、"事业观"、"政绩观"。"文革"结束不久，邓小平在复出工作后说了一段话："我出来工作，可以有两种态度，一个是做官，一个是做点工作。我想，谁叫你当共产党人呢，既然当了，就不能够做官，不能够有私心杂念，不能够有别的选择"。①做官为人民干事业，那就不能没有大胸怀、大境界来化解种种可能的冲突。我们所做的事业不一定是惊天动地的，但一定是道德高尚的。始终坚持为人民做事，必须具有更高的道德境界。胡锦涛同志说：领导干部的作风是"干部道德境界的具体体现"。在2009年中央党校春季开学典礼上，习近平强调，各级领导干部"要加强道德修养，不断提高道德认识、陶冶道德情操、锤炼道德意志、提升道德境界"。我们要以提升道德境界来指导和统一做人、做官、做事，做到身在名利场中，却又能超越其束缚。做到这一点，吸收传统文化具有特别意义。按照传统文化的观点，当官做好事、做大事，必须以内圣的修为去做外王的事业，以"出世"的心境去做"入世"的事情。先后境界、忧乐境界、生死境界，是传统官德十分崇尚的居官三境界。正是在先与后、忧与乐、生与死的冲突中，才能显示出一种高尚的精神境界来。这些层层递进的境界，不仅是一种精神状态，更是一种实践状态。

（一）先后境界

先后原是表达事物在时间空间上展开、排列的顺序，传统文化却赋予它们政治道德的含义，就是公私、义利孰先孰后的价值选择。古人很重视为官做事中的先后问题，并把它看作两种不同的境界。《世说新语》里讲了这么一个故事：说的是魏晋时期，管宁和华歆两个士大夫小时候是好朋友，他们在菜园里锄草，翻出一小块金子。管宁视黄金如瓦片石块一样，仍不停挥锄；华歆却拾起金块，端详一阵，心动了，不得已才扔掉。还有一次，他们在屋内读书。室外有个高官乘坐

① 《邓小平思想年谱（1975－1997）》，中央文献出版社1998年版，第29－30页。

马车经过，管宁仿佛没听见，而华歆却跑出门看。管宁将炕席割为两块，并说：从今以后，你再不是我的朋友了。两件小事反映了不同的精神境界：一种是视金钱如粪土、富贵如浮云，一种是见钱眼开、追慕显贵。

再说当今市场经济社会里，人们也往往只看到利益，看不到道义。"金融大鳄"索罗斯曾说：金融市场没有道德，只有规则。拿这次金融危机来说，温总理的回答也可能出乎很多经济学家的意料之外。他说道德缺失是导致这次金融危机的一个深层次原因；企业家也就是企业的高层领导身上要流淌道德的血液。所以，在面对个人利益与集体、国家利益的矛盾时，领导干部就要处理好先后的问题。中国社会科学院社会学研究所所作的《中国社会和谐稳定报告》有一则"不同阶层对近十年来获利最多群体的综合排序"抽样调查，结果表明：69.84%的人认为国家官员是近年来获得利益最多的群体。我们说，共产党的领导干部并不是完全不讲个人利益，只是公重私轻，做事应当自觉朝向"先公后私"，"先义后利"，"先人后己"方面努力，尤其要"利居众后，责在人先"。这就是古人推崇的先后境界给我们的现实启示。

"先天下之忧而忧，后天下之乐而乐"的情怀表明，先后境界实质上蕴含着一层主观上崇高的情感体悟。在心灵世界上处理好"忧"和"乐"的关系，才能够更好地坚持"先"和"后"的价值选择。所以，"忧乐境界"是高于"先后境界"的道德要求。

（二）忧乐境界

孔子提倡忧乐同在："君子忧道不忧贫"（《论语·卫灵公》），"发愤忘食，乐以忘忧"（《论语·述而》）。孟子以忧乐同在来规范"官民"关系，他讲过一段关乎"忧乐"的精彩论点："乐民之乐者，民亦乐其乐。忧民之忧者，民亦忧其忧"（《孟子·梁惠王下》）。古人到底忧乐什么呢？春秋时期，有个宋国人挖出一块宝玉，把它献给大官子罕。子罕却说：你以玉为宝，我以不贪为宝；如果你把玉给了我，咱们都丧失了宝；我不接受你的玉，正是想让我们各自都拥有自己的宝。而范仲淹的"忧乐境界"亦并非一个文人的大话——他自己也是被三次贬官，但始终以天下为己任，这才是他名垂青史的原因。传统文化的"忧乐境界"启示我们，要正确对待"名"的问题。应忧乐的是道义之名，是民众、国家和天下的名誉，而不仅仅是自己头上的"乌纱帽"。在做事上，非不求功名，当超越一时一己之名，求万世功名。

忧乐境界，也关联着存亡之道。透过孟子的"生于忧患而死于安乐"，我们深深感悟到，有一种从生死大义的角度，强调为天下做大事的境界。事实上，"生死境界"也正是传统文化对做事的最高道德要求。

(三)生死境界

做官、做事不只是面对一般性的"名"和"利"考验，关键时刻，做领导的还要面临生死考验。譬如，面对有损国家、民族和人民的行为，做官的不仅要做到不同流合污，更要做到勇于斗争甚至献出生命。历史上把"生死"考验看作一种最高境界，发端于孔孟儒学的道义论。孔子有"杀身成仁"，孟子有"舍生取义"，都主张道义重于生命。当年杜甫曾以诗赠友人赴官上任，嘱其"公若登台辅，临危莫爱身"。生死境界可说是先后境界和忧乐境界的最高升华。

荀子说："生，人之始也；死，人之终也。终始俱善，人道毕矣。故君子敬始而慎终。"(《荀子·礼论》)慎终就是要达到善终。怎么"善终"？《尚书》提出"克终允德"，最好的结果就是要以德性保持全节，做到生死于德、彻始彻终。"终了，终了"，但不是"一死百了"，身后能留下什么呢？春秋时代叔孙豹论"不朽"言："太上有立德，其次有立功，其次有立言，虽久不废，此之谓不朽。"(《春秋左传·鲁襄公二十四年》)在人生"三不朽"中，"立德"被排在首位；领导干部在"立言"、

"立功"中，也只有弥漫着"德性"的光环、贯穿着道德的境界，才能更恒久、更长远。这就是"生死境界"的启示。

"滚滚长江东逝水，浪花淘尽英雄。是非成败转头空，青山依旧在，几度夕阳红"，在这首明代文人杨慎荡气回肠的弹词中，留给我们是一种悲怆的对人生的深刻反思——那就是超越名利，超越生死，实现升华，留下像青山不老一样的宇宙浩气、天地正气。

胡锦涛同志说："我国人民在长期社会实践中孕育的传统美德，是中华民族生生不息、发展壮大的重要精神力量"。①中华民族这种道德的精神力量，永远是激励我们领导干部做人、做官、做事，建功立业的动力源泉。做好人是做好官的前提，做好官又是做好事的基础。只有在做人上树立道德的人格，在做官上用更高的政德标准修养为官之道，在做事上提高道德修养的境界，才能够更好地完成党和人民托付的历史任务，才能够道义留青史，美誉书丹青，德名传千古。

---

① 《十六大以来重要文献选编》(中)，中央文献出版社2006年版，第639页。

建设中华民族
共有精神家园的举措

陈杰思

陈杰思，男，汉族，云南江川人氏，无党派爱国人士。现职为香港孔教学院院长助理、中华义理经典教育工程组委会主任，是中华义理学科倡导人、中华十大义理教育品牌首创者。出版专著《中华义理》、《中华十大义理》、《中华义理经典》、《国学复兴纲要》、《君子规》，主编《中小学国学经典课程》十种，主持编撰《香港中学儒家德育与公民教育课程》三种。学术研究以真理、义理为导向，而非以职称、功利为诱导。主张将中华义理建设为国学核心学科，主张仁、义、礼、智、信、忠、孝、廉、毅、和十大义理为中华民族核心价值，提出中国文化建设二十二系列举措。

中共十七大报告指出："弘扬中华文化，建设中华民族共有精神家园。中华文化是中华民族生生不息、团结奋进的不竭动力。要全面认识祖国传统文化，取其精华，去其糟粕，使之与当代社会相适应、与现代文明相协调，保持民族性，体现时代性。加强对各民族文化的挖掘和保护，重视文物和非物质文化遗产保护，做好文化典籍整理工

领导干部国学大讲堂

作。加强对外文化交流，吸收各国优秀文明成果，增强中华文化国际影响力。"人的生命由物质生命（身）和心灵生命（心）构成，所以，人应当有物质家园和精神家园，在建设物质家园的同时，也要建设好精神家园。中华文化，是建设中华民族共有精神家园的基础，是建设中华民族共有精神家园的基本资源。

中华民族共有的精神家园，不仅仅是书本知识或者是抽象概念，而是在现实生活中存在的，可以为人提供精神生活资源的文化环境以及内化于人的共有的精神世界。从个人生活的角度看，建设中华民族共有的精神家园，可以满足精神生活的需要，可以得到道德的教化、心灵的慰藉、生命的安顿、性情的陶冶，使个人的精神生活充实、幸福、健康。中华民族精神家园最主要的功能是安顿身心。儒家文化是"身心性命之学"，是"安身立命之学"，儒家文化被抛弃，中华民族精神家园就变成废墟，国人丧失了精神家园，心灵生命得不到安顿，心灵生命即陷入精神痛苦、人格扭曲、心灵变态、理想丧失、信仰空虚、价值虚无、生命荒谬、意义失落、行为荒唐、变态混乱之中，变成丧家之犬。从国家这一层面上讲，建设中华民族精神家园，为中华民族伟大复兴提供强大的精神力量，可以增强国家的文化软实力，可以形成同心同德的局面，可以形成国家认同感和民族归属感，可以形成强化民族的凝聚力、向心力、亲和力，可以改善社会风气，维护国家的团结与统一。个人的精神家园同民族精神家园的关系，就像一滴水和大海的关系。民族精神家园是由亿万个人精神家园共同汇聚而成。

中华民族的精神家园由中华文化构成，儒家文化是中华民族精神家园的主体。在中国古代，除了极少部分道教信徒和佛教信徒之外，中国古代的知识分子就被称为儒士，而且道教信徒与佛教信徒同时接受儒家文化仁、义、忠、孝等基本观念。从中华民族内部来看，汉、满、蒙、回、藏等五十六个民族之间共有的文化只能是儒家文化，在祖国大陆和港澳台之间的文化只能是儒家文化，在中国本土人民和海外华人华侨之间共有的文化也只能是儒家文化。从世界各民族、各个国家来看，中国拿出来能够被世界各国人民共同认可的文化也只有儒家文化，孔子学院之所以被各国普遍接受就是一个明证。

在中华民族共有的精神家园中，最重要的是由儒家文化确立的道德、价值、人文精神、生命信仰。《周易·贲卦·象》："观乎天文，以察时变；观乎人文，以化成天下。"儒家文化的主要功能就是构建中华民族精神家园，儒家学说的主要成分也是中华民族精神家园的内涵。当儒家的道德、价值、人文精神、生命信仰被摧毁之后，中华民族的精神家园也就变成废墟了。因此，中华民族精神家园，必须是重建。在中华民族精神家园中，应当充满儒家文化话语，诸如："孝悌忠信"、"礼义廉耻"、"温良恭俭让"、"出人头地"、"光宗耀祖"、"天地良心"、"天网恢恢"、"天理良知"、"老天有眼"等。

中华民族共有精神家园，与中华民族的物质家园一样，存在着同样的生态危机问题：

（1）精神家园生态之破坏：中华民族精神家园是以儒家文化为主干，以道家文化、佛家文化为两大旁枝，以其他诸子百家为枝叶共同构成的。儒家文化的毁灭性破坏，使中华民族精神家园的主体坍塌了，与儒家文化相依存的道家文化与佛家文化相应萎缩，致使中华民族精神家园变成了"礼崩乐坏"、"学绝道丧"的废墟。中华民族的物质家园，也在向工业社会转变的过程中受到了严重的破坏。

（2）精神家园生态之污染：儒家的正道文化被推倒之后，邪道文化就会泛滥起来，造成对中华民族精神家园的污染；外来的垃圾文化大举进入中国，也会对中华民族的精神家园造成污染；在对中华文化解读的过程中，产生的种种邪见，特别是"文化大革命"播下的关于儒家文化的邪见流毒，对中华民族精神家园造成了极大的污染；在践行中华文化的过程中，产生知行分离、知行背离的邪行，特别是统治者利用儒家文化的同时发生腐败、专制、堕落之行为，对中华民族精神家园也造成严重污染。

(3)精神家园生态之枯竭：中华文化资源非常丰富，取之不尽，用之不竭，在《四库全书》中就存储着可供无限开发的文化资源。中华民族精神家园发生枯竭的现象，是因为，广大人民接受中华文化的种种渠道被切断，中华文化资源没有进入到中华民族的精神家园中，而是退缩在学术研究的狭小天地中，只有少数的研究者能够享有。也就是说，中华文化之源流，只通过很小的泉井涌出，只供少数人饮用，而不是像阳光普照大地一样，让中国人民沐浴在中华文化的阳光之中。同物种大量灭绝一样，中华文化在现实社会中的众多文化现象、文化品种也已大量灭绝。许多文化品种灭绝之后，永远不会再生。有些文化品种，则可以根据资料记载，重新创造出来。

重建中华民族精神家园，需要消除民族精神家园中的生态危机，在社会众多领域复兴中华文化，保护优良的文化品种，重建精神家园的文化生态系统，建立中华民族精神家园的生态平衡。建设中华民族精神家园的文化生态系统，应达到以下要求：

1．整体关联。

英国生态学家坦斯勒指出，生态系统是指包括整个生物群落及其所在的环境物理化学因素的自然系统整体，这个生态系统中的各部分因素(生物、非生物、生物群落和生境)都处在相互作用之中，整个生态系统通过这些因素的相互作用而达到平衡。①物质文化的各种形态与精神文化的各种形态相互影响，精神文化内部各个系统、各个因素相互关联，共同构成有机的文化生态环境，共同构成中华民族的精神家园。某一种具体的文化因素，都只能放在文化的生态环境之中，才能得到健康的生存与成长。离开文化的生态环境，此种文化因素就会产生变异、枯萎甚至死亡。文化生态中的各个领域、各个因素相互联系，具有高度统一性，形成一个有机整体。文化生态中的相关联因素

---

① 余谋昌：《生态文化论》，河北教育出版社2001年版，第76页。

已经形成一损俱损、一荣俱荣的关系。破坏或改变当中的一个因素，就会导致其他相关因素的改变。要保持某一个因素，就需要保持与该因素相关联的众多因素。因此，复兴中华文化，必须将中华文化作为一个整体来恢复，而不是从中华文化中取出某些自认为需要的部分来加以恢复。

以道德教育为例：如果只讲道德的抽象原则，而不讲与道德的抽象原则相关联的因素：诸如敬畏上天、天理良知、因果报应、法治环境等因素，则抽象的道德原则永远落不到实处。

再以京剧为例：振兴京剧，其前提就是重建中华文化生态环境，将京剧放置于中华文化生态环境中，京剧才会得到振兴。无论是演员还是观众，都应当首先生活在中华文化生态环境中，培养他们对中华文化的热爱，培养他们对于民族音乐、民族舞蹈、民族风俗、民族服饰的喜爱，使他们认同京剧中所表现的仁、义、忠、孝、礼、信等价值观念，培养他们丰富的传统文化素养，只有这样，演员才能有出色的表演与创造，观众才能产生心灵的共鸣。如果不首先恢复中华人文生态环境，单纯地讲振兴京剧，就像将一群小鸟放在荒滩之中，这群小鸟必定会死亡。若要小鸟活下去，只能将它们放在一片绿洲上，那里有花有草，有阳光有溪流，有各种昆虫，这就是这群小鸟生存的生态环境。

由于职业的分别，专业化的发展，使人们只注重本专业的文化因素，而忽略在中华文化整体中与该文化因素相关的众多文化因素，或者是将该文化因素从中华文化整体中切割出来，放置于西方文化中，同西方文化的众多文化要素发生联系，出现不协调的现象。

2．多元一统。

中华民族包括了五十六个民族，地域广大，因此中华民族精神家园应当是百花齐放，百家争鸣。每个民族的民族文化都应当得到保护和尊重，每一个地区的地方文化都应得到保护和尊重，才能保持中华民族精神家园的丰富多彩，保持多样性，这就是多元化的特征。民族

领导干部国学大讲堂

虚无主义和文化专制主义都不利于保持民族精神家园的多样化。同时，中华民族作为一个民族整体，必须保持"一统"，即：必须有共同的语言，这就是中文；必须有共同的文化，这就是儒家文化；必须有共同的民族精神，这就是十大义理。

3．文化慧命。

个体生命有物质生命（身）和心灵生命（心）之分。中华民族精神家园中的众多文化因素，不是独立于每个中国人的个体生命之外，而是融入个体生命中，为个体的心灵生命所承载，成为其生命活动的内涵。承载着中华文化因素的亿万个心灵生命汇聚起来，就构成了民族文化慧命。中华文化只有以广大民众为载体，才是活的文化，才是充满生命力的文化。如果中华文化脱离大众的生活，远离大众的生命，变为少数专家学者手中研究和玩弄的客观对象，就会切断中华文化慧命，使中华文化变成死的文化，那么，中华民族的精神家园也会变成由概念的木乃伊和符号的碎肢堆积起来的废墟。

4．抗拒异化。

数千年来，在中华传统的精神家园正常存在的情况下，有一种自我净化、保持自我、抗拒异化的功能：中华文化中的正道文化总是居于上方，压制邪道文化，此即"邪不压正"；中华文化对于外来文化的冲击具有抗击的能力，对于外来垃圾文化有抗拒的能力，对外来文化的优秀成分也有吸收能力；中华文化面对世俗社会中的腐败、专制、堕落而导致的混乱，以道义的力量使社会起死回生。而在中华民族精神家园经过长期的毁灭变成废墟之后，中华民族精神家园的自我净化功能已经丧失。确立中华文化的主体地位，确立孔子儒家思想的主体地位，正本清源，消除歪曲儒家文化的观念，树立十大义理，才能使中华民族精神家园具有抗拒异化的净化能力。

中华民族精神家园在保持民族性的前提下兼有开放性：中华民族精神家园是用中华文化构建的，是以中文为基本的交流形式，是在中华大地上产生和发展的，体现出中国特色、中国气派、中国风格。同时，中华民族精神家园的精神资源，也体现了人类的共性，可以成为人类共享的资源。中华民族精神家园在保持民族特性的前提下保持开放性，吸取世界各国的文明成果。

5．生生不息。

中华民族精神家园并不是静止的、僵化的，而是适应社会生活环境的变化，吸取各种优良的成分，与时俱进，不断地产生着各种变化。但是，中华民族精神家园的变化，并不是"革命式"的变化，并不是"大破大立"的变化，而是在保持中华民族精神家园的文化慧命不中断的情况下，在保持中华文化自我特色不变的情况下，在保持中华民族精神家园义理不变的前提下，产生渐变。文化创新要坚持永恒性、连续性的原则，是"返本开新"，而不是"忘本开新"。脱离中华文化这一根本，进行文化创新，只能创造出异化的文化。自然世界的变化，如果是根本性的变化，那将是可怕的，地球将会变得不适于人居住。精神家园如果发生根本性的变化，将导致精神家园不适宜于正常人性的需要，导致人性的异化。

中华民族精神家园在保持传统性的前提下兼有现代性：中华民族精神家园经历了数千年的形成与发展过程，尽管遭到了破坏，但是丰富的精神资源通过《四库全书》等大量的典籍保存下来，只要我们去开发这一宝库，将典籍保存的精神资源转化为现实的存在，中华民族精神家园就能重新建立起来。只有在恢复传统文化资源的前提下，才有现代文化生长的良好环境。如果离开传统性大谈现代性，就像将一株幼苗栽到荒漠之上，永远不能成活。如果只谈传统，而不能与时俱进，根据时代特征进行不断的调整，也会陷入僵化状态。但是，与时俱进的前提是重建传统。在抛弃传统的前提下奢谈与时俱进，其结果就是丧失根本和正确方向。

中华文化的生态环境在近现代已遭到了空前的毁坏，正像自然生态环境在近现代遭到空前毁坏一样。现在，我们开始注重环保工作，试图重建自然生态环境。同时，我们也应当看到中华文化生态遭到破坏的严重性，大力推动中华文化生态的重建工作。中华文化生态的建设，也就是中华民族精神家园的建设。建设中华民族共有精神家园，是由全中国人民参与的一个系统工程。中华民族精神家园与物质家园相应，物质家园的元素以某种方式进入到精神家园，故中华民族精神家园也体现出中华民族生存环境的特征，可以说，中华民族精神家园是"天生，地养，人成"。中华民族精神家园的转化，也会引起物质家园的转化，这就是"赞天地之化育"。

中华民族共有精神家园的建设，是一项伟大事业，是一个系统工程。必须是政府带动、全民参与，开辟各种途径，采取各种措施，将中华文化的各种要素激活并进入中国人民的精神世界之中，才有可能重建中华民族共有的精神家园。建设中华民族共有精神家园，宜采取以下措施：

一、在中华民族精神家园中确立 中华文化的主体地位

当前中华民族的最大的危机就是文化危机。文化危机最主要的表现是中华文化丧失了在中华民族中的主体地位。中华文化主体地位的丧失，使中华民族的精神家园坍塌、崩溃，呈现荒漠化、混乱化，许多人丧失了生命信仰，丧失了道德观念，丧失了民族精神。中华民族以中华文化为主体，中华文化以儒家文化为主体，儒家文化以孔子思想为主体。维护中华文化的主体地位，也就是保持中华民族的民族特性。

二、建立中华民族精神家园的共同规范

依据历史的考察，基于现实的考虑，敝人认为一个生活在中华民族共有精神家园的人士，应当遵循十二条规：敬天、尊孔、读经、祭祀、传道、捐献、立牌位、行十义(仁、义、礼、智、信、忠、孝、廉、毅、和)、着深衣、习礼乐、诵诗文、弘国粹。敬天尊孔、修身行道是最根本的特征。作为中华民族之一员，作为炎黄子孙，应当奉行以上规范。中国人民若能遵守这十二条规，则抗拒全盘西化就取得了成功。中国社会的各个阶层，都应当接受儒家文化为其共同文化。以孔子儒家之道从事经济活动的人士，谓之儒商；遵从孔子儒家政治道义的从政者，谓之儒官；有儒家仁、智、勇之德的将领，谓之儒将；以孔子儒家的仁心仁术从医者，谓之儒医；以孔子儒家之道从事农业生产者，谓之儒农；以孔子儒家之道从事工业者，谓之儒工。

三、拨乱反正、正本清源，以净化中华民族精神家园

歪曲中华文化的种种错误观念，通过政治运动、群众运动、文化运动渗透到全民的心灵之中，如果不对全民进行系统的儒家文化的教育，则这些流毒和影响就会代代相传，永远得不到消除。"文化大革命"结束之后，对大量的政治冤假错案进行了平反，政治思想领域也进

行了拨乱反正的工作，而对儒家思想的拨乱反正工作一直是在学术界的狭小天地中进行，而没有在全民中系统、全面地展开。应当在全国各族人民中、社会各界人士中全面开展对于儒家文化的拨乱反正工作。"正本清源"，即返回到中华文化原有的真实内涵、真实形态、真实精神，即我们需要研究、传播、践行的是真正的中华文化，而不是歪曲、变形、异化的中华文化，不是某些研究者或批评者眼中的中华文化，更不是西方人眼中的中华文化。

四、全面推进国学学科建设

国学可视为学科群的总称，国学之名下，可以分成众多的学科。国学可以分为中文(包括传统的小学、辞章之学、诗词歌赋)、中华义理(包括传统的经学、子学、义理之学)、中华历史(包括传统的史学、考据之学)、经世之学(包括政治与经济)、中华宗教(儒、释、道三教)、中华民俗、中华礼仪、中华歌舞、书法、国画、武术、中医养生、术数、中华工艺、中华建筑园林、中华音乐、中华戏曲、中华饮食、中华科技(天文、地理、历法、算学、农学、水利、各种实用技术)、围棋、象棋等。在以上学科中，中文、中华义理、中华历史是核心学科，这三门学科应当成为一级学科，而其余科目则是国学的一般学科，可以作为各级各类学校的选修课程。

我主张建立独立的义理学学科，将中华民族的民族精神、传统道德、人生哲学、生存智慧、价值观念、人文精神整合为一个整体，可称为中华义理，也可称之为义理学。中华义理是中华民族精神价值体系，是中华民族集体智慧的结晶，是中华民族思想史上儒、释、道各家各派的思想精华。中华义理是国学的核心，是国学的灵魂。建立中华义理学科，可以确保中国思想的独特性与整体性，弥补长期以来对中国思想、中国精神的忽视与淡薄，谋求中国学术文化的独立地位与主体地位，建立中国学术文化的独有范式。并且，在中华义理的基础上重建真正的中国哲学，以消除中国哲学的合法性危机。

所有大学都应设立国学院或孔子学院，作为国学研究与国学教育的机构。应当独立建立国学学科体系，建立国学各学科学士、硕士、博士的学位制度，建立国学自有的评价标准和评价体系。国家设立国学学位，国学学位分成中文、中华义理、中华历史、中华歌舞、中华音乐、书法、国画、中华建筑、中华工艺、中华园林、中华武术、中医等系列。

五、全面开展国学教育

素质教育不仅仅是教育方法上的转变，更重要的是教育内容上的转变。国学课程的设立，才能真正引导中国教育走上素质教育的轨道。国学教育应当贯穿于国民教育的全过程，从幼儿园、小学、到中学、大学，都应向所有学生开设中文、中华历史、中华义理三门必修课程，同时将中华宗教、中华民俗、中华歌舞、书法、国画、术数、武术、中医养生、中华工艺、中华园林建筑、中华礼仪、中华音乐、中华戏曲、中华饮食、中华科技、围棋、象棋、考据学等作为选修课程，各学校根据师资情况和学生的实际需要选择其中部分课程作为本校的选修课。

建立中国国学院，作为国家研究国学的最高机构，也是推行国学教育的最高机构。其目的是，培养国学的各科研究人才，培养各级各类学校的国学师资，培养中华文化产业的从业人员。同时，还可以建立各种形式的培训班，对现有在职而未经过国学培训的人员进行培训。各大学可设立国学院，根据师资及条件开设部分国学专业，设立一些国学的公共课程，由全校各个专业的学生共享。设立国学的一系列选修课，可供各专业的学生选修。

国学教育应当分几个层面：国学学校教育：在各级各类学校中将国学设置成一系列课程；国学社会教育：设立书院，面向社会各阶层大众，举办各种类型的国学教育班，使没有通过学校教育接受国学的民众，都能接受到国学的教育，并且引导民众进入到国学的生活形态之中；国学大众传媒教育：通过电视、电台、报纸、网络、杂志等大众传媒传播国学，引导人民践行国学。建议中央电视台开设国学频道，并在各个频道设立国学节目，培养一批具有国学素质的主持人。运用现代传播媒体，"寓教于乐"，是传播国学的重要形式，但要避免低俗化倾向。

六、建立独立的国学考试制度

如果将国学排斥在现有的考试体制之外，如果不将国学列为各种文凭的重要组成部分，就很难引导人们认真学习国学。国学应当作为选拔人才的重要标准之一。公务员考试必须以国学作为必考科目之一。文科职称评审必须以国学作为必考科目之一。一个不能很好运用中文的人，一个不能掌握中华文化基本常识的人，一个从来没有接受中华传统经典教育的人，就没有资格担任国家公务员，也没有资格获得文科职称。将国学作为大学入学考试、硕士研究生、博士研究生入学考试的必考科目之一。大学入学国学考试的内容：国学常识占25%，经典教育占75%，中文为单独一科。硕士研究生、博士研究生国学考试的内容：中文占25%，国学常识占25%，经典教育占50%。

七、全国兴办书院，建立精神家园的生存基地

弘扬中华文化，推行道德教化，必须有阵地。有阵地，才有固定的场所、固定的人员，才有明确的内容，有持续不断的工作，有相互交流的环境。传统社会中，书香门第、孔庙、书院、祠堂是最基本的阵地。如果没有阵地，则弘扬中华文化只能是以零星地、片断地、短暂的、游击战的方式进行，不可能取得明显成果。由官方力量和民间力量兴办大量书院，使之成为儒家文化的生存阵地。书院建设制度化、规范化、日常化、生活化，书院将学习、体验、践行相结合。大力兴办书院，将书院作为民间儒学的生存之地。全国应当有一个长远的计划。在城市，每个区都应当至少建立数座书院，在农村，每个乡镇都应当至少建立一座书院。书院最好采取民办方式，各级政府对于书院应当给予一定的财政补贴。

在海外广泛建立孔子学院，将孔子学院建设成为汉语培训机构的同时，还要将孔子学院建设成展示、传播、推广中华文化的基地，建设成海外华人、华侨的精神家园。充分动员海外华人、华侨参与孔子学院建设，充分动员世界各国的汉学专家参与。有计划地培养传播中华文华的人才，充实于世界各地的孔子学院。

八、以书香门第作为精神家园的立足点

家中数代人收藏并诵读中华文化经典，设立天地圣亲师牌位，践行中华传统礼仪，订立家规，树立家风，有良好的儒家道德教育的家庭，可称之为书香门第。书香门第的瓦解是近现代中国出现的一个重大变化，导致家教缺失，家风败坏，丧失了家庭的伦理，丧失了家庭的温暖与关怀，使许多人成为无家可归的人。应当重建书香门第，具体措施如下：立孝道、修妇德、立牌位、兴礼仪、重家教、树家风、订家规。

九、诵读中华经典，传播精神家园的思想理念

经典是民族智慧的结晶，经典是历代圣贤的教导，经典是民族文化的精华，经典是为人处世的典范，经典是历史验证的义理。中华经典可分为中华义理经典、中华历史经典、中华文学经典。应当以中华义理经典为主，其他两类经典辅之。中华义理经典教育现已形成"六八十"体系，"六"即是六项宗旨：1．建设精神家园；2．培育民族精神；3．传承传统美德；4．提高人文素质；5．改良社会风气；6．提高汉语水平。"八"即八项原则：一曰诚敬，二曰理解，三曰体悟，四曰集粹，五曰诵记，六曰涵养，七曰信仰，八曰力行。"十"即以中华十大

义理为主要诵读内容。

十、重建中华民俗礼仪，提升精神家园的品位

我们应当将中华人文礼教同封建礼教区分开来。中华人文礼教是中华民族千百年来形成的道德行为规范、文明行为规范，是体现仁爱、和谐、秩序、节制、优美等原则，人文礼教反映的是人类生存环境的共性，反映的是人的共性，反映的是中华民族的共性，是具有永恒价值；而封建礼教则是体现封建时代特有的三纲、等级、尊卑、特权、奴性等原则的行为规范与礼仪，必定要随着封建社会的终结而取消。中华礼仪的基本原则是：内外兼修、双向对等、差别有序、以敬致和、典雅洁静、自然简朴。

中华传统的节日如春节、元宵节、清明节、端午节、七夕节、中秋节、重阳节、腊八节、孔子圣诞节，应当受到政府和人民的高度重视。将这些重大节日设立为公众假期，并在节日期间恢复原有的大量民俗活动和民间文化活动，使这些节日具有丰富的传统文化内涵，而不是变成单纯的吃喝与娱乐。

十一、保卫汉语，保护精神家园 的基本元素

汉语是中华文化的载体，珍藏着中华民族的记忆，凝聚着炎黄子孙的情感。汉语的衰落必然导致中华文化的衰落，中华文化的衰落必然导致汉语的衰落。保卫汉语，就是保卫中华文化，也就是保卫中华民族。汉语是中华民族精神家园的基本元素，是中国人民安身立命的之所。汉语是中华民族的重要特征，汉语为中华民族共同体的形成与发展作出了不可替代的贡献，汉语对中华民族的团结与统一发挥着重要作用。尊重汉语就是尊重中华民族，保卫汉语就是维护中华民族的完整性和延续性。我们必须保卫汉语的主体性、纯洁性、优雅性、道义性、规范性。

十二、发展中华文化产业、中华文化 公益事业和慈善事业

中华文化产业的兴盛，一方面要有高素质的中华文化产业从业者，尤其是要有一批优秀的中华文化产品制造者，而中华文化产业的从业者，最必不可少的素质就是中华文化的素养，一个完全接受西方知识体系教育而对中华文化一无所知的人，绝对不可能成为中华文化产业的优秀从业者。即使有人利用了中华文化的素材，也会将中华文

化中高级的因素剔除，迎合现代某些人的低级需要，加工出来低级的庸俗的文化产品。许多影视节目，都是披着古人外衣的现代小丑在演戏。另一方面，中华文化产业要在中华大地上有相当数量的消费群体，这样的消费群体不是天生就有的，而是要在民众之中进行系统的国学教育，培养民众对中华文化认同的感情及浓厚的兴趣，培养他们对中华文化的审美能力，让他们掌握欣赏中华文化的必备知识。只有这样，才能逐步形成中华文化产业的消费群体，中华文化的发展才有坚实的基础。广泛运用现代传播媒体传播中华文化：运用网络、广播、电视、广告、报纸、期刊宣传国学。中国政府将弘扬中华文化作为政府的职责，应将一部分财政支出用于弘扬包括儒家文化在内的中华文化。中国的慈善事业应当将弘扬中华文化作为重要的使命。社会各界的捐献主要有两个用途，一是用于中华文化自身的生存与发展，二是用于儒教、佛教、道教团体所开展的慈善事业。

十三、建设中华民族精神家园 的物质载体

目前，中国的孔庙、书院、祠堂、历代圣贤英烈遗址的物质遗产有了一定程度的恢复，而精神遗产则基本上没有得到恢复，所以，孔庙、书院、祠堂、历代圣贤英烈遗址等只是死的物质形态存在，而活的精神内涵则基本缺失了，因此，剩下的唯一的功能就是供人参观，归属旅游部门，有几个管理人员和清洁工足矣。我建议，孔庙、书院、祠堂、历代圣贤英烈遗址应当向本地人民免费开放，对外来游客可以收取一定的门票。应当将丰富的中华传统文化移植于其间，将孔

庙、书院、祠堂、历代圣贤英烈遗址建设成为传统经典教育基地、传统节日活动基地、中华传统礼仪活动基地、民俗活动基地、国画书法武术教育基地、民族歌舞音乐活动基地、传统道德教育基地。

❖ 十四、树立孔子及历代圣贤英烈 ❖ 作为精神家园的典范

凡我中华民族人民，无论身居何处，都要热爱中华文化，都要崇敬中华历代圣贤英烈，唯有此，才能培养民族感情。对那些我们从感情上冷漠或者蔑视的人，我们绝不会认真地倾听他们的教诲。要让人民认真听取历代圣贤的教导，就必须先培养人民对历代圣贤的崇敬之情。重新确立大成至圣先师孔子的崇高地位，树立全民尊孔风尚，树立全国人民尊崇历代圣贤的风尚，以抵制明星崇拜和封建迷信。建议以孔子诞辰日作为中国教师节，修复或重建孔庙及历代圣贤英烈纪念庙堂。孔子是中华民族历代圣贤英烈中的最杰出代表，理当受到我们的崇敬。尊崇孔子，所产生的效用是：以孔子为榜样，学习孔子的伟大人格风范；相信并虚心接受《论语》所示之道。将孔子祭祀大典和黄帝祭祀大典列为国家级祭祀大典，每年定期举办，由政府首脑主祭，采用传统祭祀方式。其余历代圣贤英烈则为地方性祭祀，由出生地的地方政府或民间团体组织祭祀。祭祀是中华民族尊崇孔子及历代圣贤英烈的基本形式。根据祭祀对象的不同，可以分为祭天、祭孔、祭炎帝、祭黄帝、祭关公、祭妈祖、祭祖先、祭先贤英烈等。祭祀有如下功能：创设情景，融入其中；神道设教，教化民众；人神交通，人心交感；报本返始，寻根谒祖；求福消灾，寄托希望；缅怀先人，表彰

功德；确立中华十大义理。

十五、树立中华十大义理作为精神家园的共同理念

　　笔者认为十大范畴，即仁、义、礼、智、信、忠、孝、廉、毅、和，可以全面、系统、完整地表达中华民族精神、道德观、价值观，可称之为中华十大义理、中华十大民族精神、中华十常、中华十德、中华十大核心价值、中华十大人文精神。倡导"仁"的精神，可以养成中华民族相互关爱、重良知、重道德的民族品格。倡导"义"的精神，可以养成中华民族见义勇为、重视整体利益的民族品格。对"礼"的倡导，可以养成中华民族谦逊好礼的民族品格，获得了"礼仪之邦"的美誉。倡导"智"的精神，可以养成中华民族重视文化、崇尚科学、尊师重道、求真务实的民族品格。倡导"信"的精神，可以养成中华民族待人真诚、做事认真、诚实守信的民族品格。倡导"忠"的精神，可以养成中华民族忠于祖国、敬业奉献的民族品格。倡导"孝"的精神，可以养成中华民族践行孝道的民族品格。

　　倡导"廉"的精神，可以养成中华民族节俭、朴素、廉洁奉公的民族品格。倡导"毅"的精神，形成了中华民族勤劳勇敢、自强不息、艰苦奋斗的民族品格。倡导"和"的精神，可以养成中华民族爱好和平、团结友爱、维护统一的民族品格。十大义理不仅仅为中华民族所独有，而应同时成为普世价值，能为世界各族人民所认同。

十六、推行道德教化，确立精神家园 的道德精神

推行道德教化应当从以下方面展开：以历代圣贤道德思想是道德教化的主要内容，以传统精神价值体系作为精神文明建设的基础，建设道德教化的阵地，经典教育是道德教化的最主要方式，建设有利于道德养成的社会环境，德治与政治、法治、礼治相结合，社会变革与主体修养相结合。

十七、推进中华民族一体化进程， 促进民族认同

民国初年讲的中华民族，指的是政治共同体、国家共同体，而非文化共同体，这是一个不完整的民族观念。民国时期，在艰难维持政治共同体存在的同时，文化共同体建设的工作遭遇到巨大挫败，其主要标志就是在学校教育中放弃读经、知识分子对儒家文化的攻击、孔教运动的失败。新中国成立以后，工作的重心是打造政治共同体和经济共同体，忽略了文化共同体的建设。中华民族文化共同体的建设，宜从以下方面展开：以儒化抗拒全盘西化；淡化中华民族内部各民族的民族身份，强化中国人及海外华人华侨对于中华民族身份的认同；在全国各地全面推行国学教育，特别是在边疆少数民族地区推行国学

教育，是建设中华民族文化共同体的根本举措；用中华文化缔造中华民族的民族认同与国家认同；在文化上坚持"一国两制"中的"一国"原则；用中华文化促进中华民族内部和谐，推进世界和平。

十八、开展乡村文化建设，在农村重建精神家园

近现代中国农村建设，须经两个阶段：第一阶段是土地革命：根据农村地主阶级和农民阶级两大阶级对抗的局面，组织、动员、武装农民阶级，通过暴力斗争，推翻地主阶级，夺取地主阶级的土地分配给农民阶级，实现了耕者有其田，同时，又通过土地公有制的建立，确保了农民对农村土地长期使用权，确保了中国农民最基本的生存条件，避免了土地兼并现象，避免了农村再次出现农民阶级和地主阶级的对抗局面，也确保了进城的农民工有一条回家的路，而不致流落为城市贫民窟中的贫民。应当保卫土地革命的成果。第二阶段是乡村建设，是梁漱溟提出的改良方案，即乡村建设方案：根据"伦理本位，职业分立"，通过兴办乡校，用儒家文化和科技教育农民，恢复农村的传统伦理和乡土情谊，促进农村的发展。

国学研究、国学教育、中华经典、践行者、传道者、民俗礼仪、汉语言文学、中华宗教、中华器物、中华文化产业是中华文化传承的十条主要渠道，也是建设中华民族共有的精神家园的十条主要途径。中华文化若不能够在这十个层面上真实全面地实现其存在，也就意味中华文化传承的渠道被阻断了。由于中华文化传承的渠道已被阻断，对于已经了出现明显断裂的中华文化，我们已难言继承，只能是复兴

和重建。因此，我们的使命，就在于在这十个层面上重建中华文化，从而打通中华文化传承的渠道。

中华文化传承的十条渠道并非各行其道，互不相干，而是相互交错，相互影响的，它们共同构建了中华文化生态。在建立了中华文化生态之后，任何中华文化的具体因子，才能在当中健康地成长。我们可以将国外的物质建设模式、科技文化搬到中国来，而中华文化生态则是无法从任何地方移植过来的，只能依靠中华民族群体的长期努力，将中华文化的丰富资源激活，运用丰富的传统文化资源，重建中华文化生态，重建中华民族共有的精神家园。这才是弘扬中华文化、复兴中华民族的根本之道！

建设中华民族共有精神家园的口号已提出多年，但是，建设中华民族共有精神家园的工作并没有明显进展。原因就在于，许多人只是喊喊口号，有些人是在书斋中进行从书本到书本的研究，以上建设中华民族共有精神家园的措施，没有被广泛采纳和实施。有些人也采取了其中几点措施，但不是把精神家园的建设作为系统工程全面地展开。